KB020877

극단 작은신화 30년

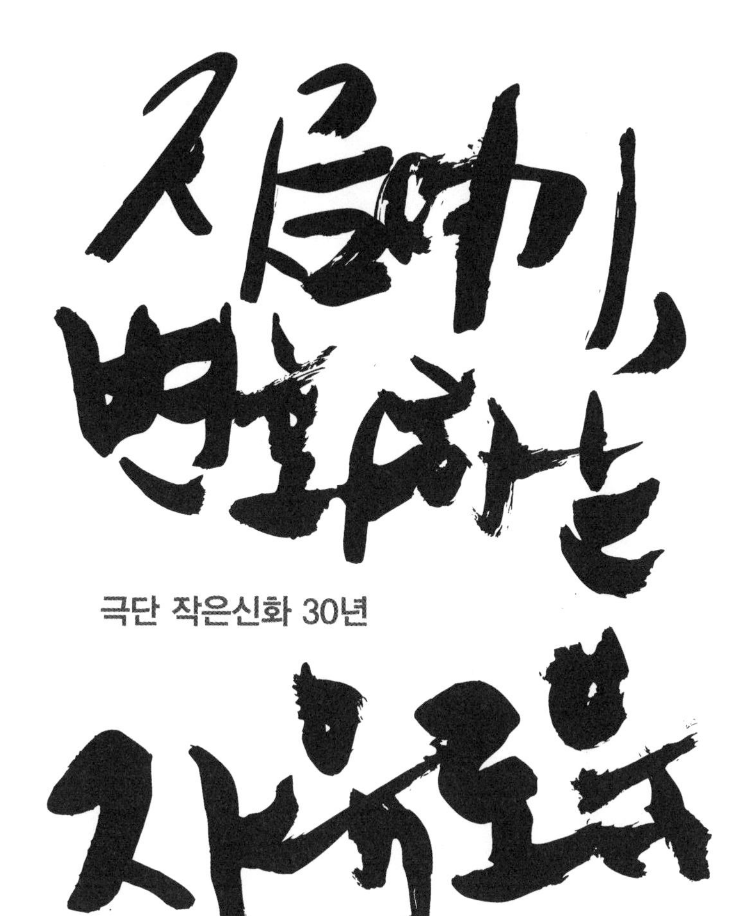

극단 작은신화 30년

극단 작은신화 엮음

북스토리

작은신화의 젊음

작은신화의 사람들을 만나면 젊고 예의 바르고 똑똑하다는 인상을 받는다. 그들의 무대를 만나면 열심히 공부하고, 시험해보면서 연극을 만들어보겠다는 의지가 충만하다는 느낌을 받는다. 작은신화에 대한 사람들의 얘기를 들어보면 신선한 젊음에 대한 감탄과 기대가 아주 많다. 연극계 안팎에서 젊은 극단으로 불리우는 작은신화는 그 '30년'이 넘은 나이를 먹었지만, 아직도 젊다는 소리를 계속 듣고 있다. 그것은 이들이 자신들의 젊음을 포기하지 않고 계속 지키고 있으며, 젊음을 고집하고 있기 때문이다. 어른들의 세계에서 도망쳐 영원한 젊음의 나라인 네버랜드에서 사는 피터 팬처럼, 이들은 늙어가는 것을 거부하듯이 굳세게 젊음을 지키고 있다.

구히서

작은신화 창립 선언문

1. 한국 연극계에 만연되고 있는 상업주의를 극복하고 연극 본래의 예술성을 회복하는 데에 연극을 사랑하는 젊은 의식으로서 일조한다.

2. 희곡을 단순히 무대에 재현하는 일차원적인 방식에서 벗어나 연극은 종합적 공연 행위가 중심이 되어야 한다는 지상 명제 아래 각 부문의 역량을 극대화하여 이론과 실제가 조화된 살아 숨 쉬는 행위 예술로서의 연극을 정립함에 노력한다.

3. 연극은 그 사회의 구성원 모두를 위해 존재하여야 하므로 연극이 일부 학생층이나 소수 지성인의 전유물처럼 인식되고 있는 풍토를 개선하여 누구나 함께 호흡할 수 있는 연극이 되도록 노력하며, 그것을 위하여 기존의 극장만으로 고정 인식된 공연장의 개념을 확장함에 노력한다.

4. 현실에 안주하지 않고 기존의 공연 형태를 답습하지 않으며, 연극 고유의 메커니즘을 최대한 활용하여 항상 새로운 형식과 새로운 내용의 연극을 창조함에 노력한다.

5. 한국 사회만이 갖는 문제를 우리들의 방식으로서 제시하고 그 해결책을 모색하는 우리의 연극을 만드는 데에 노력하며, 그를 위해 창작극의 시도를 게을리하지 않는다.

–1986. 7. 25

창립 동기 및 목적

극단 작은신화는 1986년, 서강연극회에서 활동하던 이유철, 최용훈, 임인섭, 박정영, 임애리, 김영인 등의 6인에 의해 태동하였다.
졸업을 앞두고 '평생 연극'의 의지를 가지고 있던 6인은 당시 연극계에 만연하고 있던 할인권 남발 등의 저질 상업주의에 불만을 느껴 젊고 순수한 연극을 만들어보자는 의지로 의욕 있는 대학극 출신들을 규합하여 극단 작은신화를 창단하였다.
당시 발표하였던 창립 선언이 작은신화의 성격과 지향점을 잘 보여주고 있다.

작은신화가 30주년이 되었습니다

최용훈 극단 작은신화 대표, 연출가

젊은 친구들이 모여 10년만 버텨보자고 시작한 극단이었는데 어느덧 30년이나 지속되었습니다. 그간 작은신화와 함께한 모든 식구들, 격려와 질책을 함께 보내주신 선후배 연극인 여러분들, 그리고 무엇보다도 애정 어린 시선으로 우리를 지켜봐주신 관객 여러분들 덕분입니다. 머리 숙여 깊은 감사를 드립니다.

오늘 이 시대에 연극을 한다는 것, 극단을 운영한다는 것, 만만치 않은 일입니다. 그럼에도 많은 멋진 후배들이 연극동네에 힘을 보태주고 있습니다. 지난 30년간이 그랬고 앞으로의 30년도 그럴 것입니다. 기쁜 일입니다. 우리 작은신화에도 멋진 새 식구들이 끊임없이 극단에 새로운 기운을 불어넣어줍니다. 감사할 일입니다. 이제 선배님들보다 후배님들이 많아진 위치가 되니 그런 젊은 후배들의 연극 사랑에 마음이 저릿저릿해집니다. 고맙습니다.

작은신화 30주년을 맞아 식구들이 힘을 모아 자그마하고 소박한 자료집을 하나 준비하였습니다. 그간 잦은 이사와 지하연습실의 물난리, 기획팀의 해체 등등 여러 사건사고를 겪으며 많은 자료가 유실되었습니다. 지금도 열심히 수소문하여 자료를 찾고는 있으나 이번 책자가 완벽하지는 못할 것 같습니다. 그래도 이렇게라도 시작을 해야 다음번 증보판 작업 때 완벽하게 자료들을 수습할 수 있으리라 생각합니다. 책자를 보시고 저희가 찾아내지 못한 자료를 소장하고 계신 분들은 연락해주시면 저희가 디지털화한 후 즉시 돌려드리겠습니다. 많은 관심 부탁드립니다.

지난 30년간 많은 분들이 작은신화를 거쳐 갔습니다. 그리고 현재는 저를 포함해 113명의 식구들이 작은신화를 지키고 있습니다. 현재 작은신화를 지키고 있는 식구들뿐만이 아니라 거쳐 갔던 많은 분들 또한 우리 작은신화의 식구들입니다. 모두 다 작은신화의 '호크룩스'입니다. 그분들 하나하나가 바로 작은신화입니다. 30년을 거쳐 오며 우리의 곁을 영원히 떠난 식구들도 있습니다. 이유철, 김효정, 조원호, 이슬희 그리고 김동현. 당신들도 영원히 작은신화의 식구들입니다.

언제나처럼 작은신화는 다 함께 한발씩 나아가겠습니다.

저희 자그마한 책자에 소중한 마음을 담아 글 보내주신 분들께 감사드립니다.

이 책자를 만들기 위해 너무 많은 분이 힘을 보태주셨습니다. 전체 일을 총괄해준 극단 기획총무 정승현 단원과 보조해준 김주연, 박현주, 김나래, 장영철, 임영혜 연구단원들에게 감사드립니다. 또 프로듀싱을 맡은 코르코르디움의 이정은 실장과 기본디자인을 맡아준 다홍디자인의 노운 실장, 교정·교열을 맡아준 이영민 단원에게도 감사의 마음을 전합니다. 힘든 여건에서도 최종디자인과 편집을 맡아준 황인문 님과 흔쾌히 출판을 맡아준 북스토리의 주정관 사장께도 깊은 고마움을 전합니다.

작은신화 30th.

CONTENTS

발간사 | 최용훈 극단 작은신화 대표, 연출가 …6

축사 | 정대경 (사)한국연극협회 이사장 …10
송형종 서울연극협회 회장 …12
성준현 한국연극연출가협회 회장 …14
심재찬 연출가, 대구문화재단 대표이사 …16

내가 아는, 작은신화의 30년
구히서 연극평론가 …35
강신일 배우 …39
조만수 연극평론가 …44
최윤우 웹진 『연극in』 편집장 …49
배선애 연극평론가, 드라마투르그 …54
장성희 극작가, 연극평론가 …60
김명화 극작가, 연극평론가 …66
이성열 극단 백수광부 대표, 연출가 …71
김광보 극단 청우 대표, 연출가 …74
조광화 극작가, 연출가 …78
고선웅 극작가, 연출가 …83
최치언 시인, 극작가 …87
김숙종 극작가 …90

연구 논문
최용훈 초기 연극에서 나타나는 몽타주 작업을 통한 이미지극
하형주 청운대학교 겸임교수 …96

극단 작은신화와 함께하는 이야기
길해연 창단 단원 …139
반무섭 1기 단원 …144
정의순 5기 단원 …158
장용철 6기 단원 …163
송현서 9기 단원 …168
이 곤 18기 단원 …173
서광일 19기 단원 …179
빙진영 24기 단원 …184
김정민 연구 …188
채영은 견습 …193
최용훈 극단 작은신화 대표 …197

리뷰
-우리 연극 30년
1986 - 2016 기사, 잡지, 평론, 프로그램 글 …204

공연 연보 …390
극단 작은신화 단원 …445
영원한 친구, 故 이유철 …453
극단 작은신화 평생회원 …463

극단 작은신화 창단 30주년, 결코 작지 않은 그들이 만들어갈 신화의 한가운데에서

정대경 (사)한국연극협회 이사장

극단 작은신화가 창단 30주년을 맞이했습니다. 녹록지 않은 이 현실 속에서 30년간 극단이 창작활동을 이어왔다는 것은 실로 대단한 일입니다. 말로는 다할 수 없을 그간의 노고에 박수를 보내며, 저 역시 연극인이자 연극을 사랑하는 한 사람으로서 진심으로 감사하다는 인사를 전하고 싶습니다.

극단 작은신화는 1986년 7월, 대학교 졸업을 앞둔 13명의 친구가 소소하게 '우리 연극을 해보자'는 뜻을 모아 창단하였습니다. 이후 파격적인 창단 공연인 '카페순회공연'을 비롯하여 '우리연극만들기' '실험단편연극제' '고전넘나들기' 등의 작업을 통해 진지한 태도와 열정으로 우리 연극 활성화에 크게 기여하고 있습니다. 이러한 실험 정신이야말로 창단 30주년을 맞이할 수 있었던 큰 원동력이라고 생각합니다. 그리고 그 바탕에는 연극 공동체라는 지향점을 공유하며 키워온 예술적 열정이 있습니다.

이러한 작은신화와 같은 중견 극단의 존재는 그 자체로 우리 연극계의 큰 힘이자 중추입니다. 제작 환경의 변화로 극단의 생존이 위협받고 있음에도 이에 대응할 길을 찾아가며, 창작자들이 예술 세계를 펼칠 수 있도록 해주는 출발점이자 든든한 울타리가 되어주고 있습니다.

다시 한 번, 연극의 본질을 향한 끊임없는 탐구를 하며 30년이라는 시간을 묵묵히 걸어와 준 극단 작은신화에 감사를 표합니다. 버텨내고 참아내야 할 일이 많겠지만 잠시 어깨를 다독이는 시간을 가져봤으면 합니다. 앞으로도 끊임없이 무대를 통해 관객들과 소통하며 힘을 얻어나가시길 기원합니다.

작은신화의 역사는 계속됩니다. 앞으로 10년 뒤, 창단 40주년을 향해 부단히 달려가는 극단 작은신화가 만들어갈 신화를 바라보고 기대하겠습니다.

극단 작은신화의 '서른 살'기념 도서 출판을 진심으로 축하합니다

송형종 서울연극협회 회장

옹기종기.

스물서너 살의 젊은 친구들이 모여 만든

극단 작은신화의 '첫' 마음을 들여다보게 됩니다.

그동안의 땀과 노력이 고스란히 담긴 이 한 권,

책의 무게가 30년 어치처럼 느껴지는 것은

당연한 일일 것입니다.

짧은 글로는 온전히 전할 수 없을

한 사람, 한 사람의 끊임없는 열정과 부단한 노력이

함께 이 시간을 지탱해온 힘이 아니었을까 생각해봅니다.

서로의 어깨 토닥이며 잘해내왔다고, 잘 버텨왔다고

또 앞으로 잘해보자고.

극단 작은신화의 모든 분에게

진심으로 응원과 축하의 말씀을 전합니다.

책에 가만히 코를 대보면
코끝을 찌르는 알싸함과 더불어
마치 그간 해온 작품들처럼
제자리에 머물지 않는 역동성 같은
형용할 수 없는 향이 물씬 나는 듯합니다.
서른 살을 맞은 올해.
가장 치열할 나이를 맞이한 지금, 여기.
수상하기만 한 시대입니다.
우리가 할 수 있는 일을 하는 지혜와 용기에 힘입어
보다 낯설고 거친 작품으로
관객들에게 다가가기를 기대합니다.

고생 많으셨습니다. 그래서
진심으로 극단 작은신화의
30주년 기념 도서 출판을 축하드립니다.

극단 작은신화의 창단 30주년을 진심으로 축하드립니다

성준현 한국연극연출가협회 회장

극단 작은신화의 창단 30주년을 진심으로 축하드립니다.

1986년 창단해서 강산이 3번 바뀌는 세월 동안 연극을 해왔다는 것은 실로 대단한 일입니다. 오래전에 보았던 극단 작은신화의 공연 프로그램에 '기획 / mini myth'라고 인쇄되어 있던 것이 기억납니다. 작은신화의 현재 모습을 보면 말 그대로 연극계에서 '작지만' '신화'를 만들어가고 있다는 것을 실감합니다.

극단 작은신화의 30년은 단원들의 '공동창작' '고전넘나들기', 창작극 활성 프로그램인 '우리연극만들기', 젊은 단원들의 실험 무대인 '자유무대' 등 다양한 극단 자체 프로그램들로 이루어져 있습니다.

극단 작은신화는 연출, 극작가, 배우의 산실이기도 합니다. 故 윤영선, 고선웅, 최치언, 장성희, 조광화 등의 극작가들이 작은신화와 인연을 맺었습니다. 故 김동현을 비롯한 반무섭, 박정의, 신동인, 이곤, 정승현 등 연출가들의 산실이기도 합니다. 또한, 100명이 훨씬 넘는 국내 최다 단원 보유 극단으로 중견에서 신인까지 기라성 같은 배우들이 극단 작은신화에 포진하고 있습니다.

〈돐날〉에서 〈황구도〉 〈코리아, 환타지〉 〈똥강리 미스터 리!〉 〈토일릿 피플〉 〈싸지르는 것들〉에 이르기까지 극단 작은신화는 특유의 연극성 있는 작품들을 무대에 올리면서 한국 연극사에 한 획을 긋고 있습니다. 이제 30주년을 넘어 50주년, 100주년에 이르기까지 '작은신화'의 건강한 행보가 한국 연극에 짙게 물들기를 기원 드립니다.

최용훈 대표를 비롯한 극단 작은신화의 모든 단원분께 다시 한 번 창단 30주년의 축하 인사를 드립니다. 축하합니다!

극단 작은신화 창단 30주년을 축하하며

심재찬 연출가, 대구문화재단 대표이사

1986년 창단한 극단 작은신화가 올해 30주년을 맞았다.

파란만장한 시대의 흐름 속에서 연극을 하는 집단이 저항 정신을 유지하며 초기의 신선함을 간직한 채 30년의 시간 동안 끊임없이 정체성을 확립해 가는 것은 힘든 일이다. 더구나 단원을 계속 늘려나가는 것은 더더욱 힘든 일이다. 왜냐하면, 극단이라는 게 경제적 · 정치적 · 사회적 상황에 따라 위기를 맞이하고 그런 위기와 갈등 속에서 단원들의 드나듦이 생기기 마련이기 때문이다.

그런데 작은신화는 초창기 단원들이 거의 변동 없이 그 자리를 지키고 있다. 故 김동현 연출을 비롯하여 조광화, 고선웅, 신동인, 이곤, 반무섭 연출 등이 함께 작품을 개발했고, 길혜연, 서현철, 홍성경, 김은석, 장용철, 김왕근과 같은 뚝심 있는 배우들이 중심축이 되어 정기 공연, '우리연극만들기' '자유무대' 등 연간 5~6개의 프로그램을 끊임없이 이어갔다. 이것은 대표 최용훈 혼자의 힘이 아닌 구성원 모두의 힘이라고 할 수 있다.

함께 고민하고 주인 의식을 가지고 책임을 분담하며 극단 일 하나하나에 의무를 다하는 모습은 작은신화의 구성원 간의 결속력을 보여준다. 게다가 그 구성원들의 성장과 함께 새로운 단원들이 매년 들어왔고, 대부분 웬만해선 극단을 떠날 생각을 하지 않고 있다. 그러다 보니 작은신화는 현재 국내에서 가장 단원을 많이 보유한 극단으로 자리매김하게 되었다.

이제 그들 앞에는 더 중요한 또 다른 10년, 20년, 30년이 있을 것이다. 그 시대는 아날로그적인 연극 정신을 귀하게 여기지 않고, 변화하는 인스턴트 사회에 발맞추라 하고, 감성과 이성의 경계를 무의미하게 여길지도 모른다.

인간의 기본적 권리를 상실하고 인간의 의무만 대두되는 사회가 될지도 모른다. 그런 미래에 아직도 인간은 존엄하며 사회 속에서 가장 중요한 존재란 걸, 작은신화의 모토 '지금 여기, 변화하는 자유로움'으로 보여주기 바란다.

극단 작은신화 단원 113명 한 명 한 명에게 30주년 축하의 박수를 보내며 앞으로의 건투를 부탁한다. 아울러 소박한 자료집의 발간을 축하한다.

1986-2016

작은신화 30th.

mr. 매킨도 · 씨!(1993)

내가 아는,
작은신화의
30년

결혼(1990)

싸지르는 것들(2016)

KODAK SAFETY FILM 5063
16A
17
17A

KODAK SAFETY FILM 5063
24A

KODAK SAFETY FILM 5063
29
29A

38A
39

전쟁음?악! 2(1991)

해주미용실(2015)

합석전후(2015)

황구도(1994)

1994년 바다 M.T.

인생은 꿈(2015)

우연한 살인자(2014)

낙원에서의 낮과 밤(1995)

낙원에서의 낮과 밤(1995)

엄마(2014)

라구요?(1995)

바카이(2014)

매직아이 · 스크림!(1995)

창신동(2013)

변함없는,
그러나 변하고 있는
극단 작은신화

구히서 연극평론가

10년이면 강산도 변한다는 말은 극단 작은신화의 경우에 맞기도 하고 아니기도 하다. 변함없는 것은 그들이 아직도 30년 전만큼 젊고 실험적인 삶을 살고 있다는 점이고, 변한 것은 그 젊음을 노련함으로 키워내고 있다는 점이다.

어느 이른 여름, 장마철 쏟아지는 비를 무릅쓰고 찾아가 본 공연은 이들의 첫 공동 창작극 〈전쟁음?악!〉이었다. 나는 이름도 알려지지 않은 극단의 아직 익지 않은 배우들의 팔팔 뛰는 열정을 보았고, 그 감격은 30년 동안 이들의 공연을 볼 때마다 이어졌다.

젊음의 상징인 검은 머리에는 흰머리가 늘어났어도 그 최초의 싱싱한 열정은 그대로이다.

이들은 '우리연극만들기'라는 타이틀로 젊은 작가와의 작업을 통해 우리 연극의 부족한 점을 메워가고 있고, 열정이 앞서는 연극인들의 기량을 높여왔다. 이들은 모여서 연극을 한 시간에 상관없이 항상 젊고, 항상 새롭다.

〈황구도〉를 보면서 어떻게 저런 연극이 만들어질 수 있었을까 감탄하다가 나중에 그 작가가 조광화라는 걸 알고 나서 새롭게 감탄했던 생각이 난다.

우리연극만들기, 젊은 작가의 작품 캐내기, 젊은 연기자의 성장 등 연극의 나이를 성장으로 먹어가는 그들의 노력이 늘 감격스럽다.

창단 30주년에도 늘 변함없는 젊은 노력, 지치지 않는 꿋꿋한 연극의 목표는 감탄스럽다. 30년 세월에 이렇게 변함없을 수도 없고, 30년 세월에 이처럼 꾸준하게 성장을 멈추지 않을 수도 있을까 감탄스럽다.

이들의 얼굴은 이미 친숙해졌고 이미 다정해졌고 이미 갈채를 보내야만 하는 성숙함으로 우리 앞에 다가섰다. 그러므로 우리는 이들의 이름에 사랑을 보내고 이들의 무대에 갈채를 보내야만 한다.

젊은 연극 〈전쟁음?악!〉, 힘찬 의욕에 갈채

젊은 연극 모임인 극단 작은신화가 5월 1일~15일 신촌에 있는 신선소극장에서 〈전쟁음?악!〉이라는 제목의 연극을 하고 있다. 관객이 하나도 없어 공연을 못 하기도 하고(8일 낮), 대학가의 최루탄 가스로 재채기를 해가면서도(9일) 아주 열심히 공연을 하고 있다. 이들의 무대는 그래도 여러 가지로 재미있다. 그리고 아주 훌륭하다. 연극이 살아 있는 사람의 예술이고 현장의 사건이고 대화임을 외치는 젊은 힘이 우렁차다.

극단 작은신화는 서강대를 중심으로 7개의 대학극 단체가 모인 연극 모임으로 시작해(1986년), 이제는 대학극 출신의 젊은 연극인들을 중심으로 한 젊은 극단으로 발전했다. 이들은 1986년 뮤시컬 〈결혼〉과 〈불어를 하세요〉를 만들어 카페 순회공연을 하면서 활동을 시작했다. 이번 공연은 1987년 〈잠이 자고 싶은 사나이〉 〈산국(워크숍)〉 〈아침, 정오 그리고 밤〉에 이은

3년 만의 무대다. 이들은 연극 연습 도중 교통사고로 죽은 친구(이유철)의 기억을 갖고 있으며, 또래들이 연극을 향해 쏟는 비슷한 생각과 정열으로 뭉쳐있다.

이들의 무대는 미건 테리가 베트남 전쟁을 소재로 해서 전쟁의 비인간적인 측면, 증오와 죽음의 얘기를 펼친 〈베트 록〉이라는 작품을 바탕으로 만든 집단 창작 형식이다. 〈베트 록〉의 기본 구조를 바탕으로 김영인이 작품을 구성했고 길해연, 권태주, 이승훈, 김경희, 홍성경, 김기훈, 이충원, 최선미 등 고만고만한 나이의 8명의 남녀 배우들이 참가해 집단 창작의 힘을 보여주었다.

전쟁과 그 주변, 그 속에 사는 사람들의 얘기를 상당히 회의적으로 얘기하는 이들의 무대는 각 장의 주제를 선택하는 데 더 의젓했고, 그 주제를 풀어내는 전개에서 재치와 활기가 있었다.

미건 테리의 작품을 우리 얘기로 끌어온 것이나 풀어나가는 방법에서 친근함을 많이 끌어낸 것은 이 무대의 힘과 재미를 만들어낸 요소였다.

우리 얘기를 우리말로 하는 것이라기보다 아직은 뭔가 외국어를 배워 그 외국어로 말하는 방법을 익히는 것 같은 어색함, 그에 대한 아쉬움이 있어도 젊은 집단의 의욕적인 무대로 갈채를 보내고 싶다.

–문화부 차장 『일간스포츠』 1990. 5. 12

전쟁음?악!(1990)

내가 아는
크레믈린 최용훈,
그리고 작은신화

강신일 배우

1997년 여름이었습니다.

최용훈 연출을 처음 만났습니다.

1980년대, 연우무대 황금기(온전히 주관적인 생각)를 보내면서

약간은 오만했고 연우의 작업이 최고라고 생각했던 시절,

대학을 막 졸업한 젊은 친구들이 극단을 만들어 활동한다는 소문만 들었습니다.

그들이 바로 작은신화였습니다.

세월이 지나 극단 후배들은 그들과 교류가 있었던 모양인데,

난 그냥 스치듯 이야기만 들었을 뿐이었죠.

90년대 들어 몇 번의 고비를 넘긴 연우무대가

오랜만에 야심 차게 신작을 준비하게 되었습니다.

〈김치국 씨 환장하다〉라는 작품으로 처음 최용훈을 만나게 되었습니다.

연우무대와 학전에서의 작업이 전부였던 나로서는
외부 연출이 처음인지라 설레기도 하고 긴장도 되었지요.
참 신기했습니다.
오랜 기간 연우에서 함께 작업했던 것처럼 편안했습니다.
썰렁한 농담도, 사람 좋아하고 술을 좋아하는 것도,
참 많이 닮아 있었습니다.
그때의 작업은 정말 유쾌했고 의미도 있었습니다.
공연이 끝나고 헤어짐이 아쉬울 정도였으니까요.
공연의 성과도 좋아서 앵콜 공연까지 했었죠.
그로부터 15년이 지난 2012년.
느닷없이 최용훈으로부터 전화가 옵니다.
그전에도 두어 번 전화가 있었지만, 스케줄만 물어보고 끊었었지요.
이번엔 달랐습니다.
오랜만에 마주 앉았습니다.
얘기는 아주 간단명료했습니다.

국립극장에서 삼국유사 프로젝트를 진행 중이다.
그 일환으로 '꿈'이라는 제목의 연극을 올리려 한다.
현재 대본은 없다. 김명화가 대본을 쓰고 있다.
형이 맡을 역은 이광수 역할이다. 형이 꼭 해야 한다.

이것이 전부였습니다.
작품을 선택하는 데 있어서 배우들이라면 몇 가지 따져볼 일들이 있습니다.
그중에 첫 번째가 대본일 것입니다.
그런데 대본이 없다고 합니다.

고맙다고 했습니다.
진정 고마웠습니다.

다만, 15년 전엔 연극에만 몰두했었지만 지금은
영화와 드라마를 병행하고 있으니 공연 기간은 어떻게든 맞춰보겠으나
연습엔 상당히 지장을 줄 수도 있다고,
미안하다고 했습니다.
그렇게 오랜만에 또 함께 작업을 했습니다.
예전만큼 많은 시간을 함께 보낼 순 없었지만, 즐겁고 행복했습니다.

왜 연극을 해야 하나?
어떤 연극을 해야 하나?
누구나 고민을 하면서 살았을 것입니다.
지금까지 살아온 바로는 사람만큼 중요한 것이 없었습니다.
시대적 사명감과 사회적 책임 의식은 뒤로 놓더라도,
우선 작업을 하는 사람들이 즐거워야 하지 않을까?
어울려 작업하는 이들이 신명 나고 살아 있어야 하지 않을까?
그러니 연극 작업에서 제일 중요한 것은 사람이 아닐까?
좋은 대본도 좋은 공연도 끝나고 나면 추억이 되고 연극 역사에 회자될 뿐,
결국 남는 건 사람이 아닐까?

이것이 작은신화의 힘이 아닐까?
곧 최용훈의 덕이 아닐까?

작은신화 30년.

이 긴 세월을 버텨낸 것만도 대단한 일인데, 국내 연극 단체 중
가장 많은 단원을 보유하고 있다는 것은 정말 경이로운 일입니다.
단순히 숫자가 많은 것뿐만도 아닙니다.
작은신화의 작업은 늘 신선했고, 생동감이 있었습니다.
젊은 생기가 있었습니다.
긴 세월 동안 좋은 작가, 좋은 연출이 생겨나고 이제는 대학로에서 중견 연기자로 인정받는 초창기 연기자부터 젊은 연기자까지 믿고 보는 연기자로 자리매김한 배우들이 여럿입니다.
정말 축하하지 않을 수 없고, 무한 박수를 보냅니다.
앞으로 또 얼마만큼의 시간을 견뎌낼지 알 수는 없지만, 처음 시작 그때의 자세로 더 많은 사람에게 감동과 사람 냄새 물씬 나는 작업을 해주시길 바랄 뿐입니다.
언제나 웃으며 만날 수 있길 바랍니다.
30주년 마음껏 누리시고 다른 이에게도 나누어주시길.

언젠가 또 느닷없이 걸려올 최용훈의 전화를 기다리며 강신일이 몇 자 적습니다.

김치국 씨 환장하다(1998) © 극단 연우무대

작은신화, '우리'를 위한 생태계

조만수 연극평론가

'작은신화'라는 이름은 그 자체로 모순을 품고 있다. '작은'과 '신화'는 함께 묶여 하나의 단어를 이루기에 어울리지 않는다. '신화'는 인간과 세계의 관계를 하나의 체계 속에서 통합하여 이야기하는 거대서사이다. 그런데 '작은'이라는 관형어가 신화와 결합할 때는 단지 신화를 축소해 소박하고 겸손하게 만드는 것이 아니다. 만일 축소된 신화라면, 일상의 삶 속에서 잃어버린 신화를 찾으려 할 것이다. 그런데 '작은' 신화는 '큰' 신화의 대립어가 아니라 '신화' 자체의 대립어이다. 작은 신화는 거대서사를 조각내어 작은 조각들로 만든다. 작게 부수어 더 이상 신화가 아닌 것들이 '작은신화'이다. 이처럼 '작은신화'는 하나로 수렴되는 것을 애초에 거부하는 이름이다. 한 명의 연출가, 하나의 연극 이념, 하나의 뿌리를 부정하는 연극집단이 바로 작은신화인 것이다.

그럼에도 불구하고 이 단어의 조합 속에는 단수로서 '신화'가 남아 있다. 그렇다면 '신화'는 단수가 아니면서 단수인 단어이다. 그들은 '작은신화들'

이 아니라 '작은신화'이다. 거대 서사가 아닌 작은 것들이 모여서 어떻게 '신화'를 이룰 수 있을까? 어떻게 복수가 모여서 단수가 아닌 단수를 이룰 수 있을까? 작은신화는 수많은 작은 물고기들이 모여 하나로 움직이는 거대한 군락이다. 그 거대한 군락은 하나의 실체를 갖는 것 같지만, 움직임 속에서 이내 흩어지고, 다른 모양의 군집을 이루며 움직인다. 복수이면서 단수이며, 동시에 하나로서, 고정된 정체성을 지니지 않는 유동하는 물고기들이, 바로 '작은신화'이다.

80년대 작은신화가 처음 작은 집단으로 모였을 무렵 작은신화는 76극단, 연우무대 등의 선배들로부터 자양분을 취하지 않았다. 작은신화보다 10년 정도 앞서서 시작했던 76극단과 연우무대는 자신들과 앞선 연극 집단들과 차별화를 통해서 성장하였다. 76극단과 연우무대는 한국 연극에서 처음으로 자의식을 가진 청년들이었다. 그들은 외국의 연극과 자신들의 연극이 다르다는 것을 알고 있었으며, 옛 전통과 그들의 현재가 다르다는 것도 알고 있었다. 그러므로 그들은 모든 것을 자신들이 만들어나가야 했다. 76극단과 연우무대는 아버지 없이 자란 큰형 같은 존재들이었다. 그렇기에 그들은 신화이며, 거대서사였다. 76극단과 연우무대는 자신들의 연극적 정체성에 대한 명확한 주장이 있었고 그들은 앞선 시대를 부수면서 스스로 자신을 성장시켰다. 그들은 스스로 자신을 선언하는 집단이었으며, 그 주변으로 모여드는 후배들을 위한 커다란 집이 되었다. 많은 젊은 연극인들이 76극단과 연우무대의 영향을 받으며 성장하였다.

그런데 작은신화는 그들을 따르는 후배가 되기를 원하지 않았다. 작은신화는 처음부터 그들 자신이고자 했다. 작은신화는 앞선 세대를 부수려고 하지 않았으며 단 하나의 자신을 주장하지도 않았다. 그들은 연우무대나 76극단과 다르지도 않았지만 그렇다고 같지도 않았다. 그들은 어떤 연극을 부정하고 어떤 연극을 긍정하려는 것이 아니라, 연극이 무엇인지를 스스로 알아가고자 했다. 76극단과 연우무대는 이미 20대에 그들이 하고자 하는 연극을 정확히 알고 있다고 주장하였지만, 같은 20대에 작은신화는 그것이 무엇인지 알지 못함을 인정했다. 그들은 연극이 무엇인지 알지 못했고, 그들이 하고 싶은 연극이 무엇인지 알지 못했다. 그래서 작은신화라는 이름으로 모여든 이 젊은이들은 처음부터 시작해야 했다.

그들은 번역극, 부조리극을 거쳐, 앞선 세대의 작가, 그리고 차츰 자신들과 동년배 작가들과 만나면서 연극을 계속해나갔다. 작은신화는 80년대를 관통하면서도 거대서사에 기반을 둔 80년대 대학극의 일반적인 경향과 무관하게 자신들을 형성해가고 있었다. 76극단의 '기인'도 아니고 연우무대의 '엘리트'도 아닌 '작은' 존재들에 불과했지만, 그 작은 존재들이 '함께' 연극 안에서 스스로 자신을 지탱하고 지속하기를 원했다.

작은신화는 하나의 유기체로서의 집단을 구성하지도 않았다. 연우무대는 이상우, 김광림, 김석만 등 서로 다른 개성을 지닌 연출가들로 구성되면서도 하나의 방향성을 지니고 있었고, 그렇기에 하나의 유기체로서 생성, 성장, 쇠락해갔다. 그런데 작은신화라는 자리로 모여든 최용훈, 반무섭, 김동현, 신동인, 이곤, 정승현 등의 연출가들은 하나의 방향성을 갖지 않는다. 그렇기에 작은신화는 하나의 유기체로서의 생명의 발흥과 쇠락을 겪지 않는다. 작은신화는 전성기가 언제인지, 그리고 대표작이 무엇인지 말하기 힘든 집단이다. 작은신화는 단지 연극을 지속시키는 자리이다. 그리고 그 자리로 연출가는 물론, 배우들, 스태프들이 모여들어 대학로에서 가장 커다란 집단을 이루기에 이른다. 30년이 넘는 시간 동안 작은신화라는 자리는 그들이 연극을 지속시킬 수 있는 '터' 였다. 결국 그들이 만들어내는 신화는 그들의 지속, 그 자체이다. 어떤 이야기를 하는가가 중요한 것이 아니라 그들이 이야기하는 자리에 끊임없이 오르고 있다는 사실이 중요한 것이다. 신화란 '쇼는 계속되어야 한다'라는 것이며, 이 지속 속에서 연극에 관여하는 모든 이들의 삶이 지속성을 갖도록 하는 것이다.

그러므로 작은신화는 하나의 집단이라기보다는 군락이다. 그들은 마치 거대한 덩어리를 이루는 물고기들의 군락과도 같다. 그들 하나하나가 모여서 거대한 군락을 이루며 움직이다가 일순간 방향을 바꾸고 흩어졌다가 다시 모이는 커다란 덩어리이다. 그 덩어리가 어떤 모습을 이루는가가 문제가 아니라 그들이 하나를 이루고 있다는 것 자체, 그리고 그들이 하나를 이루고 있는 이유는 그 안에서 그들의 삶이 보호받고 지속되기 때문이다. 작은신화는 이처럼 하나의 생태계이다.

'우리연극만들기' 또한 같은 입장에서 바라보아야 한다. '우리연극'은 반드시 번역극의 대립어로서의 창작극이 아니다. 물론 '우리연극'은 창작극 발굴을 위한 작은신화의 프로그램이지만, 이때, '우리'는 '외국'의 대립어라기보다는 작은신화라는 이름과 결합하는 모든 이들을 아우른다. 고립되어 작업할 수밖에 없는 극작가들에게 작은신화는 '우리'가 되어준다. 아니 그들과 함께 우리가 된다. 그들은 함께 성장하면서 함께 버텨나간다. 작은신화는 이처럼 연극인들에게 버텨나갈 수 있는 생태계를 이루면서 어떤 면에서 연극관련 공공기관이 해야 할 임무를 수행한 것인지도 모른다.

30년 동안의 작은신화의 공연 연보를 보면서, 연출가, 배우는 물론, 스태프들에게도 눈이 간다. 이들이 없었다면 대학로는, 그 시간들은 과연 어떠했을까? 작은신화의 30년은 단지 한 극단의 30년이 아니다. 대학로에서 가장 커다란 연극 집단인 작은신화는 그들과 함께, '우리'를 형성한 우리들 모두의 이름이기도 하다.

연극이란 거대한 사회의 작은 일부에 지나지 않는다. 하지만 그 작은 일부가 존재하지 않는다면 사회도 없다. 연극이 존속해야 하는 이유가 거기에 있다. 그러므로 '작은신화'라는 우리들의 지속, 그것이 신화이다.

정함이 없는
'형형색색'의 모습으로
극단 작은신화 30년의 빛깔!

최윤우 웹진 『연극in』 편집장

벌써 10년이 흘렀다. 2006년 1월, 창단 20주년을 기념하며 최용훈 대표를 만났던 그때로부터 지금까지. 당시만 해도, 이렇게 빨리 극단 작은신화의 30년을 목전에서 보게 될 것이라고 예상하지 못했던, 그 10년의 세월이 또 흘러, 그렇게 극단 작은신화는 올해로 창단 30주년을 맞았다.

1970년대 후반부터 2016년 현재까지, 그러니까 한국 연극이 소극장운동을 필두로 활성화되고 자리 잡아가던 지난 45년간의 역사를 찬찬히 되짚어 본다면, 그 사이에서 30년을 한결같은 이름으로, 끊이지 않는 활동성을 갖고 이어온 극단 작은신화의 족적은 분명 기억할 만한 연극사의 흔적 중 하나일 것이다. 물론 그것은 단순한 시간의 버팀이 가져다주는 힘만은 아니다. 거기에는 30여 년 동안 녹아 있는 극단 작은신화의 연극에 대한 지향과 그것을 대하는 삶의 태도, 그것을 이루는 많은 연극인의 모습으로부터 발화되는 다양한 빛깔 때문이리라.

"극단의 색깔이 명확히 보이지 않는다는 것을 다행스럽게 생각한다.

그것이 극단 작은신화가 지향하는 연극 작업의 한 방식이며,

작은신화가 성년이 될 수 있었던 근간이다."

–2006년 1월 『한국연극』, 창단 20주년 당시 **최용훈** 대표와의 인터뷰 중

극단 작은신화를 만나고 많은 지면을 통해 이야기했던 것 중에 빼놓을 수 없는 단어가 하나 있다.

바로 다양성이다. 극단 작은신화는 우리가 익히 알다시피 100여 명의 단원들이 모여 있는 재정 공동체다. 극단을 만들 때 대표를 정하고 창단했지만, 1인 체제보다는 팀이라는 개념으로 극단의 방향성을 정했다. 즉, 같은 선상에서 발언하고, 모두 같은 권한과 의무를 갖는다는 뜻을 모았고, 자연스럽게 극단이 다양성으로 확장되는 기준점이 되었다. 그리고 그것이 극단 작은신화를 수식하는 대표적인 또 하나의 언어가 되었다.

혹자는 명확한 극단의 색깔이 없다는 것에 대한 아쉬움을 피력하기도 하지만, 이러한 극단의 개방성이 지난 30년간 어떤 모습으로 무대와 관객을 만나왔는가를 되돌아보자. 일일이 수많은 작품을 열거하지 않더라도, 작은신화가 걸어온 그 길에 연극계의 또 다른 지형이 새겨져 있다는 것을 목격하는 것은 그리 어려운 일이 아니다.

극단 작은신화가 여전히 생동감 있는 무대를 이어가고 있는 힘이 바로 여기에 있다. 가령, 극단을 이끌고 가는 대표의 철학과 관점, 세상을 보는 시각이 동시대의 화두를 건드리지 못할 때 우리는 '늙어감'을 말한다. 만약 극단 작은신화가 최용훈 대표의 관점으로 30년을 견뎌왔다면, 작은신화가 한국 연극계의 계속된 젊음을 유지한다는 것이 그리 쉽지는 않았을 것이라는 말이다. 그런 의미에서 극단 작은신화의 현재는 최근 우리가 주목하고 있

는 '극단의 공동체성'이 무엇인가를 오랜 세월의 흔적으로 대변하고 있는지도 모른다.

그러한 공동체성은 작품으로도, 그리고 극단의 운영 측면으로도 구체화되어 있다. 그것이 100여 명이 넘는 단원들이 함께하는 '거대 집단(?)'의 실체다. 1986년 7월, 10개 극회 출신 대학생 13명이 모여 창단한 극단 작은신화가 30년이 지난 지금 보이는 이러한 성장의 발판이 바로 다양성에 있다고 해도 과언이 아니다. 물론 한곳에 모두가 모이기는 힘들다. 그럼에도 불구하고 언제든 작품을 같이 할 수 있는, 같은 언어를 공유하고 있는, 그래서 자연스럽게 만들어진 앙상블을 토대로 작품을 만들어갈 수 있는 단원이 100여 명이 상시대기하고 있는 그것이 다시 극단의 저력으로 돌아온 것이다.

"끈을 가진 거죠. 극단을 들어온 친구가 제 공연을 그냥 봤을 때와
선배 단원의 공연을 보는 것은 다른 것 같아요.
집단의 힘을 유지하는 것은 강제적인 것이 아니잖아요.
농담으로 우리 보고 인력 양성소 같다는 말도 하는데,
그런 자긍심이라는 걸 무시하지 못하는 것 같아요.
단원 모집할 때 '공연 보고 극단에 들어오게 됐다'는 말을 많이 듣는데,
극단의 힘은 만들어진 작품이 증명해준다고 봐요.
연극은 어깨너머로 배운다는 말처럼,
말로 백날을 떠들어봐야 그것도 아닌 것 같고.
특히 우리는 이제 들어온 신입 단원도 어떤 작품에 맞다 그러면
과감하게 무대에 세워요.
몇 년은 죽어도 배우 못 할 거야, 그런 게 아니라."-길해연

-2014년 6월 웹진 『연극in』 극단적인연극사 인터뷰 중

'작은신화'라는 이름으로 미루어 보면, 창단 당시, 대학 4학년의 젊고 당찬 열정의 '꽃청년'들은 아마도 연극계의 새로운 '신화'를 만들어보자는 가열한 의지를 갖고 출발했을 테다. 다만, 작은 것이 모여 큰 것을 만들어내고, 좁은 것이 확장돼 넓은 것을 만들어내는 것처럼, 소박한 겸손함으로 '작은'이라는 수식이 곁들어졌을 뿐. 누군가 이 '작은' 때문에 확 크지 못한다고 농을 건네기도 하지만, 그래도 괜찮다. 출발 당시 10명 남짓의 단원들은 10배로 늘었고, 쉼 없이 이어진 작은 움직임들은 연극계의 만형으로 서는 힘을 갖게 했다. 한국 연극 100년의 역사 속에서 빼놓을 수 없는, 앞으로 더 많은 역사를 이어갈 수 있고, 꼭 그렇게 가야만 하는 존재가 되었으니 말이다.

'지금 여기, 변화하는 자유로움', 앞서 밝혔듯 극단 작은신화가 1986년 창단하면서 세운 모토는 30년이 지난 지금까지 같은 흐름을 견지하고 있다. 그 자유로움의 시작을 되짚어 가보면 제일 먼저 마주하게 되는 것은 역시 창단 공연이다. 그 지향성이 바로 극단 작은신화를 대변하고 있는지도 모른다.

"극장 자체가 부족하기도 했고, 혹여 극장이 비어 있다 할지라도
우리처럼 근본 없는 젊은 극단에 극장을 빌려줄 만한 데가
없기도 했죠. 그런데 반드시 극장에서가 아니더라도
연극은 관객만 있으면 할 수 있는 거잖아요.
아무래도 또래들을 만날 수 있는 대학가 카페들이
가장 끌리는 공간이었고,
공간의 다양화는 물론 수용 계층의 다원화까지 생각했던 거죠.
당시로써는 우리가 할 수 있는 조건 하에서
모든 가능성을 최대한 찾아보는 게 과제였어요."

–2016년 6월 13일, 웹진 『연극in』 기획연재 중 **최용훈** 대표의 말

첫 출발이 그러했기 때문일까. 극단 작은신화가 목도했던 공간의 다양화, 수용계층의 다원화, 즉 할 수 있는 조건 하에서의 모든 가능성을 찾아가는 작업은 자연스럽게 '변화와 자유로움'을 획득하게 한다. 이러한 과정에서 극단 작은신화가 보여줬던 지향성은 오롯이 '연극하는 삶'을 통해 성장해왔고, 인과 관계처럼 한국 연극계를 잇는 하나하나의 역사로 함께 자리하고 있다.

그리하여, 극단 작은신화의 궤적을 좇다 보면 필연처럼 한국 연극이 어떤 흐름으로 전개됐는지를 확인할 수 있다. 그 이유 역시 분명하다. 한국 연극의 가장 최전선에서 작은신화가 살아 있는 증거처럼 존재해왔기 때문일 것이다.

한국 연극에서 30년의 역사를 살아낸다는 것은 결코 녹록지 않은 일이다. 게다가 처음 세운 깃발을 흔들림 없이 유지하고 간다는 것은 더더욱 그렇다. 그런 작은신화의 30년 시절에 깊은 박수를 보내는 이유가 여기에 있다.

남은 것은 이제 새롭게 시도될 변화와 자유로움이다. 역사는 시간이 채워주는 것이 아니라 그 역사를 살아내는 행동으로 기록된다. 극단 작은신화가 '지금 여기, 변화하는 자유로움'을 내걸고 시작했던 30여 년 전 어느 날의 도전과 흥미로움을, 이제 다시 시작될 역사 위에서 '이제 다시, 변화무쌍한 자유로움'으로 확장되는 또 다른 원년이 되기를 기대해본다.

서른, 잔치는 이제부터 시작이다!

극단 작은신화 창단 30주년에 부쳐

배선애 연극평론가, 드라마투르그

우선, 극단 작은신화의 창단 30주년을 진심으로 축하합니다! 그리고 그 잔칫상에 숟가락을 얹게 된 것을 무한한 영광으로 생각합니다. 정말 기쁩니다. 처음 이 글에 관한 청탁을 받고는 어떤 글을 써야 하나 고민을 많이 했습니다. 특별한 제안이 없는 글이 사실 더 쓰기 어렵거든요. 이런저런 생각을 하다가 결국은 극단 작은신화와 저의 관계, 조금 더 간단히 정리하면 극단 작은신화의 오래된 팬의 한 사람으로 보낸 시간을 정리하기로 했습니다. 그러니 이 글은 제가 극단 작은신화를 만났을 때부터 지금까지의 기록이 되겠습니다. 물론 개인적인 소회가 우선이 되겠지만, 그 시간이 극단 작은신화의 10년, 20년, 30년을 공유하고 있기에 잔칫상의 숟가락으로 나름의 의미는 있지 않을까 조심스레 기대해봅니다.

제가 본격적으로 대학로 연극을 챙겨보기 시작한 것은 대학원에 진하한 후였습니다. 현실과 조응하는 연극에 관심이 많았기에 자연스레 민족극협의회 소속 연구단체인 민족극연구회에 가입했고, 마당극과 민족극에 관해 공부하면서 그 현장성과 역동성, 풍자성을 어떻게 심화하고 지속해나갈 것인가를 진지하게 고민하기 시작했습니다. 지역의 민족극을 보러 다니고, 민족극한마당 공연을 모두 챙겨 본 것도 그 고민의 연장선이었습니다. 그런데, 이 시기에 놀라운 작품을 바탕골소극장에서 만났습니다. 바로 〈mr. 매킨도 · 씨!〉(1993). 다리오 포의 원작을 각색해서 올린 이 작품은 한마디로 신선한 충격이었습니다. 마당극이 아니어도 이렇게 흥겹고 역동적으로 현실을 은유할 수 있다는 놀라운 발견이었습니다. 거기에 젊은 배우들이 뿜어내는 에너지가 객석까지 전달되는 그 힘은 당시의 어떤 극단이나 작품에서도 발견하기 힘든 것이었습니다. 제가 극단 작은신화의 팬이 된 것은 이 작품부터였습니다. 한눈에 반한 것이지요. 주저 없이 관극회원이 되었고, 〈황구도〉(1994), 〈매직아이 · 스크림!〉(1995), 〈라구요?〉(1996), 〈매일 만나기에는 우리는 너무나 사랑했었다〉(1997) 등을 챙겨보면서 극단 작은신화에 푹 빠졌습니다. 이 극단은 오태석, 이윤택처럼 연출이 도드라지는 것도 아니고 스타급 배우가 주목받는 것도 아닌 '작은신화'라는 극단 자체가 빛을 내는 신기한 극단이었습니다. 발랄함과 무정형의 실험, 거기에 녹아드는 현실에 대한 성찰은 차기 작품을 계속 기대하게 하는 극단 작은신화의 매력이었습니다.

mr. 매킨도 · 씨!(1993)

동아연극상을 비롯해 각종 상을 휩쓴 〈돐날〉(2001)을 필두로 2000년대의 극단 작은신화 행보는 이전 시기와는 조금 달라졌는데, 공동창작의 기조에서 작가와 작품의 발굴로 무게 중심이 옮겨졌고, 그에 따라 극단 작은신화의 다양한 연출들이 자신의 개성을 드러내기 시작했습니다. 이것을 가장 잘 보여준 것이 2006년의 창단 20주년 기념 공연이었습니다. 〈뒤바뀐 머리〉(토마스 만 작, 이곤 연출), 〈거미여인의 키스〉(마누엘 푸익 작, 신동인 연출), 〈코리아, 환타지〉(최치언 작, 최용훈 연출), 〈빈대〉(블라디미르 마야콥스키 작, 반무섭 연출)의 네 작품을 연속으로 공연하였는데, 창작극을 비롯하여 잘 알려지지 않은 작품들과 극단 소속의 젊은 연출가들로 구성되어 있어서 스무 살을 맞은 극단 작은신화가 이만큼 성장했고, 더 다양하게, 더 많이 성장하리라는 것을 보여주었습니다. 실제로 이 기념공연에 참여한 최치언 작가는 바로 이어서 〈연두식 사망사건〉(2006)을 최용훈 연출로 공연했고, 이곤 연출은 〈기찻길 옆 오막살〉(2007)로, 신동인 연출은 〈꿈속의 꿈〉(2008)을 연속적으로 공연하면서 극단 작은신화가 풍성해지고 단단해졌다는 것을 증명했습니다. 저 개인적으로는 〈똥강리 미스터 리!〉(2009) 같은 극단 작은신화의 색깔이 물씬 풍기는 공동창작 작품을 선호하지만, 다양한 연출의 다양한 작품들은 극단 작은신화의 식지 않는 에너지이고 지치지 않는 힘이라고 생각합니다.

창단 25주년인 2011년에는 좀 더 의욕적으로 기념행사를 꾸렸습니다. 그동안 축적된 것들을 유감없이 선보이는 자리였습니다. 자유로운 실험 정신을 추구해왔던 그 시간 동안 완성도와 관객 호응 측면에서 호평을 받은 작품들은 극단의 레퍼토리가 되었고, 이 자리는 그것들을 한데 불러 모아 전시하는 자리였습니다. 〈돐날〉(김명화 작), 〈가정식 백반 맛있게 먹는 법〉(김숙종 작), 〈황구도〉(조광화 작)와 같은 세 편의 대표작과 신작인 〈매기의 추억〉(장성희 작)을 선보였습니다. 특히 〈돐날〉은 10년 전 초연 때의 배우들이 다시 출연하여 스물다섯 생일상을 더욱 돋보이게 하였습니다. 이 무렵 저는 연극평론가로 활동하고 있었고, 월간『객석』에 프리뷰를 쓰기 위해 〈황구도〉 연습실을 찾았습니다. 네 편을 모두 연출하는 최용훈 대표와의 인터뷰에 앞서 오래된 팬으로 극단 작은신화에 대한 애정이 남다르다는 것을 고백했고, 그 덕분인지 작품과 극단 얘기들을 풍성하게 들을 수 있었습니다.

가정식 백반 맛있게 먹는 법(2011)

25주년 기념 공연을 준비하면서도 최용훈 대표는 30주년을 구상하고 있었는데, 극단 초기에 선보인 공동창작 작품을 만들고 싶다는 것, 극단 소속 배우들이 모두 출연할 수 있는 작품을 해보고 싶다는 것 등이었습니다. 이야기를 듣고 상상하는 것만으로도 흥미로웠고 기대가 되었습니다. 물론, 30주년인 올해, 최용훈 대표의 이 구상은 실현되지 않았고 그래서 많이 아쉽긴 합니다만, 언젠가는 상상을 현실로 만나는 때가 오리라 믿습니다.

'우리가 이렇게 잘 자랐습니다'를 보여준 25주년 기념 공연의 화려함을 떠올리면 상대적으로 올해 30주년 기념 공연은 소박합니다. 올해 초에 공연한 〈토일릿 피플〉(이여진 작), 지난가을에 공연한 〈싸지르는 것들〉(막스 프리쉬 작), 이렇게 두 편이니 20주년, 25주년에 비해 양적으로는 눈에 띄게 왜소합니다. 그러나, 극단 작은신화의 배우들이 대거 출연하면서 30년 동안 축적된 에너지를 보여주었기에 질적으로는 부족함이 없다고 생각합니다. 그리고 비록 공식적인 행사는 아니었지만 12월 19일과 20일 이틀 동안 내년에 공연될 '우리연극만들기'의 두 편을 낭독극으로 공연한 것은 30년으로 무엇을 정리하고 마감하는 것이 아닌, 더 성숙한 앞날을 탄탄하게 준비하고 있음을 보여주는 뜻깊은 자리였습니다. 이 글의 제목을 한때 베스트셀러였던 최영미 시인의 시 〈서른, 잔치는 끝났다〉를 패러디한 이유도 여기에 있습니다. '서른, 잔치는 이제부터 시작'이라는 호기로운 선언, 역시 극단 작은신화답다는 생각이 듭니다.

저는 그 사이 연극평론만 하다가 어찌어찌 드라마투르그 작업을 겸하게 되었는데, 2013년 2월에 공연한 신동인 연출의 〈봄이 사라진 계절〉에 드라마투르그로 참여하면서 극단 작은신화와 직접적으로 관계를 맺게 되었습니다. 그동안 객석에 앉아 혼자서만 좋아하던 배우들을 만나는 것이 즐거웠고, 극단 작은신화의 작업에 이름을 올릴 수 있어서 기뻤습니다. 그리고 올해 30주년 공연 중 한 편인 〈토일릿 피플〉에도 참여하면서 극단에 조금 더 발을 들여놓을 수 있었습니다. 극단 작은신화의 관극회원으로 시작해서 드라마투르그로 두 편의 작품에 참여하게 된 것, 제가 연극을 전공하길 참 잘했다고 스스로 칭찬하는 것 중 하나입니다.

제 개인적으로 번역극보다 창작극을 좋아하는데, 지금도 그렇지만 어느 한때, 대학로에 셰익스피어와 체호프 작품의 공연이 넘쳐날 때가 있었습니다. 그 공연들을 보는 피로감에 젖어 있을 때 우연히 극장에서 공연을 보러 온 최용훈 대표를 만났습니다. 아무 맥락 없이, 뜬금없이 물었습니다. "선생님은 체호프 작품 안 하세요? 제가 본 연출들은 다들 체호프 좋아하던데."

따지는 듯한 이 질문에 최용훈 대표의 대답은 아주 명쾌했습니다. "저는 창작극이 더 좋습니다." 그 답을 듣고는 순간적으로 이 분이 극단 작은신화의 대표라는 것을 잊고 있었다는 것을 깨달았습니다. 제가 좋아하는 극단 작은신화는 그런 극단입니다. 다양한 연극적 실험과 창작극의 발굴. 지금까지 공연된 것을 보아도 누구나 한 번쯤은 공연하는 셰익스피어의 작품은 〈맥베드〉뿐이었고, 체호프의 작품은 한 번도 하지 않았습니다. 공연된 번역극들은 각색을 통해 실험성을 강하게 부여하거나, 국내에 잘 알려지지 않은 작품들, 잘 공연되지 않은 작품들을 중심으로 해서 '다양한 연극적 실험'이라는 창단의 지향점을 계속 유지하고 있었습니다. 거기에 창작극 발굴의 대명사가 된 '우리연극만들기'는 주목해야 할 작가들을 발굴한다는 의미도 커서, 이 프로젝트를 통해 배출된 걸출한 작가들을 통해 우리나라 연극을 풍성하게 하는 데에 큰 역할을 하고 있습니다.

이런저런 풍파에 흔들리기 쉬운 연극판에서 초심을 잃지 않고 극단을 유지하기란 정말 어려운 일입니다. 그럼에도 꿋꿋하게 소신을 지키면서 30년 동안 자기 할 몫을 해내고 있는 극단 작은신화는 여러모로 좋은 모범을 보여주는 극단입니다. 서른, 나이는 숫자에 불과하다는 것을 보여주는 극단 작은신화, 앞으로 40년, 50년을 지나 그 아름다운 행보가 계속 이어지길 오래된 팬의 한 사람으로서 기쁘게 바라봅니다.

영원한 동경과 곁눈질, 나와 작은신화

장성희 극작가, 연극평론가

극단 작은신화와의 오랜 인연을 적어가려는데 문득 2013년에 이미 정리해놓은 글이 있음이 떠오른다. 그 글의 제목은 '한 극단이 짐 지기엔 무거운, 지속적인 창작극 개발의 꿈 20년'이라고 되어 있다. 어느덧 20년을 훌쩍 넘어선 '우리연극만들기'에 붙인 축하 글이다. 그렇지. 작은신화의 꿈은 지금도 여전한가? 극단 30주년 기념 공연으로 막스 프리쉬 원작의 〈싸지르는 것들〉을 보고 나서 극단 출신 배우들의 흥성한 자축연에 초대되었다는 기쁨 뒤에 작가의 입장에서 어쩐지 아쉬운 생각이 들었던 것도 사실이다. 왜 창작극이 아니라 번역극이어야 했나? 이는 내가 정기 공연과 우리연극만들기를 혼동하기 때문이기도 한데, 어쨌든 아쉽고도 서운함은 생각을 부풀린다. 작은신화는 여전히 한국의 극작가들에게 무대와 접속할 징검돌을, 마중물을 놓아주고 부어주고 있는가? 이즈음의 공공 극장들이 외면하다시피 하는 창작극을 아직도 소중히 대하고 있는 드문 극단 중 하나인가? 빈 주머니로 남는 극단 살림 형편에 작품료를 제때 지급하지 못하거나 최소한의 예의만 차리더라도 태도만큼은, 시선만큼은 극작가들을 소중히 대하고 있나?

의심을 못 거두고 곁눈질하는 내가 있다. 이는 차라리 극단 안으로 깊숙이 자리 잡지 못한 채 언저리를 맴도는 '사이 인간'의 시샘일지도 모르겠다. 또는 작은신화의 빛바래지 않는 활력과 다른 시도에 대한 부러움이 깃든 시선일 수도 있다. 잠시 곁눈질을 거두고, 2013년에 쓴 글을 부분적으로 인용하면서 극단 작은신화와 나의 인연을 돌아보려 한다.

정확한 기억인지는 모르겠지만, '우리연극만들기'의 전신이라 할 수 있는 극단 내부 워크숍 공연으로 작은신화와 나의 인연은 시작된다. 94년이었나, 대학원 시절 시인 지망생에서 연극학도로 막 팔자 세탁(?)을 시작한 나는 선후배들과 나혜석의 일생을 소재로 한 연극 한 편을 작은신화가 벌인 잔치 안에서 선보일 기회를 얻는다. 지금도 악몽을 꾸곤 하는데, 막은 오르는데 대사를 미처 외우지 못한 내가 쩔쩔매고 있다. 학력고사 수학 문제를 다시 푸는 꿈만큼이나 괴로운, 얼른 깨고 싶은 꿈 중 하나이다.

그 다음은 '드라마투르그' 역할로서 맺은 인연이다. 나중에 정기 공연으로 오른 95년 '우리연극만들기, 그 두 번째' 김대현 작가 반무섭 연출의 〈라구요?〉에 감 놔라 배 놔라 하는 학술 쪽 일로 참가한 바 있다. 이상에 치우친 시선으로 현장의 결핍만 들추던 시절이었다고 회상한다.

작가로서 참여했던 '우리연극만들기, 그 세 번째'는 구제 금융 사태가 철퇴처럼 대한민국을 내리쳤던 1997년 초겨울이었다. 지금처럼 공모제가 되기 전, 작가 개인에게 의뢰를 통해 참가작을 찾던 때의 이야기다. 별 습작품도 쟁여두지 않고 단막극 한 편으로 달랑 등단한 신춘문예 출신 신인 시절의 내가 쏟아내듯 써 내려간 장막극을 들고 이 극단 저 극단을 기웃거리던 시기다. 1998년 초여름, 혜화동 1번지 규모에 맞는 작품을 한 편 써달라는 극단의 의뢰를 받는다. 이때 쓴 〈길 위의 가족〉으로 나는 '우리연극만들기, 그 세 번째'의 참여 작가가 된다. 학생에게 공동창작물 발표 기회를 줬던 현장 극단, 대학원 선배이자 가장 친한 동료였던 역사학도 출신의 연출가를 꿈꾼 재치 만발의 김경희가 소속된 극단이라는 이유로 동경의 대상이었다. 부디 내 운명이 책상머리 선비로 끝나지 않기를, 도서관에서 극장으로 삶의 길을 내기를 바랐던 내가 열심히 곁눈질했던 극단 작은신화……. 보는 이에서 만드는 이 속으로 삶의 '터무니' 자체를 바꾸려는 나의 열망이 향한 곳이

꿈속의 꿈(2011)

었다. 평론 활동을 하면서 연극학도로서 객석에서, 도서관에서 어디에 있던 연극만을 생각하고 연극을 위해 모든 힘을 집중했던 삼십 대……. 그럼에도 불구하고 나는 현장과 극단을, 극단이 있는 골목길을 열심히 곁눈질했었다. 그 당시 연락을 받고 보니 내가 쓸 작품의 연출가로 (아직 마음으로는 보내지 못한) 고(故) 김동현 씨가 내정되어 있다고 했다. 이미지를 살리는 섬세

한 그의 연출 방식에 꼭 맞는 작품을 써야지, 하면서 폐장된 놀이동산을 배경으로 상실과 이별 문제를 써 보려고 시놉시스를 쓰던 중에 IMF가 터졌다. 그해엔 가족 단위의 자살 소식이 유난히 많았다. 유원지를 배경으로 한 현대인의 고독 어쩌고, 아슴아슴한 작품을 쓰려 한 애초의 계획을 접고 '길 위에 나앉게 된 가족들의 마지막 소풍 이야기'를 쓰게 되었다. 이런저런 사정

끝에 연출가가 최용훈 씨로 바뀌었다. 배우들이 실제 사용하던 텐트며 코펠이며 여러 가지를 가져온 터라 저렴한 제작비가 매력적이라고 농을 던지며 만든 초연을 돌아보건대, 남루할 수도 있을 '극사실'을 소극장의 연극성으로 잘 안착시킨 공연이었다고 기억한다. 경제 불황에 동계올림픽이었는지 월드컵 중계 시즌이었는지 기억이 분명치는 않지만, 극장은 텅텅 비었고, 극

단은 작은 축제만으로도 빚을 졌으며, 나는 작품료를 한 푼도 받지 못했다. 지금도 술자리에서 이를 두고 최용훈 씨에게 대거리하는 버릇이 있다.

한 극단이 짐 지기엔 무거운, 너무 무거운 창작극 개발의 지속적인 꿈은 사실 매번 도전이었고 때로는 좌절과 의심을 불러일으켰다. 제작비 마련의 어려움 끝에 격년제로 안착하기까지 '우리연극만들기'를 지속해온 데는 단원들의 참여와 헌신, 다양한 무대 예술가의 재능기부, 그리고 저 좋아 희곡을 쓰는 작가들의 '팔자 봉사'가 한몫했을 것이다. 어쩌면 긴 세월 동안 유일하게 낙천적 시선을 거두지 않았던 이는 최용훈 대표뿐이었는지도 모른다. 늙지도 않는 희망 기계, 아이고 백만돌이 같으니라고!

그리고 인연은 2008 서울연극제 참가작이자 정기 공연 26회로 관객을 다시 만난 신동인 연출의 〈꿈속의 꿈〉으로 이어진다. 『삼국유사』에 나오는 보희·문희 자매의 '매몽 설화'를 다시 쓴 이 작품으로 2008년 서울연극제 대상, 희곡상, 연기상 등을 수상하는 기쁨을 함께 누렸다. 당시 극단에 들어와 청춘을 불사른(!) 아이돌 외모와 신체조건을 가진 젊은 배우들이 신병 등 코러스를 맡아 펼친 무대는 작은신화로서는 드물게 선보인 화려한 무대 스펙터클이었으리라. 길해연, 홍성경, 이혜원 등 여배우들의 성숙한 연기를 볼 수 있었던 행운의 기회를 작가로서 함께했으니 더없이 좋은 시절이었다. 여기에 이어 2011년 〈매기의 추억〉으로 극단 작은신화 25주년을 함께했다. 한국 연극을 등에 지고 천 리라도 달릴만한 힘과 기량을 내장한 다섯 명의 여배우들! 그들과의 접속을 주선해 준 최용훈 연출에게 다시 한 번 감사한다.

아, 그렇구나. 한 극단이 짐 지기엔 너무 무거운, 지속적인 창작극 개발의 꿈을 이렇게 함께, 오래 해왔었구나. 그리고 나는 늙었는데 이 극단은 영원히 젊구나! 지금은 2016년 이른바 단핵정국이다. 대통령이 맞았다는 미늘주사, 태반주사, 백옥주사 등 무슨 무슨 주사들이 주룩 거론되고 있다. 우리 연극 동네에서는 젊은 피의 수혈만큼 확실한 재생 비결이 어디 있겠는가?

우리연극만들기 새 작가 목록에 선생과 제자로 만난 인연들이 나란히 같은 작가로 별처럼 박혀 이름을 빛내고 있는 작금, 작은신화에 작은 보탬이 되었을 거라고 믿으니 이 또한 작은 기쁨 아니겠는가?

내 청춘의 곁눈질……, 누군가에게 동경의 눈길은 하늘을 향해 있지만 연극 동네 사람들의 시선은 곧잘 아래로 지하 극장이나 연습실로 향한다. 저편 골목 안쪽 중세 지하 도시로 내려가는 토굴처럼, 비밀스럽게 디오니소스의 신도들이 모이는 카타콤의 입구처럼 청춘의 빛을 잃지 않고 있는 극단의 연습실, 쿰쿰한 냄새가 배어 나오던 그 입구를 나는 영원히 곁눈질하며 그리워할 것이다.

작은신화와의 인연

김명화 극작가, 연극평론가

1. 그들이 열어준 판에서

한때 '작은신화'는 젊은 연극을 대표하는 아이콘이었다. 젊은 연극이 흔치 않던 시절, 이십 대 청년들이 모여 극단을 만들더니 '작은'과 '신화'라는 서로 어울리지 않아 보이는 두 단어를 합쳐 극단 이름을 만들었고, 공동창작과 영상 감각을 동원한 새로운 연극을 분주하게 선보였다. 연극을 꿈꾸던 많은 젊은이가 그들의 연극을 지켜보았고 그들을 만났고 또 그들을 거쳐갔다. 나 역시 그랬다. 그들의 연극을 보았고 어설프게 통성명하며 술을 마셨고 비평가로 등단해서는 그들의 연극에 관해 썼다. 이십 대의 끝자락에 선 작가와 연출가를 지망하던 애송이 연극인으로 그들이 열어준 '자유무대'에 서보기도 했었다.

'자유무대'는 일종의 워크숍 페스티벌인데, 작은신화 단원만이 아니라 외부인들에게도 문호를 개방해 젊은 연극인들이 소박하게나마 자신이 하고 싶은 작품을 공연할 수 있게 해주었다. 그 무렵, 아직 작가로 등단하기 이전의 나는 대학원에서 연극학을 공부하던 중이었다. 강의실에서는 나티아사

스트라부터 로버트 윌슨을 망라한 외국 연극을 공부하고 도서실에서는 사전을 끼고 영어 원서만 읽던 중이라 과연 내 전공이 연극학인지 영문학인지 내 국적은 한국인지 한국이 아닌 그 어딘지 정체성의 오리무중으로 부유하던 중 '자유무대' 소식을 접했고, 잠시라도 영어 단어에서 벗어날 호재라며 함께 공부하던 친구들을 부추겨 참가했었다.

그때 만들었던 작품이 〈나혜석-1994〉. 큰 틀은 나혜석에 대한 연극이었는데 출연 배우들이 갑자기 무대에서 자기 이야기를 들려주던 방식을 시도했으니, 지금 생각해보면 요즘 유행하는 자기 반영적 연극과 유사한 지점도 있을 듯하다. 작품은 소박한 수준이었지만 강의실이 아닌 극장에 나온 충족감은 컸다. 비록 작은신화 단원들이 참여한 작품은 아니었지만, 그들이 만든 판에 숟가락을 얹고 잠시라도 현장에 대한 허기를 달랬으니, 지금 생각해도 감사한 일이다.

그 작업 이후 나는 폐쇄적인 상아탑에서 한 걸음 나올 수 있었다. 대학로가 조금 더 살갑게 느껴졌고, '자유무대'를 인연으로 작은신화를 오가며 만났던 내 또래의 연극인들–좌장이었던 최용훈 형, 우아하고 날카롭던 김동현, 또 그 무렵 작은신화 단원으로 내 연극에 맹렬한 독설을 내뿜던 조광화가 기억난다–을 부러운 눈으로 지켜보았다. 키가 크지도 않고 잘생기지도 않은 그들이 저렇게 젠체(?)하는 것은 왜인지 또 어여뻤고, 똑똑한 나를 먹물이라고 은근히 무시하는지 현장으로 들어가 그들과 진검승부를 해보아야 할 것 같았다.

2. 그리고 함께 작업했다

그 후, 나는 정말 겁 없이 현장으로 걸어 들어와 희곡 작가가 되었고 다시 몇 년이 지나 작은신화와 만났다. 이번에는 작업하는 동지로 만났으니, 2001년 내가 쓴 희곡 〈돐날〉로 함께 작업하였다. 사실 나는 작은신화와의 작업은 〈돐날〉이 유일하다. 물론 그것이 인연이 되어 외부에서 최용훈 연출가와 두 편 정도 더 작업하였으나 작은신화와의 작업 인연은 〈돐날〉이 유일하고, 최용훈 형과도 작업 경험이 많은 편은 아니다. 그런데도 연극 종사자들에게 우리가 강력한 파트너로 각인된 데는 〈돐날〉의 몫이 크다.

〈돐날〉은 386세대에 대한 작품이었는데 작품을 쓴 작가만이 아니라 연출가와 배우들까지 모두 386이었으니 운이 좋은 작품이었다. 만일 다른 세대의 연출가나 배우들을 만났다면 세대의 차이를 극복하느라 꽤 진땀 흘렸을 것이다. 그런데 다행스럽게도 비슷한 연배의 제작진을 만나 큰 설명 없이도 이해되었고, 작은신화가 가진 특유의 쿨함(!)으로 날 선 싸움 대신 부드럽게 차이가 수용되거나 조율되곤 했다.

타이밍도 긍정적으로 작용했을 것이다. 마침 극단의 연혁이 쌓이면서 작은신화의 배우들이 초기의 감각적인 작품에서 벗어나 제대로 된 인물을 열망하던 시기에 캐릭터와 다이얼로그를 강조하던 내 작품을 만난 것이다. 난방도 없던 싸늘한 연습실과 가난한 술자리에서 배우들은 참 열심히도 연습하고 술 마시고 토론하고 낄낄거렸다. 어쩌다 연출이나 내가 대사라도 좀 줄이려고 하면 배우들이 그 대사의 중요성을 항변할 정도로 작품을 아껴주는 통에 나 역시 그들 속으로 자연스럽게 스며들어 같이 엠티를 가고 부득이하게 연출이 비운 연습실을 배우들과 지키며 밤새도록 술을 마셨던 기억이 있다.

그렇게 비슷한 나이의 우리는 젊음의 끝자락에서 함께 만나 〈돐날〉이라는 작품으로 연대했었다. 그러고 보니 〈돐날〉은 떠나가는 청춘을 애도하는 작품이기도 하였다.

3. 어떤 기억

내 연극 인생의 앨범에 성스러운 몇 장면이 있다. 그중 하나가 〈돐날〉 초연 당시 첫 번째 토요일 공연이 끝난 뒤의 무대 모습이다. 돌상이 뒤집히며 돌잔치가 끝나고 격한 하소연과 칼부림이 끝난 무대는 음식과 밀가루로 엉망이었다. 그 난장판에 극단의 꼬마 스태프들이 떼거리로 나타나 전쟁이라도 치르듯 무대 위를 쓸고 닦으며 치우던 모습이다.

작가인 나는 공연이 끝나면 로비에서 지인들에게 인사를 하느라 공연 시작하고 며칠이 지난 후, 저녁 공연이 있는 토요일에야 그 모습을 지켜볼 수 있었다. 밀가루였을 것 같은데 왜 내 기억 속에선 입김으로 저장된 걸까. 연극이 특출한 소수의 천재가 만들어내는 예술이 아니라 전면에 드러나지 않는 저 숨은 연대에 힘입어 한 걸음씩 내딛는 예술이라는 것을, 나는 그때 하얗게 입김을 내뿜으며 기꺼이 바닥을 쓸고 걸레질하던 '작은신화'의 꼬마 스태프들에게서 배웠다. 그 꼬마 스태프들이, 내 연극 인생에서 연극의 소박한 성스러움을 가르쳐준 진짜 스승일지도 모르겠다.

그리하여 그들과 연극을 한 지 오랜 시간이 지났건만 어느 술자리 혹은 어느 골목길에서 우연히 작은신화 식구들과 마주치면 우리는 누가 먼저랄 것 없이 손을 들어 환호하고 어깨를 껴안고 안부를 주고받으며 친구인 듯 동지인 듯 가족인 듯 서로의 존재를 반긴다. 며칠 전 어느 골목길에서도 그러하였듯이.

……

작은신화 30주년 축하드려요!

용훈 형, 술 좀 그만 마셔요!

돐날(2003)

축하합니다!

이성열 극단 백수광부 대표, 연출가

극단 작은신화가 30주년이 되었다니……! 이렇게 기쁠 수가!

제가 작은신화를 알게 된 것은 1991년입니다. 그때 전 극단 산울림의 연출부로 있었는데, 그때만 해도 극단에 들어가면 다들 그랬듯이 신촌 바닥을 돌며 포스터를 열심히 붙였습니다. 그러다가 묘한 제목의 포스터를 보게 되었습니다. 〈전쟁음?악! 2〉, 이게 뭐지? 제목 참 요상하네…… 하면서도 묘한 호기심이 동하는 제목이었습니다. 결국, 전 그 공연을 보게 되었고 한 번 더, 이번엔 진짜로 놀라게 되었는데, 이렇게 새롭고 이렇게 재밌는 공연은 거짓말 하나도 안 보태고 처음 보았기 때문입니다. 호기심에 이모저모 탐문해보니 이 작품을 만든 '작은신화'라는 극단이 20대의 새파랗게 젊은것들이 모여 만든 단체라는 것과 그 대표가 겨우 내 나이 또래의 최용훈이라는 걸 알게 되었습니다. 정말 놀랐고 얼마나 배가 아프던지……, 난 아직 시작도 못 했는데, 이것들이 벌써!

작은신화는 그 후로도 〈mr. 매킨도 · 씨!〉〈매직아이 · 스크림!〉 등의 대박 작품을 연달아 쏟아냈습니다. 흑흑, 어쩌겠어요, 단숨에 연극계의 기린아로 급부상했죠. 최용훈 대표는 가장 주목받는 차세대 연출가가 되었고요. 연극 평론가들과 신문 기자들은 온통 최용훈과 작은신화만 사랑하는 것 같았습니다. 이 사람들이 작은신화에 왜 이렇게 열광하는 걸까? 배가 아픈 전 소화제를 먹으며 생각해보았습니다. 그 첫째는 '공동창작'이라는 독특한 방식으로 작품을 생산한다는 점이었습니다. 당시만 해도 우리 연극계에선 공동창작이라는 말 자체가 생소하던 때라 이들의 작업 방식은 의아하기만 했습니다. '으잉? 작가 없이 지들끼리 노닥거리면서 작품을 만든다고? 웃기고 자빠졌네, 그게 작품이 돼?' 하며 다들 안 믿었죠. 그런데 되더군요. 그것도 아주 멋지게 말입니다. 신기하더군요. 그래서 다들 믿게 되었죠. 그러니 한국 연극계에서 공동창작하면 작은신화 빼고 얘기하면 안 됩니다.

둘째는 민주적인 극단 운영 방식입니다. 뭐, 얘길 들어보니 단원들이 포스터 붙이는 아르바이트도 하고 행사 공연도 뛰고 해서 공연 제작비를 마련한다고 하네요. 회비도 걷어서 연습실 월세도 내고. 아휴, 기특해라. 얼마나 이뻐요. 젊은 애들이, 제 코도 석 자일 텐데……. 그런데 무엇보다 중요한 것은 이들 집단이 기존의 권위적 리더십에 의존한 극단과는 완전히 다르게 조직되고 운영된다는 점입니다. 공동으로 의견을 모으고 공동으로 책임을 진다는 거죠. 기존의 권위적인 리더십이 이미 시효 만료되던 1990년대 중반에 작은신화와 최용훈은 이렇게 새로운 시대에 맞는 민주적 리더십을 멋있게 선보이면서 2000년대의 민주적 극단의 시대를 열어젖혔다고나 할까나…….

마지막으로 '지금 여기, 변화하는 자유로움'이라는 작은신화의 모토가 말해주듯, 작은신화는 '현재, 이곳' 한국의 현실에 대해 지속적인 관심을 가져왔으며, 그것은 자유로운 공동창작뿐 아니라 '우리연극만들기'라는 또 하나의 작은신화만의 브랜드를 만들었습니다. 많은 젊은 작가들이 여기를 통해 '지금, 여기'의 이야기를 할 수 있었습니다. 제목이 '~만들기' 인 것처럼, 이들은 작가와 배우, 연출이 모두 모여 함께 하나의 이야기를 만들어 나갔고 그건 바로 우리들의 이야기가 되곤 했습니다. 꽤 괜찮은 제도이고 지금도 계속되고 있습니다. 이런 게 바로 역사겠죠. (너무 거창한가……? 그런데 진짜입니다.)

음……, 말하다 보니 배가 더 아파졌습니다. 화장실 가야겠습니다.

가기 전에 한마디만 더. 작은신화 30주년을 진심으로 축하합니다!

매직아이 · 스크림!(1995)

최용훈, 그리고 작은신화

김광보 극단 청우 대표, 연출가

최용훈, 그의 작품을 처음 본 것은 1993년 바탕골소극장에서 공연된 극단 작은신화의 〈mr. 매킨도 · 씨!〉였다. 그때 그의 연극은 상당히 독특해서 내가 알고 있던 서사 중심의 연극과는 차원이 달랐다. 상당히 충격적이었는데, 컴퓨터를 소재로 기계 문명 속에서 인간 소외를 다루는 작품으로 몽타주 형식을 취하고 있었다. 그는 이미 전작들 〈전쟁음?악!〉 시리즈로 많은 연극인과 평론가들에게 그 실력을 인정받는 스타 연출가였다. 그때 난, 갓 상경한 촌놈인지라 이 바닥 어디 한켠 몸 부비기도 힘 부치는 '쩌리'에 불과했다.

1994년, 〈대학로 연극을 걱정하는 젊은 연극인 모임〉에서 그와 처음 안면을 트게 되었다. 이 모임은 당시 대학로 뒷골목에서 공연되고 있던 벗는 연극의 폐해를 심각하게 받아들이는 20~30대의 젊은 연극인들이 주축이 된 8개 극단의 모임이었다. 우리는 2주에 한 번씩 정례 모임을 하고, 공통의 어려움을 나누고 서로 도울 수 있는 방안을 모색해보자고 의기투합했다. 이

인연으로 나는 1995년 극단 작은신화의 신작 〈매직아이 · 스크림!〉에 조명 디자이너로 참여했고 그렇게 고사했던 개런티 20만 원을 받았다.

1999년 혜화동일번지 2기 동인이 출범하면서 그와의 사이가 좀 더 돈독해졌다. 나는 그와 꽤 친하다. 상당히 주관적 견해지만 친하다고 생각한다. 술친구도 아니고 수다 친구도 아니며 매일 얼굴을 보는 그런 사이도 아니지만, 어쩌다 마주치면 그저 서로 바라보고 고개 한 번 끄덕이면 그 마음이 전해지는 사이가 되었다. 그렇게 지내온 지 20여 년 이상의 세월이 흘렀다. 꽤 오랜 기간이다.

2016년 극단 작은신화가 창단 30주년이 되었다. 이제는 초기작품 〈전쟁음?악!〉 〈매직아이 · 스크림!〉 같은 재기 발랄한 연극을 기대하기 어려울지 모르나, 그 대신에 〈돐날〉 〈가정식 백반 맛있게 먹는 법〉 〈콜라소녀〉 같은 중견 극단의 원숙미가 물씬 풍기는 연극들이 만들어지고 있다. 그의 단원들 100여 명과 함께 말이다. 그는 사람 욕심이 참 많다. 극단 작은신화에는 100여 명이 넘는 단원들이 있다 한다. 연극은 사람과 사람이 만나는 작업이고 또 사람이 자산이니, 그는 이미 너무 많은 자산을 가지고 있다는 게 그저 부러울 뿐이다.

그리고 또 그는 그들과 함께 그렇게 흘러갈 것이다. 40년, 50년, 60년…….

매직아이 · 스크림!(1995)

그 지하의 날들

조광화 극작가, 연출가

92년에서 93년 봄까지 난 지독한 마음의 몸살을 앓았었다. 당시 혼란스런 나를 비추어줄 이야기를 어렴풋하게 구상하고 있었다. 그러다 몸살의 절정에 부산으로 도피하였다. 영도다리 보이는 자갈치 시장의 한구석에 있는, 일박 6,000원짜리 싸구려 여인숙에 며칠 묵었다. 낮에는 자갈치 시장과 용두산 공원을 배회하다가 저녁이면 글을 썼다. 서울과 인연들을 멀리 떠나 있으니, 그제야 멀리서 관조하듯 그림을 그려낼 수 있었다. 아주 간단한 대본의 모양을 갖추어 서울로 올라왔다. 당시에도 남을 통해 나를 보느라 작품을 쓰면 주변에 모니터를 받았는데, 그중 최용훈 형이 첫 번째 우리연극만들기에 작품 제출을 제안했다. 그렇게 해서, 그 작품은 나의 작품 중 아마추어 단체가 아닌 정식 극단에서 공연한 첫 작품이 되었다. 그 작품이 〈황구도〉이다. 그렇게 '작은신화'와의 인연이 시작되었다.

그때는 세상이 보이지 않고, 나만 보였다. 그런데 작은신화에는 동지가 있었다. 큰 위로였다. 우리연극만들기 작품 중 오은희 씨가 쓰고, 황두진 선생님이 연출한 작품에 출연도 했다. 단지 한 컷이지만……. 그리고 〈황구도〉가 공연되었다. 최용훈 형은, 인물들을 참 사랑스럽고 또 풍자적으로 그려냈다. 이승훈을 비롯한 배우들은 내 일기장을 다시 꺼내 읽는 듯, 뭉클하고 수줍었다. 하성옥의 무대는, 동화적 터치와 숨겨진 빛이 은근히 배어 나오게 한 장치 덕에 무척 예뻤다. 그 경험 때문에 내 작품의 무대에 장치에서 새어 나오는 빛을 자주 사용하기도 하였다.

〈황구도〉를 작업하며, 작은신화에 입단하기로 하였다.

작은신화 사무실은, 혜화역 1번 출구에서 동숭아트센터를 지나 편의점 끼고 왼쪽 골목으로 돌아가면, 지금 동숭부동산이 있는 건물의 지하에 있었다. 그 지하의 극단 사무실에 들어가면, 작은 사무 공간과 작은 연습실이 있었다. 그곳엔 언제 가더라도 늘 단원들이 있었다. 연습하거나 술을 마시거나 수다를 떨고, 때로는 내가 쓴 신작을 모니터해주기도 하였다.

최용훈 형은 굉장한 형이었다. 보통 극단이라는 것이 대표가 연출이고, 그 연출의 특성에 따라 단원들의 색깔이 정해졌고, 무엇보다 연출부는 모두 조연출로만 채워져 있는 것이 대부분이었다. 그런데, 작은신화의 연출들은 수가 꽤 되었고, 모두 최용훈 형과는 전혀 다르게 작품을 풀어내는 연출이었다. 그중 가장 다른 이가, 지금은 고인이 되어버린 김동현이다. 또 나도 형과 매우 달랐다.

당시 대학로 연출들은 모두 거칠고 가부장적 권위로 가득하여 윽박지르기가 다반사였는데, 김동현은 조용한 목소리로 적절한 유머를 가미하여 좌중을 웃게 하고, 그의 연습실은 큰소리 한 번 없이 늘 고요하였다. 뜨거운 나는, 녀석이 참 의아했다. 또 나는 늘 의문과 의구심으로 최용훈 형에 항의하고 따지기 일쑤였다. 이런 두 이상한 연출, 작가에…… 그에 못지않은 다른 단원들까지 엄청난(?) 수였다. 그들 모두를 별 잡음 없이 이끌고 있다는 것이, 내 눈에는 정말 진기하였다.

작은신화의 힘은 그것이었던 것 같다. 엄청난 다양성이 공존하는 것. 대표 독주의 작품이 아니라, 여러 개성이 서로 견주며 성장하는 것.

최용훈 형의 놀라운 포용력과 다채로운 작업, 그것이 작은신화의 힘이었다. 그런데, 나는 작은신화에서 지내는 동안, 아이러니하게도, '난 극단을 만들지 말아야겠구나' 하는 생각을 굳혔다.

황구도(1994)

난 늘 우스갯소리로 말한다. 게으르게 살고 싶어 연극을 하기로 했다고……. 매일 성실하게 출퇴근하기, 매일 가게 상점을 여는 일, 매일 한결같이 무언가를 해내는 일이 나로서는 숨 막히는 일로 여겨졌었기에……, 좀 세상으로부터 떨어져 살고 싶었다. 그래서 연극판에 왔는데, 극단을 운영하는 일이 너무 힘겨워 보였다. 극단 살림을 유지하기 위해, 단원 관리를 위해, 대표는 잠시도 쉴 틈이 없어 보였다. 일 년 열두 달 극단 살림을 한다. 정작 자신이 하고픈 작업을, 극단을 유지하는 일에 쏟느라 하지 못하는 것 아닌가 하는 두려움이 들었다. 참 어리석을 수도 있는 생각이지만, 당시는 그렇게 생각했다.

그래서 작은신화는 내가 극단을 만들 꿈을 일찍 포기하게 한 곳이기도 하다. 이후로도 가끔 내 극단을 만들까 하다가도, 작은신화를 떠올리며 '아냐, 극단을 만들었다간 난 일찍 지쳐 아예 연극을 포기해버릴지도 몰라' 하고 생각하곤 했다.

나에게 그런 작은신화가 30년이라니!

최용훈 형은 참 대단하고 무섭다. 그 특이한 구성원들로 이루어진 극단을 어찌 30년이나 이끌었단 말인가?

90년에 대학을 졸업하였으나, 작품을 몇 편 쓰기는 하였으나, 황구도가 공연되기 전에 나는 공식적인 작가가 아니었다. 그저 작가 지망생이었다.

작은신화에 있으면서, 극단이라는 울타리 안에서 한편 참 철없었고, 한편 참 자유로웠다. 〈매직아이 · 스크림!〉으로 생애 처음이자 마지막으로 공동 창작도 해보았다. 이강백 선생님의 〈봄날〉로 워크숍을 했었는데, 여자 단원이 많아 남녀의 성을 바꾸어 각색하였고, 배우들과 함께 별 이상한 연기 트레이닝을 벌여서 교주라는 말도 들었다. 그때 김포에 가서 숙박하며, 마당에서 금 그어놓고 하늘 아래 땅 밟으며 진행했던 트레이닝과 장면 연습은 오래도록 내 기억에 남는다.

극단을 입단한 시점은 선명한데……, 나간 시점은 잘 모르겠다. '형 극단 나갈래요' 하고 선언은 분명히 했으나, 그 이후로도 신작을 쓰면 여지없이 지하로 내려갔다. 〈남자충동〉의 첫 모니터도 그곳에서 했었다.

우리 중에 우발적 사고로 또는 병으로 세상을 떠난 동료들도 있다. 그중 한 후배의 죽음에 썼던 조사가 어렴풋하게 기억난다. 이런 취지였던 것 같다.

'그 젊은 죽음이 남은 우리에게 재능을 나누어줄 것이다.'

누군가는 떠나고, 누군가는 심지어 세상을 떠나도, 그래도 누군가는 남아 연극을 이어갈 것이다. 〈황구도〉를 쓰려다, 윤곽만 그리다, 멀리 떨어져서야 초고를 완성할 수 있었듯이, 30년을 맞은 작은신화를 이제야 돌이켜보니, 그 지하의 날들이 나의 청춘이었음을 알겠다.

작은신화 30년

고선웅 극작가, 연출가

아! 인생은 정말 꿈만 같습니다. 벌써 서른. 김광석의 노래를 들을 때마다 '사십 살 때나 오십 살 때나 별반 감정의 차이가 없겠군' 하고 생각한 적이 있습니다. 하지만 그는 나이 서른을 그렇게 느꼈으니 그런 가사와 정서가 담겼겠지요. 극단 30년이라. 과연 지나간 옛 작품은 어디에 있는 것일까요. 떠나온 것도 떠나보낸 것도 아닌데 말이지요. 그러나 그 시절을 함께했던 그들의 기억 속에는 선명하게 나이테가 그어져 있겠지요. 그리고 새로운 단원들이 들어오면서 다시 시작하는 30년에 대하여 부푼 기대와 심장의 떨림 같은 것들이 또 연극 한 편을 공모하게 하여 작은신화를 계속 지킬 나이테를 또 만들겠지요.

처음부터 쭉 작은신화의 30년을 바라보지는 못했습니다. 가깝게 인연을 맺고 나서도 모든 작품을 본 것이 아니라서 여기에 글을 쓸 자격이 되는지는 모르겠습니다만, 그래도 나름 코가 닿을 거리에서 애정과 동지애를 가지고 18년은 지켜보았으니 뭐, 아니 될 까닭도 없지요.

1999년쯤. 혜화동 로터리 2층 커피집. 거기에서 작은신화를 만났습니다. 해마다 우리연극만들기를 하는데 혹시 작품이 있느냐. 저는 옥탑방에서 써 둔 희곡 일곱 개쯤을 내밀었습니다. 〈서브웨이〉와 〈약테러락〉, 두 개가 선택되었습니다. 이듬해 3월에는 혜화동1번지 소극장에서, 10월에는 아르코 예술극장 소극장에서 올라갔습니다. 〈서브웨이〉도 〈약테러락〉도 내가 상상하지 않았던 의외의 방향으로 풀렸습니다. 그런데도 희한하게 참신했고 신선했습니다. 〈서브웨이〉를 올리고 나서 혜화동1번지 소극장 앞에서 용훈이 형에게 그랬습니다.

"신기하네요. 이렇게 느리게 가는데도 묘한 힘이 있어요."

형이 말합니다.

"지루함도 정서야."

그때 깨달았습니다. '아무것도 하지 않는 것도 하는 것이구나' 하고. 그때 나는 막 등단하고 연극을 시작하는 초짜라서 좋은 말과 인상적인 장면들을 닥치는 대로 삼켰었습니다. 한 수를 또 배웠더랬지요. 그리고 〈서브웨이〉를 통해서 연출이란 극작가와는 다른 상상을 하는 사람이라는 것도 알았습니다. 〈약테러락〉은 록 밴드가 같이 출연해서 두드리고 악을 써댔습니다. 당시만 해도 흔치 않던 시도였지요. 그때 작은신화는 젊었습니다. 등 푸른 고등어처럼 탱탱하고 활력이 넘쳤습니다. 그리고 세월이 더 갔네요.

이제 작은신화는 바윗돌 같은 구석이 있습니다.

언제나 그 자리에 있지요. 아마도 용훈이 형을 닮아 있기 때문일 겁니다. 형님의 체구에서 풍겨 나오는 이미지도 그렇지만 돌쇠 같은 뚝심이 있습니다. 일희일비하지 않고 주변에 휩쓸리지 않아 누가 봐도 연극을 하지 않고는 살 수 없는 사람입니다. 대체로 극단은 대표를 닮아가게 마련입니다. 우리가 아무리 부인하려 해도 결국에는 부모님을 닮아 있듯이 계속 생활을 하고 그의 영향력 아래 놓이다 보면 말하는 것도 행동하는 것도 생각하는 것도 어느새 닮아 있습니다. 작은신화에서 만났던 수많은 연극인은 지금도 대학로와 연극판 어딘가에서 바윗돌처럼 자신의 자리를 지키고 있습니다. 요란하지 않고 둔중한 느낌으로 존재의 힘을 보여줍니다. 만날 때마다 반갑고 고맙고 든든하기가 그지없습니다.

사실 연극을 하다 보면 초조해져서 자신의 자리를 꿋꿋이 지키지 못하고 주변을 해찰하는 경우가 많습니다. 연극계 형편이 고만고만한데도, 끝도 모를 인내를 끊임없이 요구하는 작업이기 때문이지요. 대개는 이리저리 뿌리를 못 내리고 헤매다니기 쉽습니다. 작은신화는 그렇지 않습니다. 그래서 요즘에는 '작은신화 사람들이 끝내는 산을 지키겠구나' 하는 생각이 자주 듭니다. 다들 읽으셨겠지만 장 지오노가 쓴 『나무를 심은 사람』이라는 책의 주인공과 용훈이 형이 아주 비슷합니다. 주인공은 황폐한 산에 도토리며 너도밤나무, 떡갈나무를 심습니다. 아무도 알아주지 않는데 그가 하는 일이라고는 매일매일 그저 나무를 심는 겁니다. 정말이지 아무도 알아주지 않는데 말이지요. 십 년이 지나자 그 삭막했던 땅은 그야말로 마법처럼 푸른 산이 되어 있습니다.

단원들이 백 명이 넘는다는 말을 듣고 처음에는 우려했습니다. 그러나 시간이 지날수록 '그것도 참 일리가 있겠구나' 싶었습니다. 사실 단원이 많으면 캐스팅의 확률이 낮아져서 배우들에게는 좋을 게 별로 없습니다. 그러나 그만큼 강인한 자생력이 생겨납니다. 한 번 찾아온 기회를 더 치열하게 붙들 줄도 알고, 기다리는 일이 연극의 전부라는 사실도 자연스럽게 깨닫게 됩니다. 단원이 적으면 쉽게 친해지겠지만, 금방 지루해지기도 합니다. 안으로 갇히게 될 확률도 높지요. 그러나 사람이 많으면 그 안에서 불가능한

게 아무것도 없습니다. 끊임없이 그 어떤 변화의 바람이 불고 크고 작은 일들이 인생의 성찬을 제공합니다. 용훈이 형은 그런 생각을 암암리에 하셨던 것 같습니다. 그래서 나무를 심듯이 단원들을 끊임없이 뽑아서 연극이라는 산에 심었을 겁니다. 작은신화가 매우 젊은 날에 창단되었듯이 젊은 친구들의 뜨거운 열정을 어떻게 해서든 고무하고 자극해주고 싶으셨을 겁니다. 저는 처음에는 반대하였지만, 지금은 그 반대에 가깝습니다. 그 작은신화의 저력이 연극계의 토대를 잘 다져줄 것이라 확신하고 있고 그 증거도 곳곳에서 드러나고 있기 때문이지요. 꽃다운 작은신화 배우들이 어느 작품에든 꼭 들어가 있습니다.

창단 30주년 기념 공연을 보는데 감회가 남달랐습니다. 그 옛날의 시푸른 20대 청춘들이 이제는 어느덧 중견의 포스가 생겨나고 무엇을 더 잘하려고 하지 않아도 그 존재가 보이는 것이 신기했습니다. 매우 기묘한 경험이었습니다. '아, 어느새 나무가 되어 있는 것이구나' '이래서 인생은 찬란한 것이구나.' 작은신화가 변함없는 초심으로 바위처럼 나무처럼 우리 연극계를 단단하게 떠받쳐주기를 바랍니다. 창단 30주년, 진심으로 축하합니다. 용훈이 형님, 끊임없이 빠샤 빠샤.

나무는 구부러지면서 자기 이름을 쓴다

최치언 시인, 극작가

오래 지속되는 것은 찬양받아야 합니다. 아름다운 것을 아름답다 높이고 훌륭한 것을 훌륭하다고 칭하는 것이 찬양의 뜻이라면, 극단 작은신화 30년의 세월은 그 뜻에 조금도 부끄러움이 없이 어울릴 만한 사건이 아닌가 싶습니다. 이것은 분명 사건입니다. 작은신화의 어느 포스터에 이런 내용이 적혀 있는 것을 보았습니다. '1986년 낡은 연습실, 오래된 계단 그리고 2016년' 이 문구를 읽는 순간 '이것은 사건이구나' 하는 생각이 들었습니다. '근혜와 순실의 사건'에 버금가는 사건입니다. 왜냐하면, 사실 본인은 그제야 극단 작은신화의 이름이 왜 '작은신화'인가를 어렴풋하게나마 깨달았기 때문입니다. 신화하면 올림푸스가 떠오를 겁니다. 본인의 글에도 「올림푸스 세탁소」라는 시가 있습니다. 그 시에 이런 구절이 있습니다.

이 마을의 가장 높은 곳엔 올림푸스 세탁소가 있다.
종일 천둥처럼 망치를 내려치는 사내가 있고
때 묻은 옷더미 속에서 바늘대로 꼿꼿이 말라가는

그의 여자가 있다.

신화란 거창한 것이 아닙니다. 꾸준하게 지속하면서 점점 명확해지는 일상의 위대함에 있습니다. 그래서 멈추지 않고 지속하는 모든 삶은 신화입니다. 때 묻은 옷더미 속에서 바늘대로 꼿꼿이 말라가는 그의 여자가 있기 때문에 종일 천둥처럼 망치를 내리치는 사내가 있을 수 있듯, 1986년 낡은 연습실이 있기에 2016년 가장 높은 지붕 위에 올라 천둥처럼 망치를 내리치는 지금의 극단 작은신화가 있을 수 있지 않았나 싶습니다. 물론, 30년이라는 시간만 가지고 제가 30주년을 사건이라고만 칭하는 것은 아닙니다. 이것을 사건으로 보는 진짜 이유는 척박한 한국 연극의 환경에서 민간 극단이 30년을 한결같이 '우리만의' 연극을 꾸준히 모색하며, 한국 연극계에 젊은 피가 되었다는 것에 있습니다. 이러한 역사를 이루어내기 위해 그동안 극단 작은신화의 단원들이 인내하고 희생했을 시간들을 헤아려보니, 연극인의 한 사람으로서 새삼 숙연해지기도 합니다.

살펴보니, 저와 작은신화의 인연도 벌써 십 년이 넘어가는 듯합니다. 극작가로서 대학로에 처음 나오게 된 계기가 작은신화의 '우리연극만들기'였습니다. 그전에 다른 지면을 통해 극작가로 이름을 올렸지만, 대학로라는 공간으로 깊이 들어갈 수 있었던 건 여섯 번째 '우리연극만들기'를 통해 공연되었던 〈코리아, 환타지〉였습니다. 지금도 그렇지만 '우리연극만들기'라는 명칭은 건강한 연극의 정신을 한껏 발산하고 있는 '문제적 명칭'이라고 생각합니다. 명칭의 메타포만 그러한 것이 아니라 실제로 '우리연극만들기'를 통해 참신하고 건강한 실험 정신의 극작가들이(26명) 대거 배출되었으니, 작은신화가 그 명칭 그대로 한국 연극계에 '우리만의' '우리 연극'을 만들었다고 감히 확신합니다. 그러고 보니, 2016년을 기점으로 '우리연극만들기'도 벌써 12회가 넘어가고 있군요. '아이러니를 쓰는 사람은 그 스스로가 아이러니에 빠져서는 안 된다'는 말이 있습니다. 작은신화는 그 점에서는 최용훈 대표는 물론 단원 개개인 모두가 아이러니의 고수인 것 같습니다. 연극과 현실 사이의 아이러니에 빠지지 않으면서 연극과 현실의 아이러니를 차용해 쉼 없이 연극적으로 진일보해가는 듯 보이기 때문입니다.

아, 2005년! 그 고수들과의 첫 만남이 지금도 눈에 선합니다. 그해 〈코리아, 환타지〉의 첫 연습을 위해 찾아갔던 성균관대 근처, 연립주택 지하 연습실. 재래식 변기에 수돗물을 끼얹으면서 잠깐 후회로 아득해지던 젊은 극작가. 그리고 새벽까지 이어진 술자리. 그때, 새벽까지 술자리에 남아 계셨던 길해연 부대표님께, 너구리처럼 술에 취해 '누님, 돌아가실 집은 있어요?' 하고 멍청하게 수작을 걸었던 기억들. 정말, 그때의 그 말이 멍청하고 순진한 수작이었을까요? 아니면, 그토록 이쁘신 분이 새벽까지 무명의 극작가를 위해 술자리에 남아주신 그 아름다운 마음에 대한 애달픔이었을까요?

'천둥소리는 부드럽고, 어떤 꿈은 이루어질 수 없고 어떤 태풍은 헤쳐 나갈 수 없다'고도 합니다. 그러나 본인도 나이가 먹다 보니, 이런 말을 조금은 시건방지게 할 수도 있을 것 같습니다.

"나무가 구부러지면서 자기 이름을 쓰듯, 극단 작은신화는 무수한 실패 속에서도 작지만 분명한 자신의 이름, 신화를 쓰고 있다!"

언제 어디서나, 대학로의 공연장과 술집, 하다못해 PC방에서도 작은신화의 단원들을 볼 수 있어서 좋은 날들입니다.

극단 작은신화의 창단 30주년을 진심으로 축하드립니다.

나의 작은신화

김숙종 극작가

처음 작은신화와 인연을 맺은 건 〈가정식 백반 맛있게 먹는 법〉 덕분이었다. 2인극 페스티벌에서 희곡 공모에 당선됐는데 주최 측에서 최용훈 연출님과 짝을 지어주셨다. 주최 측에서 나눠준 연락처를 받자마자 휴대전화기에 저장했다. 작가들 사이에서는 인기 많은 극단이고 연출님이어서 굉장한 기대가 있었으나 먼저 연락하는 호쾌한 성격은 못 됐으므로 오매불망 기다리기만 했다. 그러던 중, 어린 조카가 휴대 전화를 만졌고 수신 목록에 기다리던 번호가 찍혀서 조카를 꾸짖었다. 알고 보니 최용훈 연출님이 전화하셨던 거다. 그것도 여러 번(조카 미안. 이모가 아주 성급해).

우여곡절 끝에 연습실에서 처음 만났는데, 대본 읽기를 딱 한 번 하시더니 술 마시러 가자고 하셨다. 정말 딱 한 번이었다. 그게 작은신화와의 첫 인연이있고, 최용훈 연출님과의 술자리의 시작이었다.

그렇게 인연이 되어 〈콜라소녀〉 〈엄마〉까지 함께했다. 생각해보니 참 많은 작품을 작은신화와 했고, 지금까지의 작가 인생에서 가장 많은 작품을 한 극단이다. 나는 작업량과 속도에서 타의 추종을 불허할 정도로 떨어져서 믿을 만한 극단과 연출이 필요하다. 또한, 장애로 분류될 수 있을 만큼의 낮은 사교성을 가졌다. 각기 다른 색깔을 가진 다수의 연출님과 최대 인원과 최고의 역량을 가진 배우분들이 계신 작은신화는 나에게 최고와 최적의 인연이다.

〈가정식 백반 맛있게 먹는 법〉의 재재공연쯤이었을까? 조명 박스 옆에서 별생각 없이 여러 번 봤던 내 작품을 또 보고 있었다. 그러다 나도 모르게 몸이 경직되고 앞으로 쏠리는 경험을 했다. 관객석은 숨소리조차 들리지 않았다. 그 순간 우린 무대 위의 배우들에 매료됐다. 무대 위의 임형택, 김문식 배우님이 완벽하게 작품 속의 종태와 영업 사원이 되었던 것이다. 경이로웠다. 내가 작가가 아니었다면, 기립 박수를 보냈을 것이다. 아직도 그때를 생각하면 마냥 행복하고 즐겁다. 그리고 기립 박수를 보내지 못한 나의 소심함에 한숨을 쉬곤 한다. 아마 영원히 잊지 못할 순간일 것이다. 지방 순회공연을 할 땐 연극을 낯설어하시던 아주머니들이 극에 몰입하셔서 배우들에게 말을 걸고 맞장구치셨는데, 배우들이 능숙하고 유연하게 대처하는 모습에서 연극의 매력에 흠뻑 빠질 수 있었다. 공연을 보고 울산에서 대학을 다닌다는 친구가 시험 기간에 찾아와 취재를 빌미로 인생 상담을 하기도 했다. 이런 경험들이 가능했던 건 좋은 배우들과 좋은 연출님, 그리고 너무 감사한 스태프들과 그리고 감사하다는 말로는 부족한 작은신화 단원들의 노고가 있었기 때문이었다.

〈콜라소녀〉에서는 너무 많은 작은신화의 신입 단원들이 고생했다. 공연 때마다 단원들이 직접 억새를 자르고 말려서 울타리를 만들었고, 무대 전환까지 했다. 바스락거리는 억새를 진정시키는 것은 신입 단원의 몫이었다. 매회 배우들이 음식을 만드느라 고생한 이야기는 정말 미안해서 언급을 자제하고 싶을 정도다. 이렇듯 작은신화는 작가가 쓴 대사 한 줄, 그리고 각 장면을 표현하기 위해 수많은 배우와 스태프들이 온 정성을 쏟는 모습을 보여 줌으로써 필연적으로 작가의 책임에 대해 다시 한 번 각인시킨다.

인터뷰할 때마다 혹은 공연을 본 지인들은 묻는다. 왜 작은신화냐고? 왜 최용훈이냐고? 나는 이렇게 감동적인데 이렇게 감사한데 어떻게 작은신화가 아닐 수 있겠냐고, 왜 최용훈이 아니겠냐고 되묻는다. 나의 열렬한 작은신화 사랑이 계속될 수밖에 없는 또 다른 이유는 점점 더 멋지고 근사한 배우들과 연출들이 속속 작은신화 단원으로 합류하고 있다는 것이다. 얼른얼른 좋은 작품 써서 또다시 작은신화와 만나고 싶다. 지금껏 스태프로 고생했던 배우들과도 무대에서 볼 수 있도록 더 나은 작품을 쓰고 싶다. 그래서 작은신화의 40주년과 50주년에도 함께 하고 싶다. 그러고 싶다.

이 기회를 빌려 창작극과 희곡 작가 발굴에 노력했고 노력할 작은신화의 단원분들께 무한한 감사를 전하고 싶다. 또한, 작은신화의 무한한 번영을 기원한다. 창작극을 고집하는 작은신화의 번영과 발전이 한국 희곡의 번영과 발전에 함께할 것을 믿기 때문이다. 그것이 한국 희곡작가의 한 사람으로서 작은신화를 사랑하는 진짜 이유다.

콜라소녀(2012)

엄마(2014)

1986-2016

작은신화 30th.

꿈속의 꿈(2011)

연구 논문

최용훈 초기 연극에서 나타나는 몽타주 작업을 통한 이미지극

하형주 청운대학교 겸임교수

〈목차〉

Ⅰ. 들어가며 : 극단 작은신화
Ⅱ. 최용훈 연출이 가지는 연극사적 의미
Ⅱ–1 새로운 연극양식 창조 : 공동창작, 즉흥극, 변신
Ⅱ–2 공공성을 지향하는 연극적 움직임
Ⅲ. 새로운 방식의 연출미학 : 해체와 재구성된 이미지
Ⅲ–1 원작의 해체 : 몽타주 작업
Ⅲ–2 '물성'으로서의 이미지
Ⅲ–3 교차 · 직조되면서 드러나는 의미
Ⅳ. 나가며 : '작은 발언'을 추구하는 연출가

Ⅰ. 들어가며 : 극단 작은신화

대학에서 연극동아리 활동을 하였던 최용훈은 당시의 가벼운 상업극과 기존의 텍스트 위주의 구태의연한 작품들의 반복적인 공연들을 탈피하고자 1986년에 대학교 극예술연구회나 연극동아리에서 활동하던 6개 대학의

똥강리 미스터 리!(2003)

13명의 사람들과 함께 뜻을 모아 극단 '작은신화'를 창단하였다. 그 당시 연우무대가 나름 제 목소리를 내고 있었지만, 서울대 출신들이 뭉쳐서 외부 인사들과 융합이 안 될 정도로 매우 폐쇄적이었다. 그래서 최용훈은 극단 창단에서부터 지금까지 지나치게 학연에 의해 형성되는 폐쇄적인 극단 스타일을 거부하는데, 이러한 의지는 극단 작은신화의 작업과정에서도 드러난다. 작은신화는 작업을 진행함에 있어 한 명의 대표에 의해 이루어지는 권위적이고 독단적인 연극작업을 거부하면서 여러 연출가들이 함께 작업하며 다양성을 인정한다. 그리고 그는 기존의 권위적 연출방식을 탈피하고자 공연을 위해 다양한 논의와 합의에 의해 만들어진 공동의 목표를 지향하며 단원 모두가 함께 참여하는 공동창작 작업을 하였다. 공동작업을 통해 텍스트를 해체하고 재구성하는데, 이를 위해 극단 단원 모두는 각자 다양한 자료조사와 토론을 거쳐 하나의 초고 텍스트를 함께 구축한다. 어느 정도의 텍스트가 완성되면 대표 구성작가가 대사를 다듬고 연출은 전체를 아우르고 재구성하면서, 인과적 스토리와 대사 중심의 기존 연극형식을 배격하고 에피소드 형식의 병렬적 구조와 배우들의 즉흥극과 인물들의 변신을 드러내는 극형식을 취한다. 결국 다양성을 추구한 극단 작은신화의 공동창작 작업은 연극에서의 새로운 '형식'에 대한 관심에서 비롯된 것이라 할 수 있다.

그런데 극단 작은신화의 이러한 공동창작 작업은 단순히 창작만 공동으로 이룬 것이 아니라 극단의 모든 비용에 대해서도 공동책임, 공동수익 분배로 이루어지는 극단운영을 하면서 단원들 모두 동등한 수평적 구조를 형성하고 있다. 이렇게 평등한 체계 하에서, 극단 작은신화는 한 가지 색깔을 가지기를 거부하며 하나의 고정된 스타일을 만들지 않고자 끊임없이 경계한다.

작은신화의 대표 최용훈은 공동작업을 통해 하나의 작품을 만들어내는 데는 오랜 시간이 걸릴 수는 있지만 이러한 개성을 가지고 극단의 활동을 폭넓게 하고자 하였다고 인터뷰에서 밝혔다. 아쉽게도 작은신화의 공동창작은 1999년 〈똥강리 미스터 리!〉를 끝으로 더 이상 이루어지지 않고 현재는 각 연출가의 개별적 작업만이 행해지고 있다. 물론 2008년과 2009년에 〈똥강리 미스터 리!〉를 다시 재공연하였지만, 이는 이미 기존의 공동창작된 작품을 중심으로 이루어져 완전히 다시 만들어진 작품은 아니었다.

연출가 최용훈은 '공동창작' 작업과 '우리연극만들기' '특별공연' 등 새로운 시도를 꾸준히 하면서 고정 관념화된 텍스트를 현재 우리의 시각으로 적극적으로 재구성하여 그 의미를 발견하고자 하는 연극작업을 하고 있다. 뿐만 아니라, 최용훈 연출은 비록 작은 움직임이라 할지라도 연극은 우리가 "소속된 사회에 바로 한마디 작은 발언을 하는 것"임을 인식하고 이를 위해 노력하고자 한다. 극단 작은신화는 현재 약 90명의 단원이 소속되어 있으며, 그리고 극단 작은신화에서 작업을 시작한 연출가들, 김동현, 반무섭, 신동인, 박정의 등은 이제는 중견연출가가 되어 한국연극계를 책임지고 있다. 이들은 앞으로도 연극무대를 통해 동시대 우리 사회가 가진 문제에 대한 끈을 놓지 않고자 한다.

II. 최용훈 연출이 가지는 연극사적 의미

II-1. 새로운 연극양식 창조 : 공동창작, 즉흥극, 변신

최용훈 연출을 한국연극사에서 특징 짓게 하는 공연작품은 1990년 미건 테리(Megan Terry, 1932~)의 「베트 록(Viet Rock)」을 주 텍스트로 차용해 전쟁의 어리석음과 무모함을 드러내었던 〈전쟁음?악!〉에서부터라고 할 수 있다. 그는 이 작품 이후 우리 사회의 일상의 삶에서 나타나는 전쟁과 같은 삶의 모습들을 보여주는 〈전쟁음?악! 2〉(91)를 연출하였으며, 이어서 1993년에 〈mr. 매킨도 · 씨!〉와 1994년에 〈비디오천국홀리데이〉 그리고 1995년에 〈매직아이 · 스크림!〉을 공연하면서 희곡보다 공연성에 우선순위를 두었다. 그는 원작을 거의 파괴하는 수준에 가까울 정도로 해체 · 재구성하면서 한국연극계에서 자신만의 독특한 연출의 입지를 굳혔다. 이들 초기 작품에 중요한 영향력을 미친 것은 오픈 시어터(Open Theater)의 공동창작 방식과 어떤 모델도 흉내 내지 않는 자유로운 표현으로서 즉흥적인 극(improvisation)과 순간적 '인물변신/장면전환(transformation)'의 개념이라고 할 수 있다. 극단 작은신화는 고정된 세계관을 거부하는 오픈 시어터의 연극적 표현방식을 받아들이면서 거기에 머무르는 것이 아니라, 이들 기본개념들을 우리의 상황에 맞추어 연구하면서 그들만의 새로운 연극양식을 창조해나가고자 하였다.

이 새로운 양식을 위해 최용훈 연출은 텍스트의 해체 작업을 지향하고,

연속성을 지니는 스토리로서가 아니라 불연속적 에피소드 형식의 몽타주 기법을 차용한다. 몽타주 방식 하에서 행해지는 최용훈 연출미학의 특성은 첫째, 몽타주 작업을 통해 직선적이고 인과적인 스토리 위주의 연극을 해체하며 극의 해석을 관객의 몫으로 남겨두는 열린 극형식을 취하면서 기존의 극형식을 파괴한다는 점이다. 둘째, 연출은 몽타주 작업의 파편화된 장면들의 동시적이고 다양성을 통해 한 이미지에서 또 다른 이미지로의 거침없는 전이를 보여준다. 이때 이들 이미지가 가지는 '즉물성'은 스스로 빛을 발하며 관객의 감성을 자극하고 새롭게 지각하게 한다. 그래서 최용훈 연출은 이 몽타주 작업을 통해 현대사회의 다양한 관점들을 충돌시키면서 거짓된 사회의 이데올로기를 단편적으로 그려내고자 한다. 게다가, 배우들의 즉흥적 작업방식과 다양한 소재개발 그리고 새로운 표현방법에 대한 탐구를 통해 고답적인 연극행위를 해방시킨다. 이렇게 연출된 이미지들은 배우들의 행위에 기반하며 독창적인 "살아 있는 공연성"을 형성한다는 점에서 한국연극사에서 가지는 그의 연출양식의 독창성을 말할 수 있다. 이렇게 중요한 그의 연출 미학에 대해서는 "해체와 재구성된 이미지로서의 새로운 방식의 연출미학"을 다루는 3장에서 더욱 구체적으로 살펴볼 것이며 먼저 공공성을 지향하는 그의 연극적 움직임을 살펴보고자 한다.

II-2. 공공성을 지향하는 연극적 움직임

1) 우리연극만들기 : 창작극 페스티벌

작은신화는 1993년부터 기존의 동어반복적인 희곡텍스트에서 벗어나기 위한 새로운 창작희곡을 발굴하고자 '창작극 페스티벌-우리연극만들기'를 실시했다. 이 페스티벌은 그들이 〈mr. 매긴도 · 씨!〉 공연이 성공하여 번 돈(당시 3,000만 원)을 다시 사회에 환원하기 위한 사업으로서, 당시 열악한 창작극 발굴을 하는 데 이 돈을 사용하고자 하였다. 이 창작극 페스티벌은 신춘문예와는 달리 극단 작은신화가 잘 소화할 수 있는 작품을 위주로 선정했다. 우리연극만들기 1회에 세 작품을 공연하면서 5,000만 원이라는 적자를 발생시켰으며 극단 재정을 위태롭게 하는 이 프로젝트를 계속해야 하는지에 대한 논의가 나오기도 했다. 하지만 젊은 희곡작가들이 많이 있어야 극단의 기조가 튼튼해지고 동시대 작가들과 함께 갈 수 있는 힘이 생긴다는 믿음을 가지고, 최용훈과 단원들은 극단의 다른 공연들을 통해 얻은 수입으로서 2년에 한 번씩 '우리연극만들기' 프로젝트에 투자하기로 결정하였다고 한다. 또한 '우리연극만들기' 프로젝트에서 나온 〈황구도〉 〈라구요?〉의 작품들을 정기 공연하면서 평단이나 관객으로부터 좋은 평가와 호응을 받았으며, 이는 그들에게 이 페스티벌을 지속할 수 있는 용기를 가지게 했다. 이렇게 공연을 통해 많지는 않지만 번 수익금을 모아 다시 연극 발전에 투자하는 극단 작은신화의 모습은 단순히 연극에 대한 애정을 넘어 실천하는 연극인의 모습을 보여주었다고 할 수 있다.

그동안 이렇게 창작된 작품들이 우리 연극계에 끼친 영향은 조광화 작의 〈황구도〉, 김대현 작의 〈라구요?〉, 그리고 김명화 작의 〈돐날〉 등을 통해서 짐작할 수 있다. 또한 창작극 페스티벌을 주관함에 있어 극단 작은신화는 제한된 페스티벌의 한계를 깨며 기성작가 뿐만 아니라 작가지망생까지도 참여가능하게 했으며 연출가, 작가 뿐만 아니라 무대미술가, 드라마투르그 등 여러 공연 주체와 스태프, 관객까지도 작업 전반에 참여하는 새로운 방법론을 지향한 프로그램이었다. 우리연극만들기 1회에 공연된 세 작품 중에 한 작품인 〈황구도〉와 창작극이었던 〈돐날〉은 2011년에 작은신화 창단 25주년 기념공연으로 올려지기도 했다

2) 특별공연

극단 작은신화는 정기 공연과 창작극 '우리연극만들기'에 대한 노력 이외

에도 연극이 우리사회에 할 수 있는 또 다른 방법으로서 고아원, 탁아소, 장애인복지관, 사회복지관들을 방문해 〈바보온달〉, 인형극 〈미운아기오리〉, 〈임금님 귀는 당나귀 귀〉 그리고 재활프로그램인 〈나를 사랑해주세요〉 등을 공연하며 연극의 사회적 역할 기능을 배제하지 않았다. 게다가 연극이 일반 시민들에게 가까이 다가갈 수 있는 방법으로 서울시내 주요공원에서 '시민을 찾아가는 연극'들을 공연하기도 하였다.

살펴본 바와 같이 극단 작은신화와 함께하는 최용훈 연출의 연극에 대한 열정은 한국연극 발전에 중요한 역할을 하며 한국연극사에 그 획을 그었다고 할 수 있다. 말하자면 연극에 대한 그의 애정과 연극의 공공적 역할에 대한 고민은 '우리연극만들기'와 '특별공연' '시민을 찾아가는 연극' 등을 통해 실천해 보여주었다. 뿐만 아니라 새로운 연극형식을 추구한 최용훈 연출이 가지고 있는 미학적 관점은 그의 연출론을 살펴봄에 있어 가장 중요한 축을 이룬다. 사실, 하나의 고정된 연출방식에 자신을 한정시키지 않고자 다양한 모든 가능성을 연구하는 그의 연출방식은 기존의 연극형식을 탈피한다. 그래서 본 연구에서는 이러한 시도가 충분히 드러난 초기(1990-1995) 대표적 작품들, 〈전쟁음?악!〉(90), 〈전쟁음?악! 2〉(91), 〈mr. 매킨도 · 씨!〉(93), 그리고 〈매직아이 · 스크림!〉(95)을 통해 살펴보면서 몽타주 작업의 강렬한 이미지들, 서로 다른 장들의 충돌을 통한 그의 연출에서 새로운 의미의 가능성을 드러내는 그의 연출미학을 고찰해보고자 한다. 그런데 현재 볼 수 있었던 〈전쟁음?악! 2〉를 거쳐 그리고 95년에 바탕골 소극장에서 공연된 〈매직아이 · 스크림!〉 등을 통해 더욱 구체적으로 살펴볼 수 있으며, 〈전쟁음?악!〉과 〈mr. 매킨도 · 씨!〉는 대본을 통해 실펴보고자 한다.

Ⅲ. 새로운 방식의 연출미학 : 해체와 재구성된 이미지

최용훈 연출은 1960년대 말 미국 실험연극의 기수였던 극단 '오픈 시어터(Open Theater)'의 창립멤버이기도 한 미건 테리의 「베트 록(Viet Rock)」를 주 텍스트로 차용한 〈전쟁음?악!〉을 1990년에 연출한다. 이 당시 한국연극의 분위기는 한편에선, '연우'를 중심으로 한 이데올로기적 정치극과 민족극이 이루어지고 있었다면, 다른 한편에서는 안일한 내용들과 방식들의 상업극이 존재하였다. 이렇게 상업극이 주류를 이르는 상황과 직접적 메시지 표현방식의 민족극에 대한 반성은 극단 작은신화로 하여금 〈전쟁음?악!〉, 〈전쟁음?악! 2〉를 통해 직접적 방식이 아니라 간접적 방식을 차용하여 우리 사회 문제점을 관객에게 주장 선동하는 것이 아니라 '제시'하는 표현방법을 찾는 주요 동기를 갖게 하였다. 이는 만약 연극이 '폭로, 공격, 선동'에 머무른다면, 연극은 정치적인 행위의 도구밖에 되지 않기 때문이며, 그런 연극은 정치적 시위와 마찬가지로 상황이 변하면 생명이 끝나게 된다는 점을 인식하고 있었기 때문이다.

이러한 그의 의도는 유럽의 70~80년대의 포스트모더니즘 담론들이 1980년대 후반에서부터 시작하여 90년대 초반에 우리문화사회에 영향을 끼치던 포스트모던적 흐름–서구 형이상학의 이분법적 도식이 지닌 중심론이 가진 위계적 폭력을 거부, 문학에서의 인과적, 직선적 구성의 해체를 통해 불연속적인 단편들의 몽타주기법–과 분리해 생각할 수 없을 것이다. 따라서 그의 작품에서 나타나는 원작의 해체는 한국 현대 연극의 토대를 제시하였다고 할 수 있다.

Ⅲ-1. 원작의 해체 : 몽타주 작업

연출가 최용훈은 연극작품을 무대에 올리기 위해 원작 텍스트를 해체하면서 하나의 관점을 관객에게 강요하는 것이 아니라 그 안에서 관객 스스로의 체험을 통해 해석할 수 있도록 직선적이고 인과적 스토리 위주의 연극을 해체한다. 그래서 그는 병렬적 에피소드 형식과 몽타주 기법을 차용한다. 그리고 공동창작을 통해서 재구성하거나 혹은 원작의 모티브만을 통해서 재구축하는 작업을 한다. 말하자면, 〈전쟁음?악!〉(1990년 5월 1일~15일, 신촌 신선소극장)은 오픈 시어터의 미건 테리의 「베트 록(Viet Rock)」을 해체, 재구성한 것이다. 이 작품은 미건 테리의 토요일워크샵에서 발전해 조셉 체이킨(Joseph Chaikin, 1935-2003)이 담당한 월요일워크샵의 연기기법으로 완성되

전쟁음?악!(1990)

었다. 〈베트 록〉은 전쟁에서 폭탄이 투하되면 사람들이 폭탄을 피하고자 몸을 굴리는 상황을 '록큰롤(Rock'n roll)'의 노래로 풍자하면서 더 큰 효과를 자아낸 공연이다. 원작의 내용은 베트남전에 끌려가는 아들들의 신검, 돈을 벌고자 목숨을 걸고 전쟁에 가는 자식들, 전쟁을 반대하는 이들을 좌파 공산주의자들이라고 몰고 가는 미국사회의 이데올로기 그리고 전쟁에서 행해지는 만행을 살피고자 의원들이 오지만 전쟁에 대한 증인들의 증언은 이미 조작되어지면서 사람들이 전쟁에 의해 무모하게 희생되는 상황에 대한 다양한 에피소드들로 구성되어 있다.

하지만, 극단 작은신화는 이러한 원작의 내용에서, 어느 한 청년이 자신의 의지와 무관하게 전쟁에 끌려가 겪게 되는 상황들과 그를 죽음으로 몰고 가는 집단적 이데올로기의 폭력적 상황만을 차용한다. 그래서 최용훈 연출은 '집단 이데올로기의 폭력성'을 한국적 상황 하에서의 새로운 에피소드로 구체화시킨다. 작은신화는 이러한 전쟁의 거칠은 행위와 무자비함을 표현하기 위해 자료수집들을 통해 새로운 에피소드들–전쟁광신, 신체검사, 어머니, 훈련, 지뢰밭, 출전/공포, 살인 정치가, 집단학살/회상, 전투, 엄마잔소리(집에 가고 싶어–노래), 위문공연, 정상회담, 공수/침투, 연회, 독백(미움만이 가득한 세상 노래)–을 시 · 공간을 달리해 구성한다. 이때 연출은 일상과 비일상이 혼재되어 구성된 에피소드들을 통해 극을 간접적으로 표현해내고자 하였다. 그럼에도 불구하고 〈전쟁音?악!〉에서의 표현 형식은 "직접적이고 선동적인 대사표현"으로 이루어졌다고 최용훈 연출은 지적한다. 그래서 원작 해체는 〈전쟁音?악! 2〉(1991년 9월 2일~30일, 대학로 바탕골 소극장)에 와서 더욱 심화된다. 〈전쟁音?악! 2〉에서, 작은신화는 〈전쟁音?악!〉의 텍스트를 버리고 현대 사회에 내재하는 '전쟁과 같은 삶'에서의 '폭력성'이라는 모티브만을 가져온다. 그래서 최용훈은 일상적 현대인의 삶에서 드러나는 '폭력성', 즉 개인의 이기적 목적을 위해 다른 이에게 아무런 죄책감없이 가하는 폭력, 억압, 사회에 의해 억눌리는 개인의 삶, 집단의 폭력, 인간들의 무관심과 기계성을 직접적 표현보다는 '비언어적' 표현인, 배우들의 신체 움직임과 음향에 중점을 두고 시간적 관점 없이 병렬적 구조로 나열하며 원작을 완전히 해체하였다.

또 다른 희곡 텍스트의 해체는 다리오 포(Dario Fo, 1926~2016)의 작품, 〈대천사는 핀볼게임을 하지 않는다, Les archanges ne jouent pas au flipper〉(1959)를 재구성한 〈mr. 매킨도 · 씨!〉(1993년 5월 28일~6월 28일 바탕골 소극장)에서도 두드러진다. 이 작품은 다리오 포의 〈대천사는 핀볼게임을 하지 않는다〉에서 주위 친구들로부터 항상 놀림을 당하는 로프티라는 인물, 그리고 희곡 텍스트에서 한 명의 배우가 여러 역할을 하게 되는데, 작가는 이를 이용하여 로프티가 여러 역할을 하는 동일 배우를 만나면서 이들이 같은 인물이라고 즉 자신의 친구 중 한 명과 신사를 같은 인물이라고 착각하게 하는 상황을 이용한다. 그래서 최용훈은 원작의 내용이 아닌 부조리한 상황들과 로프티라는 인물에 대한 아이디어만을 가져와 어눌한 매킨도라는 인물을 창조하여 새로운 작품을 구성하였다. 그리고 〈mr. 매킨도 · 씨!〉에서 매킨도가 회장의 비서인 성경과 자신의 임신한 부인, 그리고 의사와 회장을 착각하는 상황이 첨가된다. 이렇게 원작을 해체하면서 〈mr. 매킨도 · 씨!〉에서 최용훈은 기계문명에 매몰되어가는 현대인의 모습을 자연스럽게 풍자해낸다.

결국 1990년대 초반의 다섯 작품 중에서 세 작품이 원작의 해체를 통해 이루어진 공연이라는 점은 그의 연출미학의 중요한 한 특징을 나타낸다. 해체과정에서 최용훈 연출은 원작의 주요 동기만을 사용하여 실제적인 극적 상황은 우리의 현실적 상황에 맞추어 완전히 다르게 재구축한다는 점에서 사실상 원작에서 영감을 받지만, 완전히 새로운 작품을 한다 할 수 있다. 이러한 그의 해체적 작업은 에피소드 형식과 몽타주 작업을 통해 이루어지며 그리고 사회에 내재해 있는 기존의 이데올로기에 대한 비판의 형태로 기능하면서 현재의 권력, 지식, 정치 등의 제도적 구조에 진정한 변화를 가져올 수 있는 가능성을 담보한다.

원작을 해체하고 재구성하는 공동창작 과정에서, 최용훈은 "통합조정과 통일성 있는 관점으로 주제와 형식을 완성"시킴으로서 마치 관현악단의 지휘자의 기능으로서 연출의 역할을 정의하고 있다. 하지만, 이 과정에서 최용훈은 "살아 있는 공연성과 비언어적 표현들" 즉 다양한 연극적 이미지를 탐색하고 다양한 사람들의 생각과 아이디어의 조각들을 모으고 연결하고 조합하며 연출가의 창의적 스타일을 형성하였다. 따라서 단편화된 에피소드들의 병치는 파편화된 장면들의 동시성과 다양성을 가져오는데, 이를 〈전쟁음?악! 2〉와 〈매직아이 · 스크림!〉을 통해 더욱 구체적으로 살펴볼 수 있다.

Ⅲ-2. '물성'으로서의 이미지

〈전쟁음?악! 2〉에서 연출은 직접적 대사표현보다는 비언어적 신체표현에 중점을 두고 약 200여 개의 음향 사용과 함께 일상적 삶에서 볼 수 있는 21개의 불연속적인 에피소드들을 몽타주 기법에 의해 직조해낸다. 극의 에피소드는, 말하자면, 프롤로그-배우들 등장(신문을 읽는다)-택시 안에서-지하철 역-무궁화 꽃이 피었습니다/훈련-학교-전자오락-홍콩영화-우정의 무대-내 말이 맞죠-사무실-일기(집으로 가고 싶어)-민방위훈련-페스트푸드-TV고장/이산가족-대한민국에서 가장 재수없는 여자-장난전화-미움만이 가득한 세상-버섯구름-거리에서(오해되는 친절) 등이다. 이들 에피소드

사이의 갑작스런 장면전환, 예를 들어 "택시 안에서" 갑작스런 "지하철 역으로"의 전환은 에피소드들 사이의 단절을 가져오며 인과적 줄거리를 거부한다. 에피소드에서 말해지는 단어들은 의미 전달이 아니라 단어 자체가 하나의 오브제, 즉 물질적 오브제로서 기능한다. 게다가, 하나의 에피소드 안에서도 소통되지 않는 대사들 역시 그러하다. 이를 위해 〈전쟁음?악! 2〉의 에피소드 17, "고장/이산가족"에서 나타나는 가족의 대사를 살펴보자.

혜심 : 엄마 나 배고파.

성경 : 오 그러니? 그럼 파마 새로 해야겠구나.

승훈 : 엄마, 막내 어리광 너무 들어주지 말아요.

민희 : 그래요, 요즘에 화장품이 얼마나 비싼데.

승훈 : 넌 좀 가만히 있어! 우린 인류 최후의 시대에 살고 있는지도 모른다고!

성경 : 조용히 좀 해! 오늘 곗날이잖니.

(침묵. '딩동' 소리가 난다. 혜심 뛰어나간다.)

혜심 : 아빠 오셨다. (혜심이 나간 반대쪽에서 용진 들어온다. 혜심도 들어온다.)

혜심 : 아빠, 안녕히 다녀오셨어요? (침묵)

아빠, 닌자 거북이랑 슈퍼맨이랑 싸우면 누가 이겨?

용진 : 응, 회사일이 바빠서 그렇지.

민희 : 바보야 당연히 비싼 옷이 좋지!

승훈 : 모르는 소리마, 영어만 잘하면 되는지 알아?

이들의 대사는 서로 부적합하게 충돌하고 소통되지 않는다. 그래서 이들 대사는 의미를 드러내는 것을 거부하며, 단지 던져진 단이들로 질료적인 물성(materialite)으로 존재한다. 이 순간 이들 대사는 아도르노(Theodre W. Adorno)의 말처럼 "깨어지고 변형되어지면서" 오브제 자체로 되어진다. 그래서 이들의 대사는 마치 연관성 없는 잡지 사진의 몽타주처럼, "배고픈 아이" "파마" "비싼 화장품" "비싼 옷" "곗날" "회사일이 바빠서" "영어만 잘하면 되는 지 알아?" 등과 같이 파편화되어 현실의 리얼리티를 드러내는 오브제로서 기능한다. 이렇게 파편화된 대사는 오브제로서 이미지화되고 그 자체의 물성을 지니며 관객의 감성을 자극한다. 물론 이때, 대사는 소리 그 자체로서만이 아니라 대사가 혹은 단어가 그 사회 안에서 지니는 '흔적'을 드러내는 이중적 기능과 함께 상징적 의미를 암시한다.

이렇게 연출된 구체적인 상황의 파편들로서의 이미지들은 배우들의 신체언어의 활발한 사용과 소리의 꼴라주를 통해 관객에게 이들의 물성에 더욱 집중하게 한다. 〈전쟁음?악! 2〉에서 에피소드 4에 해당하는 "지하철역 에서"는 지하철 역에서의 열차 도착을 알리며 안전을 위해 노란선 밖으로 물러서라는 '차가운 금속성' 느낌의 안내방송과 이 안내방송 후 남자인물 승내는 옆에 있는 혜심에게 다가가 "왜/ 안/ 물/ 러/ 나"라고 기계적 발성법을 사용하며 노란선 밖으로 물러나지 않았다는 이유로 갑자기 그녀를 때리기 시작한다. 이때 금속성의 차가운 안내방송과 승내의 기계적 발성법은 기계화되어 가는 인간성을 청각적으로 물화시키며 드러낸다. 주변의 사람들은 이를 말리는 것이 아니라 이 상황을 보고자 자리싸움까지 하고 그 사이에 오징어와 땅콩을 파는 사람까지 등장시키며 연출은 이러한 모습을 희화화한다. 게다가 이때 연출은 '우린 사랑해'라는 가사의 노래를 들어 상황을 더욱 아이러니하게 연출해낸다. 승내가 혜심을 때리는 동작이 슬로우 모션으로 이루어지면서, 이어지는 에피소드 5 "무궁화 꽃이 피었습니다"는 예비군 훈련 장면으로 이 에피소드 역시 에피소드 4와 동일 맥락에서 이해할 수 있다. 교관이 예비군 한 명을 희생양으로 선택해 때리면서 다른 사람들을 통제하는 폭력을 이미지화하면서, 연출은 사회 안에서 "권력 유지"를 위해 자행되는 이유없는 폭력을 관객들에게 자연스럽게 그려낸다. 이때 무대를 가로지르며 TV를 끌고 왔다 갔다 하는 현선의 모습은 매체에 의한 폭력과 이에 의해 통제되는 우리 사회의 단면 역시 자연스럽게 그려낸다. 이유없는 폭력은 에피소드 14의 "민방위훈련"에서도 동일하게 이루어진다.

이렇게 물화된 이미지를 통해, 극은 거리에서 일어나는 폭력이 사회체제 안에서 이념적 이데올로기와 매체에 의해 자행되고 있는 폭력의 모습을 그대로 모방한 것에 지나지 않으며, 개인들 역시 그 속에 길들여져 살고 있음을 인식하게 한다. 에피소드 12의 "사무실"에서, 사무원들의 기계적 대사들과 모습들은 의미를 지니지 않으며 무의미하게 뱉어진 단어의 파편들이다. 이들 대사와 함께 계속적으로 울리는 전화벨 소리와 타자 소리 역시 '기계적'으로 돌아가는 사무실 분위기를 만들어내며 자본주의 사회의 기계성을 더욱 분명히 드러낸다.

승내 : 이봐! (봉학을 부른다. 봉학, 못 알아듣는다.)

봉학 : 네!

승내 : 자네 이름이 뭐지?

봉학 : 맹봉학입니다.

승내 : 응, 그렇지. 어, 잘해봐.

봉학 : 네? 네. (어찌할 바를 모르고 여기저기 기웃거리다. 빈자리에 앉으려고 한다.)

혜심 : (날카롭게) 여긴, 내 자리예요.

봉학 : (당황하며) 죄송합니다. 그럼, 제 자리는 어디…

혜심 : 이름이 뭐죠?

봉학 : 저 맹봉학이라고…

혜심 : 주민등록번호는?

봉학 : 630525-1102213

혜선 : 잠깐만요. (뭔가를 열심히 두드린다.) 모르겠는데요. (다시 기계적으로 일한다.)

(봉학 멍하니 돌아서서 사무실을 둘러본다. 현선 춤추는 동작으로 다가온다.)

현선 : 안녕하세요?

봉학 : (굉장히 좋아한다.) 네, 안녕하세요?

현선 : 이름이 뭐죠?

봉학 : 맹봉학이라고 합니다.

현선 : 주민등록번호는?

위의 인용된 대사들은 마치 데이터가 입력되기 전까진 아무런 반응을 보이지 않는 '기계의 무관심'처럼, 기계화된 인간의 모습을 이미지화한다. 그런데, 이러한 모습은 사무실에서뿐만 아니라 가정에서도 일어나고 있음을 앞서 살펴본 에피소드 17, "고장/이산가족"에서 살펴보았다.

이제 물화된 대사뿐 아니라 배우 신체의 물화된 이미지에 대해서 〈매직아이 · 스크림!〉을 통해 구체화해보고자 한다. 〈매직아이 · 스크림!〉은 일산에서 시청으로 버스로 출퇴근하는 극 중인물인 "어떤 이"가 어느 날 지하철 붕괴로 생긴 도로 파손으로 인해 그가 항상 이용하는 버스 대신 지하철을 타고 시청으로 가게 되면서 일어나는 에피소드들로 이루어진다. 이 과정에서 "어떤 이"는 "온니유"라는 여자인물을 만나게 되는데, 자신을 연인으로 생각하는 그녀는 "어떤 이"에게 아이스크림을 준다. 이 아이스크림은 "어떤 이"의 잠재된 '욕망'으로 상징화된다. 아이스크림을 받아든 "어떤 이"는 마치 마술에 걸린 듯 그녀의 환상 속으로 휘말려 들어가 환상적이며 비일상적 사건들과 마주치게 된다. 하지만, 이 환상적이고 비일상적인 사건들이 오히려 일상적 삶의 본질을 드러낸다. 그래서 극의 마지막 에피소드 제목인 "다카포(da capo)", 즉 처음부터 다시 되돌아가야 한다는 의미의 이 음악용어가 암시하듯 극은 우리 일상적 삶의 '비루한' 모습이 계속 반복되어지고 있음을

매직아이 · 스크림!(1995)

드러낸다. 연출은 이러한 사실을 끊임없이 순환하는 지하철 2호선이라는 장소를 통해서도 분명하게 제시하고 있다. 또한 극의 처음(프롤로그)과 끝(에필로그)이 극장이 아닌 극장 밖인 일상적 거리에서 시작되고 끝나게 함으로 더욱 명백히 드러낸다.

이렇게 허구와 현실의 절묘한 결합을 통해 이루어지는 〈매직아이 · 스크림!〉은, 첫 번째 장으로 들어가기 전 "Intro"에서 "어떤 이"가 지하철 계단을 내려가면 강한 음악과 함께 사람들이 분주하게 움직이다가 지하철에 타자 이들 모두 잠을 자는 풍경을 그려낸다. 이렇게 묘사된 배우들의 신체 움직임은 이 사회체계 안에서 바쁘게 살아가며 지친 인간들의 일상을 이미지화한다. 또한 11장에서 "판매남" "미씨시피걸" "부르스" "유쾌녀" "공포녀"와 "아찾남"의 병치된 대사들과, 그리고 이때 무대 위에서 병치된 배우들의 이미지들 역시 이 사회 체제 안에서 자신들의 정체성의 상실에 혼란스러워하는 모습들을 그대로 형상화해낸다.

유쾌녀 : 씨발, 그 아줌마 되게 질기네. 뭐? 날 구..원해서 누구의 딸로 만들어?
너나 구원 말구 십원해라. 야! 으이 씨발. (담배를 피워문다.)

부르스 : 다 토했니? [⋯]

판매남 : (포도주병에 약을 넣고는 흔든다.) [⋯]

미씨걸 : 모든 게 애 죽은 뒤부터 이리된거야.
나, 능력이라도 인정받지 않으면 미쳐버릴 것 같아. 난 살고 싶으니까.
(판매남 여전히 술병을 흔들고 있다.)

판매남 : 너 죽었다. 이 약이 어떤지는 잠시 후에 알게 될 것이다. 하하
나 없으면 못산다구 할거다. 넌 내 꺼야. 오늘밤 죽여준다.

유쾌녀 : (코를 들이박고 있다가) 날 이렇게 버려둘 거면 왜 낳았어?

그러구 엄마만 도 닦으면 다야? 뭐 처녀점성가? 씨발 다 죽여버릴 꺼야!

부르스 : 그러면 살 수 있을까?

공포녀 : 아파… 아파…

아찾남 : 쉿, 아버지. 아, 아버지! 조금만 더 참으세요. 제가 갑니다.

위의 대사들이 발화되는 순간 무대의 우측 아래에 "미씨걸"의 가방에서 약을 찾는 "부르스"와 "미씨걸", 그리고 우측 위 공간에는 "판매남"이 약을 탄 술병을 흔들고 있으며 좌측 무대 위에는 탐험가처럼 무장하고 라이트헬멧을 쓴 "아찾남"이 "공포녀"를 업고 있고 좌측 무대 아래에는 "유쾌녀"가 있다. 조명은 이들을 돌아가며 비추어 이들의 모습들을 이미지화한다. 대사들 사이에 드러나는 공포녀의 "아파… 아파"라는 대사는 이 사회 체계 안에서 살아야 하는 힘든 고통을 드러내는 오브제로서, 그리고 물화된 배우들의 이미지들은 그 자체의 물성을 통해 관객의 감성을 자극하고 자유로운 상상을 제공하며 습관화된 삶에 대한 새로운 인식을 가능하게 한다. 또한 극에서 이 "어떤 이"라는 이름은 그가 '누구일 수도 있는' 개인의 개별성이 인정되지 않는 사회시스템에서 익명화된 인물임을 말한다. 그러기에 그가 만나는 사람들 역시 개별적 성격을 지니기보다는 현대사회에서 볼 수 있는 일반적인 특징들로 성격지워지는 인물들이다. 그래서 나머지 9명의 인물들-고문후유증으로 성불구가 된 뒤 치한범이 된 "브루스"와 돈 벌기에 몰두하는 "미씨걸", 판매남, 유쾌녀, 공포녀, 광신적 교회집사, 부랑자와 역무원, 이버지를 찾는 남자-을 통해 일어나는 상황들은 익명화된 어떤 이로서의 우리 모두의 모습들이 프리즘을 통해 투영된 이미지라고 할 수 있다.

Ⅲ-3. 교차 · 직조되면서 드러나는 의미

마치 수많은 점들 속에 이미 존재하고 있지만 보지 못하고 있었던 그림들을 보게 하는 '매직아이'처럼, 최용훈 연출은 다양한 에피소드와 대사들을 시 · 공간을 달리하며 직조하면서, 극이 끝날 무렵에 존재하고 있었음에도 그동안 깨닫지 못하거나 보지 못했던 문제들, 사회의 무능력, 미처 인식하지 못했던 습관화된 삶의 모습들을 드러내어 제시한다. 이러한 사실은 〈매직아이 · 스크림!〉에서 더욱 분명하게 드러난다. 극은 프롤로그에서부터 한 배우가 끊임없이 아버지를 찾고 있다. 이 아버지의 상징적 의미는 형이상학적 신비의 기원(Origin)을 의미하는 것이 아니라, 현대사회에서 정치 · 사회적 제도에 의해 억압당하고 잃어버린 한 개인의 '정체성'을 의미한다. 극에서 치한 "브루스"와 "미씨걸"은 대학생시절 운동권 학생으로 데모를 하던 인물들이다. 하지만, 이들 중 한 명(브루스)온 감옥에서의 고문으로 성불구자가 되어 출감한 후 지하철에서 여성들을 더듬는 치한이 되었으며, 다른 한 명(미씨걸)은 아이의 죽음 이후, 자신의 존재이유를 돈을 버는 데 두며 살고 있다. 하지만, 그녀는 불감증으로 시달리고 행복하지 않은 자신의 고통을 달래기 위해 항상 가방에 많은 약을 갖고 다닌다. 그래서 연출은 '발기불능'이 된 "부르스"와 "미씨걸"의 불감증을 통해 과거의 이데올로기에 의해 현재의 그의 삶이 지배당하고 있음을 자연스럽게 나타낸다. 뿐만 아니라 그들이 가졌었던 이데올로기는 현실의 그들 존재와 이율배반적으로 이루어져 과거의 자신들의 이데올로기가 헛된 것임을 드러낸다.

미씨걸 : 토할라구 마신다니까. 나 자본주의해서 돈 많이 벌었다. 그거 쉽더라. 헌데 가끔 구역질이 나.

부르스 : 가방에 무슨 약병들이… 가득해.

미씨걸 : 약으로… 술로… 구역질 나는 날 치료해보려구. (약을 먹는다.)

브로스 : 불능에, 불감에… 치료불능까지…

아찾남 : (소리만) 이 병든 세상을 치료하려면 나를 먼저 무장하고 이곳 어딘가에 갇혀 있을 아버지를 찾아야해. (탐험가처럼 무장하고 라이트 헬멧을 비추며 등장한다. 공포녀를 업고 있다.)

잉? 내가 드라이버 챙겼나? (뒤진다.)

위의 인용된 대사들에서 소리만 들리는 “아찾남”의 대사는 “미씨걸”과 “부르스”의 대화에 끼어들며, 이 혼란스런 사회에서 그들 스스로 자신의 정체성을 찾아야 함을 제시하고 있다. 또한 연출은 무대의 우측 아래에 술에 취한 “미씨걸”의 가방에서 약을 찾는 “부르스”, 그리고 우측 위 공간에는 약을 탄 술병을 흔드는 “판매남”, 좌측 무대 위에 공포녀를 업고 있는 “아찾남”과 좌측 무대 아래에 욕하고 있는 “유쾌녀”의 이미지들을 수평적으로 가로지르며 “홍집사”를 지나가게 하면서, 이렇게 좌절한 사람들이 어떤 구원을 희망하게 되는 모습을 그려낸다. 하지만 연출은 스스로가 아니라 그 누군가로부터 구원되리라 믿고 있는 이들의 바램이 얼마나 허무한 것임을 이어지는 “홍집사”와 “판매남”과의 관계에서 분명하게 드러낸다. 하나님의 동정녀가 되고자 정결하고자 했던 교회 선교자인 “홍집사”의 희망이 정력제와 피임약을 팔며 그녀를 속여 돈을 뜯어내던 판매남의 아이를 임신하게 되는 사실을 통해 자연스럽게 홍집사가 지하철에서 선교하며 외치던 구원에 대한 그녀의 희망이 헛된 것임을 보여준다.

그리고 이 작품의 14장에서 “아버지를 찾는 남자”가 “판매남”과 유쾌한 도둑녀에게 자신의 아버지가 실종된 일을 설명할 때, 그의 대사는 역무원의 대사, ‘지하철 공사가 서비스를 근본으로 하고 시민들에게 친절을 베풀기 위해 노력하고 있다'는 말과 교차 직조되면서, 사회에 의해 짓밟히는 개인의 삶의 한 단면을 자연스럽게 그려내고 있다.

아찾남 : 난 잊을 수 없어. 난 애오개에서 슈퍼를 하고 있었어. 그런데 지하철이 밑으로 뚫리데. 근데 우리 집 변소에 금이 가는 거야.
난 내 피해보상을 받으려 하는데 잘 안되잖아.
우리 아버진 간단히 해결하셨을 텐데. 아버지 불렀지.
'저 좀 도와주세요. 우리 집 변소에 금이 갔어요. 지하철 땜에.'
새벽 첫 차로 올라오셔서 전화하셨어.
어디 지하철 갈아타는 역이라 했는데… 그 뒤로 통… (눈물이 어린다.)

이러한 이미지는 〈전쟁음?악! 2〉의 열세 번째 에피소드에서 더욱 분명하게 직조된다.

용진 : 아침부터 사막이다 / 버스 안에서/전철에서/종로3가 지하도를 벗어나면 / 나무들은 혀를 빼물고 / 학학학 / 사막살기를 연습한다.

(텅빈 사무실)

현선 : 아들은 웃고 있다 / 사무실 외진 구석, 회색빛 책상 / 여름은 유리창을 깨트리고 / 차라리 눈부신 어둠.

(어린이 놀이터)

혜심 : 오월처럼 / 계엄군이 되고 / 참나무 액자 속에서 / 아들은 웃고 있다.

(삼류 극장)

선미 : 이런 하루는 / 파고다 극장 어둠에 몸을 숨기고 / 호모들의 비음소리 들으며/ 파리애마, 짚시애마, 장미여관 보다가 / 신세계, 롯데, 쁘뗑땅을 헤가며 / 무너지는 하루 하루.

(선술집)

성경 : 일천 구백 구십 일 년 / 냄새나는 이십 세기

(철조망)

봉학 : 아니다. 아니다. 아니다. / 등불 하나 켜들고 / 참나무 액자, 아들 데불고 / 마로니에 이파리, 대학로에 나가자/아니다. 아니다. 아니다. / 눈이 시린 사철나무 허를 빼물고 / 목청껏 목이 메어.

같이 : 우리의, 우리의.

(감상적 음악에서 '집으로 가고 싶어' 노래로 연결된다. 철조망을 표현하던 배우들 노래 중반에 샐러리맨으로 변신. 노래가 끝나면 '삐삐' 소리가 울린다. 승내, 황급히 삐삐를 확인하고 사라진다. '삐삐' 소리가 들린다. 나머지 배우들, 삐삐 확인하고 전화에 매달린다.)

민희 : 네, 네, 알아봤습니다. 1942년 12월 2일입니다. 네, 확실해요.
그날 인류가 최초의 원자핵 반응에 성공했고 그때부터 인류가 원자핵 에너지를 해방시켜 통제하면서, 네 그렇죠. 통제하면서 사용하기 시작했답니다. 네, 1942년 12월 2일, 맞습니다.

우리 사회의 다양한 단면들을 교차, 병치하면서 드러나는 다중적 이미지는 자연스럽게 그 의미를 직조해낸다. 무대에서 한 배우가 시를 낭송하는 순간, 감상적인 음악과 함께 두 명의 중년의 샐러리맨들과 나머지 배우들은 무거운 짐들을 등에 지고 머리에 이고, 허리를 숙여 걸어간다. 이들의 몸은 모두 다리를 절거나 허리를 휘청거리며 걷는다. 연출은 탈의미화된 대사와 배우들의 신체적 고통, 과장된 몸 연기 등을 이미지화해내면서, 이념적 이데올로기와 매체에 의해 통제되는 정치, 사회체제 안에서 억눌리며, 이 상황을 어떻게 추스릴 수 없는 개인들의 모습들을 드러낸다. 특히 마지막 민희의 대사, "그때부터 인류가 원자핵 에너지를 해방시켜 통제하면서, 네 그

렇죠. 통제하면서 사용하기 시작했답니다"는 "파리애마, 짚시애마, 장미여관" 등의 섹시한 뮤직 비디오와 백화점을 헤매게 하면서 물질 소비를 부추기는 가짜 욕망, 그리고 'TV 매체' 그리고 '이념적 이데올로기' 등에 의해 통제되는 사람들의 모습들을 연상시키면서 더욱 강한 패러디의 극적 효과를 지닌다.

하지만 연출가 최용훈은 자신의 극에서 다만 이러한 무능력의 지점만을 드러내고자 하는 것은 아니다. 물화된 이미지와 몽타주 기법에 의한 이질적인 것의 만남을 통해 관객들에게 새로운 체험을, 새로운 인식을 가능하게 하면서, 그는 바로 여기서부터 시작할 수 있는 가능성이 조성되는 출발점임을 드러내고자 한다. 이것이 바로 그가 끊임없이 추구하는 작은 발언을 가능하게 하는 지점이다.

Ⅳ. 나가며 : '작은 발언'을 추구하는 연출가

공동창작 방식과 함께 사용된 몽타주 기법을 통해 최용훈 연출의 작품들에서 대사들은 더 이상 의미전달에 종속되지 않으며, 오브제화되며 이미지로서 그 자체의 물성을 가진다. 그리고 하나의 지시적 의미를 갖는 심리적 내면이 없는 배우들의 형상적(figural) 행위는 관객에게 하나의 의미에 얽매이지 않고 자유로운 해석과 상상을 가능하게 한다는 점에서 다의적 해석을 가능하게 한다. 이렇게 연출은 극이 주는 한가지 관점을 관객에게 주는 것을 거부하고 관객에게 자유로운 해석을 열어둔다. 이러한 다의성은 그의 작품들의 제목에서도 나타난다. 〈전쟁음?악!〉는 〈전쟁음?악! 2〉 이들 제목에서 사용되고 있는 "?"는 '전쟁음'이 우리에게 환기시키는 것이 무엇인지 물음을 제기하며 사유의 시간을 제시하는 물음표이며, 폭탄 총알과 같은 전쟁음에 이어져 나오는 "악"의 뒤에 띤 "!"는 인간의 비명을 이미지화한 것이다. 결국 최용훈은 작품제목에서도 그 해석의 여지를 열어두고 있다. 또한, 〈mr. 매킨도 · 씨!〉는 매킨도시 컴퓨터를 인간의 이름으로 대체하고자 뒤에 "씨"를 연결시켜 기계화되는 인간사회를 패러디하고 있으며 혹은 '막힌도시' 즉 폐쇄된 도시를 드러내고 있음을 제목을 통해 알 수 있다. 또한 〈매직아이 · 스크림!〉 역시 〈매직 / 아이스크림〉 〈매직아이 / 스크림scream)!〉으로 매직아이를 통해 보게 된 '진실'은 어쩌면 우리를 '비명 지르게' 하는 것일 수 있으리라는 해석을 가능하게 하며, 언어의 다의적 해석을 관객의 몫으로 열어놓고 있다.

그리고, 최용훈의 작품에서 배우의 신체는 언어가 표현하지 못한 인간의 내적 진실을 드러내는 데 있는 것이 아니라 그 "몸 자체"가 가지는 현상학적 의미의 오브제 그 자체로서 드러나는 '몸성(물성)'을 드러내어 그 주름과 흔적을 읽어내게 하는 새로운 체험을 가능하게 하는 데 있다. 이 과정에서 관객은 자신의 기억이나 상상력을 통해 새로운 체험을 경험하며 새로운 인식의 장을 연다. 바로 이 점을 위해 최용훈 연출이 〈매직아이 · 스크림!〉에서 배우들에게 역할로의 몰입이 아니라 형상적(figural) 인물들로서 연기하길 원했던 이유일 것이다.

연출가 최용훈은 기존의 직선적이고 인과적인 스토리 위주의 연극을 해체하며 몽타주 기법을 차용하여 그의 해석을 관객의 몫으로 남겨두는 열린 극형식을 취한다. 하지만 다양한 에피소드들을 병치, 직조하는 그의 연출은 아무런 의미를 제시하지 않는 것이 아니라, 연극이 "사회에게 던지는 작은 발언"이라고 말하던 그의 말처럼, 현대사회의 다양한 관점들을 충돌시키면서 거짓된 사회의 이데올로기를 단편적으로 그려내고 바로 그 지점에서 다시 출발하고자 하는 데 있다.

mr. 매킨도 · 씨!(1993)

1986-2016

작은 신화 30th.

트루러브(2012)

극단
작은신화와
함께하는
이야기

매일 만나기에는 우리는 너무나 사랑했었다(1997)

사랑입니까(2013)

길 위의 가족(1999)

봄이 사라진 계절(2013)

맥베드 더 쇼(2000)

돐날(2001)

맥베드(2013)

기차(2002)

트루러브(2012)

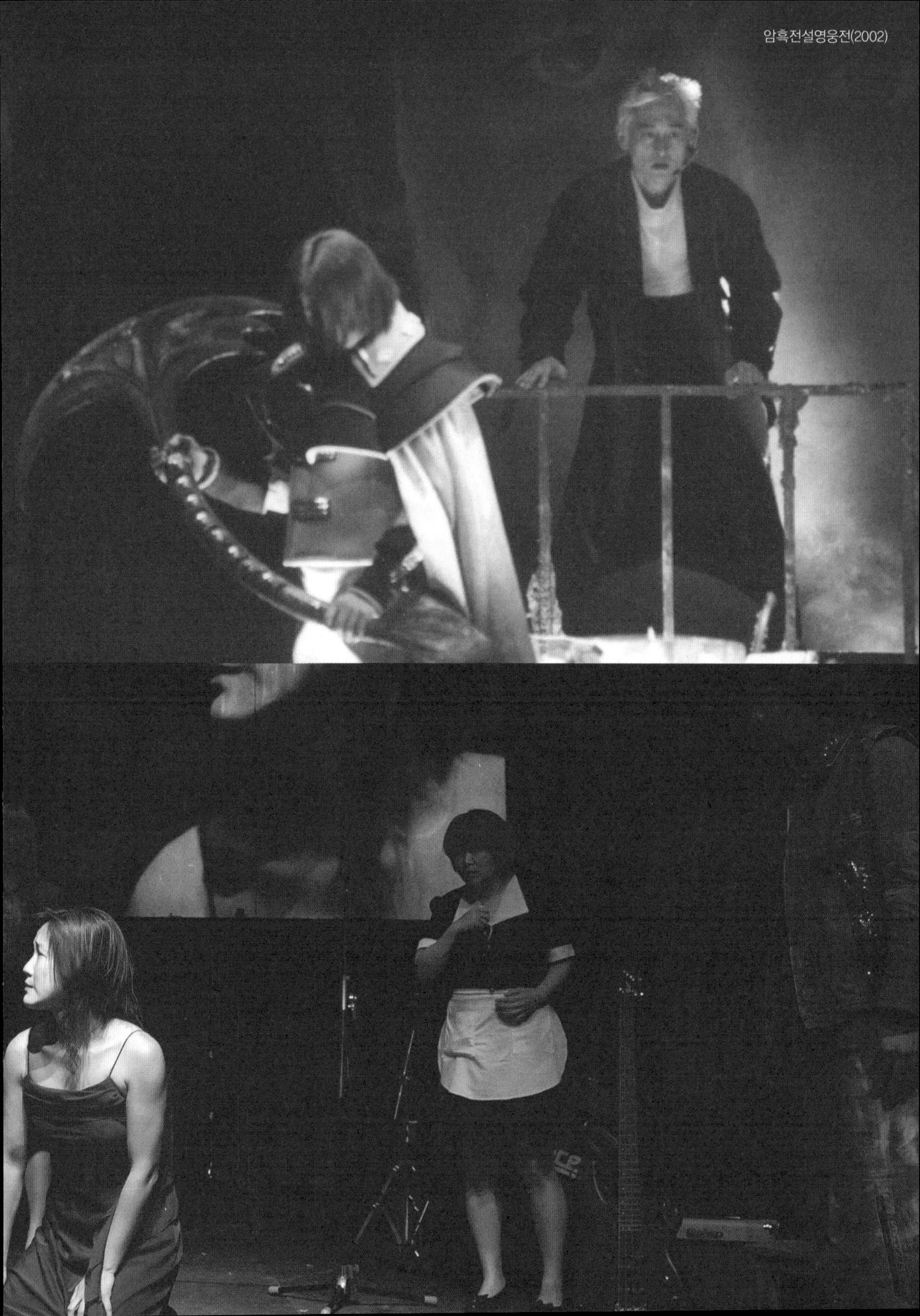
암흑전설영웅전(2002)

똥강리 미스터리(2003)

돐날(2003)

콜라소녀(2012)

베오그라드 가족이야기(2003)

모든 이에게 모든것(2012)

홀인원(2003)

소원이 있나요(2004)

해뜨기 70분전(2011)

만선(2011)

십년 후.(2005)

그저…
자유로움 그대로…

길해연 창단 단원

1986년 어느 날 스무 살 초반의 세상 물정 모르는 친구들이 모여 극단이라는 것을 만들었다. 다행인지 불행인지 모여 앉은 친구들은 오히려 또래 친구들보다 세상 이치에 어두웠고, 얼굴을 맞대고 앉으면 현실적인 얘기보다는 뜬구름 잡는 이야기를 하며 행복해했다. 극단 이름을 우리끼리 공모했고 우리 중 가장 똑똑했던 김영인 단원이 작은신화라는 이름을 내놓았다.

"작은신화."

누군가는 신화면 신화지 '작은'은 뭐냐고 빈정댔지만 우리는 그 이름에 만족했다.

어쩌면 그 당시 우리는 거창하게 자신을 포장하기를 두려워했는지도 모른다. 누가 뭐라 그런 것도 아닌데 대단한 일 하려 모인 거 아니라고, 그저 우리끼리 우리가 하고 싶은 이야기를 우리 방식으로 하고 싶을 뿐이라고, 미리 고개를 숙여 겸손의 태도를 갖추려 노력했다.

아니 좀 더 솔직하게 말한다면 우리는 대단한 일을 해낼 자신이 없었다. 미래는 불확실했고, 우리는 속수무책으로 가난했고, 현실적 감각들이 좀 모자란 그런 사람들이었다.

연습실이 없어 다른 극단 연습실에 얹혀 더부살이하면서 할 수 있는 것이라곤 희곡을 읽고 스터디를 하고 어떤 연극을 하면 좋을까 머리를 짜내는 일뿐이었다. 그러다 보니 시간이 지날수록 우리 안에 사소한 다툼들이 일어나기 시작했다. 앞날은 불확실했고 작은신화란 이름으로 모여 무언가를 해나가기엔 우리는 가진 것이 너무 없었다. 창단 단원들만으로는 여건이 주어진다 해도 공연을 올리기에는 역부족이었다.

머리를 싸매고 고민하던 우리들은 '아! 좋은 생각이 났어'라고 신나 하면서 작은신화를 함께할 다른 친구들을 찾아 나섰다.

한번은 어디 어디 연극영화과에 연기 잘하는 친구가 있다는 얘기를 듣고 알음알음 물어 어렵게 자리를 같이한 적이 있었다. 의외로 그 친구는 우리에게 호의적이었고, 그 반응에 신난 우리는 밤을 새우며 우리가 만들어가고 싶은 연극 얘기에 열을 올렸다. 그 친구는 우리가 번갈아 떠들어대는 이야기에 연신 고개를 끄덕이며 대단하다고 엄지손가락을 들어 보였다. 우리는 멋진 친구가 합류할 거란 생각에 흥분해서 없는 돈을 털어 밤새 술을 마셨다.

다음 날 아침, 그 친구는 쪽지 한 장만을 남겨 놓고 조용히 우리 곁을 떠나갔다.

"당신들의 열정과 용기에 감동했습니다. 하지만 부끄럽게도 저에게는 당신들만큼의 열정과 용기가 없는 것 같습니다. 자신이 없네요. 멀리서나마 응원하겠습니다."

정중한 그 짧은 편지 속에 숨은 뜻을 우리는 알고 있었다. 열정과 용기라고 표현했지만, 그에게 우리는 무모하고 대책 없는 사람들이었고, 어떤 구체적 계획도 없는 우리와 함께할 뜻이 없는 현명함을 자신이 없다고 표현하고 있었다. 그 친구의 선택은 옳았다.

얼마 후 그 친구는 다른 극단에 들어갔고, 조금 시간이 흐른 뒤에 영화 포스터에서 그를 만날 수 있었다. 연기파 배우로 너무 유명해진 그 친구의 소식을 들었을 때 우리는 고개를 끄덕이며 '역시! 잘될 줄 알았어. 똑똑하고 진실도 보이더라니까' 하고 그 친구의 칭찬에 열을 올렸다.

그리고 우리는 그 뒤로 우리가 선택한 작은신화라는 이름을 등에 짊어지고 지금까지 꾸역꾸역 30년을 걸어왔다. 어린 나이에 저 세상으로 가버린 이유철 대표에 대한 부채감은 더 이상의 갈등을 종식시켰고 작은신화는 내게 죽을 때까지 마쳐야 하는 숙제처럼 남게 된 것이다.

이유철 추모 공연을 마친 후, 우리는 뿔뿔이 흩어질 수밖에 없었다. 기획을 맡았던 임인섭은 호주로 떠나 버리고, 괜히 친구 최용훈을 찾아왔다가 무대에까지 서게 된 조원호는 유학을 포기하고 연극 기획을 하겠다고 나섰다.

이대로 여기서 접을 수는 없는데 뾰족한 방법이 없었다. 배우와 연출, 대표 역할까지 해내야 했던 최용훈은 늦은 나이에 군대에 갔고 우리는 그 이전보다 더 열악한 상태에 처해 있었다.

하늘이 무너져도 솟아날 구멍은 있는 법이라고 했던가.

마침 때맞춰 작은신화 이름을 지어놓고 군대에 갔던 김영인이 제대를 했고, 우리는 무조건 김영인을 붙잡고 늘어졌다. 박정영과 나는 무모하다고 고개를 설레설레 젓는 김영인을 거의 매일 쫓아다니며 괴롭혔다.

똑똑하지만 마음이 약했던 김영인은 승산이 없는 일에 매달리는 누나들의 등쌀에 못 이겨 긴 고민 끝에 공동창작을 제안했다. 우리가 할 수 있는 최선의 선택이었다. 전쟁이라는 소재를 우리가 사는 일상 속으로 끌고 들어와 삶 속에서 전쟁이 벌어지는 순간들을 찾아내느라 우리는 끝없이 즉흥을

전쟁음?악!(1990)

했고 수많은 자료를 조사해 서로 발표하고 토론했다. 연습실이 없어 카페를 전전하며 만들어낸 연습 일지를 들고 일주일에 한 번, 혹은 2주에 한 번 우리는 군에 있는 연출을 찾아가 회의를 했고 결국, 제대 보름 후로 공연 날짜를 잡았다. 그리고 최용훈은 제대한 당일 부대에서 나오자마자 군복을 입은 채로 연습실로 찾아와 바로 연습에 들어갔다. 김영인이 만들어놓은 좋은 재료들을 고르고 다듬어 최용훈은 단시간 내에 멋진 작품 하나를 만들어냈다. 그것이 〈전쟁음?악!〉이다.

그렇게 우리는 작은신화라는 이름을 처음으로 사람들에게 알렸고, 수많은 시행착오를 거듭하며 여기까지 왔다.

좋은 날도 있었고 안 좋은 날도 있었다. 아니 돌아보면 좋은 날보다는 힘겹고 눈물 나는 날이 더 많았다. 하지만 후회도 회한도 없다. 그저 당연히 해야 할 일을 하고 있을 뿐이라는 생각뿐……. 우리는 아직도 86년의 젊은 이들처럼 현실 감각이 떨어지고 다 같이 여전히 가난하다. 단원은 많아졌는데 다 비슷한 사람만 모여 있으니 허허 웃음이 나온다.

무슨 연극을 어떻게 해나갈지 극단 나이가 30살인데 아직도 고민하고 모색 중이다.

그저 여기, 변화하는 자유로움 그대로……, 지금보다는 훨씬 괜찮은 연극을 만들기를 염원하며 그렇게 뚜벅뚜벅 걸어갈 것이다.

끊일 듯이 끊기지 않았던 나와 작은신화의 질긴 인연

반무섭 1기 단원

내가 처음 극단 작은신화를 알았던 것은 서울시립대 극회에서 활동하던 때이다. 당시엔 휴학생이었고 연극을 업으로 삼기로 결심했고 그 방법을 알아보던 중이었다. 간혹 조명 설치나 분장 등의 공연 작업을 도와주어 친숙했던 서울여대 연극반의 한 친구에게서 연극에 관심이 있다면 혹시 새로 만들어지는 극단에 들어가 볼 생각이 없냐는 얘기를 들었다. 대학 극회 출신들이 모여서 새로운 극단을 만들려고 한다는 것이었다. 흔쾌히 소개를 부탁했는데 아쉽게도 소개해주겠다던 친구와 극단 관계자들이 서로 시간이 맞지 않아 그 모임의 친구들을 만날 수 없었다. 결국, 작은신화의 첫 작업에 함께할 수가 없었다.

나중에 극단 작은신화의 첫 번째 공연만 보러 가게 되었다. 대학가 카페를 순회하며 하는 공연이라고 해서 색다른 경험을 기대하며 단국대 앞, 공연이 예정된 카페에서 기다렸다. 예정된 시간이 되어가도 전혀 공연을 할 것 같지 않았지만, 카페순회공연이라는 게 이렇게 하는 건가 했었다. 하지만 공연시간이 훌쩍 지나도 아무런 기미가 없어 답답한 마음에 주인에게 물어보니 아뿔싸 공연이 취소되었다는 것이었다. 공연이 취소되었다면 최소한 안내문이라도 붙여놨어야지 하는 아쉬움이 있었다. 이것으로 나와 작은 신화의 인연은 끝이 났다고 생각했다.

창단공연이 끝난 이후 처음 작은신화의 존재를 알려줬던 친구를 우연히 만났을 때, 다시 극단 작은신화의 소식을 들었다. 아직도 새로운 단원들을 찾고 있고, 두 번째 공연을 준비하는 중인데 만나 볼 의향이 있냐는 것이었다. 서강대 정문 옆 아카데미 하우스인가 하는 지하 커피숍으로 약속을 잡았다. 약속 장소에는 10여 명이 넘는 대부분의 단원이 참석했었다. 자신들과 함께할 생각이 있다는 내가 궁금했었는지 이것저것 질문도 많았고 그 자리에서 대본 리딩까지 시켜서 어색했지만 했던 기억이 난다.

당시 극단 작은신화는 대학의 극회 출신들이 연합하여 만든 모임이었다. 이유철, 임인섭, 박정영, 임애리, 최용훈 등 서강대 연극반 83학번들이 주축이었고 동덕여대 길해연, 이재형 등과 중앙대 권미경, 국민대 권태주, 성신여대 유현선, 추계예대 조윤상, 이윤수 등 극회에서 활동하던 1학년부터 4학년까지의 재학생들이 함께했었다.

내가 극단에 들어간 이후 한동안은 새로 들어온 사람이 없었다. 몇몇을 영입하려고 공연을 보러 가거나 소개를 받아 함께 술을 마시기도 했지만, 술을 마시며 굳은 결심으로 입단하겠다던 사람들은 누구도 어김없이 다음 모임에는 나오지 않았다. 결국 2회째 공연이 지난 연후에야 새로운 단원들이 들어왔다.

당시 대표는 서강대 신방과 교수이자 극작가이신 이근삼 선생님의 장남 이유철이었다. 낯설고 어색했던 첫 만남을 갖고 몇몇과는 새벽까지 술을 마시고 장위동 이근삼 선생님 댁에 몰래 들어가서 잠을 잤다. 다음 날 아침 쓰린 속으로 집에 돌아왔는데 이후에도 몇 번 늦은 술자리 후에는 집에 데려가서 재워주고 아침에 집안 식구들에게 인사를 시켜주기도 했지만, 아침 식사를 챙겨준 적은 없었다. 그게 모두 그 집안사람들이 아침을 먹지 않았기 때문이라는 건 나중에야 알았다.

첫 만남에서 최용훈 현 대표는 긴 앞머리를 늘어뜨리고 한쪽 구석에 있었다. 간혹 고개를 젖히며 입김으로 머리를 불어 넘기면서, 커다란 통 속의 무언가를 수저로 열심히 퍼먹던 게 너무나 인상적이었다. 나에게도 먹어보라고 권했는데 고소하다며 먹던 것이 바로 분유였다.

극단 초창기의 모임은 이유철의 자취방이었던 진선미 다방 건물의 옥탑방에서 이루어졌다고 한다. 내가 극단에 들어간 이후에는 사직동의 폐가에서 모임을 했었다. 왜 폐가가 됐는지는 자세히 알 수 없었지만, 한때 비밀스런 요정이었다던 소문만 있었고 사람이 살지 않고 버려졌던 2층짜리 빨간 벽돌로 지어진 양옥이었다. 극단 작은신화의 연습실은 그 건물의 1층, 제일 깊숙한 안쪽에 자리 잡고 있었다. 환풍기를 열기 전에는 대낮에도 전혀 빛이 들어오지 않던 공간이었다. 거기서 전기커피포트와 전기냄비(한참 후에 누군가가 기증한)에 라면도 끓여 먹고 술안주로 어묵탕도 끓여 먹으며 열심히 스터디를 했었다. 사직동 사무실은 3개 단체가 함께 쓰고 있었는데 2층에는 중대 연극영화과 출신들이 모인 극단 코러스, 1층 입구 쪽엔 주로 지역에서 상경한 젊은 연극인들이 함께했던 극단 청년의 사무실이 있었다. 지금은 잘 알려진 극단 골목길의 박근형 씨가 당시에는 극단 청년의 구성원이었다.

우리는 연극에 대한 열의로 충만했었지만, 따로 연극과 연기를 공부할 방법은 거의 없었다. 연극에 관한 서적이라고는 대학교 수업용 개론서 몇 권과 문예진흥원에서 나온 『연극총서』뿐이었다. 따로 스터디를 하려고 『연극미학』이나 『play production』과 같은 원서를 나눠서 번역하고 발표했었다. 일찌감치 영어 공부를 포기했던 내가 사전을 뒤져가며 끙끙거리면서 번역을 시도할 때 아는 영문과 친구들을 동원해서 편안하게 준비해온 친구들도

아침, 정오 그리고 밤(1987)

가끔 있었다. 하지만 스터디 참여자들의 열정과 패기만큼은 누구에게도 지지 않았던 시절이었다.

스터디와 극단의 두 번째 공연을 어떤 것으로 할지 고민하던 와중에 일어난 초대 대표 이유철의 교통사고로 인한 사망은 단원들 모두에게 엄청난 충격이었고 너무나도 가슴 아팠던 순간이었다. 이제 갓 날갯짓을 시작하던 극단으로선 한순간에 날개가 꺾이고 움직일 기운을 잃어버리게 된 일이었다. 고인을 기리는 작은 추모 책자를 만들며 슬픔을 애써 씻어가던 우리는 극단을 지속하기로 하고 당시에는 아웃사이더(?)였던 최용훈 현 대표에게 억지로(혹은 강제로?) 대표를 떠맡겼다. 그 이후 극단의 대표는 바뀐 적이 없었다. 2000년에는 대표의 과중한 업무를 보완하고 단원들과의 소통을 강화하고자 부대표 제도를 신설했는데 내가 첫 부대표를 맡은 이후 길해연이 줄곧 그 자리를 맡아왔다.

그때까지만 해도 모두 재학생이던 시절이었고 뚜렷한 돈벌이들도 없던 시절이었지만 십시일반으로 모아 공연을 제작했다. 두 번째 작품은 당시 국내에선 많이 공연되지 않았던 부조리 계열의 작품으로 서강대 재학생이던 정하연이 직접 번역한 국내 초연작 〈잠이 자고 싶은 사나이〉로 결정했다. 극단으로선 뭔가 새롭고 젊은 공연을 만들고자 하던 열의가 넘치던 시기였다. 극단의 세 번째 작품도 오프오프브로드웨이에서 공연된 세 작가의 연작을 정하연이 번역한 국내 초연 작품인 〈아침, 정오 그리고 밤〉이었다. 극단의 첫 번째 공연이 장소와 극장에 대한 고정 관념을 깨보려 했다면(사실은 극장을 대관하는 어려움에서 돌파구를 찾는 의미가 더 컸겠지만) 검증되지 않은 번역 초연 작품들을 올리려던 시도는 젊지 않으면 시도조차 할 수 없었던 모험이었다. 남들과는 다르게, 적어도 기존의 선배들처럼 매너리즘에 빠진 상업적인 연극은 하지는 않겠다던 각오가 단단했던 시절이었다. 이것이 지속적으로 극단 작은신화의 정신을 이루고 있던 근간이었다. '지금 여기, 변화하는 자유로움'이라는 극단의 모토는 우리들의 내부에 젊고 열정적인 반항 의식으로 일찍부터 자리 잡아 싹트고 있었다.

이대입구 신선소극장에서 새벽까지 연습하며 무대도 만들고 공연을 준비하였다. 모두가 제각기 역할을 맡아서 함께 제작에 참여하던 때여서 모두 포스터를 들고 나가 거리에 붙였다. 얼마나 구석구석 포스터를 붙였는지 상업적인 연극으로 잘 알려진 극단에서조차도 놀랄 정도였다. 당시에는 대학극회의 학생들이 모여 만든 아마추어 극단이라 요즘과는 다르게 극단과 작품을 언론에 알리는 것이 거의 불가능했다. 포스터를 붙이는 것만이 유일한 홍보의 수단이었기에 전체 제작비에서 인쇄비가 가장 높은 비중을 차지했고 모두들 백 장, 이백 장씩의 포스터를 들고 대학가와 시내 중심가를 매일매일 누볐다. 〈잠이 자고 싶은 사나이〉는 2인극이었는데 대표였던 최용훈이 연출 및 주연을 맡았고, 기획을 맡았던 임인섭과 무대 디자인과 제작을 맡았던 내가 더블 캐스트로 출연했다.

당시에는 각자 집에서 가져온 재료들에 하루 몇천 원 정도의 비용을 지출해 함께 밥을 해서 먹었다. 이러한 전통은 혜화동 연습실에서 수유리 연습실 시절까지 꾸준히 지속되었다. 성대 앞 연습실로 옮긴 이후에는 극단에서 밥을 해 먹거나 안주를 해서 술자리를 갖는 경우가 드물어졌지만, 당시엔 제작비를 줄이면서 함께 작업할 수 있는 큰 힘이 되기도 했다. 물론 매일 식사 당번을 맡은 단원들에겐 너무나 심적으로 힘겨운 일이었다. 대부분 배역을 맡지 못했던 여자 단원들이 해야만 하는 일과였기에.

그렇게 해서 준비한 두 번째 공연을 하던 어느 날, 공연 시작 시간이 얼마 남지 않았을 때, 극장으로 전화가 왔다. 최용훈 대표의 연락으로 동사무소에 초대권을 들고 와달라는 것이었다. 이유인즉 출연해야 하는 두 배우가 모두 포스터를 붙이다가 잡혀서 공연을 위해 선처를 부탁했는데……, 담당자가 그럼 '대표를 불러와'라고 했고 최용훈 대표가 '제가 대표입니다'라고 하자 그럼 '기획이라도 불러와'라니까 임인섭이 '내가 기획입니다'라고 했다는 것이었다. 그래서 급히 초대권을 들고 가서 무마했던 웃지 못할 일화가 있던 날이었다. 당시는 동사무소에서 불법 포스터 부착의 감시를 담당했다. 요즈음에는 이백 장 내외의 포스터만을 인쇄하기에 너무나도 격세지감을 느낀다.

술에 취하면 길에 널려진 연탄 지게, 복덕방 입간판 등의 다양한 물건을 연습실로 옮겨왔던 최용훈 대표의 당시 술버릇이 기억난다. 대체 이런 걸 왜 가지고 왔느냐는 질문에 언젠가는 꼭 공연에 써먹을 거라고 얘길 하곤 했지만, 정작 공연에서 활용한 것은 제대로 보지는 못했다. 하지만 언젠가 공연에 쓸모가 있을 것이라며 극단에 여러 가지 의상이며 소품들을 쟁여두는 것은 여전히 남아 있는 버릇이다. 그리고 가끔 이를 활용하는 것을 자랑스러워하는 것을 보면 여전하다는 생각이 가끔 든다.

〈잠이 자고 싶은 사나이〉에서 최용훈 대표에 대해 기억나는 또 다른 일화가 있다. 나중에 〈아침, 정오 그리고 밤〉에 출연한 김경희가 그 공연을 보면서 주연 배우의 연기가 너무나도 훌륭해서 꼭 만나보고 싶었다는 얘기다. 하지만 직접 보고선 아주 실망했더란다. 그 이유가 군에 갔다 온 이후 거의 없어졌지만 당시엔 심했던 최용훈 대표의 '틱'을 연기적 설정으로 봤기 때문이라는.

내가 그 공연에서 기억나는 것은 45cm 높이도 안 되는 덧마루 밑에서 빠져나오는 한 장면을 위해, 관객이 입장하기 전부터 등장할 때까지 한 시간 반을 덧마루 밑에 있어야만 했던 것이다. 그런데 어느 날 극이 끝나기 5분을 남겨 놓고 전기가 나갔다. 정전된 후 불이 들어오기를 기다리다가, 결국 기획이 초대권을 주고 관객들을 돌려보냈는데 마지막 관객이 극장 문을 나서는 순간 다시 전기가 들어왔다. 그 작품이 내가 극단에 들어와서 처음이자 마지막으로 출연했던 작품이다.

세 번째 정기 공연은 공간사랑 소극장에서 〈아침, 정오 그리고 밤〉을 올렸는데 새로운 구성원들이 들어와서 함께 작업했다. 정하연의 고교 후배로 조연출을 맡았던 김유진의 소개로 성심여대 재학생이던 김경희와 최선미가 들어왔고, 상지대 관광경영학과 출신의 조원호가 있었다. 배우로 참여했던 조원호는 극회 출신이 아니었지만, 최용훈 대표의 친구로 여동생의 입학 문제를 의논하다가 극단과 얽히게 되었고, 나중엔 길해연 현 부대표와 결혼을 했다. 이를 인연으로 나중엔 〈전쟁음?악!〉의 기획까지 맡았다. 지금은 고인이 되었지만 당시는 졸업을 앞두고 있었고 〈아침, 정오 그리고 밤〉에 출연하면서 맡은 역 때문에 좀 특이한 의상이 필요했었다. 사실 양복을 갖추기도 어렵던 시절인데 필요한 것은 아무도 입고 다니지 않던 녹색 양복이었다. 결국, 고민 끝에 대학 졸업 선물을 몇 달 앞당겨 녹색 양복을 맞춰 입었다. 그러나 무대에서밖에 쓸 수 없었던 졸업 정장이 되었다.

당시 공연에서 기억나는 것은 최용훈 대표의 연출 본능이었다. 그때까지의 작품들은 전부 연출을 맡았고 직접 출연까지 했었는데 공연을 하는 와중에도 관객들 몰래 이리저리 배우들의 연기며 포지션에 대한 지적을 했었다. 이후로는 〈사랑의 편지들〉을 제외하곤 더는 연기자로 공연에 참여하진 않았다.

세 번째 정기 공연 이후 중추적인 역할을 맡았던 최용훈 대표와 그 동기들이 모두 대학을 졸업하면서 사회인으로서 각자의 앞길에 대한 고민이 닥쳐왔다. 최용훈 대표는 어쩔 수 없이 군대에 가게 되었고 나머지도 취직과 새롭게 맞닥뜨린 진로에 대한 고민으로 극단의 활동은 잠시 뜸해졌다. 당시 나와 길해연은 각기 복학을 했다.

하지만 새로운 연극을 만들어보자는 열의는 우리를 다시 모이게 했고 연습실조차도 없어 대학로의 카페에서 만나면서 새롭게 홍성경과 이승훈 등을 영입하고 공연을 준비하기 시작했다. '작은신화'라는 극단 이름을 만들었던 김영인이 제시한 '오픈시어터'의 공연 형식으로 만든 〈전쟁음?악!〉(1990년)이 바로 새로운 시발점이었다. 성북동의 연습실을 대관하여 김영인이 구성하고 연습시키고, 제대하면서 바로 배턴을 넘겨받았던 최용훈 대표의 연출로 신선소극장에서 막을 올렸다. 아무것도 없는 빈 무대에서 '즉흥'과 '변신'이라는 형식으로 배우들이 배역과 오브제를 넘나들면서 반전(反戰)의 메시지를 만들었다.

〈전쟁음?악!〉을 연습할 때 연습 장소가 없어 개포동의 아파트단지 상가 2층의 비어 있던 독서실 자리를 연습실로 활용했던 적이 있었다. 이때 연습 소음으로 주위의 민원이 들어가 경찰이 출동한 적도 있었다. 결국 연습을 중단해야만 했다. 그리고 얼마 있다가 비어 있던 그곳의 일부분을 막아

방음공사를 하여 극단 연습실로 1년 정도 사용했었다. 네 번째 정기 공연이었던 〈전쟁음?악!〉 이후 극단에서 다양한 방식의 공동창작 작업을 시작했고 극단 작은신화를 대외적으로 알리는 데 커다란 역할을 했다. 그리고 13개 극회 출신 학생들로 이루어진 아마추어 극단에서 본격적인 프로 극단으로의 행보의 첫걸음이 되었다.

1991년 이재형의 후배 소개로 한 중소기업이 후원하여 동숭동에 새로운 연습실을 장만하게 되었다. 당시 나는 졸업과 더불어 박정영이 다니고 있던 연극협회에서 발행하는『한국연극』의 기자로 있으면서 연습실의 공사 감리를 맡았었다. 동숭동 연습실은 극단 작은신화가 대학로에 본격적으로 진입하던 때와 맞물려서 10여 년을 함께 지내던 공간이다. 처음 몇 년간은 임대료와 보증금을 모두 지원받았지만 나중에는 극단 스스로 이를 해결해야만 했다.

개포동 연습실과 동숭동 연습실을 기점으로 극단에서는 수많은 창작 작업이 이루어졌는데 가장 대표적인 것이 공동창작 작업이었다. 신선소극장에서 공연된 〈전쟁음?악!〉에 이어 생활 속의 전쟁을 소재로 만들어 바탕골소극장에서 올려진 〈전쟁음?악! 2〉(1991)는 본격적으로 극단 작은신화의 존재를 알렸다. 다리오 포 원작의 〈대천사는 핀볼게임을 하지 않는다〉에서 출발한 〈mr. 매킨도 · 씨!〉(1993), 아우구스트 보알의 연극론에서 출발하여 다양한 인물 군상과 지하철을 연계시킨 〈매직아이 · 스크림!〉(1995), 안정희 대표 집필로 만든 〈가정의학백과〉(1998), 성석제의 〈조동관 약전〉에서 출발한 〈똥강리 미스터 리!〉(1999) 등이 극단 작은신화의 공동창작 계보를 이어나갔다. 연이어 민간 극단으로선 처음으로 시도한 창작극 발굴 프로젝트인 '우리연극만들기'와 단원들의 자유로운 창작 욕구를 충족시키고 새로운 레퍼토리를 만들기 위한 '자유무대', 고전의 새로운 해석과 수용을 위한 '고전넘나들기' 등의 프로젝트가 모두 동숭동 연습실에서 시작되었다.

나는 이미 재학시절부터 극단생활을 해왔지만, 막상 대학을 졸업하며 연극을 하겠다는 얘기를 집안에 할 수 없었다. 그래서 일도 하고 연극도 할 수 있는 방편을 찾았고 박봉이었지만 『한국연극』의 기자로 들어갔다. 3년간을 『한국연극』 기자로 지내며 극단 생활을 병행하려고 무진 애를 썼다. 그런데 '너는 월급을 받기 때문에 전혀 우리의 삶을 이해할 수 없다'라는 말을 단원들에게서 숱하게 들었다. 사실 내 월급 대부분이 그들의 술값으로 나갔지만, 그들에게 난 진짜 연극인이 아니었다. 그래서 결국 직장을 때려치울 생각을 하게 되었다.

동숭동 연습실 시절 많은 인원이 보강되었는데 특히 뱀띠와 개띠들이 각각 10명이 넘는 기현상을 보였었다. 그러면서 이전까지 없었던 기수 제도가 생겨나고 정관을 만들면서 운영위원회도 조직하게 되었다. 이것들은 더욱 효율적으로 의사를 결정하고 작업을 진행하려는 나름의 시도였다.

이때 내가 겪었던 또 다른 어려움은 호칭에 대한 것이 있었다. 처음 극단에 들어왔을 때 주로 83학번들이 주축이었지만 그중 절반은 나와 동갑이어서 대충 말을 트고 지냈었다. 하지만 인원이 늘어나고 어느새 나와 동갑내기인 친구들이 열 명이나 되면서 그들 모두가 초창기 구성원들을 형, 누나라고 부르게 된 것이다. 이제는 나만 이상한 사람이 되면서 불편한 관계가 형성되었다. 현재 극단에 들어오면 학번과 상관없이 나이로 대하는 태도는 아마 이런 일로 인한 것 같다.

극단 초창기의 기획 작업은 임인섭이 도맡았고 개인적인 이유로 호주로 떠난 이후에는 조원호, 박정영, 오정학에게로 이어졌고 그러면서 극단의 기획실로 시작된 기획팀이 독립적인 기획사 '인터'로 자리를 잡았다. 이후 '모아'로 이어졌으며 현재는 '코르코르디움'과 협력 작업을 진행하고 있다. 상업적인 연극을 지양했기에 주로 공연으로 인해 발생한 적자를 우리 전체가 자금을 모아 해결하곤 했다. 극단에 자체 기획실이 생긴 이후에는 적극적으로 적자를 메우려고 노력했지만 일 년에 한두 번 하는 공연으로는 아무리 커다란 성공을 한다 해도 일 년간의 연습실을 유지한 비용까지 처리해야 했기에 흑자 운영은 불가능했었다. 이것 때문에 우리는 수많은 이벤트 공연과 집단으로 하는 아르바이트를 했다. 하지만 당시 단원들 대부분이 경제적으론 독립해야만 했던 나이였고 연극 작업에 대해선 제대로 인정받지 못하던 때여서 작은 불만들이 하나둘씩 생겨날 수밖에 없었다.

모두가 너무나 열심히 훈련하고 공부하였지만, 경제적으로나 사회적으론 힘겨운 삶을 살아갈 수밖에 없었다. 하지만 '우리연극만들기'로 발굴되었던 〈황구도〉의 뮤지컬 공연화 및 일련의 과정에서, 그동안 많은 경제적 도움이 되었던 기획사가 적자를 입으면서 문제가 발생했다. 극단의 독자적인 운영이 대두되었고 나는 이를 해결하기 위해 단원들 모두에게 회비를 걷는 방식을 제안하게 되었다. 이것이 아직 유지되고 있는데 어떤 면에서는 여전히 필요하다고 생각되지만 다른 면에선 꼭 그래야만 하는지 의문이 생기기도 한다.

나는 『한국연극』 기자를 그만두면서 1년간 순천시립극단에서 작업했다. 그 당시 지방에는 소극장 무대가 전혀 없었고 대신 중대형 규모의 극장만 있었기에 그러한 작업을 해보고자 했다. 이때 극단에서는 '우리연극만들기'를 처음으로 시행했다. 결국, 첫 번째 '우리연극만들기'는 관람만 했을 뿐 함께 작업하지 못했다.

이후 극단은 몇 년간은 수유리로 연습실을 옮겼다가 다시 성내 앞에 연습실을 마련하여 십 년을 지냈고, 얼마 전 다시 이화동으로 연습실을 옮겼다. 30년이란 세월이 흘렀지만 그사이에 가장 창조적인 작업을 열심히 했던 시절은 아마 동숭동 연습실이었지 싶다. 극단의 거의 모든 틀이 만들어졌고 가장 활동적이고 젊었던 시절이었다. 돈을 모아서 공연을 했던 시절에서 수익을 분배하기 시작했고, 아마추어리즘과 탐구 정신, 새로운 방향의 모색을 위해 12시간의 지속적인 회의를 진행하던 너무나도 열정이 넘치던 시기였다. 아마 당시 단원들 모두가 정신적으로나 체력적으로도 가장 왕성하던 시절이었기 때문에 그렇게 느껴지는지도 모르겠다.

이후의 극단 작업은 규모도 커지고 단원들도 늘어나서 이제 더는 하나의 공연에 단원들 모두가 함께하지 못하는 단체가 되어버렸다. 더불어 동고동락하던 즐거움도 줄어들었고 삶을 들여다보고 예술을 논하고 사회를 비판하던 술자리도 없어진 것 같다.

창단 공연 〈결혼〉에서부터 6회 공연까지는 음악적인 부분에서 추계예대 출신의 조윤상이 큰 역할을 해왔고 이후에도 장영규, 이형주로 이어지며 음악감독들과 협업을 끊임없이 지속해왔다. 더불어 많은 다양한 스태프들과 적극적인 방식의 만남이 이루어졌다. 극단 작은신화를 거쳐간 수많은 사람들이 있었기에 지금의 우리가 있다고 생각한다.

지나온 30년의 세월에 대해 개인사를 중심으로 대략적인 기억들을 끄집어냈지만, 과거는 단지 과거일 뿐이다. 단지 이러한 과정이 있었다는 것을 남기고 싶은 마음뿐이다. 다만 앞으로의 30년 혹은 70년에 대해선 적극적으로 갖는 바람이 있다.

신입 단원을 면접할 때면 항상 주장하던 바이지만 너무 비슷비슷한 사람들을 뽑지는 말자는 것이다. 둥글둥글하고 잘 어울리는 순박한 사람들을 뽑지 말고 모나고 사고 칠 수 있을, 우리가 책임질 수 없는 사람들을 뽑았으면 좋겠다. 그리고 책임질 필요는 없는 것 같다. 자신의 인생은 자기밖엔 책임질 수 없으니까. 그래야만 극단이 정체되지 않을 것이고 하향 평준화되거나

결혼(1990)

안분지족하지 않을 것이다. 우리는 이제 스스로 상향 평준화하는 방향으로 나아가야 한다. 내적인 분란이 일어나더라도 결코 안정만을 추구하지 않고 적극적이고 창조적이 되길 바라본다. 단체가 깨어지는 것을 두려워하기보다 안정만을 추구하는 태도가 깨지길 바라고 작업에 대해 남의 일인 양 입 다물고 마는 소극적이고 나태한 정신이 없어지길 바라본다.

내가 생각하는 극단이 유지되어온 가장 큰 힘은 우리가 돈을 제대로 벌지 못했다는 것이다. 비록 역설적으로 느껴지겠지만. 돈을 위해서 생계를 위해서 결코 예술을 포기하지 않았으면 좋겠다.

"그건 의순 씨가 알아서 해야지!"

정의순 5기 단원

내가 연극을 시작한 것은 1988년 가을이었다. 고등학교 때 연극을 혼자 보러 다니면서 무대에 대한 환상을 가지게 된 나는 아는 언니의 추천으로 고등학생도 들어갈 수 있었던 신촌에 있는 한 극단에 입단하면서 본격적으로 연기 생활을 시작하였다. 연기의 '연' 자도 몰랐던 내게 이근삼 작 〈대왕은 죽기를 거부했다〉라는 작품 워크숍은 배우로서의 시간이라기보다는 그저 연극이 좋아서 마냥 행복해하는 어린아이로서의 시간이었다. 그러다 1991년에 대학로로 들어오게 된다. 그 당시는 대학로에서 공연할 수 있게 된 것만으로도 대단한 영광으로 여길 때였다. 내가 드디어 대학로에 입성하였구나. 그러나 현실은 그렇게 녹녹하지 않았다. 연극영화과를 나온 것도 아니고 대학에서 연극 동아리 활동을 한 것도 아니어서 연기를 어떻게 해야 하는지 어떻게 해야 배우가 될 수 있는지도 모르고 덤벼들었던 때였다. 나이가 어리다는 이유만으로 사랑받으며 선배님들에게 연기 수업을 받고 미친 듯이 공연을 보러 다니던 그때는 나도 배우가 되었다는 착각을 하며 나름은 행복하게 보내고 있었는지도 모른다. 하지만 그런 나의 마음은 최용훈 대표님을 만나면서 깨어지게 되었다. 그 인연의 시작은 1992년 대학로에 나와서 두 번째로 공연하게 된 〈방랑시인 딜란 토마스〉였다.

그 작품의 연출로 최용훈 대표님을 만나게 되었는데 처음으로 어린 나이가 무기가 되지 않는다는 것을 알게 되었다. 어느 날 연습을 끝내고 연출님에게 '연기를 잘 못하니 어디가 잘못되었는지 알려주세요.'라고 어렵게 물었더니 '그건 의순 씨가 알아서 해야지!'라는 말이 돌아와 많은 충격을 받았다. 그때까지 만난 모든 분들은 내가 이렇게 물으면 열심히 설명해주고 내가 나아가야 할 방향을 알려주었는데 '이건 뭐지?'라는 생각을 했었다. 너무나 쉽지만, 그 당시의 나에게는 무척이나 어려운 말이었다. 나보다 연장자라면 후배가 이런 물음을 한다면 예쁘게 봐주고 알려주어야 도리가 아니냐고 생각했던 것 같다. 하지만 이 말 안에는 자신이 무엇을 하고 있는지를 알고 그 결과도 스스로 책임져야 한다는 뜻이 숨어 있지 않았을까. 그 당시 아무것도 모르고 무턱대고 선배들을 따라 하고 열심히 입으로 대사만 중얼거리면 배우인 줄 알았던 난 그 말의 뜻을 완벽하게 이해하지 못했지만, 무엇이 '나 스스로 알아서 해야 하는 것'인지 찾기 위해 최용훈 연출님에게 함께하기를 청했다. 또한 최용훈 연출님이 대표로 있다는 극단 작은신화가 어떤 집단인지 무척이나 궁금했기에 공연 내내 작은신화에 들어가고 싶다고 졸졸 쫓아다녔다. 그런 나를 귀찮아하며 안 된다는 말만 하시던 최용훈 연출님이 극단에서 워크숍을 한다는 이야기를 했고 운명같이 극단 작은신화에서 첫 워크숍을 하게 된다. 그 작품이 반무섭 연출의 알베르 카뮈 작 〈오해〉였다.

다시 출발선에 서게 된 나는 단원도 아니면서 열심히 극단을 들락거렸다. 그럴 수 있었던 것은 함께 공연했던 이승훈 오빠와 최선미 언니가 있었고 대표님인 최용훈 연출님이 있었기에 가능했었다. 다른 단원들의 눈에는 내가 무척이나 뻔뻔하고 건방져 보였다고 몇 년 후에 선배들에게 듣게 되었다. 충분히 그런 모습으로 극단을 내 집처럼 왔다 갔다 했었다. 하지만 겉모습과는 달리 내 안은 시커먼 숯덩어리였다. 이론적으로 단단히 무장된 선배들과 그들의 연극을 대하는 태도를 보면서 나는 늘 주눅 들었으며 힘겹게 쫓아가기 바빴다. 연극에 대해, 연기에 대해 어떻게 접근해야 하는지 다시 배우기 시작한 것이다. 그 시기 공동창작이라는 낯선 단어를 처음 접하게 되었다. 극단에 들어와서 프로그램과 사진, 비디오 자료로만 봤던 〈전쟁음? 악! 2〉는 그 당시 연극계의 새로운 바람이었다. 공연장에서 그 공연을 보지 못했지만, 공연자들의 움직임과 재기 발랄함이 나의 마음을 흔들어놓았다. 그리고 23세, 드디어 내가 알아서 모든 것을 온전히 고민하고 행동하고 책임져야 하는 공연이 찾아왔다. 아쉽게 배우로 공연에 참여할 수는 없었지만 단원 전체가 창작자로서 만들어낸 〈mr. 매킨도 · 씨!〉. 전 단원이 모여 주제를 찾고 캐릭터를 만들고 장면 구성을 하면서 대본을 완성하고 공연을 올렸다. 한 편의 연극을 만들어내는 과정이 쉽지 않은 작업이며 공연 안에서 배우가 캐릭터를 표현하기까지 어떤 준비가 필요한지, 함께 만든다는 것이 얼마나 멋진 일인지 등등을 배워가는 공연이었다. 또한, 그렇게 온 힘을 다해 고민하고 싸워가며 만들어진 공연이 수많은 관객과 만나면서 최고의 작품으로 완성되었을 때의 순간이 얼마나 행복한지도 나에게 알려준 공연이었다. 이렇게 글을 쓰는 이 순간에도 바탕골소극장 앞이 수많은 관객의 줄로 이어진 모습이 다시 떠오르면서 기분 좋은 벅참을 느낀다. 대학로의 새로운 바람이, 지나쳐가는 바람이 아니라는 것을 알려 준 공연에 함께할 수 있었다는 것은 큰 행복이었다.

그 후 난 참 많은 변화를 갖기 시작했다. 연극 안에서 나의 포지션을 정했고-그것은 배우를 해야 하겠다는 결심-그것을 제대로 '내가 알아서 하기'

위해 열심히 뛰기 시작했다. 다행히도 그런 나의 상태를 알아보셨는지 지금도 좋은 작품을 만들고 계신 연출이자 작가인 조광화 작가의 〈황구도〉(최용훈 연출)에 여주인공으로 캐스팅이 되었다. 이 공연은 나에게 또 다른 전환점을 만들어준 작품이다. 참 많이도 사랑을 받았으며 개인적으로 극 전체를 이끌어갈 수 있는 힘을 알게 해준 작품이다. 20대의 나에게 온 큰 선물과 같은 공연이었다.

그 이후 극단과 함께 한 시간이 내년이면 나도 벌써 25년이 된다. 어떤 사람들은 '아직도 작은신화에 있어?'라고 묻기도 한다. 나 또한 '너무 오래 있는 게 아닌가?'라는 질문을 던질 때가 있다. 무엇이 나를 이곳에 계속 머무르게 하고 있는지에 대한 부분에는 많은 이유가 있을 것이다. 그 이유 중 하나는 아마도 연극을 하기 위해 노력했던 시간과 끊임없이 변화하려 했던 시도들 그리고 내가 배우로서 온전히 '의순이가 알아서' 해나가기 위한 고민과 결과들이 이곳에 존재하며, 그런 과정을 함께했던 선후배 동료들이 아직 함께하고 있기 때문이 아닌가 변명 아닌 변명을 해본다.

최용훈 연출님과 극단 작은신화와의 만남은 앞으로 배우로 살아가는 나에게 지워지지도 지울 수도 없는 추억이고 삶이다. 앞으로 내가, 극단 작은신화가 어떻게 변화할지 참으로 궁금하고 기대가 된다. 우연한 만남으로 최용훈 대표님의 한 마디가 나를 변화시키고, 극단이 나를 발전시켜 왔다. 앞으로는 극단 작은신화가 나를 끌고 가는 것이 아니라 발맞춰 함께 또 다른 도약을 위해 노력해나가야 하지 않을까 간절히 원한다. 30주년이 된 극단 작은신화 안에서 25년을 함께한 나는, 추억의 존재로 남아 있고 싶지 않다. 이제 또 다른 생명력으로 '스스로 알아서 해나가는' 멈추지 않는 극단 작은신화와 내가 함께하기를 진심으로 바라 본다.

황구도(1994)

극단 작은신화, 내 청춘의 매립지에서 피어난 꽃!

장용철 6기 단원

참 많은 세월이 지나갔구나! 어떤 감상에 젖어서 뭘 좀 끄적일 때마다 나는 이렇게 메모하였었다. '연극, 내 청춘의 매립지!'라고.

대학 초년생이던 그해 초봄, 내 눈을 자극하는 간판을 단 '북악극예술연구회'는 서예반을 갈까 클래식기타반을 갈까 하다 용기 내어 들어간 곳이다. 그 밖에도 사물놀이 연습으로 늘 시끄럽던 민속굿탈춤연구회, 시화전을 많이 하던 펜문학회, 늘 선망의 대상이던 민중가요 노래패 등이 있었다. 주로 학생회관을 스치며 낯익은 사람들, 지금은 이름도 얼굴도 다 잊었지만 어느덧 훌쩍 지나간 세월을 떠올려보는 지금의 나처럼 마음 한편에서 찌르르 풀벌레가 울 거다. 그립다고.

대학에서 연극을 하는 대표적인 동아리, 물론 그때는 '연극반, 연극반!' 하고 '서클룸, 서클룸!' 하였었다. 그렇게 시작된 연극반 생활의 기억들이 아직도 내 가슴에서 지워지지 않고 선명하게 남아 있는 걸 보면 나도 어지간히 연극반 골수였나 보다, 다시 돌아가고 싶은 시절 1순위다.

기억에 남아 있는 가장 오래된 연극은 세종문화회관 대극장에서 만난 헤르만 헤세의 〈데미안〉이었다. 고등학교 1학년 전체 단체 관람이었다. 그 후로, 어쩌면 그때의 감동과 호기심 때문에 나는 고등학교 3년 동안 틈틈이 혼자서 연극을 보러 다녔었다.

조지오웰의 〈1984 동물농장〉을 보았던 기억이 남아 있는 세실극장, 서울시청 옆 마당세실극장 매표구에서 당시에는 고등학생이라고 말하면 2천 5백원짜리 티켓을 끊어주었다. 통학 버스에 오를 때 찢어서 건네던 '회수권'처럼 구김이 많이 가는 종이티켓이다. 안국동 현대 사옥 옆에, 예전에는 볼재연극원이었던 곳, 북촌창우극장이 있던 그곳, 공간사랑에서도 연극을 보고 마임 공연도 보고 그랬다. 명동의 삼일로 창고극장에서의 연극은 늘 흥미진진하였었다. 지금의 아르코예술극장 대극장과 소극장은 당시 문예회관 대극장, 소극장이었었는데 거기에 언제나 나는 혼자 연극을 구경하러 다녔었다. 대학에 들어가서야 비로소 연극반 친구들, 선후배들과 함께 다닐 수가 있었던 신촌의 신선소극장, 거기에서 본 헤럴드 핀터의 〈관리인〉과 이오네스코의 〈살인 놀이〉가 매우 인상적이었다. 혜화로터리에 있던 지금은 없어진, 한마당소극장에서 본 〈점아점아 콩점아〉, 그리고 연우무대소극장, 학전소극장, 신촌 창파소극장, 장충동 국립극장, 예술의 전당, 명동의 서울예전 남산드라마센터 등 참 많은 곳으로 많은 연극을 구경하러 다녔었다.

지금은 지나버린,
내 청춘의 관통 선은 아직도 거기를 지나가고 있구나.
연극은 내 청춘의 매립지가 분명하다.

엄마를 기다리며 저녁 어스름 마당에서 혼자 놀던 꼬마처럼 나는 늘 갈망하면서 살아왔다. 나와 똑같이 성장하던 극단 작은신화는 비로소 내 삶을

제대로 살아갈 수 있게 도와주었고, 이제는 혼자서도 잘 달릴 수 있게 만든 내 연극 정신의 어머니가 아닌가.

극단 작은신화 창단 30주년을 맞아 단원 전체가 한마음으로 올 한 해 동안 크고 작은 축하 공연, 기념 공연을 진행하였다. 나는 〈싸지르는 것들〉(원제 : 비더만과 방화범들, 막스 프리쉬 원작, 전유경/빙진영 번역, 최용훈 각색/연출, 서강대 메리홀 소극장, 2016년 10월 18일~11월 6일)에 출연하면서 마음 한켠을 겨우 보태었다. 고마운 일이다. 각자 바쁜 일정 속에서 선후배가 함께 만들어내는 예술을 향한 열정이 보는 이에게 적지 않은 감동을 안겨주었을 것이다. 한 극단이 30년을 이어오기도 벅찬 일이거니와 예전의 용사들이 다시 모이고 후배들과 호흡을 맞추는 일은 언제나 흥분이 도가니가 되니 말이다.

극단 작은신화는 내 연극 정신의 본적지이다. 연극을 하는 몸과 마음! 연극을 사랑하는 몸과 마음의 상태! 그리고 30여 년이 지나는 지금까지 그

몸과 마음을 튼튼하고 착실하게 유지해주는 내 연극의 정신, 그 태생은 단연 대학 시절 연극반. 나는 전공자가 아니고 연극반 출신(?)이었다. 극단 작은신화는 창단 구성원들이 당시 서울의 각 대학 연극반에서 모여들어 창단했다는 것이 조금 특별하다면 특별한데 1986년 7월 25일 금요일, 극단 작은신화는 이 우주 은하계 지구 서울에서 탄생하였다.

극단 작은신화 창단 30주년 기념 책자에 들어갈 글의 내용을 위해 끄적이다 보니 정말로 많은 생각이 흘러가고 수많은 장면이 사진 앨범처럼 스쳐간다. 그 시간과 풍경들을 다 어떻게 꺼내어 나열해볼 것인가 고민하다가 결국 몇 날 며칠을 그냥 엎드려 잠이 들고 말았다. 12월은 유난히 공연도 많고 관계된 일들이 너무 뒤엉켜서 극단 작은신화의 추억의 사진첩을 넘겨 볼 만한 한가한 여유가 없으니까 자꾸 뒤로 미루어지고, 일을 진행하는 정승현 연출에게는 자꾸 미안하다는 문자를 보내었다. 마감 날짜를 훌쩍 넘겨버리고 온통 담배 연기로 가득한 여관방에 갇혀서 글을 쓰는 부스스한 머리카락의 소설가처럼, 나는 몇 시간을 이러고 앉아 있다. 지금은 차가운 겨울이구나. 모쪼록 우리의 머리 위에 따스한 축복이 깃들기를.

작은신화는 80년대 후반과 90년대 초반, '연극계의 무서운 아이들'이었다. 옛날 신문의 기사와 사진들을 검색해보면 그때는 그랬었다. 구히서 선생님께서 대표적으로 극단 작은신화를 응원해주셨고, 너무나 많은 연극계 어르신들의 박수를 받으며 쉬지 않고, 멈추지 않고 지금까지 달려왔다. 그러므로 극단 작은신화가 걸어온 30년의 세월과 풍경은 결코 우리만의 것이 아니라 연극을 하는 우리 모두의 소중한 자산이고 역사가 될 것이다. 아주아주 가슴 벅찬 일이다.

우리는 창단 이래 오늘까지지도, 거센 풍랑의 한가운데에서, 격하게 흔들리는 난파선에서 서로를 의지하며 풍랑을 이겨내고 있다. 다행스런 일은 아직도 우리가 가야 할 길이 눈앞에 훤하게 보인다는 것이다. 그래서 이 길을 멈출 수가 없다. 세월이 안겨주고 도망치는, 망각의 곡선이 원래부터 그렇게 생겨먹었지만, 우리는 결코 그 망각의 급경사 아래로 추락하지 않았다. 단원들의 마음가짐에서 나는 그것을 재확인한다. 30기 단원들까지 더하면 재적 인원이 100여 명이나 된다.

어느새 세밑이다.

모쪼록 우리와 우리를 바라보는 이 세상에 멈추지 않는 용기와 희망을, 사랑과 정열을!

응답했구나. 1994

송현서 9기 단원

1994년 봄, 좁고 가파른 극장 계단을 숨죽이며 내려갔다. 어수선한 분장실을 지나 무대로 가는 통로엔 배우들의 의상이 겹겹이 걸려 있었고 작업등 켜진 무대에선 한 배우가 홀로 연습을 하고 있었다. 아마 면접에 통과된 후 배우들에게 인사하러 간 첫 자리였을 것이다. 무대로 가는 그 짧은 통로에 못이 부러져라 걸려 있는 의상을 보며 예수의 성의를 대하듯 가슴 벅차했던 기억이 아직도 선명하다. 생각해보면 모두 견공(犬公)의 의상이거나 사람의 형상을 과장한 엉뚱 발랄한 의상이었을 텐데, 멋진 드레스도 아닌 만화에나 나올 법한 무대 의상을 보며 스토커처럼 전율한 건 오로지 그 공연에 대한 감격 때문이었을 것이다.

〈황구도〉. 나와 작은신화를 연결하는 데 빼놓을 수 없는 공연에 대해 먼저 얘기하는 것이 이 갑작스런 회상을 푸는 열쇠가 될 것 같아 몇 자 적어보기로 한다. 내가 〈황구도〉라는 공연을 어떻게 보게 됐는지 그것은 기억나지 않는다. 나의 기억은 개집 하나 덩그러니 놓여 있는 빈 무대로부터 출발한다. 조명이 켜지면 형형색색 천으로 덧댄 의상을 입고 가면과도 같은 분장을 한 배우가 독특한 리듬에 맞춰 개 한 마리를 길들이는 장면이 연출된다. 첫 장면을 통해 이미 범상치 않은 단순함과 재미에 빠진 나는 이후 벌어지는 황구의 사랑과 희화화된 인간 풍자, 애절함과 코믹한 풍자가 한데 어우러진 이 짧고 강렬한 우화 한 편에 넋을 잃고 말았다. 공연을 보는 동안 현재의 시간을 잊고 있었다면 관객은 연극으로부터 최고의 선물을 받은 셈인데, 시(詩)처럼 고도로 압축된 내용과 인간의 속성을 극대치로 단순화한 연극적 아이디어, 뮤지컬과 다른 노래극의 형태, 객석에 앉은 나를 조바심치게 한 배우들의 연기는-연극이 세상을 바꿀 수 있는가를 떠나-한 사람의 삶을 바꿀 수 있기엔 충분한 것이었다.

이후 서둘러 면접 일정을 알아보고 면접 당일 너무 떨려 심사를 보는 선배들 앞에서 살짝 울먹였던 기억, 무대에서 내려온 배우들과 인사를 나눌 때 마치 스타를 만난 팬처럼 안절부절못했던 심정과 젊고 풋풋했던 당시 단원들의 모습이 잊을 수 없는 첫사랑 연인처럼 나의 해마에 저장되어 있다. 입단 이후엔 가내 수공업 공장 같은 연습실 한쪽에 앉아 있는 것만으로도 대기업 간부 부럽지 않은 시간이 주어졌다. 공연용 소품에 물감칠 한 번 했을 뿐인데 내가 무대에 선 것처럼 크게 자긍심을 가졌던 시간, 분장을 지운 단원들과 밤새 노래를 부르고 술 마시며 대화하다 문득 이것이 꿈인가 생시인가 싶었던 나날들, 의상과 소품을 만드느라 24시간 돌아가던 재봉질 소리, 기타 소리, 스티로폼 자르는 소리, 김광석의 노랫소리, 밥을 짓는 소리, 공동 창작을 하는 소리, 작품과 작업에 관한 토론 소리, 싸우고 울고 갈등하고 서운해하고 그러다 또 모여서 연극을 만들며 하하 호호 웃던 그 소리들.

그때 그 소리는 어제처럼 가깝고 오늘도 내일도 영원히 들렸으면 싶은데, 드라마가 아닌 현실에서 1994년은 나에게 아무런 응답을 해오지 않고 있다. 그저 쇠를 녹일 만큼 오래 흘러온 세월이 놀랍고 그 앞에서 굳이 옛 기억을 꺼내야 하겠는가, 의구심이 들 뿐이다.

사실 그 모든 열정과 도전이 그때였기에 가능한 것이었다면 20대로 돌아가는 것 외에 지금의 내 삶을 활기차게 할 방법은 전무하다. 다사다난한 연극 작업을 무조건 행복으로 포용했던 원인이 오로지 20대라는 나이에 있다면 나는 서른 즈음에 이 일을 놨어야 했는지도 모른다. 세월은 변화를 예고하지 않고 나이 먹은 꿈은 강풍을 만난 연처럼 흔들리며 중년의 악력을 시험한다. 작은신화에서 20대를 불나방처럼 뜨겁게 지져댄 만큼 이후 찾아온 모든 조건에 대해 항상 그만큼의 온도를 기준으로 삼았던 게 아닌가 생각해본다, 서른이 넘고 마흔이 넘어서까지도.

섭씨 50도에 열광하던 심장은 평균 25도로 하강한 온도에 적응하지 못한 채 과거를 회상하는 일이 잦아졌고 그때의 연극 작업과 지금의 연극 작업을 비교하느라 집요해지는 일도 많아졌다. 과거 회상이 현재에 대한 회의감으로 귀결될 정도로 20대의 나는, 아니 그 당시의 단원들은 연극 작업에 몰두했고 공연에 열광했고 극단 작은신화를 흠모했다고 생각하는 동안 용암처럼 조용히 움직이던 시간은 순식간에 나를 오늘로 데려다 놓았다.

나의 20대와는 어딘지 다른 20대들이 나의 자리였던 막내 자리에 앉아 수줍게 인사를 하고 평생 부둥켜안고 연극을 논할 줄 알았던 동료들은 각자의 삶을 책임지며 살아가느라 바쁘고 분주하다. 어린 단원들이 또래와 모여 공연을 계획할 땐 뒷방 늙은이처럼 부러움을 느끼고, 나의 연극관과 뜻이 다른 후배들을 대할 때마다 성균관 유생처럼 격노하는 자신의 모습을 발견하며 씁쓸해하기도 한다. 충분히 누리지 못한 젊음과 그에 대한 여한을 고성방가로 충당하는 거리의 취객처럼 나도 그렇게 늙어가고 있는 게 아닌가.

돌이켜보면 극단 막내 시절 나는 "언젠기는"이라는 다짐으로 먼 미래를 설계하며 마땅히 누려야 할 현실을 줄넘기 넘듯 서둘러 넘어버리곤 했었다. '언젠가'라는 막연한 주문 내용이 그때 이미 상당 부분 이뤄지고 있음을 오랫동안 눈치채지도 못했고 그 언젠가 찾아올 최고의 시간이 동료들과 땀 흘리는 순간순간마다 이루어지고 있음도 당시엔 알지를 못했다. 사실 내가 오랫동안 연극을 할 수 있었던 데에는 작은신화를 거쳐간 많은 단원, 동료의 열정에 힘입은 바가 크다는 점을 이 지면을 통해 꼭 고백하고 싶었다. 작업할 때마다 그들이 조금씩 떼어준 용기가 없었다면 나의 심약한 바퀴는 하중을 견디지 못하고 진즉에 멈춰버렸을 것이다. 비록 그들과 함께한 공연은 옛날 팸플릿 속에 멈춰 있지만, 그들과 작업했던 과정은 내 연극의 뿌리가 되어 가슴 속에 살아 있다. 반짝이는 눈으로 아직 채 여물지 못한 상상력을 쏟아내고 서로의 가능성을 얘기했던 그때의 단원들처럼 나도 조금 더 마음을 열고, 지금 여기 또 다른 변화를 찾아가는 2016년의 작은신화 단원들에게 용기와 지혜를 보탤 수 있기를 바란다.

서두에 밝혔듯이 나는 1994년 극단 창립 8주년 되는 해에 입단하였다. 고비마다 부침이 있었기에 30주년을 함께하리라고는 상상도 못 했고 이 기념의 자리에 꽃반지처럼 소중한 추억을 소환해낼 줄도 몰랐다. 미래에 대한 희망도 큰 힘이지만 과거가 주는 힘 역시 무시할 수 없음을 나는 작은신화를 통해 경험해왔다. 그리고 그때의 기억은 그 자리에 있는 것만으로도 지금 우리에게 충분히 응답하고 있음을 조금씩 깨달아가는 중이다.

〈황구도〉와 그때 공연 팸플릿 속의 젊었던 단원들, 그 과거로부터 꽤 멀리 걸어 온 단원들과 신입 단원들이 올해로부터 2026년이 될 때까지 '지금 여기, 변화하는 자유로움'의 기치 아래 '오늘'을 반영하는 새로운 작업과 목적을 찾아가리라 기대해 본다.

오랜 기간 함께한 동료들, 후배들, 30년이 되도록 꿋꿋이 한 길을 걸어온 선배들과 입단한 지 채 일 년이 안 된 단원 모두 자신의 무대에서 알찬 결실을 보기 바라고, 앞으로 40주년을 향하는 10년 동안 작은신화가 그간의 공연 기록을 거듭 경신하기 바라며 애초 창립기념 장편 대 서사시를 쓰려다 결국 추억과 반성으로 펜을 돌린 소박한 푸념을 대신하여 아래의 축사로 글을 마무리한다.

뿌리 깊은 나무 바람에 아니 흔들릴세
꽃 좋고 열매 많으니
샘이 깊은 물 가뭄에 마르지 아니 할세
내(川)를 이루어 바다로 가나니

–용비어천가

황구도(1994)

젊은 연출로서 기성 극단에서 살아남기

이곤 18기 단원

나는 2002년 12월에 극단 작은신화에 신입 단원으로 들어갔다. 정확히 말하면 견습이었다. 극단 작은신화는 견습과 연구단원으로서의 시간을 거치고 나면 단원들의 투표에 의해 정식 단원으로 인정되는 절차를 지니고 있다. 견습과 연구단원은 짧게는 1년 길게는 2년도 더 걸린다.

극단 작은신화는 1986년에 창단됐으니, 내가 들어갈 때는 이미 16년의 역사를 가진 극단이었다. 그즈음 극단 작은신화는 젊은 극단의 외피를 벗고 바야흐로 대학로의 중심이 되는 연극집단으로 변화하는 중이었다. 극단 작은신화 내의 구성원에 있어서도 변화가 생기고 있었다. 극단 초창기 기수는 비슷한 나이의 배우와 연출로 구성되었지만, 90년대 말 혜화동1번지 2기 동인을 거치면서 세대가 다른 연출과 배우들이 극단 내에 자리 잡기 시작하였다.

2002년 한 해는 내게 방황과 고민으로 점철된 기다란 시간이었다. 난 29살이었고, 연극원 전문사 과정을 졸업했고, 마지막으로 연극을 해야 할지 다른 분야로 나갈지 결심을 해야 하는 길목에 있었다. 고민하면서도 대학로에서 조연출 작업은 하고 있었으니, 그나마 대학로에 진입하기 위해 고생을 하는 요즈음의 연기·연출 지망생에 비하면 행복한 시절이었는지도 모른다. 하지만 누구에게나 그렇듯이 서른으로 넘어가는 시기는 힘들게 마련이었다. 그리고 드디어 그해 겨울, 기다란 방황과 고민에 종지부를 찍고 연극이라는 한 우물만 파기로 하고 극단 작은신화에 입단 원서를 넣었다.

내가 극단 작은신화에 들어가게 된 계기는 주위의 사람들 때문이었다. 먼저 연극원에서 3년 동안 같이 공부하면서 늘 자상하게 챙겨주었던 김동현 연출은 늦은 나이에 작은신화에서 연출을 시작했었다. 그리고 2002년 9월에 김동현 연출의 〈405호 아줌마는 참 착하시다〉에 조연출로 참여하면서 만나게 된 길해연 배우는 작은신화의 창단 단원이자 부대표였다. 작업하면서 느꼈던 두 선배의 열정적이고 살아 있는 모습은 내가 극단 작은신화에 끌리게 된 직접적인 이유였다.

내가 다녔던 연극원 대학원 과정은 당시 설립된 지 얼마 되지 않았기 때문에, 젊은 시절의 에너지와 열정을 대학로 현장에서 보냈던 나이 있는 연출과 배우들이 대거 입학했다. 그곳에서 막내로서 3년 동안 연출을 공부하고 연극을 만들면서 느꼈던 유일한 결핍은 함께 작업할 수 있는 또래 배우들과 공동체의 분위기였다.

기성 극단의 조연출로 시작해서 연출로서 자리를 잡아가는 젊은 연출도 있지만, 대부분의 젊은 연출들은 자신과 호흡이 맞는 배우들로 공동체를 만들기 마련이다. 한국 연극계를 둘러보고, 또 세계 연극의 역사를 살펴보아도 대개 이런 식의 과정이 많았던 것 같다. 또 학교에서 같이 공부했던 연출들의 모습을 보더라도 그들의 주변에는 같이 열정적으로 활동했던 사람들로 이루어진 그룹이 있었다.

극딘 직은신화는 그 딩시 이미 창단한 지 16년이나 지난 극단이있지만 경직되거나 기성화되지 않았고, 이제 갓 대학로에 들어선 젊은 연극인들 같은 에너지가 있었다. 그것이 극단 작은신화의 독특한 분위기이자 오랜 시간을 거치면서도 하나의 색깔로 귀결되거나 정형화되지 않는 힘이라고 할 수 있겠다. 극단 작은신화를 이루는 다양한 개성을 지닌 사람들, 그리고 그 다양성을 존중해주는 분위기, 그것이 극단 작은신화를 30년 넘게 이끌어오고 있는 힘이라고 생각한다.

나는 2003년을 극단 작은신화의 조연출 작업으로 시작했다. 그 당시 작은신화의 분위기는 새로운 변화와 힘찬 에너지, 자신감으로 가득 찼던 시기였던 것 같다. 작은신화는 혜화동1번지 2기 동인이라는 시기를 마치고 김명화 작가의 〈돐날〉 공연으로 2002년 동아연극상 작품상과 연기상을 받는 등 한창 대학로의 주목을 받는 극단이었다.

2003년 5월에는 거의 한 달 동안 〈돐날〉 재공연이 올라갔고, 난 그 공연에 조연출로 참여하여 작은신화 사람들과 그 분위기를 익힐 수 있었다. 그리고 7월에는 극단 작은신화에서 첫 연출 워크숍으로 세르비아의 젊은 작가인 빌리아나 세빌리아노비치의 희곡 〈베오그라드 가족 이야기〉를 가지고 대학로 데뷔를 할 수 있었다. 이 희곡은 20대의 젊은 작가가 고국의 가장 큰 상처인 유고슬라비아 내전을 다뤄 유명해진 작품이었고, 희곡에는 위험과 젊음의 에너지가 가득 차 있었다. 이 공연은 아주 짧게 이틀 동안 공연되었지만, 내가 연출했던 어떤 작품보다 생생한 기억과 인상으로 남아 있는 공연이다. 이 작품을 통해 처음으로 작은신화의 젊은 배우들과 만날 수 있었고, 그 에너지가 희곡과 어우러져 독특한 색깔을 만들어내었던 공연이었기 때문이다.

당시 극단 작은신화에는 다양한 연령대의 배우가 어우러져 있었지만, 나의 초기 작업은 주로 젊은 배우들과 이루어졌다. 2006년 극단 작은신화 20주년 기념 공연의 하나로 만들어졌던 〈뒤바뀐 머리〉는 그해 신진 예술가 지원을 받을 수 있었고, 초연을 마친 뒤 밀양연극제와 문화소외지역 공연 지원을 받아 전라남도의 여러 섬을 거친 뒤 2007년에 서울에서 재연하였다. 서울에서 올린 두 번의 공연도 의의가 있었지만, 돌이켜 보면 함께 지역의 공연예술축제에 참여하고, 여러 섬에 있는 학교에서 소수의 마을 주민들을 대상으로 공연했던 경험이 훨씬 더 가치 있는 기억으로 다가온다. 그러한 경험은 같이 느끼고 호흡하고 행동할 수 있는 동료배우들의 의지가 있었기 때문에 만들어질 수 있었다. 이렇게 극단 내에서 의기투합해 젊은 열정과 에너지로 다양한 공연들을 만들어낼 수 있다는 것이 또한 극단 작은신화의 힘이었던 것 같다.

20주년 공연의 모토는 '각양각색'으로 극단 작은신화의 여러 연출들이 자신의 색깔을 드러내어 공연하는 것으로 20주년을 기념하였다. 이는 20년이라는 과거의 시간을 기념하는 것이 아닌 앞으로 펼쳐질 미래의 시간과 작업을 지향하고자 하는 의지를 드러내는 기념 공연 시리즈였다.

매년 신입 단원들이 들어온다는 것은 무서운 일이다. 신입 단원들은 기존에 있던 선배들에게 경각심과 긴장감을 던져 주기 때문이다. 현장에서처럼 극단에서도 나이와 경험만으로 자신의 자리와 지위를 지킬 수는 없다. 젊은 세대들과 경쟁해서 살아남을 수 있는 실력과 노력이 필요하다.

극단 작은신화의 힘은 창단에서부터 시작해서 30년의 세월을 앞에서 이끌어온 선배 연출과 배우의 힘에서 비롯된 것도 있지만, 또한 계속 끊임없이 매년 들어오는 젊은 배우와 연출의 역할도 크다고 생각한다. 30년간의 긴 시간 속에서 정체되기니 멈추지 않고 계속 흘러왔다는 것, 변화해왔다는 것, 그리고 그 안에서 목소리들이 위축되거나 대립하지 않고 조화를 이룰 수 있었다는 것, 그것이야

뒤바뀐 머리(2006)

말로 극단 작은신화의 힘이 아닐까 생각한다.

2008년과 2009년에 나는 동이향 작가의 〈기찻길 옆 오막살〉을 연령대 차이가 나는 두 그룹의 배우들로 공연을 하게 되었다. 초연은 캐릭터보다 나이가 조금 더 위인 배우들이었고 나이도 나와 비슷하거나 위였다. 두 번째 공연은 캐릭터와 나이가 비슷한 좀 더 어린 후배들이었다. 두 공연을 지켜보면서 나는 작은신화에 존재하는 두 힘을 느낄 수 있었다. 하나는 원숙한 경험과 노련함을 가진 배우들이라는 장점이었고, 다른 하나는 젊음의 야생적인 에너지에서 나오는 힘이었다. 그리고 그 두 가지 힘이 작은신화에 있다는 것이 참 다행스러운 일이라는 생각이 들었다.

극단 작은신화는 이렇게 끊임없이 젊은 단원들의 에너지가 선배들을 자극하면서 자칫하면 정체될 수 있는 기성 극단의 분위기를 쇄신할 수 있는 힘과 가능성을 지녔다. 다만 그러기 위해서는 젊은 연출들도 배우들 못지않게 자신의 색깔을 강하게 드러내면서 작품을 만들어나가야 할 것이다. 자칫 오랜 역사를 가진 극단에 연출로 오게 되면 자신의 색깔을 드러내지 못하고 극단이 만들어놓은 색깔이나 위계질서에 눌리기 쉽다.

대학로의 젊은 연출들 대부분은 기성 극단에서 시작하기보다는 자기와 같은 또래의 배우들과 함께 공동체의 에너지로 독특한 색깔을 만들어내고, 연극계에 자리 잡는다. 서로 장단점이 있을 것이다. 하지만 모든 것이 다 그렇듯이 연극도 변해갈 수밖에 없고, 그 변화는 젊은 세대에서 비롯될 것이다. 극단 작은신화가 지속되기 위해서는 계속 변화할 수 있는 가능성이 그 안에 있어야 한다. 작은신화는 30년간 쌓아왔던 좋은 경험의 전통을 지키면서도 끊임없이 변화에 열려 있어야 한다. 작은신화가 추구하는 '지금 여기, 변화하는 자유로움'의 정신이 바로 그것이다. 이것이야말로 극단 작은신화를 50년으로 나아가게 하는 가장 큰 힘이 될 것이다.

작은신화와 나

서광일 19기 단원

서른 즈음, 시인으로 살 것인가? 배우로 살 것인가? 고민 끝에 나는 결국 배우를 택한다. 아마 2000년 중앙일보 중앙신인문학상으로 등단한 것이 오히려 배우의 길을 가게 한 반대급부였을지 모른다. 화려하게 데뷔하자마자 시를 잠시 내려두고 연극을 한다는 소식에 많은 선후배는 갖은 조소와 비아냥을 여기저기에서 전했다. 사실 대학 시절에도 창작극 패 '꾼'이란 연극반에서 활동도 했고 익산에 있는 '작은소 · 동'[1)]이란 극단에서도 작품도 했었지만, 연극에 대한 이해도는 수박 겉핥기 수준이었다. 내친김에 나는 대학에 한 번 더 들어가 연극을 전공하고 심지어 장학금을 타기도 하며 졸업한다.

졸업과 동시에 어디에서 활동할 것인가를 고민하다가 동기들이 먼저 들어가 있는 극단 M[2)]에 들어간다. 가자마자 대본이 쥐어지고 연습을 시작하

---

1) 전라북도 익산시에 있는 '작은소 · 동'이란 극단의 이름을 주목할 필요가 있다. '작은 소동이 일다', '작은 소 움직인다'와 같은 재미난 뜻이 담겨 있다. 내가 나중에 작은신화와 인연을 맺게 되는 것은 우연이었을까? 필연이었을까?

2) 다른 이름들은 하나 같이 실명을 밝히지만, 이것만은 이니셜로 남겨두고 싶다. 이 극단을 존경하지만, 어느 정도 거리를 두고 싶어서이다. 물론 알 만한 사람은 다 안다.

는 영광을 얻었지만 군대 같은 위계질서로 무장한 분위기는 나를 못 견디게 했다. 그날 밤 비겁하지만 집안일을 핑계로 거짓말을 하고 더는 나가지 않았다. '어디서 활동하느냐?'도 중요했지만 '어떻게 활동할 것인가?'가 내겐 더 중요했던 것 같다. 그러던 차에 같이 연극과를 졸업한 누나 집에 놀러 갔다가 누나 친구의 입에서 작은신화 얘기를 들었다. 내 고민을 듣더니 작은신화를 추천한 것이다. 다짜고짜 찾아갔다. 작은신화는 지금은 없어진 바탕골소극장에서 〈돐날〉 연장 공연 중이었다. 살아간다는 것의 비루함 속에서도 아이는 태어나고 돌잔치에 마주 앉은 친구들은 웃고 떠들다가 마침내는 잔칫상을 들어 엎고 싸운다.

뿜어져 나온다. 좋은 작품은 배우건 대사건 무대건 조명이건…… 마치 원래 거기 그렇게 있었던 것처럼 한 몸 같으면서도 시간의 때를 잘 입고 있다는 느낌. 영혼이 뺨을 한 대 사정없이 후려쳐 맞은 듯한 얼얼함으로 극장에서 나와 최용훈 대표님을 만났다. 아직 신입 단원 모집 기간은 아니지만, 인턴이라는 제도가 있으니 내일부터 극장에 나와서 선배들 일을 도우라는 것이었다. 그렇게 인턴 생활이 시작되었다. 다음날부터 극장에 나왔지만 어떤 선배는 '인턴은 사람도 아냐'라며 놀렸고 인턴은 내일이라도 그만둘 수가 있기에 선배들은 날 유령 취급했다. 스태프로 일하는 선배들의 손놀림은 바빴다. 좋은 공연을 만들기 위해 보이지 않는 무대 뒤에서 하나하나 직접 음식도 준비하고 청소에 설거지까지.

작은신화라는 극단의 저력은 저렇게 시작되는구나. 나는 뭐라도 돕기 위해 이리저리 기웃거렸지만 아무도 가르쳐주지 않았고 없는 게 도와주는 형국이었다. 공연이 끝날 때까지 난 도울 일이 없는 건가? 인턴은 나와도 되고 안 나와도 된다는데 내가 필요할 때까지, 나를 불러줄 때까지 기다려야 하나? 끊임없는 고민과 걱정이 머릿속에서 멈추지 않았지만 내가 아는 신입의 자세는 그런 게 아니었다. 눈치를 주든 말든 극장에 나가 인사를 나눴고 조금씩 그들은 나를 받아들였다. 아니 마치 한마을에 같이 살고 있던 동네 총각처럼 대했다. 스스럼없이 다가와 먼저 형이라 부르는 선배, '같이 교회라도 다녔나?'라고 생각이 들 정도로 다정하게 오빠라고 불러주는 선배. 난 어느 정도 거리와 격식을 두는 게 사회생활이라고 생각했는데 무너지는 데 그리 오래 걸리지 않았다. 이렇게 쉽게 가까워져도 되나 싶게 선배들은 형, 동생을 했고 어느덧 난 그들과 말을 트고 놓게 되었다.

아내가 어여쁘면 처갓집 말뚝 보고 절을 한다 했던가? 돌이켜보면 눅눅하고 곰팡내 나는 지하 연습실임에도 불구하고 작은신화에서 만나는 사람들이 조금씩 좋아지기 시작하니 연습실에 가는 것만으로도 기분이 설레었다. 공연이 있을 때는 극장으로, 공연이 없을 때는 연습실로 가서 하루라도 빨리 선배들과 친해지고 연극과 마주할 수 있길 바라며 움직였다. 거기가 어디든 설레는 이유는 역시 좋은 사람들일 것이다. 그해 가을 신입 단원에 지원했고 면접을 보러 들어간 연습실에서 대표님과 운영위원 선배님들은 웃었고 나도 따라 웃었다. 면접은 그게 다다. 그리고 얼마 지나지 않아 무대에 오르게 되었다.

어깨2. 배역 이름이다. 양수근 작, 반무섭 연출의 〈홀인원〉. 작은신화는 창작극을 발굴하기 위해 '우리연극만들기'라는 프로젝트를 진행해왔는데 2003년에는 그 다섯 번째로 학전 블루 소극장에서 〈홀인원〉과 〈선인장〉 두 작품이 준비되고 있었다. 대사는 두 줄 정도이었던 것 같았지만 선배들과 연습하는 시간 내내 일 분 일 초도 놓치지 않으려고 온몸의 감각을 열고 집중했던 기억이 난다. 무대에서는 지나치게 경직된 건달을 연기해 웃음을 유발시키려고 노력했으나 관객들에게 긴장한 모습만 보여줬던 것 같다. 이후에도 '우리연극만들기'는 계속되었고 출연 제의를 기다리는 것은 또 하나의 설렘이자 즐거움이었다.

해가 바뀌고 난 결혼을 하게 된다. 결혼 날짜는 〈채플린, 지팡이를 잃어버리다〉라는 공연 기간 중간에 잡혀 있었다. 이 음모는 우리 어머니와 지금의 장모님 사이에 몇 번의 전화를 통해 결정되었다. 결혼 전 아내와 연애를 오래 한 터라 '결혼은 이 사람과 하겠지만, 아직은 때가 아니다'라고 생각한 바로 그때를 어머니들은 결혼 날짜로 지정하신 것이다. 〈채플린, 지팡이를 잃어버리다〉에서 노인 역을 맡았는데 네 가지 에피소드 중에 마지막에 등장해 자살하러 온 청년을 말리는 노숙자 노인이었다. 많은 관객이 즐겁게 관람했던 공연으로 기억한다. 극단에서 처음 중요한 배역으로 무대에 서게 되어 부담감과 잘해야겠다는 의지로 온몸이 타들어 갈 지경이었는데 어머니 두 분께서 결혼식 날을 잡으신 것이다. 다행히 두 달 공연이라 전 배역이 더블 캐스팅이어서 같은 배역을 맡은 임형택 형에게 부탁드리고 결혼식도 하고 신혼여행도 다녀왔다. 그리고 탈모가 왔다. 노역 분장 때문에 공연 끝나고 머리를 세 번씩 감아야 해서이기도 하겠지만 남의 귀한 딸을 신혼집이라고 원룸에다 데려다 놓고 시작한 결혼이어서 그럴 것이다. 정말 난 아직 아무것도 준비된 게 없는데……. 탈모도 잠시, 이후 무대에서 조금씩 변화하고 자유로울 수 있었던 것도 그 시기를 잘 건너왔기 때문이리라.

지금 여기, 변화하는 자유로움. 나는 20주년에는 〈뒤바뀐 머리〉, 25주년에는 〈황구도〉, 30주년 기념 공연 〈싸지르는 것들〉에도 함께하는 영광을 갖게 되었다. 내가 작은신화에서 활동한 것은 작은신화 30년 역사에 절반도 안 된다. 작은신화와 나, 앞으로 어디로 갈지 모른다. 하지만 나뿐만 아니라 100명을 넘긴 단원들이 여전히 연극과 함께 서로에게 부대끼고 있는 걸 보면 이야기가 됐든 생활이 됐든 역시 중요한 건 사람 냄새라는 생각. 사람이 있어 이야기도 있고, 사람이 있어 연극은 끝나지 않을 것이다. 사람 사는, 연민과 재미에 푹 빠져 다들 여기까지 온 건 아닐까? 사람 사는 작은신화와 그 작은신화에서 사는 나.

채플린, 지팡이를 잃어버리다(2004)

기분 좋은 설렘

빙진영 24기 단원

아마도 엄마와 이모들을 태우고 차를 몰고 있었던 것 같다. 라디오에서 흘러나온 음악은 기억나지 않는다. 오랜만에 조우한 네 자매가 깔깔대며 수다를 떨고 있었다. 부처님 오신 날이었던가. 운전대를 잡고 있던 나는 전화벨이 울리는 소리에 음악을 줄였고 네 자매는 조금 목소리를 낮췄던 것도 같다. 당시에는 아직 운전 중 휴대전화 사용의 위험성이 강하게 경고되기 전이라, 나는 어둑한 도로 위에서 통화 버튼을 눌렀다. 통화를 끝냈을 때, 내게 세상은 한층 선명해졌고 가슴은 두근거렸던 기억이 난다. 네 자매는 한층 더 신이 나서 떠들었고 나는 한껏 싱글거리며 기분 좋은 내색을 숨기지 못했다. 25살. 스스로는 이미 충분한 어른이었고 지금 뒤돌아보면 풋 내음이 물씬 나던 나는 그렇게 작은신화에 입단했다.

연기가 하고 싶은 이유는 한 가지지만, 연기하지 말아야 할 이유는 백 가지다. 그건 시간이 지나도 여전하고, 오히려 가끔은 하고 싶은 한 가지 이유마저 흐릿해지기 일쑤다. 작고 습한 연습실, 한쪽 구석에 놓인 펌프로 물을

퍼 내리지 않으면 다음 날 연습을 할 수 없을 정도로 흥건해지는 지하실. 청소를 하다가 다리가 근질거려 바지를 벗어 뒤집어 털면 개미가 후두둑 떨어지던 곳. 100명 남짓한 사람들이 우글거리고 그 우글거리는 사람들 틈새를 비집고 들어간 나. 공연장 무대 위에서 보던 배우들이 내 선배가 되고 내 친구가 되고 내 후배가 되어갔다. 그 사이에서 나는 전력을 다해 뛰고 있었다. 더 이상 뛸 수 없을 만큼 전력을 다해.

연극영화과 출신이 아닌 내게 극단 안에서 주어지는 수많은 일은 모두 배움의 기회였다. 작은신화는 단원 선출 방식이 특이했다. 연기나 특기로 오디션하는 대신, 면접을 통해 신입 단원을 선발했다. 그리고 2~3년이 흐르면 정식 단원으로 받아들일지 말지를 기존 단원을 대상으로 투표하는 방식이었다. 연기에의 갈망은 컸지만, 재능에 대한 자신감이 미흡했던 나에겐 다행스러운 일이었다. 정식 단원으로 받아들여지지 않더라도 2~3년의 기간을 충분히 배우고 경험할 기회가 주어지는 셈이니까. 배우에겐 무대가 가장 큰 배움터였지만 무대 위뿐 아니라, 사방에서 무대를 관찰하고 경험할 수 있는 순간들은 아주 짜릿한 기쁨이었다. 그렇게 차근차근 배우로서도 배역을 키워나가며 청춘의 단맛을 듬뿍 맛보던 시절이었다.

작은신화는 올해 30주년 기념 공연을 올렸다. 부침이 많은 대학로에서 30년을 쓰러지지 않고 버티고 있다는 증거다. 대학로 최다 인원으로 유명해서 항간에서는 대학로의 샤오미라는 별명도 듣는다. 내가 작은신화라고 소개하면 곧잘 듣곤 하는 말이, '이제 몇 명이냐?'는 질문이다. 그러면 대충 100명 남짓입니다, 대답한다. 그 대답만 벌써 9년째다. 사실 그래서 극단은 항상 젊은 기운이 넘치고 왁자지껄 사건·사고가 끊이지 않는다. 모두 나이를 잊고 사는 사람들 같다. 극단에서 생활하다 보니 어느새 시간이 나이를 덧입히기를 수차례다. 지금은 연습실을 옮겼지만, 10년 이상을 머물렀던 지난 연습실 문에는 '지금 여기, 변화하는 자유로움'이라는 문구가 적혀 있었다. 그 표어는 작은신화가 지향하는 바를 잘 보여주고 있었다. 그래서 작은신화는 작은 무대들을 많이 마련하려고 애쓴다. 신입단원 워크숍 공연, 정기 공연을 제외하고도 창작극 지원 프로그램인 우리연극만들기, 단원들이 자유롭게 작품을 만들어보자는 취지의 자유무대 등을 예로 들 수 있다. 작은신화라는 테두리 안에서 활동하는 연출가만 여섯, 스태프를 우수하게 겸할 수 있는 배우들이 100명 남짓이다. 모이는 사람마다 저마다의 세계가 있으니, 수백 개의 작은 우주가 저 문 안에서 꿈틀대고 있는 셈이다.

예술은 가장 삶의 만족도가 낮은 직업 중 하나라고 한다. 1위가 수학자이니, 그 이유를 어렴풋이 짐작할 수 있다. 타인의 인정을 통해 삶의 만족도가 올라가는 직업이란 안 그래도 고(苦)인 삶에서 고통을 더해줄 수밖에. 그래서 같은 꿈을 꾸는 이들에게 동료로 인정받는다는 사실은 큰 버팀목이 된다. 특히 무대 위에서 먼저 눈에 익혔던 선배들의 경우에는 더욱 감흥이 크다. 내겐 크게만 느껴지던 선배들이 내게 모니터링을 부탁하고 연극이나 삶에 관해 이야기를 나눌 때, 그때가 비로소 극단의 힘이 빛나는 순간이 아닌가 싶다. 몇 년 전, 지병이 악화되어 엄마가 돌아가시고 내 삶은 잿빛으로 변했다. 한창 극단 3년차로 이리 뛰고 저리 뛰며 동분서주하던 때였다. 돌이켜보면 눈으로 익힌 선배들과 말을 섞고 술잔을 나누며 한 명의 배우로서 인정받는다는 사실에 심취해 있었던 시기이기도 했다. 경주마처럼 달리던 나는 가장 중요한 가치를 놓치고 말았고 그렇게 나는 돌이킬 수 없는 죄를 지었다. 가장 미웠던 건 나지만, 당시 내 삶의 전부였던 연극과 연기, 극단이 그렇게 미울 수가 없었다. 하지만 한동안 갈피를 잡지 못하던 나를 붙잡아준 이도 극단이었다. 나는 그해, 정식 단원이 되었다. 비밀 투표였지만, 누군가 기존 단원들이 내게 어떤 마음을 보여주었는지 소근거려주었다. 나는 가장 사랑하는 가족을 잃었지만, 또 하나의 새로운 가족이 생긴 셈이었다. 처음으로 뒤풀이 때 하는 장기자랑이 싫지 않았다.

내년이면 극단에 몸담은 지 햇수로 10년이 된다. 처음 극단에 입단할 때, 20대가 다 지나도록 연기로 삶을 영위할 수 없다면 내게 재능이 없다는 사실을 인정하고 꿈을 접겠노라 엄마와 손가락 걸고 약속했었다. 10년의 세월이 흐르고 30대에 접어들었지만, 나는 유명한 배우가 되지도, 연기를 그만두지도 못했다. 다만 연기를 하며 사는 삶에 대한 고찰이 생겼고 나를 관찰하는 일이 일상이 되었을 뿐이다. 작은신화는 그 무엇도 강제하지 않는다. 물론, 은연중에 주는 눈치까지 없지는 않다. 지켜야 할 규칙도 있고 순응해야 할 부분도 존재한다. 그러나 그 안에 흐르는 무수한 시간은 삶 전체를 관통하여 연극과 연기, 배우라는 예술을 바라보게 한다. 이 오랜 세월을 견뎌내며 극단 안에 꿈틀대고 있는 저 수많은 우주들이(저 수많은 욕망이) 앞으로 어떤 새로운 세계를 보여줄까.

인간은 모두 인생이라는 연극의 배우라고 했다. 그러나 그 안에 있으면 나의 인생이 비극인지, 희극인지 도통 알 도리가 없다. 연극은 그래서 그 하잘것없는 인생들을 무대 위로 올린다. 우리는 그제야 우리가 사는 이 삶을 밖에서 굽어보게 된다. 살아낼 때는 몰랐던 내 삶의 지난 10년, 그때 그 전화를 받지 않았더라면 지금의 내 삶은 어떤 모습이었을까. 먼지가 켜켜이 쌓인 책 표지를 털어내듯 기분 좋은 설렘이 되살아난다.

작은 시작, 은은한 울림, 그리고…

김정민 연구

작은신화 30주년 기념 책자에 넣을 글을 써달라는 전화를 받고 사실 적잖이 당황했습니다. 아직 극단에 들어온 지 4년도 되지 않은 제가 작은신화에 대해 과연 어떤 이야기를 할 수 있을지 망설여졌기 때문입니다. 하지만 비록 참여한 작품이 적고 극단의 역사에 대해 잘 모르더라도 '내가 본 작은신화, 내가 느낀 작은신화에 대해서 쓰면 되겠지'라는 마음으로 부담감을 뒤로하고 시작해보겠습니다.

작은신화를 알게 된 것은 일본에서 나름 야심차게 연극을 공부하고 돌아왔으나 정작 한국에서는 아는 극단도 연극인도 하나 없어 내가 정말 연극을 할 수 있을까 하는 고민에 빠져 있던 암울한 시기였습니다. 연출을 하고 싶지만 적지 않은 나이(당시 이미 삼십 대)에 시작해도 괜찮을지, 밥벌이는 할 수 있을지, 날 받아주는 곳은 과연 있을지 뒤늦은 진로 고민에 허우적거리고 있을 무렵 OTR 사이트에서 작은신화 단원을 모집한다는 게시글을 보고 조심스레 메일을 보냈습니다. 사실 그 무렵 거의 동시다발적으로 여러 극단과 회사에 이력서를 보낸 뒤 연락을 기다리고 있었는데 작은신화에서는 면접을 본 당일 저녁에 바로 다음 날 오라는 연락이 와서 놀랍고 얼떨떨했던 기억이 납니다. 그리고 그때까지 저의 무지 탓에 이름을 들어본 적도 공연을 본 적도 없던 극단이 지금은 제 인생의 가장 큰 부분을 차지하는 터전이자 둥지가 되었습니다.

비록 4년도 되지 않은 짧다면 짧은 시간이지만 지금도 선명히 떠오르는 몇 가지 풍경이 있습니다. 첫 번째는 처음으로 스태프로 들어간 공연 〈콜라 소녀〉의 연습실. 처음 뵙는 선배님들과 스태프 분들이 연습실에 가득하고, 한쪽에서는 열심히 음식 준비를 하던 모습 속에서 '아, 나도 이제 드디어 연극을 하는구나, 현장에서 일하게 되었구나' 하는 실감이 들었습니다. 지금 대체 뭘 하면 될지, 앉아 있어도 될지, '저분 성함은 뭐였지?' 하고 안절부절 못하며 느꼈던 기대감도 불안감도 아닌 복잡 미묘한 감정은 아직도 제 안에 그대로 남아 있습니다.

두 번째는 극단 선배님의 소개를 통해 노원구의 마들주민회 분들을 대상으로 만들었던 〈마들 산부인과〉라는 공연을 했을 때의 일입니다. 우리끼리 대본을 쓰고 노래를 고르고 개사를 하고 안무를 짜고 연습 시간이 마땅치 않아 밤을 새워 연습하고 더운 여름날 땀을 뻘뻘 흘리며 공원에서 분장하고 여장을 한 남자 배우들이 임산부로 나왔던 이 다소 우스꽝스러운 공연을 보시며, 주요 관객층인 어머님들이 재미있는 장면에서는 즐겁게 웃고 슬픈 장면에서는 정말로 눈물을 보이고 공연이 끝난 후에 여장을 했지만 남자임이 명백한 배우의 손을 어루만지며 순산하라고 말씀해주시던 광경은 정말로 놀라운 경험이었습니다. 별생각 없이 아르바이트라는 마음으로 임했던 작품에 이렇게까지 열정을 보여준 배우들도, 이 공연을 마치 자기 주변의 이야기인 양 진심으로 받아들여 준 관객들도 제게 큰 의미로 다가왔습니다.

그래서 그 뒤로 연극이 지닌 힘이란 무엇일까, 그리고 연극을 만들어내는 원동력이란 무엇인가에 대해 줄곧 생각하게 되었습니다. 아마도 그것은 인간의 '온기'라고. 세상에는 영화, 소설, 만화, 애니메이션, 미술 등 많은 장르의 예술이 있지만 그중에서 사람과 사람이 얼굴을 마주하고 그 온기를 바로 전달할 수 있는 것은 무대 예술밖에 없다고 생각합니다. 그리고 하나의 작품을 만들기 위해 사람과 사람이 만나 집단을 이루고 만났다 헤어지는 과정을 통해 우리는 자기도 모르게 그 온기를 전달하는 방법을 배워가는 것 같습니다.

작은신화도 30년 동안 많은 만남과 헤어짐을 반복하며 그 온기를 다져왔겠지요. 그런 의미에서 30주년을 맞이한 올해 봄, 창단 선배님들부터 올해 갓 들어온 신입단원들까지 다 함께 떠났던 엠티도 무척 인상적이었습니다. 고작 4년밖에 되지 않은 저는 상상도 할 수 없을 정도로 많은 작은신화의 역사와 추억들을 그때 살짝 엿볼 수 있었습니다. 건강 때문에 오랜 시간 극단에 나오시지 못했던 선배님이 다른 분들의 부축을 받아 엠티 장소에 오신 뒤 멀리 계신 대표님을 보며,

"저기 보여? 용훈이 형이야."

"용훈이 형이라고? 그런데 머리가 왜 저렇게 하얘?"

"머리가 하얗지? 시간이 많이 지났잖아. 그렇게 됐어."

이런 대화를 주고받으시던 모습, 그리고 그 모습을 보고 눈물을 보이시던 다른 선배님들의 모습이 맑은 날씨였는데도 불구하고 제게는 흐릿한 광경으로 남아 있습니다.

30주년 엠티 때 레크리에이션 중 팀별로 '작은신화에 대해 표어 쓰기'가 있었습니다. 저희 팀은 고심 끝에 작은신화로 4행시를 짓기로 했습니다. '작, 작은 시작, 은, 은은한 울림.' 여기까지 쓰고 막힌 저희 팀은 그 뒤를 어떻게 채워야 할지 고민에 고민을 거듭했습니다. 작게 시작해서 은은하게 울림을 주고 있는 극단, 그리고 앞으로 펼쳐진 미래를 뭐라고 쓰면 좋을지. 그래서 그 부분은 그냥 비워두기로 했습니다. 앞으로의 미래는 우리에게 달려있고, 우리가 써나가기 나름이라고. 그러니까 어떻게 해야겠다는 결심 없이 모두의 몫으로 남기자고. 물론 4행시를 완성할 아이디어가 없었던 핑계이기도 하지만 과히 나쁘지 않은 해석인 것 같습니다.

흔히 작은신화에서 '우리는 가족이다'라는 말을 합니다. 문제가 생길 때는 '이게 무슨 가족이야?'라는 말도 종종 듣습니다. 가족이라는 말은 서로 끈끈하고 격의 없는 관계라는 뜻이겠지요. 하지만 사실 30년의 역사를 갖고 규모가 커진 작은신화는 이제 가족의 범위를 훌쩍 넘어선 하나의 나라와도 같은 존재입니다. 이 나라에는 다양한 경력과 개성을 가진 사람들이 모여 있으며, 나이와 기수 등에 따라 위계질서가 성립하고, 다수의 사람을 통솔하기 위해 여러 가지 규칙과 모임을 만들어 그에 따르고 있습니다. 그렇기 때문에 우리는 극단이라는 집단을 가족이 아니라 그보다 더 큰 사회로 받아들여야 하고, 이 사회를 더 잘 유지하기 위해서는 가족일 때보다 더욱더 노력을 해야 한다고 생각합니다.

이 글을 쓰는 데 꽤 시간이 걸렸습니다.

무슨 말을 써야 할지 많이 망설였기 때문이었던 것 같습니다. 지금도 제가 해도 되는 이야기가 맞는지, 정말로 하고 싶었던 이야기를 쓴 건지는 잘 모르겠습니다.

하지만 작은신화를 통해 사람이 사람을 만나는 이유와 의미를 배웠고, 그렇기 때문에 사람과 사람이 더 잘 만날 수 있는 곳으로 만들어가고 싶다는 제 의도가 조금이나마 전달이 되었으면 하고 바랍니다.

새롭게 31주년을 맞이하는 작은신화의 미래를, 그리고 오로지 연극이 좋아 연극을 하려고 이곳에 모인 소중한 사람들의 행복을 기원하고 응원합니다.

작은신화를 꿈꾸며

채영은 견습

"안녕하세요. 신입단원 스물여섯 살 채영은입니다."

극단에 입단한 지 채 1년이 되지 않은 내가 지난 몇 개월간 습관처럼 했던, 그리고 지금도 하는 인사말이다. 아직 신입 단원 딱지를 채 떼지 못한 내게, 극단은 익숙함보다는 낯섦이, 편안함보다는 약간의 긴장감이 앞서는 공간이자 집단이다. 게다가 내 평생의 시간보다도 더 오랜 역사를 지닌 곳에 속한다는 것은, 마치 한자리에서 오랜 시간을 견디며 나보다도 더 많은 역사와 마주했을 거대한 고목을 만나는 것과 다름없는 생경한 일이기도 하다. 극단 창단 30주년 기념 책자에 들어갈 글을 쓰기로 했을 때 마치 큰 숙제를 받아든 것 같은 기분이 들었던 이유도 그래서였을까. 짧게는 몇 년부터 길게는 몇십 년 동안 극단의 역사를 써오셨을 선배님들 앞에 내 설익은 생각을 내보인다는 것이 왠지 모르게 민망하기도 한 일이지만, 그래도 이런 귀한 기회가 주어졌음에 감사하는 마음으로 한 번 생각해보기로 했다. 나에게 작은신화란 어떤 의미일까.

우린 이미 수많은 신화 속에 살고 있다. 우리나라 역사에서 빠지지 않는 단군 신화나 어릴 때부터 많이 들어왔던 그리스·로마 신화 등은 그 자세한 내용은 모를지라도 단어만으로 익숙함을 자아내는 우리 곁의 신화들이다. 우리나라를 포함한 많은 국가는 제각기 건국 신화를 가지고 있으며, 성서나 성경, 불경 등으로부터 시작된 종교들 또한 하나의 신화다.

또한, 신화는 곧 역사이자 시간의 산물이다. 아무것도 아닌 것 같았던 우리 삶의 한 조각은, 예기치 않게 무수한 시간과 역사를 거쳐 하나의 신화로 거듭난다. 문학계의 영원한 전설이자 신화인 셰익스피어가 사후 400년이 지난 지금까지도 끊임없이 회자되고 시간이 지날수록 그 명성이 사그라드는 대신 오히려 더 위대해지는 것을 보면, 시간이란 신화가 되기 위한 필수 요소인 듯하다.

하지만, 현재를 살아가는 우리의 모습은 어떤가. 슬프게도 사람들은 더는 시간을 담으려 애쓰지 않는다. 모든 게 빠르게 흘러가고 변화되는 이 시대에, 그나마 '시간 담기'를 권유할 수 있는 유일한 명제는 '시간이 돈이다'라는 말뿐인 것 같다. 그러나 그렇게 시간을 팔아 모은 돈 또한 소비되기 위한 존재일 뿐이니, 결국 우린 신화를 채 만들어내기도 전에 그 여물지 않은 시간을 소비하고 있는 것이나 다름없다.

그리고 이제, 우린 이 시대의 신화마저 소비하고 있다. 2009년으로 가보자. 팝 역사상 가장 성공한 가수이자 팝의 전설로 불리는 마이클 잭슨이 사망했을 때, 그의 장례식은 전 세계로 생중계되었다. 전설이라는 타이틀에 걸맞은, 그야말로 성대한 세기의 장례식이었지만, 한편으로는 위조된 장례식 입장권과 암표까지 성행해 논란을 낳기도 했다. 셰익스피어 시대로 치자면 전설이자 신화가 되고도 남을 만한 업적을 남긴 그의 죽음 앞에서, 누군가는 그를 마지막까지 소비하고 만 것이다. 그뿐이던가. 수많은 전설의 쓸쓸한 마지막 죽음–뿐만 아니라 사람들의 기억에서 잊히는 그 모든 마지막–을 우리는 이미 많이 보아왔고 또 보고 있다.

우리는 더 이상 전설의 죽음에 눈물을 흘리지 않는다. 다르게 말한다면, 더는 신화를 원하지 않는다. 우리는, 그리고 사람들은 스타를 원한다. 스타가 나타나기를, 또 스타가 되기를 원한다. 우리가 지금 발 딛고 서 있는 이 땅 밑의 단단한 암석처럼 시간을 담고 담아, 켜켜이 쌓이고 쌓여 마침내 완성되는 신화가 아닌, 하루아침에 저 하늘에 높이 떠오르는 별을 원하는 것이다.

역사 속에 남을 만한 작품을 남기는 것. 즉 클래식이 되고자 하는 것은 모든 예술가의 바람일 것이다. 하지만 이렇게 스타만을 원하는 시대에, 다시 클래식이, 신화가 만들어진다는 건 가능한 일일까?

다시 셰익스피어로 돌아가 보자. 셰익스피어의 작품이 동서고금을 막론하고 클래식 중의 클래식으로 여겨지는 이유는, 그것이 비단 한 시대 한 사람에게만 국한된 것이 아니라 어느 시대와도 소통 가능하며 끊임없이 새로운 모습으로 다시 태어날 수 있기 때문일 것이다. 한 선배님의 공연 대사 중에서 빌려 말하자면 말 그대로 어딘가가 '찜찜하기 때문'이고, 그 말인즉, 많은 사람이 손을 대고 싶을 만큼 빈 곳이 많다는 뜻이기도 하다. 셰익스피어는 자신의 작품을 자기 자신만의 것으로 꽉꽉 채우는 것 대신, 약간의 비움으로써 독자들로 하여금 그리고 후대 사람들로 하여금 자꾸만 새롭게 생각하고 달리 해석하고 싶게 만들었다. 결국 클래식이란 완벽한 하나의 '마스터피스'를 만드는 일이 아닌, 자꾸만 손길을 부르는, 그래서 어딘가 비어 있는 조각들을 찾아내 내 손으로 맞추고 싶게 만드는 일이 아닐까. 그래서 전설과 신화는 그 자체로 거대하고 완벽한 것이 아니라, 작고 불완전하기에 더 채우고 싶고, 그래서 계속 회자되며 점점 더 견고해지는 것이 아닐까.

나에게 작은신화란 오래된 전설이자 역사이자, 계속해서 찾게 되는 클래식의 또 다른 말이다. 이들의 가치는 끊임없는 해석의 연속에 있다. 시간 속으로 스며들어 '지금'과 소통하는 이들의 속성은, '지금 여기, 변화하는 자유로움'이라는 극단의 슬로건과도 닮아 있다. 그래서 난, 작은신화가 완벽한 마스터피스가 아닌 말 그대로 '작은신화'로 존재하길, 그래서 사람들의 시간 속에 남아 자꾸만 손길을 대고 싶은 역사가 되길 소망한다. 그리고 나의 손길이 닿은 작품이, 그 속에 스며든 '나'라는 존재가 시간이 지날수록 짙어지는 향기처럼 남기를 소망한다. 또한 언젠간 내 이름 앞에 붙은 '신입 단원'이라는 어색함이 묻어나는 딱지를 떼고, 작은신화의 어엿한 단원이자 배우로서 오롯이 설 수 있게 되길 소망한다. 그래서 난 많은 의미에서 평생 '작은신화'를, 그리고 '작은신화'를 꿈꿀 것이다.

최다 단원 보유 극단, 운영의 묘

최용훈 극단 작은신화 대표

위의 주제와 관련하여 발제 제의를 받았을 때 과연 극단 작은신화가 최다 단원을 보유한 극단인가 하는 의문이 들기도 했었지만, 결코 적은 숫자의 단원을 보유한 극단은 아니기에 많은 단원을 보유한 극단의 운영에 대해 말씀을 드릴 수는 있겠다는 생각으로 발제 제의에 응하게 되었습니다.

우선 현재 극단 작은신화의 단원 규모에 대해 말씀을 드리며 발제를 시작하겠습니다. 2016년 5월 현재 창단단원부터 29기 단원까지의 정단원 86명(남 44, 여 42), 연구단원 19명(남 8, 여 11), 견습 8명(남 3, 여 5)으로 총 113명이 극단의 식구로 활동하고 있습니다. 다른 극단들도 그렇겠지만 작은신화는 식구라는 개념을 매우 중요시하고 있습니다. 이는 단원을 선발하면서부터 적용됩니다. 작은신화는 매년 상반기에(2월 또는 3월) 1회, 정기적으로 단원을 선발하고 있는데 지원 자격은 해당 연도 기준으로 28세 이하, 그리고 고등학교 졸업 이상(재학생은 제외)의 남녀로 정하고 있습니다. 선발 방법은 자기소개서와 이력서를 통한 서류 심사와 서류심사를 통과한 사람들을 대상으로 면접 심사를 하여 단원을 선발하게 되는데, 이때 지원자의 연극에 대한 열정 외에 가장 중요한 선발 기준이 되는 것이 바로 작은신화의 식구로서 생활할 수 있는가에 관한 판단입니다. 지원자에게 작은신화는 배우나 스태프를 뽑는 것이 아니라 극단의 식구로서 함께 살아갈 사람을 뽑는다는 점을 명확히 밝히고, 그것에 동의하는 사람 중에서 신입 단원을 선발하게 됩니다. 이 식구라는 개념은 작은신화가 창단할 때부터 현재까지 가장 중요하게 여겨온 개념입니다. '한 식구라는 의식으로 뭉친 연극 공동체'라는 문장으로 작은신화의 성격을 가장 정확하게 표현할 수 있습니다.

극단 작은신화는 1986년 7월 25일 신촌로터리에 있던 진선미 다방 건물의 허름한 옥탑방에서 창단되었습니다. 그 옥탑방은 초대 대표를 맡은 고 이유철의 자취방이었습니다. 주축이된 구성원은 대부분 대학교 4학년으로 졸업을 한 학기 남짓 남기고 있는 20대 초반의 청년들이었습니다. 당시 연극계는 할인권을 남발하고 프로그램 구입 초대권을 뿌리던 시대였습니다. 공연은 번역된 상업극들이 활개를 치고 있었고 암울했던 당시 시대를 고민하는 연극은 가뭄에 콩 나듯이 어쩌다 눈에 띄었습니다. 물론 의식 있는 선배 연극인들도 많이 계셨지만 어쨌든 한국 연극의 힘든 시기였던 것만은 분명했습니다. 연우무대가 연극계의 오아시스 같은 존재였지만 당시의 연우무대는 특정 학교 출신들로 뭉친 조금은 폐쇄적인 진입 구조를 가지고 있었습니다. 이런 상황 속에서는 젊은 연극 지망생들의 뜨거운 가슴을 보듬어줄 곳을 찾기 힘들다는 생각을 감히 하게 된 서강연극회 동료들이 1986년 봄부터 마음을 모으기 시작했습니다. 초대 대표였던 이유철이 앞장을 섰습니다. 비슷한 생각을 하는 다른 대학교의 또래들도 알음알음 모이게 되었습니다. 서강연극회 활동을 하던 7명에 다른 대학교에서 모인 6명이 더해져 작고 소박하지만, 이 시대에 필요한 우리들의 이야기를 하자는 의지로 뜨거운 여름에 뜨거운 가슴으로 작은신화를 창단하게 되었습니다. 이 시대에 필요한 우리들의 이야기를 하자는 당시의 각오는 작은신화가 공동창작을 필두로 창작극에 매진하게 된 동인이 되었습니다.

창단 초기에는 특별하거나 명확한 운영 방침이 없었습니다. 하지만 연극 공동체라는 개념은 분명히 공유하고 있었습니다. 생활 공동체라는 개념까지는 아니었지만 공동 투자에 공동 배분이라는 재정 공동체 개념은 현재의 작은신화 운영에도 고스란히 반영되고 있습니다. 아무튼, 창단 초기에 10년간 노력해보고 안되면 극단을 접자는 비장한 각오로 똘똘 뭉쳤지만, 극단 운영 시스템은 그냥 대학가의 연합 동아리 정도였다고 보는 것이 정확할 듯합니다. 극단의 운영시스템이 자리 잡기 시작한 것은 1990년 신촌에 있던 신선소극장에서 〈전쟁음?악!〉을 공연한 이후부터입니다. 작은신화 최초의 공동창작 작업이었던 이 작품은 극단 작품으로는 처음으로 일간지에 리뷰가 실리는 등 많은 관심과 호응을 불러일으켰고 극단에 새로 들어오는 사람들도 조금씩 생기게 되었습니다. 새로운 식구들의 합류로 명확한 극단 운영 시스템의 필요성이 대두되었고 1991년 첫 대학로 공연인 〈전쟁음?악! 2〉가 평단과 관객의 지지를 얻은 후 극단의 신입 단원들이 급격히 증가하면서부터 많은 시행착오를 거치며 현재의 극단 운영 시스템이 만들어지기 시작했습니다.

그럼 이제부터 현재의 극단 운영 방침과 시스템에 대해 말씀드리겠습니다. 작은신화 운영의 기본 방침은 앞에서 말씀드린 것처럼 연극 공동체입니다. 따라서 작은신화에는 개런티라는 개념이 존재하지 않습니다. 오직 공동이익 분배금만이 존재합니다. 이는 매 공연에서 발생한 수익을 공동으로 나누는 구조인데 분배는 연차와 맡은 역할 그리고 역할의 성취도에 따라 차등적으로 이루어집니다. 손실이 발생하는 경우는 공동으로 책임을 지는데 이것도 분배와 마찬가지로 차등적으로 책임이 나뉩니다. 하지만 현실적으로 수익을 창출하기가 쉽지 않은 것이 현재 연극계의 현실이기에 약간의 보조 장치를 두고 있습니다. 먼저 지원금이 있는 공연일 경우에는 '연습비'라는 개념으로 일정액을 지급하는데 지급 기준은 공동 분배 때의 기준을 그대로 적용합니다. 지원금이 없는 극단의 자체 제작 공연일 경우는 일정 수량의 '단원티켓'을 참여자들에게 제공합니다. 단원티켓이라 함은 제공된 티켓을 각자가 판매하여 그 수익금을 가지는 것으로 최소한의 안전판 역할을 하게 됩니다. 극단 자체 제작의 경우 제작비 마련을 위해서 작은신화가 전통적으로 해온 방식은 공동 아르바이트를 통한 재원 조달입니다. 초창기에는 각자 아르바이트를 통해 각자에게 할당된 금액을 마련했었지만, 극단이 커지면서 공동으로 할 수 있는 규모가 큰 아르바이트들을 해왔습니다. 이렇게 많은 수의 식구들이 함께 극단에 있다는 것은 극단 운영에 큰 힘이 되고 있습니다. 또한, 극단 식구들 개개인에게도 자신의 상황과 형편에 맞게 외부 작업이나 개인 아르바이트를 극단 일정에 크게 구애받지 않고 편하게 할 수 있다는 장점으로 작용하고 있습니다.

이제는 많은 수의 식구들과 함께하기 위한 운영 조직 등에 대해 말씀드리겠습니다. 앞에서 말씀드린 것처럼 작은신화는 정단원, 연구단원, 그리고 견습으로 구성되어 있습니다. 그리고 정기 모집이 아닌 시기에 극단에 입단을 희망하는 사람들을 위한 인턴 제도도 운영하고 있습니다. 인턴으로 선발된 사람도 차기 정기 모집 시에 면접 심사를 통과해야만 견습으로 극단에 정식 입단할 수 있습니다. 견습은 최소 3개월 이상 그리고 연구단원은 최소 6개월 이상 지나야 각각 연구단원과 정단원으로 승격할 자격을 가질 수 있습니다. 하지만 현재는 견습의 경우 평균 1년 이상, 연구단원의 경우는 2년 이상의 시간이 필요합니다. 연구단원으로의 승격은 대표가 결정하며 연구

단원이 정단원이 되기 위해서는 극단 연말 총회에서 기존 정단원들의 투표를 통해 과반수의 찬성을 얻어야만 합니다. 새로운 식구를 정식으로 받아들이는 것에 대해 기존 식구들 전체의 의견을 묻기 위한 장치입니다.

투표로 정단원의 자격을 부여하는 총회는 작은신화의 최고의결기구입니다. 극단의 공연 계획과 결산, 운영 방식 등 극단의 모든 일이 총회의 승인을 통해 이루어집니다. 또한 극단을 이끌 운영위원과 결산을 점검하는 1년 임기의 감사 2인도 선출합니다. 선출된 4~5명의 운영위원은 운영위원회를 통해 총회를 대의하는 역할을 수행하며 임기는 1년입니다. 운영위원회는 또한 신입 단원 면접을 주관합니다. 선출된 운영위원 외에 총회의 의장인 대표와 대표를 보완하는 부대표, 그리고 극단의 살림을 총괄하는 운영실장이 운영위원회의 구성원이 됩니다. 운영실장은 대표가 임명하며 극단의 내부 운영을 책임지는 운영실을 운영합니다. 운영실은 실장을 보좌하는 운영총무, 공연 계획과 외부 기획팀과의 업무 진행을 담당하는 기획총무, 돈 관리를 담당하는 운영회계, 후원회 업무를 담당하는 후원회관리, 그리고 연구단원과 견습을 총괄 관리하는 연구장으로 구성됩니다. 기획총무와 연구장은 대표가 나머지 인원은 운영실장이 임명하며 임기는 특별한 제한이 없습니다.

극단이라는 조직은 어찌되었든 연극 행위를 하는 조직이니만큼 작은신화의 연극 행위에 대해 간단하게 말씀드리겠습니다. '지금 여기, 변화하는 자유로움'은 작은신화 연극 행위의 기본 모토입니다. 지금, 여기, 변화 그리고 자유가 우리가 놓치지 않으려고 힘쓰는 가치입니다. 이 시대를 들여다보고 이 시대에 대한 발언을 하며 정체되지 않고 나아가려는 선언입니다. 작은신화라는 극단의 성격이나 색채가 무엇이냐는 질문을 받을 때가 많이 있습니다. 저는 성격과 색채가 없는 것이 작은신화의 성격이자 색채라고 답을 합니다. 창단 초기부터 공동체를 강조한 작은신화에는 많은 연출가가 있습니다. 대표이자 연출가인 한 사람이 이끄는 극단이 아니라 다양한 연출들이 다양한 색채를 뿜어내는 시스템이 공동체에 걸맞은 방식이라고 믿습니다. 연출자만이 아니라 배우들도 각자의 개성과 가능성을 자유롭게 분출할 수 있는 그런 플랫폼의 역할을 작은신화는 해나갈 것입니다.

그 어떤 조직이나 시스템이라 하더라도 각각의 한계를 분명히 지니고 있습니다. 그 어떤 방식도 만능의 열쇠가 될 수는 없습니다. 구성원 간의 이해와 신뢰가 그 어떤 운영 방식이나 운영 조직보다 그 조직을 강하게 만듭니다. 저는 우리 작은신화가 그런 강함을 지니고 있다고 자부합니다.

–이 글은 2016년 5월 23일 한국연극연출가협회 포럼에서 발제한 글입니다.

돐날(2001)

1986-2016

작은신화 30th.

바카이(2014)

리뷰
-우리 연극
30년

꿈속의 꿈(2011)

가정식 백반 맛있게 먹는 법(2011)

두더지의 태양(2010)

꿈속의 꿈(2010)

천국에서의 마지막 계절(2006)

옆에 있어 드릴게(2006)

아침, 정오 그리고 밤(1987)

1986년 창단 공연

● **작은신화 1. 카페 순회공연 〈결혼〉 〈불어를 하세요〉**

86년 7월 창단, 처음으로 관객을 만난 무대는 기성의 안락한 공연장이 아니라 [카페]라는 이색 공간이었다. 관객을 직접 찾아보자는 의도와 당시 연극 수요에 비해 턱없이 부족했던 극장문제의 적극적인 대안이라는 점, 그리고 관객과 격의 없이 만나는 소박한 만남의 장으로 이루어졌다. 작은신화의 이 첫 출발은, 세련되고 완성된 기성 연극에 배해 작고, 소박한 것이었으나 이미 되어진 것을 따르기 보다는 자신들의 꿈을 스스로 개척해본다는, 젊은 연극인들의 열정으로 이루어진 것이다.

—『10주년 기념 책자』 프로그램에서

● **사랑이 넘치는 낙원창조… 이유철 (초대 대표)**

"연극은 그 시대의 모든 것을 담아야 하며, 그 사회의 구성원들을 위해 존재하여야 합니다. 작은신화는 소유한 모든 것을 여러분들에게 작품으로 전달하여 이 사회를 사랑이 넘치는 낙원으로 만드는 '작은신화'를 창조하려 합니다. 이번 cafe 순회공연은 극장에 부담을 느끼시는 분들을 위해서 또한 연극계의 큰 문제점인 부족한 공연장시설 확충에, 일단의 대안을 제시하고자 실현되고 있는 것입니다. 작은신화는 항상 여러분의 앞에 자리할 것입니다."

—'카페 순회공연' 프로그램에서

1987년 <잠이 자고 싶은 사나이> <아침, 정오 그리고 밤>

● **대학 연극반출신들로 극단 '작은신화' 창단… 17일 첫 공연**

서울지역 12개 대학 연극반 출신들로 구성된 극단 '작은신화'가 탄생됐다. 20대 초반의 패기넘친 연극지망생들이 모여 만든 이 극단은 창단공연으로 서독의 극작가 '볼프강 힐데스 하이머'의 부조리극 <잠이 자고 싶은 사나이>를 17일부터 8월1일까지 신촌 신선소극장(3127959)에서 공연한다.

지난해 7월 서강대의 서강연극회 출신들이 주축이 되어 만든 이 극단은 이화여대 중앙대 외국어대 서울시립대 동덕여대 성신여대 국민대 한양대 등 12개 대학에서 연극반 생활을 했던 20여명이 참가하고 있다.

이 극단은 철저한 상업성 배제와 행위예술로서의 연극공연을 내걸고 있는 점이 독특하다. 그래서 최근 논란이 되고 있는 할인초대권을 일체 발행하지 않고 공연 레퍼토리 선택도 예술성 위주의 순수연극에 국한시킬 방침이다.

이 극단 대표 최용훈씨(25, 서강대 철학과 졸)는 "아직은 아마추어 단계를 겨우 벗어난 수준이지만 신생극단으로 연극계에 '작은신화'를 창조해내고 싶다"면서 "대학연극반 출신다운 순수성을 지키는 의미에서 이번 창단공연도 외부지원 없이 단원들이 일일이 주머니 돈을 모아 제작했다"고 말한다. 현재 단원들의 대부분은 직업을 따로 갖고 있다. 출연은 임인섭, 반무섭, 최용훈. 연출은 최용훈. 개막시간은 오후 4시와 7시.

—『동아일보』, 1987. 7. 16.

아침, 정오 그리고 밤(1987)

● 작은신화 우리는 잠을 깨우고 싶다

10년을 실험 정신으로

"기존에 대한 불만이죠. 안일하고 가벼움에 휩쓸리게 되면 그 흐름에 순응할 수밖에 없으니까요."

연극을 하겠다는 사람이면 일반적으로 기존 극단에 들어가는 것이 당연하게 여겨진다. 호랑이를 잡으려면 호랑이 굴로 들어가라고 했던가. 그러나 이들은 호랑이 굴로 들어가는 방법을 달리했다. 그것은 기성의 때가 묻기 채 전인 순수한 상태에서 새로운 극단을 만드는 것이었다.

'작은신화'는 86년 11월 5일부터 16일까지 카페를 무대로 제1차 공연을 가졌다. 작품은 이강백 작 〈결혼〉과 머레이 쉬스갈 작 〈불어를 하세요〉. 이 공연은 공연장 개념의 확대라는 그들의 생각을 실천에 옮긴 것으로 4군데 카페를 순회하며 진행하였으며 이번 〈잠이 자고 싶은 사나이〉는 제2회 공연이 된다.

일부에서는 이들의 활동에 대해 부정적이기도 하다. 아직 학생의 티를 벗지 않아서 너무 아카데믹한 면만 고수하려는 것이 아닐까.

또한 그들이 가지는 포부쯤이면 누구나 그 나이쯤 가질 법한 것이라고는 일축하는 측도 있다. 이번 공연 〈잠이 자고 싶은 사나이〉의 경우에도 5, 60년대에 유행하던 독일 부조리극을 선뜻 내놓은 것이 그러한 시행착오가 아닐까 하는 평도 있다. 이에 대해서 단원 임애리는 이렇게 말한다. "그렇죠, 부조리극이 풍미하던 시대는 지났다는 것은 맞아요. 하지만 당시 시대상의 반영이었던 그 작품이 현재의 우리 모습이라면, 또 다른 어느 세계의 모습이 우리의 것과 일치된다면-그런 시간 차이는 아무 상관이 없다고 생각합니다. 오히려 더 공개되어야하죠."

이제 2회 공연을 미친 후 조금은 안도감이 깃든 그들은 앞으로를 설계하기에 여념이 없다.

기자 : 창립 선언문에도 있듯이 말이죠. 연극이 소수의 전유물이 되어서는 안 된다고 하셨는데요. 여지껏 공연하신 작품들이 다소 무겁고 이해하기 힘든다는 데에 대해서는 어떻게 생각하세요? 누구나가 "재미있다"고 공감할 수 있는 것은 아닌 듯싶은데요.

작은신화 : 글쎄요, 사실 요즘 소위 "재미있는" 연극이라고 말은 하지만 관객이 만족할 만한 작품은 별로 없는 것 같아요. 관객들도 이제는 식상하고 있지 않습니까? 오히려 이제는 진지한 연극을 선호하는 관객이 늘어나리라 생각했죠. 초반에 느껴질 수 있는 그런 갭은 극복이 가능하다고 믿어요.

기자 : 그렇다면 계속 그런 경향으로 나가실 건가요? 특별히 극단 나름의 스타일이랄까…

작은신화 : 꼭 그런 것은 아니에요. 단원 개개인의 연극관이 뚜렷하고 그것이 여러 방향으로 차이가 나죠. 아직 뚜렷한 스타일을 가지기엔 짧은 시간이라 생각해요. 어떤 "경향"을 띠기까지는… 글쎄요. 한 5년, 아니 10년은 걸릴지 몰라요. 그때까지는 실험정신으로 일관하려 해요. 그게 저희의 스타일이라고 해야 할까. 기틀이 잡히기 전까지는 이것저것 많이 시도해볼 예정이예요. 그때까지는 "새롭게 노력하는 신선한 이미지"로 남아 있고 싶어요.

아직 풋풋해 보이는 이들과의 만남을 통해 새로운 가능성을 보는 듯했다. 단원 대부분이 20대 초반인 그들. 10년 후 30대가 되어 있을 그때에도 "이번 공연에 만족하세요?" 라고 묻는다면 "만족을 하게 되면 다음엔 또 뭣하러 합니까?" 라고 대답하는 그들을 기대해본다. 많은 시행착오와 어려움을 겪고 '작은신화'가 크게 우뚝 서기를 바라면서….

—**이자혜**, 『스크린』 1987. 9.

● 세상에서 가장 큰 이상을 가진 젊은이들

극단 작은신화

그들의 세계는 언제나 패기로 가득하다. 미지의 세계를 원정하기 위해 출발하는 탐험대의 모습 바로 그것이다. 모든 구성원은 진지한 자세로 연극에 대한 공부하고 직접 연기, 연출도 하며 공연을 준비한다.

그들은 금년 7월 제 2회 공연으로 〈잠이 자고 싶은 사나이〉를 거쳐, 〈아침, 정오 그리고 밤〉을 준비하고 있다.

11월 14일부터 소극장 공간사람에서 보름간 공연될 이번 작품은 공연준비 도중 극단 대표였던 이유철군의 불의의 사고로 인해 작업이 중단되었던 작품이다. 암울했던 지난날을 떨쳐버리고 연출 및 출연진을 재정비하여 무대에 올리게 된 그들의 각오는 새롭다.

이번에 공연될 〈아침, 정오 그리고 밤〉은 오프오프브로드웨이의 대표적 작가들이 모여 현대사회에 있어서 인간존재와 본질의 문제를 성경의 구·신약의 구조를 도입하여 탄생, 삶, 죽음의 차례로 색다르게 역설한 작품이다.

물론 이번 공연 역시 번역에서부터 연출, 음악 등에 이르기까지의 모든 작업이 그들의 손에 의해 이루어졌고 국내에서 초연되는 작품이다.

사직동 7평 남짓의 극단 사무실에서 저녁시간을 이용해 연습을 하는 그들의 모습은 생동감 넘치는 젊은 무대를 만들기에 충분하다.

비록 그들이 가장 어리고 가난한 극단일지라도 그들에겐 그 무엇과도 바꿀 수 없는 젊음의 패기가 있기에 그들의 모습은 언제나 자신이 넘치고 힘있어 보인다.

–『마드모아젤』, 1987년 11월호.

1991년 〈전쟁음?악! 2〉

● **'당신은 깨어 있나요?' 극단 작은신화**

극단 작은신화의 〈전쟁음?악! 2〉는 기존극단의 대사중심으로 엮어가는 스토리 위주의 연극이 아니라 독립된 삽화가 우리사회의 이곳 저곳을 조명하며 웃음과 함께 강렬한 메시지를 던진다.

미국의 실험극단 오픈 시어터의 '즉흥연기'의 새로운 방법을 토대로 한 공동창작은 10명의 배우들에게 끊임없는 역할 바꾸기의 '변신'과 함께 배우 스스로 존재의 의미를 깨닫게 하고 자유롭게 연극을 이끌어가게 한다. 그러나 연출가 최용훈 씨는 우리 사회의 기존 교육 체제 때문인지 배우들이 처음에는 그 자유로움을 자신의 것으로 갖지 못했으나 서서히 시간이 경과하면서 대본없는 대본과 대사들이 만들어졌다고 한다.

'택시 안에서' '지하철 역에서' '학교' '전자 오락' '홍콩영화' '우정의 무대' '패스트푸드' 'TV 고장' '장난 전화' '미움만이 가득한 세상' 등의 25개의 삽화들은 가정과 학교, 회사, 지하철, 거리… 우리 일상 곳곳에서 벌어지는 무관심과 이기심, 개인의 실종과 집단화, 인간성의 극과 극이 부딪치는 전쟁의 모습을 1시간 30분 동안 뜨거운 몸짓으로 그려내고 있다.

10명 중 절반 이상이 초연인 이 연극에 주연은 없다. 배우 각자가 작가면서 또한 자유로운 배우다. 기존의 연극배우처럼 연극적인 발성과 연기는 부족하다는 평을 받고 있으나 그들이 의도하는 신체연기를 통한 이미지는 관객들에게 신선한 충격을 주고 있다.

–**강영숙**, 『I Magazine(아이 매거진)』, 1991. 10.

● **개성과 실험성 돋보인 창작무대 3편**

사상 최대 규모로 성대하게 펼쳐진 제15회 서울연극제가 막을 내렸다. 이번 연극제에는 공식참가작 8편의 경연 이외에도 20여편의 자유참가작들이 다채로운 무대를 펼쳐보였다. 전반적으로 맥이 빠지고 침체되었던 공식참가작 무대에 비하면 몇몇 자유참가작들은 한결 싱싱하고 생기 있는 무대를 제공해주었다. 이제 각별히 주목을 끈 창작극 3편의 무대를 상기하며 그 성과를 검토해보기로 하자.

〈전쟁음?악! 2〉 – 젊음과 패기의 무대

극단 작은신화의 〈전쟁음?악! 2〉(9.2-30, 바탕골소극장)은 젊은 연극인들의 뜨거운 열정과 패기가 결집된 작품으로 마치 사막에서 만난 생수와 같은 느낌을 주었다.

작은신화는 1986년에 13개 대학 연극반 출신들이 모여 창단된 극단이다. 이들은 1960년대 미국 실험연극의 중요한 집단인 오픈 시어터의 연극 이념을 계승하여 집단 창작, 즉흥연기와 변신, 소리 몸짓 리듬 침묵 등이 어우러지는 4차원적 언어에 큰 비중을 두고 있다. 이들의 작업에서 한 사람의 희곡작가나 연출가의 초월적 권위는 철저히 거부되며 배우들 개개인의 경험과 상상력, 자발성과 창의성이 최대한 존중된다.

지난해에 발표되어 호평을 받았던 〈전쟁음?악!〉이 전쟁이라는 극한 상황 속에 던져진 인간 존재를 탐구했다면, 이번에 공연된 〈전쟁음?악! 2〉(최용훈 연출)은 하루하루가 전쟁과도 같은 오늘날 우리 사회의 평범한 일상성 속에서 일그러진 현대인의 모습을 다양하게 캐리커처했다. 집단 창작으로 구성된 〈전쟁음?악! 2〉는 일단 배우들이 우리의 생활 주변에서 흔히 목격할 수 있는 일상 속의 과정을 거쳐 최종적으로 24개의 장면을 여과하였다(최용훈, 함종만 구성). 그러므로 이 연극에서 스토리상의 통일성은 전혀 찾아볼 수 없지만 가공할 만한 개인 이기주의와 집단 이기주의, 폭력을 통한 억압과 광기, 인간의 기계화 및 상품화, 의사소통의 불가능, 무관심, 무기력, 소외 등 20세기 말의 첨단 산업사회가 안고 있는 심각한 병리적 징후들이 나름의 연결 고리를 유지하고 있다.

극장에 들어서면 어둠 속에서 TV 화면만이 빛을 발하며 〈전쟁음?악! 2〉의 24개 씬 제목들을 반복적으로, 공허하게 흘려보내고 있다. 어느 새 불이 들어오고 회색 트레이닝복 또는 타이즈 차림의 배우들이 차례로 등장하여 무표정한 얼굴로 자신들의 주민등록번호와 이름을 밝히고 각기 당일 신문의 주요기사 제목을 읽어준 후, 신문을 찢어 벽에 붙이면서 본격적인 연극이 시작된다.

무대는 기본적으로 비어 있으며 벽 주변에 놓인 헌 타이어, 드럼통, 병꽂이, 박스 등이 필요할 때마다 적절하게 소도구로 활용된다. 10명의 배우들은 분주한 역할 바꾸기로 변신을 거듭할 뿐만 아니라 배우들의 신체가 택시 내부, 의자, 전철문 등 장치 및 소품의 역할까지 떠맡는다.

진통하는 산모를 태우고도 합승 손님을 찾는 택시기사, 전철역에서의 우발적 구타사건과 이를 즐기는 구경꾼들, 겉으로는 달콤한 말투를 쓰면서 암암리에 거역할 수 없는 폭력을 휘두르는 조직, 일사불란한 태권도 시범에 비유되는 획일적 교육제도, 선악의 가치가 전도된 홍콩영화, 상품 고르듯 데이트 상대를 결정하는 TV의 군인 위안 프로, 인간적 유대가 단절된 채 거대한 기계의 부속과도 같은 회사 사무실, 느닷없이 일상을 정지시키면서 개인권을 침해하는 민방위 훈련, 인스턴트식 생활과 사고를 확산시키는 패스트 푸드 산업, TV프로에 관해서만 상호 대화가 가능한 가족관계, 심심할 때 재미있다는 이유로 만연된 장난전화, 남에게 친절을 베풀면 오히려 악한으로 의심받는 세태 등이 중요한 삽화들이다.

개인의 왜소하고 소극적인 몸짓에 비해 집단적 움직임은 역동적인 신체 동작이나 아크로바트, 격렬한 춤으로 표출된다. TV수상기를 이용한 상징적

화면의 겹침, 군인 위안 프로인 (우정의 무대) 출연자들의 육성 녹음 더빙, 변사조의 무성영화 수법을 활용한 홍콩영화 흉내 등은 각 삽화들이 갖는 의미의 현실적 실재성을 떠받치면서 풍자를 극대화시키는 참신한 기법들이었다. 또한 전자악기를 통한 생생한 반주와 음향효과 및 특별히 만들어진 노래(조윤상 작곡)와의 기막힌 어울림, 배우들의 음성으로 빚어지는 효과음들도 인상적이었다. 그야말로 배우들의 전 신체를 통해 가능한 모든 기능이 총동원되어 온몸으로 텅빈 공간과 부딪히며 싸워나간 연극이었다.

습관적으로 젖어 있던 일상을 새롭게 만나는 충격, 그것을 담아내는 무거운 우울과 가벼운 웃음의 조화, 반짝이는 아이디어들을 통해 빛나는 건강하고 냉철한 의식, 몸을 사리지 않는 육체연기가 뿜어내는 젊음의 혈기들이 아직도 뿌듯한 감동으로 남아 있다. 그렇지만 앞으로의 작업을 위해 반성해야할 부분도 없지는 않다.

우선은 대부분의 집단창작이 범하기 쉬운 통일성의 결여를 지적할 수 있다. 24개의 장면들은 오늘날 우리 사회의 병적인 단면들을 추출했다는 점에서 공통성을 갖고 있으나 사실 그 영역이 너무 광범위하다. 각각의 장면들이 상황을 너무 표피적으로 처리하였기 때문에 연극이 끝나고 나면 그 모든 것들이 다시 파편화되어 명징한 느낌으로 남지 못한다. 가족 간의 소외든, 대중매체의 병폐든, 어느 하나의 주제를 문제의 배후와 원인으로부터 여러 각도에서 집중적으로 해부하고 조명하는 방법이 모색되었으면 한다.

채 정리되지 않은 삽화, 또는 의미가 제대로 건져지지 않는 삽화들도 몇 개 있었다. CF장면에서는 그 작위성과 세뇌적 마력이 잘 드러나지 않았다. 〈버섯구름〉 장면은 핵폭발 형상을 표현한 듯하나 오늘의 사회에서 핵이 갖는 의미는 가시화되지 못했다. '이렇게 살아야 할지 모르겠어요'라는 노래에 이어진 인간 피라미드 장면도 너무 모호하게 표출되었다.

반면 '집으로 가고 싶어' 장면에서는 소시민의 하루를 묘사하는 과정이 감성적 분위기로 너무 길게 늘어져 작품 전체의 절제되고 드라이한 톤과 조화되지 못했다. 배우들이 퇴장한 상태의 커튼콜에서 TV 화면 자막에 '우리도 인간이 선하리라는 것을 믿고 싶습니다'라는 내용이 제시된 것은 작품의 다양성과 개방성을 스스로 위축시키는 결과를 가져왔다.

작은 아쉬움들에도 불구하고 작은신화는 두 편의 〈전쟁음?악!〉시리즈를 통해 분명 그 역량과 가능성을 입증하였다. 21세기를 기약하는 작은신화가 정말 신화적인 극단으로 성장하기를 기대한다.

–**김미도**(연극평론가, 고려대 강사), 「제15회 서울연극제 자유참가작 공연평」

● **포스트 모더니즘 실험극 2편 눈길 〈심청이는…〉 〈전쟁음?악! 2〉**

정치극의 퇴조와 발맞추어 인간 내면 혹은 인간관계의 갈등을 다룬 단선구조의 전통 사실주의극들이 연극계 주종을 이루고 있는 가운데 강렬한 이미지의 실험극 두편이 관객들의 눈길을 모으고 있다.

〈심청이는 왜 두 번 인당수에 몸을 던졌는가〉 〈전쟁음?악! 2〉 두 작품은 문화계 전반에 걸쳐 뜨거운 쟁점이 되어왔으나 연극장르에선 수용은 물론이고 논의조차 거의 안 되고 있는 포스트모더니즘 경향성을 드러내고 있다는 공통점을 갖는다. (중략)

반면 〈전쟁음?악! 2〉는 서울연극제 '자유참가공연' 부문에 참가하는 초연극으로 '상업주의의 배격과 진지한 아카데미즘'을 선언하며 86년 13개 대학 연극반 출신들이 모여 창단한 연극단체 '극단 작은신화'의 공동창작품이다.(30일까지 오후 4시 30분, 7시 30분. 바탕골소극장. 745-0745)

이들 두 작품은 포스트모더니즘을 의식적으로 표방하고 있지는 않다. 또 포스트모던한 연극의 특징을 고스란히 안고 있는 것도 아니다.

서구에서의 포스트모더니즘이 모더니즘의 합리성, 논리성을 의도적으로 거부하고 파편화된 '후기산업사회'의 양상을 탈사회적으로 보여주는 데 반해 우리 연극계에 있어 왔던 포스트모더니즘적 경향의 작품들은 오히려 짙은 사회적 메시지를 깔고 있으며 이들 작품 역시 마찬가지이다. (중략)

〈전쟁음?악! 2〉는 〈심청이는 왜…〉보다 더 포스트모던하다고 할 수 있다.

우리들의 일상적인 생활에서 나타나는 '전쟁의 속성'을 24개의 장면 나열을 통해 보여주는 이 작품은 플롯의 해체, 소도구 · 음향 · 조명 · 텔레비전 화면 등 다양한 감각적 이미지의 중첩이 특히 두드러진다. 또 이 극에서 차용된 '즉흥과 변신을 통한 신체연기법'은 1960년대 미국 실험극의 산실로 이제는 고전의 역사가 돼버린 오프 오프 브로드웨이의 '오픈 시어터'에서 이루어지던 것으로 70년대로 기점을 잡는 포스트모더니즘의 맹아적 모습이라고 할 수 있다.

문학 등 다른 장르에서 포스트모더니즘 논쟁은 모더니즘 자체가 정착되거나 극복되지도 못한 상태에서 포스트모더니즘이란 도대체 무엇인가 하는 문제와 포스트모더니즘은 대량 소비를 특징으로 하는 서구의 경제적 토대와 밀접하게 연결돼 있는데 우리 사회가 과연 그 범주에 들어갈 수 있느냐 하는 비판적 목소리에 잠겨 있는 듯하다.

그러나 우리 사회, 특히 대중문화가 포스트모던한 양상을 보이고 있다는 사실을 감안하면 현실을 반영하는 예술(연극)이 이로부터 자유로울 수 없다는 사실은 앞서 두 작품의 무의식적 경향에서도 드러난다.

연극평론가 김방옥씨는 "연극계가 포스트모더니즘을 애써 무시하는 태도를 보이고 있다"면서 "연극계에 일반화된 논쟁의 부족 현상을 극복해 이 사조를 어떻게 받아들여야 할지 논의가 있어야 한다"고 말했다.

–**권영숙**, 『한겨레』, 1991. 9. 18.

1993년(A) 〈mr. 매킨도 · 씨!〉

● 28일까지 〈mr. 매킨도 · 씨!〉

실험적인 연극 〈전쟁음?악!〉으로 눈길을 끌었던 극단 작은신화(대표 최용훈)가 〈mr. 매킨도 · 씨!〉를 28일까지 대학로 바탕골 소극장에서 공연중이다. 국내 최초로 컴퓨터를 소재로 하여 기계문명 속에서 인간소외 양상을 다룬 블랙 코미디로 컴퓨터 모니터를 동원한 무대장치 등이 독특하다.

–『한겨레』, 1993. 6. 2.

● 의욕에 찬 실험무대 호평 / 창작극

극단 작은신화와 한강의 연극 〈mr. 매킨도 · 씨!〉와 〈잠적 / 토템〉
첨단과학시대 인간소외 풍자 / 잠적…강요된 절망 · 희망 정면대비

6월 한 달 동안 서울의 대학로에서 열리는 '사랑의 연극잔치'에서 젊은 극단 작은신화와 한강은 실험성 번뜩이는 이들 작품을 통해 기성연극계에 신선한 충격을 안겨주고 있다.

한국연극협회에 가입하지않은 '비제도권'극단인 이들 작은신화나 민족극단체인 한강은 바로 '공동작업' '집단창조'라는 연극 본래의 목적을 철저하게 실천하고 있는 '연극계의 무서운 아이들'이다.

극단 작은신화가 오는 28일까지 바탕골소극장(745-0745)에서 공연하는 〈mr. 매킨도 · 씨!〉는 컴퓨터로 대변되는 최첨단 기계 · 정보사회에서 더욱 심각해질 인간소외를 풍자한 연극이다. 관료주의와 도덕의 타락을 희화화한 이탈리아 극작가 다리오 포의 「대천사는 핀볼게임을 하지 않는다」에서 '현실-꿈-현실'이라는 틀거리와 일인다역의 연기표현방식, 현실에 대한 포의 작가정신과 사회인식을 수용했다. 그러면서 내용은 93년 서울 땅에서 부딪치는 우리의 문제로 완벽하게 재창조했다.

사무자동화에 따라 컴퓨터로 업무처리를 하지 않으면 안 되는 평범한 직장인 Mr. 매킨도. 그는 자신도 모르는 새 고용주에 의해 컴퓨터시스템 확률 개념의 인간반응을 예측하는 모의실험대상으로 선정된다. 개인의 의지나 선택과는 상관없이 첨단문명에 의해 조종되길 거부하고 반란하는 그를 현대판 돈키호테로 비유한 이 작품은 미래사회에 대한 매우 시니컬한 시각을 담고 있다. 1시간 40분 동안 25회나 정신없이 장면이 전환되는 이 작품은 특히 찰리 채플린의 영화 〈모던 타임스〉를 연상케하는 등장인물들의 무언극이 상당히 인상적이다. 소외된 인간의 모습과 도시인의 일상을 최대한 대사를 배제하고 움직임과 소리로 대치시킨 부분은 대사 이상의 효과를 거두고 있다. 한편의 연극에 너무 많은 생각을 집어넣으려 한 것이 다소 관객을 부담스럽게 만들지만 오랜만에 보는 재미있고 힘찬 연극이다. 최첨단 그래픽언어인 매킨도시의 경음에서 제목을 따온 이 작품은 최용훈씨가 연출했다.

-김균미, 『서울신문』, 1993. 6. 5.

● **추천의 글 - 작은신화의 연극**

극단 '작은신화'는 젊은 연극집단이다. 이들은 젊음만이 가질 수 있는 뜨거운 정열과 모험심을 갖고 있다. 이들은 젊은 극단이 노출하기 쉬운 치기나 서투름을 용납하지 않으며 철저히 프로이기를 원한다. 이들은 그동안 〈전쟁음?악!〉 〈전쟁음?악! 2〉 등을 통해서 이미 차세대의 가장 주목받는 극단으로 부상했다.

각 대학 연극반 출신으로 구성된 '작은신화'의 연극은 매우 지적이다. 이들은 첨단의 번역극 연구를 통해 수용한 다양한 연극의 양상을 오늘의 우리 현실에 여과시킨다. 남의 옷을 빌려입은 듯한 연극이 아니라 우리 시대에 꼭 필요한 연극, 우리의 시대가 표현할 수 있는 양식들을 분주히 탐색한다. 이들은 주로 현대 사회의 병리현상을 날카로운 지성의 눈으로 파악하며 논리적으로 해부한다. 그 과정에서 이들은 초현대적 메카니즘과 실험적 연극 기법들을 동원한다.

'작은신화'는 어느 극단보다도 '연극성'을 중시한다. 이들의 연극은 배우들의 신체와 동작, 무대 장치, 소도구, 영상, 음악, 음향효과 등의 조합을 통해 매우 창조적인 연극적 이미지와 풍부한 의미를 창출해낸다. 이들은 '극장'과 '행위'라는 연극고유의 본질을 최대한 활용하여 항상 새로운 내용을 새로운 형식에 담아내려 한다. 이를 위해 이들은 철저히 집단 창조의 기법을 준수하며 혼연일체의 팀웍을 보였다. 이들을 이끄는 연출자 최용훈은 집단 창조의 연극에서 결여되기 쉬운 통일성의 부분을 총체적 안목으로 조화롭게 추스릴 줄 아는 신세대의 귀재이다.

이번에 '작은신화'는 이탈리아의 대표작가인 다리오 포의 『대천사는 핀볼 게임을 하지 않는다』를 토대로 93년 서울의 현실에 맞는 〈mr. 매킨도 · 씨!〉를 새롭게 구성했다. 이는 단순한 번안 작업이라기보다 착상과 주제를 빌어왔을뿐, 우리 상황에 맞도록 거의 전면적으로 재창조된 것이다.

〈mr. 매킨도 · 씨!〉는 우리 연극에서 처음으로 컴퓨터를 주요한 소재로 등장시킨 작품이다. 이 작품에서는 필연적으로 컴퓨터와 공생할 수밖에 없는 현대인의 갈등과 회의를 매우 시니컬한 시각으로 그리고 있다. 작품의 소재로서뿐 아니라 무대 미술에서도 컴퓨터를 이용한 장치가 등장한다.

'작은신화'는 이번 공연을 통해 틀에 박힌 우리의 삶을 또 한 번 낯설게 돌아보도록 함으로써 신선한 충격과 자극을 던져줄 것으로 기대한다. '작은신화'의 비약적인 도약과 성숙을 기대하며 앞으로 우리 연극계에 '작은신화'를 뛰어 넘어 '큰 신화'를 낳을 수 있는 극단으로 성장하길 바란다.

—**김미도**(연극평론가), 〈mr. 매킨도 · 씨!〉 프로그램에서

● **도전과 신선함, 절제**

Ⅰ. 작은신화팀의 작업은 희곡보다 공연에 우선 순위를 두고 그래서 희곡 또는 원작을 파괴하는 수준에 가까울 정도로 재구성하며, 그 재구성도 집단 창조 정신과 즉흥적 창작상황에 입각하여 수행하고, 이러한 과정을 관객과 함께 나누고자 하는 점에서 볼 때, 그들이 직접적으로 표방하고 나서지는 않았지만 포스트모더니즘적인 경향도 없지 않다고 할 수 있다. 이번 〈mr. 매킨도 · 씨!〉도 다리오 포의 〈대천사는 핀볼게임을 하지 않는다〉를 토대로 공동작업을 통해 완전히 새롭게 재구성한 그들 나름대로의 창조물이다. 이런 의미에서 〈mr. 매킨도 · 씨!〉는 텍스트보다는 공연의 입장에서 관찰해보는 것이 더 옳을 듯하다.

Ⅱ. 연극의 공연은 그 외형적인 면에서는, 배우를 중심으로 각 분야의 참여자들이 무대위에서의 '구체화'를 실현할 때 필요한 매개물(='언어')이 문제가 되고, 그 내형적인 면에서 볼때는 그 구체화가 어떠한 구성으로 나타나는가가 문제가 된다. 먼저 그 구체화의 매개물인 '언어'의 측면부터 살펴보자.

연극을 실생활 속에서 일어난 일 또는 일어날 수 있는 일을 직접 관객에게 보여주는 것이라고 정의할 때, 연극의 언어도 실생활의 언어를 사용하고 있다고 말할 수 있을 것이다. 그러나 이것은 "연극=실생활" 또는 "연극의 언어=실생활의 언어"를 의미하지는 않는다.

실생활의 사건은 연극의 규약(Convention)을 통해 연극화라는 변형 과정을 거쳐야 연극이 된다. 따라서 연극의 언어도 실생활의 언어가 '연극적'으로 변형된 것이라고 할 수 있다. 아무튼 일반적으로 실생활에서의 언어란, 기호학적이건 커뮤니케이션학적이건, 확대된 개념, 즉 말로 되어지는 언어(verbal)와 표정 몸짓 자세 등 말이 아닌 언어(non-verbal)를 포괄한다. 이 언어의 변형에 따라 연극을 자연주의적이냐 아니면 규약적이냐로 분류할 수 있다. '규약적'이라 함은 '말'의 경우 상징성, 'non-verbal'의 경우 일상적이라기보다는 표현성에 더욱 밀착되어 있다고 할 수 있다. 이러한 관점에서 보면 이번 작은신화의 〈mr. 매킨도 · 씨!〉는 자연주의적 색채도 있었으나 'non-verbal' 언어를 주요 매개체로 한 '규약적' 작품이라 자리매김할 수 있다.

최근에 작고한 폴란드의 연출가 칸토(Kantor)의 작품에서 볼 수 있듯이, 배우의 연기를 통한 규약적 언어생산은 과장이나 난해성을 의미하지는 않는다. 오히려 압축되고 절제된 풍부한 볼륨과 리듬에 의해 관객으로 하여금 낯설음 속에서도 그 낯설음 자체를 느끼게 하기보다는 오히려 긴장감과 집중감을 느끼게 한다. 〈mr. 매킨도 · 씨!〉의 경우 일부분은 그것에 미치지 못하고 낯설음 자체를 느끼게 하였다. 이것은 배우들이 규약적 연기에 대한 개념 설정과 경험 부족으로 인해 연기자와 연기자 간의 교감이 흐트러지고 긴장감이 깨어지는 경우가 있었기 때문이다. 그러나 상당 부분이 밀도 있는 상황과 감정을 느끼게 하였음을 부정할 수 없다. 특히 소극장 연극의 한계에 비추어 그다지 큰 문제점이 없었던 조명, 음향, 소음, 무대장치, 무대의 사용, 의상 선택 등이 부족한 부분을 적절히 메우고 있었다. 다만 배우들의 분장을 좀더 강도 있게 하고 집중적인 조명을 더 사용하였으면 어떠했을까 생각한다.

구성상에 있어서는 전반적으로 그 창작방식이나 표현 형식에 있어서 열린 연극 체계를 취하고 있다. 특히 극 구성의 맥이 되는 시뮬레이션(simulation 모의실험)게임을 통해 극중극의 효과를 주어 관객 나름대로 현실-연극-시뮬레이션-연극-현실 사이에서 일차적으로 세계의 다양한 가능성을 인식하게 하고 그리고 각자 그것들을 판단하게끔 하였고, 또 한편 일인 다역을 통해, 그 효과가 주인공과 관객에게 주는 단순한 혼란과 함께 각 개인에 따라 동일인물(또는 현상)이 다르게 보일 수 있고 결국 변형도 가능하며 그 주체자는 바로 보는 사람(관객 포함)임을 강조하고 있다. 회사의 상하체계와 주로 흑백과 백색을 사용한 의상, 조명, 무대장치 등을 통해 보여지는 현시대의 계급적 규율과 획일성을 풍자하면서, 한편으로는 규약적 언어와 열린 형식의 구성을 조화시켜 자유로운 가치, 사고, 판단, 행동의 가능성을 보여주고, 그러한 세계관 속으로 관객의 적극적인 참여를 요구하였다.

작은신화의 공연은 항상 도전과 신선함이 있다. 여기에 훈련과 조련의 밀도가 더해진다면 앞으로 더 나은 작품이 창조될 것이라고 기분좋은 기대를 해본다.

–**서명수**, 『한국연극』, 1993년 7월호.

1993년(B) 우리연극만들기, 그 첫 번째

● 극단 작은신화 '우리연극만들기'

젊은 연극, 함께 만드는 무대

연극계의 신세대 집단이라고 할 수 있는 극단 작은신화가 '우리연극만들기'라는 새로운 기획 아래 그 첫 번째 작품들을 공개했다. (11.9~28, 북촌 창우극장) '우리연극만들기'는 "젊은 연극, 함께 만드는 무대"라는 부제를 달고 있다. 이는 작가 · 연출가 · 배우는 물론 평론가와 관객에 이르기까지 작품을 완성하는 데 함께 참여하도록 의도된 것이다. 이번 공연에는 3명의 젊은 극작가, 3명의 젊은 연출가, 3명의 젊은 무대미술가, 3명의 젊은 평론가, 젊은 배우들, 그리고 젊은 관객들이 공연의 완성도를 높이기 위해 함께 고민했다.

우선 작은신화는 '우리연극만들기'를 위해 젊은 작가들의 희곡을 공모했다. 여기에 총 20여 편이 응모했고 응모 작품들에서는 대개 젊은 작가들의 순수한 열정과 참신한 재기를 발견할 수 있었다.

20여 편의 작품 중에서 공연 가능한 작품으로 9편이 선별되었다. 김윤미의 〈결혼한 여자와 결혼 안 한 여자〉, 백민석의 〈우리시대의 카니발〉과 〈꿈, 퐁텐블로〉, 오은희의 〈홀로 떠도는 사람들〉, 이주영의 〈별이 되고 싶어라〉와 〈꿈 1993〉, 장원범의 〈꽃피는 봄 4월 돌아오면〉, 조광화의 〈황구도〉가 그것이다.

이 중에서 다시 일차 공연작으로 세 작품이 선정되었다. 오은희의 〈홀로 떠도는 사람들〉은 연습과정에서 〈두 사내〉로 제명을 바꾸었고 황두진이 연출을 맡았다. 조광화의 〈황구도〉는 최용훈이 연출을 맡았다. 백민석의 두 작품은 하나의 새로운 작품으로 합성되어 〈꿈, 퐁텐블로〉라는 이름을 달았고 김동현이 연출을 맡았다.

선정된 세 작품은 연습이 시작되면서 연출자 및 배우들과의 토론을 통해 곧바로 수정작업에 들어갔다. 동시에 평론가 김용수, 안치운 그리고 필자에게 작품평을 의뢰했다. 연습이 한창 진행되고 있던 9월 24일에는 작가·연출가·평론가·기획자가 함께하는 좌담회가 열렸다. 작품 하나하나에 대해 열띤 토론이 오고 갔고 이를 토대로 작품들이 다시 수정·보완되었다.

이런 과정을 거쳐 11월 9일에 〈두 사내〉로부터 막이 올랐고 이 시점에서도 보완작업이 계속되었다. 매 작품마다 공연 첫날, 관객들과의 진지한 토론을 통해 다시 미비점들을 추스렸다. 관객들로부터 쏟아진 의문이나 지적들은 이제 작가보다는 주로 연출자가 해결해야 할 문제들이었다.

첫 번째 공연작인 〈두 사내〉는 겨울 바닷가의 한 여관에 두 사내가 따로따로 찾아와 한 방을 쓰게 되면서 벌어지는 기이한 상황들을 담고 있다. 두 사내는 각기 자신들이 섬기는 누군가 높은 어른의 지시로 이 여관에 들어왔으며 새로운 지시가 내릴 전화를 간절히 기다리게 된다. 극이 다 끝나도록 두 사내의 정체성은 뚜렷이 해명되지 않으며 물론 그들이 기다리던 전화도 끝내 오지 않는다. 귀머거리이며 벙어리인 여관 주인은 그 어른들의 하수인일 수도 있는데 그렇다면 그 어른들은 두 사람이 아닌 동일 인물일 수도 있겠다.

이러한 인물들의 애매모호성과 상황의 불투명성은 이 작품을 부조리극의 분위기로 이끈다. 극 전체를 통해 이따금 감지되는 단편적인 정보들을 종합해보건대, [사내 1]은 폭력조직의 일원일 수 있으며 [사내 2]는 정치조직의 일원일 수 있다. 따라서 [사내 1]은 상스럽고 난폭한 성격으로, [사내 2]는 지적이고 신중한 성격으로 표출된다. [사내1]이 물욕의 희생양이라면 [사내 2]는 신념의 피해자이다. 두 사내는 조직의 어른으로부터 실컷 이용당하고 버림받았다는 공통점이 있을 뿐이다. 두 사내는 결국 서로가 서로를 죽이게 된다.

이 작품은 두 사내의 끝없는 기다림이라는 상황 자체가 극적 행위를 약화시키고 있다. 그 기다림이 가능한 한 절박해야 하고 기다리는 동안의 행위들이 두 사내의 정체에 대해 끊임없이 호기심을 자극해야 할 텐데 여기서의 기다림은 다분히 시간을 죽이는 차원에서 머물고 있다. 잡담하고 언쟁하고 술 마시고 싸움박질하는 행위들이 진부하게 반복된다는 느낌을 주며 막상 두 사내의 배경이나 이념 등은 대부분 설명적 차원에서 진술된다. 연출자는 중간중간에 [사내 2]의 무의식을 환상적 장면으로 꾸며 행동을 보강하려 했으나 전반적인 전개 속에서 자연스럽게 녹아들지 못했다.

두 번째 작품인 〈황구도〉는 극적 발상 자체가 매우 재미있는 우화극이다. 이 작품에서는 개들이 인간처럼 행동하고 인간들이 개처럼 행동한다. 이러한 행동의 우화성을 강조하기 위해 개가 된 배우들은 털스웨터를 입는 정도의 의상을 갖추고 거의 사람의 행동 양식대로 연기한다. 반면에 인간을 맡은 배우들은 삐에로 분장을 하고 검은 비닐옷으로 부풀린 몸짓에 플라스틱 병으로 된 성기, 눈알이 튀어나오는 안경, 커다란 막대손, 덜렁거리는 젖가슴 등을 부착하여 그 자체로 꼭두가 된다. 화법도 최대한 억지로 과장되어 있다.

개들 중에서도 똥개인 아담은 이 시대의 잃어버린 순수를 간직하고 있는 존재이다. 스피츠는 스피츠대로, 똥개는 똥개대로 어울려야 하는 계급성을 뛰어넘어 똥개 주제에 스피츠인 캐시를 사랑하는 것이 비극의 씨앗이다. 캐시는 아담의 절대적인 사랑앞에서 한때 마음을 허락하지만 주인인 장정의 강압에 의해 같은 스피츠인 거칠이와 결합된다. 캐시의 안타까운 미련과 끝내 캐시를 잊지 못하는 아담의 그리움이 연민을 자아낸다. 반면 그들의 주인인 장정은 마치 개가 흘레하듯 수시로 섹스파트너를 바꾼다. 이들에게 남녀관계의 [진지성]이란 눈꼽만큼도 존재하지 않는다. 단지 개처럼 찰나적인 쾌락과 욕망의 배설이 중요할 뿐이다.

이 작품은 개와 인간의 전도된 성격 자체가 풍부한 희극성을 내포하고 있다. 그러나 개들이 사랑과 배신의 문제를 놓고 지나치게 심각해지는 바람에 어색한 감상성을 유발하여 희극성을 침해한다. 이는 개들의 행위가 인간의 행위에 대한 [풍자]라는 차원을 넘어서 인간 이상으로 지나치게 진지해진 때문이다. 또, 개들에 대비되는 장정과 그 여자들과의 관계가 너무 단선적으로 처리되어 있다. 한 여배우가 장정의 여자들을 일인다역으로 표출한 데도 원인이 있지만 의상이나 행동양식 면에서 확실한 변별성을 부과하지 못한 연출에도 책임은 있다.

'우리연극만들기, 그 첫 번째'는 소박하고 다소 어설픈 형태의 공연이긴 했으나 여러가지 면에서 획기적 시도를 감행했고 그만큼 좋은 의미들을 남겼다. 우선 이 기획은 신인 극작가의 양성이라는 점에서 적극적인 활로를 제시하고 있다. 그동안 신춘문예 등단과 더불어 사라지던 많은 작가들을 계속 연극무대와 연계시킬 수 있는 중요한 고리가 생긴 셈이다. 완성된 텍스트를 대상으로 하지 않고 연출자 · 배우 · 평론가들과의 공동작업을 통해 마지막 순간까지 수정을 거듭한 것은 그동안 신인 작가들의 가장 큰 허점으로 지적되어 온 무대적 행위를 숙련시키는 데 많은 도움이 되었다고 본다. 관객에게도 완숙되지 않은 달걀을 제공한 감도 있으나 [참여하는 관객]의 의미를 일깨우는 것은 관객들로 하여금 연극의 주인의식을 갖게 해준다는 점에서 매우 고무적이다.

–**김미도**(연극평론가), 『객석』, 1993년 12월호.

황구도(1994)

● 우리시대, 우리연극

극단 작은신화와 사라지는 연극

오늘날과 같은 복합적인 사회에 있어서 연극문화는 이데올로기 비판으로부터 시작될 수밖에 없다. 연극에서 특히 배우가 보여주는 표현의 본질은 해방이며 순수한 충족이고 자체내에 목적을 가진 에네르기이다. 연극 생산자들이 사용하는 언어, 연극과 문학에 관한 개념, 행동기제들은 각 개인이 지닌 이데올로기의 기호적 가치를 담고 있다. 지금까지 극단「작은신화」가 보여준 작품세계는 이런 문제와 깊이 연관되어 있다. 이들의 작업은 배우들로 하여금 신체적 행동과 신체적 언어를 가지고 표현하도록 충동하고 꾀하는 것이다. 이는 다른 말로 하면 배우의 몸을 통한 상상력의 작용이라고 할 수 있다. 이러한 상상력에 의한 충동이야말로 일차적으로 배우들에게 그리고 관객들에게 구체적 상황에 대한 본능적인, 생활적인, 학습적인 현실원칙과 쾌락원칙을 자극하는 힘이 된다. 이름하여 극단 '작은신화'의 연극은 표현적, 집단적, 창의적, 극적, 평가적이라고 분석할 수 있을 것이다. 지금까지의 '작은신화'의 작업을 자리매김하려면 우리는 예술로서의 연극과 매체로서의 연극표현 방법에 초점을 맞추어 살펴보아야 할 것이다.

또 한가지 더 주목할 것은, 〈전쟁음?악!〉 시리즈와 〈mr. 매킨도 · 씨!〉 등으로 잘 알려진 연출가 최용훈과 극단에 소비사회의 문화패턴 문제를 다루고 인공위성과 컴퓨터를 통한 대중매체의 광역화가 무대작업과 무관하지 않음을 보여주었다는 점이다. '작은신화'는 컴퓨터의 급속한 보급과 비디오의 범람 등이 내일을 예고하는 단서이며 이런 문화적 환경 자체가 대중정보를 장악하면서 채널의 선택은 극히 작은 숫자놀음에 불과하다는 사실을 누구보다도 잘 인시하고 있는 젊은 연극인들이 모인 극단이다. 그리므로 극단 '작은신화'는 이러한 정보의 통제와 조작 텔레비전의 코미디 프로그램에 의도적으로 삽입되는 웃음소리 같은 것을 무대기법으로 이용하기도 했다. 그리하여 그들만의 공동작업을 통하여 판단을 관객들이 하는 것이 아니라, 프로그램 공급자가 일방적으로 원하는 대중을 만들어가는 것을 경계하면서 배우의 몫, 관객의 역할을 중시한다. 더 이상 생산과 소비의 진짜 주체가 되지 못하는 허수아비 익명인인 관객들의 역할을 제고시킨다. '작은신화'는 익명인들로 사회가 채워질 때 사회는 기계가 되고 인간은 부품이 됨을 〈mr. 매킨도 · 씨!〉에서 보여주었다.

그들의 연극은 막힌 소통의 상호성을 확보하고 비판력을 제고하는 데 있다. 그들에게 남겨진 과제는 그것을 가로막는 요인인 물적 조건을 어떻게 극복하느냐와 어떻게 수신자인 관객이 과연 그 앞에서 연극의 창조와 소비에 참여할 수 있는가에 달려 있다. 삶의 간접화, 기능화, 전문화가 되어 있는 오늘의 현실에 극단 '작은신화'는 어렵게 서 있다. 삶의 총체성을 향해 이들이 언제까지 버텨줄 것인가? 그것을 묻는 필자 역시 막힌 세상에서 미쳐버리고 싶기 때문이다.

연극의 기능은 바로 여기에 있다. 첨예한 더듬이, 기존질서의 상식에 구애받지 않기. 모든 상상력은 의식 표피에 굳어 있는 인식론적 장애물을 허물어 현실에 억압되고 있는 온갖 심적 움직임을 외부에 투사함으로써 그 이미지를 그려내는 능력이다. 그러므로 우리는 극단 '작은신화'에게 이런 똑같은 주문을 하고 싶은 것이다. 그래야만 기존 연극의 형식과 내용을 벗어나 발랄함과 대담함을 지닐 수 있기 때문이다.

사회 안과 동시에 밖을 꿈꿀 수 있는 연극적 상상력에 의해 관객들은 무대를 통하여, 배우들을 통하여 자신들의 발딛고 사는 사회의 변형된 이미지를 접수할 수 있고, 배우가, 연극이 제시하는 미래를 볼 수도 있는 것이다. '우리연극만들기'를 통하여 이를 확인하고 싶다. 여기서 극단 '작은신화'에게 한가지 덧붙이고 싶은 말이 있다. 연극은 그것으로는 만족하지 않는다는 것이다. 만족하지 않고 만족할 수 있는 데까지 가면 배우와 연극은 자신들의 이미지마저도 변형시킴으로써 스스로 변화를 실천한다는 것이다.

극단 '작은신화'가 큰 극단이 되려면 이와 같은 위험한 실천을 반드시 겪어야 한다. 그것은 필자가 명령하는 것이 아니라 동서양의 연극사가 증명하는 바이다. 연극의 역할은 억압구조 속에서 개인과 개인 사이의 관계를 원만하게 해준다. 이는 집단적 치료방법이며 동시에 행동에 의한 것이다. 따라서 개인과 개인, 그리고 개인을 둘러싼 사회적 환경에 의한 심리적 장애를 연극의 입장에서 깊이 이해할 필요가 있다.

–**안치운**(연극평론가), '우리연극만들기, 그 첫 번째' 프로그램에서

1993년(C) 자유무대 1

- **작은신화 – 31일까지 워크숍 · 극발연창작극 활성화 노력**

극단 작은신화가 지난해 말부터 준비한 '자유무대'는 젊은이들의 실험정신이 마음껏 펼쳐질 수 있는 무대. '자유무대'는 일정한 제약조건을 미리 정해 놓고 그 한도 내에서는 무대 위에서 시도할 수 있는 가능한 모든 형식에 개방돼 있다. 완성된 형식보다는 자유롭고 창조적인 표현양식의 실험을 목표로 출범했다.

'자유무대'는 한마디로 마음껏 무대 위에서 흐드러지게 연극적으로 '놀' 수 있는 자리를 마련한 셈이다. 젊은 연극인들의 번뜩이는 재치와 아이디어가 여과 없이 풍성하게 쏟아져 새로운 무대표현법을 적극적으로 모색하는 무대가 될 것으로 기대된다. 또 무대와 객석 간의 거리를 좁히고 연극에 대한 살아 있는 요구를 직접 듣기 위해 공연이 끝날 때마다 '관객과의 대화의 시간'을 두기로 했다.

극단 작은신화는 이색 워크숍 '자유무대'를 연례행사로 정착시켜 나갈 계획이며 다른 극단과 개인에게도 문호를 개방한다는 원칙을 세워놓았다. 올해 '자유무대 1'에는 모두 3~6명으로 구성된 5개 팀이 참여해 하루 2회 공연에 나선다. 매회당 2개 팀이 연속적으로 공연하게 되며 관람료는 무료다. 공연작품들은 〈여인들〉(공동창작 · 공동연출), 〈가을소나타〉(잉그마르 베르히만 원작, 이승훈연출), 〈즉흥극〉(테드 모젤 원작, 홍성경 연출), 〈오후 4시의 희망〉(공동창작 · 공동연출), 〈사랑의 편지들〉(A.R.거니 원작, 최용훈 연출) 등이다.

–**김균미**, 『서울신문』, 1993. 1. 26.

● 극단 작은신화의 이색워크숍 '자유무대'를 가다

5개 소품 공연… 관객과 대화의 시간도 마련

"연극들을 통해 무엇을 관객들에게 전달하려 했는지 묻고 싶어요." "질문하신 분은 연극에서 무엇을 얻거나 보고 싶습니까" "첫 작품인 〈가을소나타〉에서 배우가 극 중 인물과 자신의 개인감정을 구분하지 못하고 있는 것 같은데 보다 절제된 감정표현이 필요한 것 아닌가요" "저희의 의도는 감정을 억제하기 보다는 진솔하게 표현하는 데에 있습니다. 미숙한 점이 많아 지나치게 보였던 것 같습니다."

31일 하오 4시 30분 대학로 열음소극장. 젊은 연극인들의 극단인 작은신화가 29일부터 31일까지 3일동안 마련한 이색 워크숍 '자유무대'가 공연되고 있는 현장. 20평정도밖에 안 돼 보이는 지하 비좁은 공간에 20~30대 남녀 70여명이 방금 끝난 공연을 놓고 진지한 토론을 벌이고 있다. 객석 여기저기에 중년 관객들의 모습도 눈에 띄어 이채롭다.

조명이 환하게 켜진 무대에는 〈가을소나타〉(잉그마르 베르히만 원작)와 〈즉흥극〉(공동창작)에 출연했던 사람들이 자연스럽게 자리를 잡고 앉아 있었다. "경험이 적은 젊은 연극인들이 무대에서 보다 자유롭게 움직이고 무대에 대한 정형성을 깨고자 노력했습니다. 나름대로 새로운 무대표현법을 모색코자 머리를 맞대고 고민도 했구요. 머리속으로 상상한 것을 무대화시키는데 어려움도 있었습니다. 연극을 보신 소감이나 궁금하다거나 미흡했다고 느낀 점들을 거리낌없이 말씀해주십시오."

관객과의 대화의 진행을 맡은 사회자의 소갯말이 끝나기가 무섭게 객석 여기저기에서 궁금한 손들이 올라갔다.

"이번 워크숍은 성기 공연에서 시도할 수 없었던 새로운 감각, 실험적인 무대에 목적이 있는 것으로 압니다. 그런데 오늘 공연된 〈가을소나타〉의 경우 기존의 공연들과 별 차이가 없는데 이 작품을 선택한 이유는 무엇입니까?"

한 젊은 여성관객이 '실험성'이라는 워크숍의 목적에 대해 질문하고 나섰다. "마땅한 작품을 못 찾은 데 근본 원인이 있겠지만 참석자들 모두가 리얼리즘 연극을 제대로 한 뒤에야 실험극으로 옮겨갈 수 있다고 생각했습니다. 그래서 밑거름이 될 수 있는 작품을 찾게 됐고 배우들의 연기에 중점을 뒀다"는 배우의 설명이 뒤따랐다.

두 번째 작품인 〈즉흥극〉은 기존의 극형식을 깨뜨리고 무엇이든지 연극화하려는 강박관념에서 벗어나고자 시도했던 작품인만큼 극형식에 대한 질문이 쏟아졌다. "즉흥극이라고는 하지만 연습과정에서 배우들끼리 연기와 관련해 사전약속이 있었을텐데 그렇다면 진정한 의미의 즉흥극이 아니지 않는가"라거나 "극중극에서의 등장인물과 배우 자신과의 경계가 가능한가" 등등이었다.

"미숙하다는 것이 변명이 될 수는 없습니다. 그러나 저희들은 이번 작업을 통해 무대에 대한 부담감을 덜 수 있었습니다. 무대 위에서 보다 자유로워질 수 있다는 자신감을 얻은 것이 가장 큰 수확이기도 했습니다."

한 여배우의 답에 무대위에 있던 다른 참석자들도 고개를 끄덕였다.

1시간 동안 계속된 관객과의 대화는 연극에 대한 다양한 관심과 이해의 폭을 보여주었다. 연극에 대한 관객의 요구, 어떤 것을 보고 싶어하는가라는 관객들의 요구사항을 연극인들이 직접 들을 수 있는 값진 자리였다.

뜨거운 박수 속에 끝마친 '자유무대'에는 움직임이 거의 없는 극히 '연극성이 적은 연극'과 베케트의 부조리극을 연상시키는 작품 등 다양성과 실험성이 표출됐다. 그러나 3명 이내의 1시간짜리 공연이라는 당초의 제약조건이 지켜지지 않았고 무대위에 펼쳐지는 젊은 연극인들의 상상력의 범위가 기대만큼 넓지 않았던 데 아쉬움이 남는다. 그러나 첫시도에서 그 의미를 찾고자 한 관객들은 뿌듯한 표정으로 자리에서 일어섰다.

–**김균미**, 『서울신문』, 1993. 2. 2.

1994년 〈황구도〉

● **연출의도가 두드러지는 작품 극단 작은신화 〈황구도〉**

뭔가 생각할 틈조차 없이 숨 가쁘게 돌아가는 현대 사회에서, 인간으로 하여금 진지하게 자신을 돌아보고, 나아가 근본적인 문제에 대해 고민하도록 한다는 게 과연 가능할까? 그러기에는 현대인의 자기방어가 너무 강하다. 그들은 너무 어설프나마 강한 자가타당화 논리를 가지고 있다. 아니, 그것은 어설프기 때문에 더욱 완강하며, 억지이기 때문에 한층 고집스러운 논리이다. 물론 억지에는 허점이 있기 마련이다. 그러나 두터운 가면을 쓴 채, 그 가면의 존재를 인식조차 못 하거나. 교활하게 부인하는 인간들을 상대로, 그 허점을 찾아내 파고들기는 결코 쉽지 않다.

물론 그러한 난점을 극복하고자 노력하며 끝까지 정공법을 고집할 수도 있다. 그러나 간접적이고 우회적인 방법도 있으니, 그 중 하나가 바로 우화이다. 원래 우화는 '주로 인간이 아닌 동식물이나 물건을 의인화시켜 교훈적이거나 풍자적인 내용을 표현한다' 는 사전적 의미를 지니고 있다.

이렇게 볼 때 작은신화가 공연 중(울타리소극장)인, 조광화 작, 최용훈 연출의〈황구도〉는 의견상 우화의 성격이 짙다 하겠는데, 우선 제목도 그렇지만, 중심배역으로 개들이 등장하고, 거기 대비되는 인간이 꼭두(희곡)나 꼭두를 흉내낸 모습(공연)으로 표현된다는 점에서나, 나름대로 인간 세계의 축도를 보여주고자 시도한다는 점에서 그렇다.

이 작품에는 세 마리의 개, 즉 천대받는 잡종견(황구)으로, 맹세를 신봉하고, 충직과 정설, 상호 신뢰 등을 빋다 배신낭하고, 반항과 고뇌, 불신과 길등으로 돌아서는 아담(이승훈 / 유하복 분)과, 인간의 총애를 받는 애완견(스피츠)으로, 아담과 서로 사람을 맹세하지만, 주인의 강요와 자신의 본능, 또

한 현실 인식 내지는 유약함 때문에 그 맹세를 깨고 마는 캐시(정의순 / 김혜민 분), 그리고 역시 캐시의 동일한 애완종으로, 캐시와 짝이 되며, 철저하게 현실 순응적인 거칠이(김왕근 / 서현철 분)가 등장하는데, 이들이 삼각관계를 이루며 보여주는 사랑과 배신과 갈등과 고뇌는 다분히 인간적인 차원이다.

여기에 비해 꼭두화된 인간들, 즉 장정(오채영 / 이인희 분)과 여자(홍성경 / 윤영수 분)들은 극도로 부정적이고 속물적인 사랑의 양태를 보여주는데, 그들에게는 이미 감정도 번민도 없이, 오로지 물리적이고 육체적일 뿐인, 따라서 사랑이라는 이름조차 틀리기 어려운, 말 그대로 욕구 표출과 그에 따른 성행위만이 있을 뿐이다.

그런데 이렇듯 감정이 수반된 사랑을 나누고, 따라서 인간다워 보이는 개들과, 오직 동물적 성행위만을 반복하고, 따라서 짐승보다 못해 보이는 인간들을 극명히 대조시킨다는 점에서 당연히 역설적 풍자의 우화극으로 규정할 만한 작품이지만, 그 내부를 점검해보면 꼭 그렇지도 않다. 즉 심한 과정과 희화로 단순화된 인간들과는 달리, 상당히 복잡한 심리 변화를 보이는 아담과 캐시는 물론이고, 비교적 단순하고 냉정한 거칠이도 종종 자조와 연민을 드러내는 등 오히려 사실적 인간 묘사에 적합하며, 주된 줄거리 역시 우화보다는 통속극에 합당해 보인다.

물론 여러 양식과 기법의 혼재나 통속적인 줄거리가 곧바로 작품의 질적 하락을 뜻하지는 않는 바, 만약 분명한 의도와 정확한 계산으로 성공을 거둘 경우 다양성 활용과 친근한 내용이라는 긍정적 평가도 가능하다. 그러나 다양성의 이면에는 항시 일관성 결여의 위협과 편의적 타당화라는 유혹이 숨어 있으며, 통속적인 줄거리는 자칫 안이한 형상화로 이어지기 쉽다.

즉 우화적인 부분과 사실적인 부분이 있다면 각기 그에 맞는 기법이 일관되게 유지되어야 하고, 절대 임의대로 양면적 기준을 적용해서는 안 되며, 또한 값싼 통속극이 되지 않으려면 치밀한 성격 구축이 있어야만 한다. 그러나 유감스럽게도 희곡으로써 〈황구도〉는 그 기발한 발상과 강한 의도에도 불구하고 논리적이고 정확한 계산이 뒤따르지 못함으로써 몇몇 문제점을 노출시키고 있으니, 특히 그것은 사실적 부분에서 두드러진다. 즉 비록 개들이지만 인간의 사랑을 다루고 있음이 분명한데, 자주 개의 논리와 인간의 논리가 혼란스럽게 뒤섞이고 있으며, 종종 성격 구축과 논리적 개연성이 부족해 심리 변화와 그에 따른 행위가 돌발적으로 보이기도 하고, 남녀 간의 사랑을 상당 부분 성적인 소유의 측면에서만, 그것도 주로 남성 중심의 시각으로만 표출하고 있다.

그러니까 예를 들어 캐시의 경우 두 번 아담을 져버리는 중, 한 번은 개의 생리적 현상인 발정이 결정적 원인이고, 또 한 번은 다분히 인간적 상징인 현실적 안락 추구가 주된 요인인데, 개로서는 불가항력이었던 행위에 대해서는 정신적으로 큰 고통을 느낌에 반해, 사랑보다는 육신의 안락함을 택한 행위는 아담의 의심과 과격한 행동으로 비교적 쉽게 정당화해 밀월의 밤을 보낸 뒤, 잠이 든 캐시의 얼굴을 돌로 치려다 결국 자신의 다리를 찍어버리는 장면이 있는데, 물론 그만큼 내부적 갈등과 불신이 크리라는 추측도 가능하고, 또 앞서 모기의 등장을 불길한 암시로 해석할 수도 있겠지만, 그 정도로 설명되기에는 그 변화와 행위의 정도가 너무 심하며, 거칠이의 면전에서 아담에게 입을 맞추는 캐시의 행위 역시 인간적 차원에서는 설득력이 없다. 또한 최초의 갈등이 성적 순결 상실로부터 비롯됨은 물론, 이미 거칠이의 짝이 된 캐시가 아담과 재회해서 나누는 대화에도 아담의 성관계와 대한 질문이 포함되어 있고, 집요하게 캐시를 추구하는 아담의 고뇌와 불신도 결국 상대의 순결 상실로 완전한 소유가 어렵다고 보기 때문이며, 따라서 정도의 차이만 있을 뿐 근본적으로는, 아담에 비해 오히려 관대해 보이는 거칠이는 물론, 오로지 성행위만을 목적으로 삼는 인간들(장정과 여자들)과도 별로 다를 바가 없어 보인다. 게다가 일방적으로 캐시의 배신(순결 상실)만

문제시될 뿐, 아담의 배반(방랑 중 외도)은 교묘히 타당화되고 있으며, 재회 시에도 캐시는 경어를 사용하는데 아담은 그대로 반말을 쓰고, 또 여자로서 캐시의 질투가 사랑도 없는 거칠이에게 주인의 강요에 의한 외도까지 따질 정도로 표현되는 등, 전반적으로 남성 중심의 피상적이고 안이한 시각이라는 비난을 면하기 어렵다.

그러나 희곡은 올바르게 공연될 때 비로소 그 본 모습을 드러내는 바, 앞서 여러 문제점을 지적하긴 했지만, 그것이 정말로 결함인지 여부는 철저한 형상화가 전제되지 않고는 가늠하기 어렵다. 즉 얼핏 엉성해 보이는 희곡도 그 빈자리들을 치밀하게 메꾸다 보면 오히려 엄청난 잠재력의 훌륭한 작품임이 드러나는 수가 있는 반면, 대단한 걸작도 어설픈 형상화로 평가 대상조차 못 되는 수가 있다.

공연으로서 〈황구도〉는 우선 연출 의도가 두드러지는 작품이다. 즉 연출은 희곡상의 꼭두 대신 배우들을 등장시키고 있는데, 개의 눈으로 본 인간의 모습을 보여주려는 듯, 모두 거대한 몸과 손발을 하고 있으며, 장정은 요즘 신세대들처럼 배낭을 메고, 여자들은 양키 문화와 왜색 문화로 뒤범벅이 된 저질 문화를 의상화하고 있다. 그러나 성을 상징하며 하늘을 향하고 있는 여성의 다리를 중심으로 이루어지는 이들의 움직임은 무대에 비해 너무 부담스럽고, 이들에게 부과된 상징의 무게는 너무 육중하다. 모르긴 해도 대조와 부각이라는 목적에 덧붙여 또 하나의 메시지를 담겠다는 과욕이 작용하지 않았나 생각된다. 하지만 앞서 희곡의 문제로 지적했던 바닷가 보기의 장면을 확실하게 갈등의 시작으로 처리한 것은 상당히 정밀한 분석의 결과로써, 실제로 작품의 논리성 제고에 기여하는 바 크다고 본다.

그런데 배우들의 연기를 보면 우선 짧고 간결한 대사들을 비교적 잘 처리해서 상황 전달까지는 큰 무리가 없지만, 전반적으로 어조가 높고, 서로 엇갈리는 대사의 경우, 즉 하나의 대사를 여럿으로 나누어 그 사이사이 상대

황구도(1994)

의 대사가 삽입되며 교차되는 대사들에 있어서는, 충분히 자신의 호흡을 유지해야 함에도 불구하고 그것이 여의치 않아, 정확한 내용과 감정의 전달이 어려우며, 더욱이 노래의 경우에는 일부 배우의 가창력에 문제가 있어서, 서정성이나 아름다움을 해치기까지 한다. 또 마지막 노년의 모습을 그린 부분에서는 앞서 짧은 대사 처리로 어느 정도 감출 수 있었던, 예의 연기력 내지는 대사 구사력의 부족을 드러냈는데, 상투적으로 노인의 말투와 동작을 흉내 내기보다는, 먼저 자기 감정을 구축하기 위해 노력하는 게 순서가 아닐까 생각한다.

물론 이러한 사항들은 우리 연극계 전체가 안고 있는 고질로서, 결코 전적으로 배우들만의 잘못이라고는 할 수 없다. 왜냐하면 대사시 불안한 호흡과 상투적인 연기를 지양하고 소위 연극적 진실성 확보가 가능한 연기를 이끌어내는 데에는 연출의 노력과 도움도 상당히 중요하며, 어쨌든 관객에게 하나의 상품으로 전달되는 작품인 바에야, 가창력의 문제 역시 노력으로 극복할 수 없는 정도라면, 어떠한 방향으로건 연출이나 극단 차원의 결단이 있어야 하기 때문이다.

어쨌든 이상 살펴본 바와 같이 〈황구도〉는 희곡으로서건 공연으로서건 비슷한 현상을 내포하고 있는데, 그것은 한마디로 강한 의도와 다양한 시도가 돋보이는 반면에, 상대적으로 세부적 정확성과 치밀함은 아직 미흡하다는 것이다. 그러나 어찌 보면 그러한 현상은 당연한 것이니, 익히 알려졌다시피, 이 작품의 작가와 연출은 물론이고, 또한 '작은신화'라는 극단과 그 구성원 모두가 미래를 향해 뛰는 젊은 세대로서 아직은 미완의 상태이다. 따라서 앞서의 강한 의도는 도전감의 산물이며, 다양한 시도는 진취성의 징표로 보는 것이 옳겠으나, 그에 앞서 가장 기초적인 화술과 연기술, 또 철저한 논리 등의 필요성을 인식하고 닦아 나가는 태도가 선행되어야만 그 뜻을 제대로 펼 수 있으리라고 믿는다.

–**오세곤**, 「공연과 이론을 위한 모임」, 1994. 9. 28.

● 30代(대) 연출가 연극계 새감각 도전

실험성 강한 창작극 주력…젊은 관객층 호응도 높아

최근 젊은 연출가들의 새감각이 연극계에 신선한 바람을 불어넣고 있다. 주목받는 신진 연출가들은 극단 작은신화 대표 최용훈 씨와 연우무대의 박상현 씨를 비롯, 박광정 김혁수 이성열 김동현 주인석 씨 등.

30대초반이라는 공통점을 지니고 있는 이들은 많은 무대연출경력을 갖고 있지는 않지만 창작극 활동에 주력하면서 신세대 관객들로부터 공감을 얻고 있다. 이들은 희곡 중심의 정통연극 방식보다는 실험적 방법으로 시대감각과 변화를 적극 수용함으로써 우리 연극의 방향을 바꾸어가고 있다는 것이 연극계의 중론이다.

최용훈씨의 경우 지난 3월 선보인 〈황구도〉가 좋은 반응을 얻자 5월 초부터 연장공연에 들어가 4개월에 걸쳐 공연을 계속하는 성과를 거뒀다. 그는 영상과 다양한 첨단 메커니즘을 활용하는 무대로 고정관객을 확보하고 있다는 평이다.

같은 극단 소속으로 최씨와 함께 지난해 〈꿈, 퐁텐블로〉를 연출한 김동현 씨의 활약도 관심을 모으고 있다.

–『동아일보』, 1994. 7. 14.

1995년(A) 〈매직아이 · 스크림!〉

● **작은신화에 대한 기대**

93년작인 〈mr. 매킨도 · 씨!〉는 다리오 포의 〈대천사는 핀볼 게임을 하지 않는다〉를 새롭게 재구성한 작품으로 이 역시 그들의 공동창작 무대다.

이들의 이런 무대는 "원작의 파괴" "집단창작정신" "즉흥적 창작상황" 등으로 분석되면서 비평의 주목을 받았으며 이 극단의 젊음을 좀 더 단단하고 자신만만하게 만들어주었다.

그 뒤를 이은 이들의 무대는 '우리연극만들기, 그 첫 번째'라는 표제를 내건 세 개의 창작극 모음 무대였다. 작은신화가 작품을 공모해서 심사 선정을 거쳐 총20편의 응모작 중에서 골라낸 3편의 신인 극작가(이 역시 젊은)들의 작품들을 모아 만든 페스티벌이었다.

아직 완성되지 않은 작가와 작품을 함께 다듬어내면서 우리연극만들기는 참신한 기획, 의욕적인 무대, 젊음이 싱싱하게 살아 있는 무대로 평가를 받았다.

그리고 이어서 이들은 자유무대라는 제목을 단 새로운 형태의 워크숍을 통해 젊음이 생각해낼 수 있는 연극에 대한 모든 가능성을 시험해보았다.

이들은 그동안 완성된 희곡 그대로의 공연, 원작의 파괴와 재구성의 무대, 젊은 작가들과의 현장 작업이었던 우리연극만들기 무대, 정말 자유로운 연극실험 워크숍인 자유무대 등은 순서로 보나 내용으로 보나 이들의 젊음이 얼마나 자랑스럽고 당당하고 단단한 것인지를 잘 설명해주고 있다.

작은신화 9번째 작업, 프리즘 연극이라는 표제가 붙어 있는 신작 〈매직아이 · 스크림!〉은 단원들이 석 달 동안 정기 공연 준비를 위한 워크숍을 통해 남미의 민중극 실천자인 아우구스트 보알 연구와 브레히트의 서사극 이론

탐구 그리고 작가연습을 통한 글쓰기 워크숍을 거쳐 단원들이 함께 만드는 연극이다. 이들의 작업진행표, 이들이 자신들의 젊음을 다져가는 방향 설정과 목표를 향한 걸음의 속도는 매우 정확하고 꾸준하고 흐트러짐이 없다.

겁나게 똑똑하고 무섭게 기운찬, 그러면서도 오만하지 않은 작은신화의 사람들에게 격려를 보낸다.

〈매직아이 · 스크림!〉은 〈전쟁음?악!〉 〈전쟁음?악! 2〉 그리고 〈mr. 매킨도 · 씨!〉에 이은 작은신화의 4번째 공동창작 작품이다. 물론 그 외의 여러 특별공연에서도 공동창작의 방식을 이용하기는 하였지만 작은신화 고유의 공동창작 메소드는 〈전쟁음?악!〉 시리즈와 〈mr. 매킨도 · 씨!〉 그리고 이번의 〈매직아이 · 스크림!〉으로 그 맥을 이어오고 있는 것이다.

〈매직아이 · 스크림!〉은 지금, 여기에 살고 있는 우리의 '상실감'에 대한 문제를 다루고 있다.

왜곡되고 뒤틀린 우리 현대사의 굴곡에 의해 '독재정권의 종식과 민주화'라는 일방가치만이 그 정당성을 인정받았던 어두운 시절을 거쳐 문민정권의 탄생이라는 역사적 분기점을 맞이한 지금, 우리 모두는 어떤 가치를 가지고 이 시대를 살아가고 있는 것일까?

'신 한국인' '국제화'라는 새로운 슬로건들이 끊임없이 우리에게 던져지고 있지만 그 이면에 흐르는 '신 권위주의'라는 자조적인 유행어의 근원은 어디에 있는 것일까?

–**구히서**(연극 평론가), 〈매직아이 · 스크림!〉 프로그램에서

● **생각하는 관객을 위하여 1**

연극이 시작되기 전 객석에 앉아, '내가 왜 여기에 연극을 보러 왔는가' 에 관하여 자신에게 물어보신 적이 있으십니까? 이 쉽고도 뻔할 것 같은 질문을 자신에게 한번 던져보십시오. 작은신화에서는 2회에 걸쳐 이 질문을 여

러분과 함께 생각해보려 합니다. 작은신화가 관객과 대화하려는 이 작은 움직임을 지켜봐 주십시오.

우리는 왜 연극을 보는가! 이것은 우리가 무대에 불이 들어오기 전에 객석에 앉아 한 번쯤 던져볼 만한 질문이다. 이 질문에 대한 답은 여러가지일 것이다. 오락거리로써 연극을 관람하는 이도 있고 시간을 보내기 위해, 혹은 교육적인 목적으로, 아니면 어떤 특수집단에 속한 사람들이 그들의 관계를 공고히 하기 위해 연극을 보기도 한다. 그러나 무엇보다도 우리는 한때나마 즐겁게 시간을 보내기 위해서 극장으로 향한다는데 동의한 것이다. 그렇지만 여기에서 즐긴다는 말은 반드시 웃고 떠들고 말초적인 신경만을 자극한다는 뜻이 아니다. 특히 약 2시간여 동안 딱딱한 의자에 앉아 (웬 일인지 영화관 의자보다 공연장의 의자는 더 딱딱하고 장소도 좁으며 또 여느 때보다 바닥에 앉을 수밖에 없는 상황에 처하기도 한다.) 배우의 생생한 목소리와 행위와 마주하고 있어야 하는 연극이라는 장르는 기타 다른 볼거리들−영화, TV 등에 비해서 덜 편안하다.

그럼에도 불구하고 우리는 왜 연극을 보는가. 우리는 어쨌든 연극을 즐기기 때문이다. 연극이 비극이든 희극이든 간에 우리는 특별한 상황 혹은 운명에 대해 반응하는 배우들의 행동에 공감하고 분노하고 또는 울고 웃는다. 그것은 우리가 잠깐 동안 연극무대 위에서 벌어지는 상황을 우리 자신의 상황으로 받아들여 이 가상의 현실 속에서 평소에는 감히 표현할 수 없었던 감정을 마음껏 발산하기 때문이다. 이렇게 감정을 내뿜고 나면 우리는 속이 후련해진다. 이것이 바로 연극의 카타르시스 작용이다. 이 카타르시스란 말의 어원은 '배설'이란 언어에서 비롯되었다고 한다. 사람은 배설작용을 제대로 못 하면 병이 나게 마련이다. 생리적인 배설이 육체의 신진대사의 일부분이라면, 감정적인 배설은 인간정신의 원활한 움직임과 관계가 있다. 따라서 연극에서의 관객의 감정분출은 일종의 배설작용인 것이다. 그래서 연극

매직아이 · 스크림!(1995)

관람 후 관객은 다시 맑아진 정신으로 세상의 현실 속에 들어오게 된다.

그러나 이 카타르시스의 역할이 지나치게 강조될 경우 연극의 현실과 실제의 현실이 모호해지면서 뜻밖의 부작용을 일으킬 수도 있다. 즉, 관객은 무대의 상황이 현실에서도 실현 가능하다고 믿게 되고 무대의 주인공과 자신을 일치시켜 버린다. 이러한 몰입의 극단적인 예는, 어린이가 TV의 〈600만불의 사나이〉를 흉내 내다 다치거나 하는 일에서 잘 찾아볼 수 있다. 그렇지만 카타르시스를 경험한 대부분의 관객들은 연극이 끝나 객석에 불이 들어오면 자신이 비극의 주인공이 아니라는 데에 가슴을 쓸어내리고 아주 만족하여 집으로 되돌아갈 것이다. 그는 아무 생각없이 현실의 자기 자신으로 돌아가 자신의 역할에 다시 충실할 것이다. 여기에서 역할이란 사회적 구성원으로서 갖세 되는 여러가지 타이틀을 의미한다. 즉 한 관객은 사회적으로 아버지, 남편, 아들 등의 역할을 해내고 있다. 그런데 그가 그 역할에 만족하지 못한다면 어떻게 될까. 그는 어떤 식으로든 그 역할을 바꾸거나 개선하려는 시도를 하게 된다. 이러한 시점에서 연극은 사회적인 역할을 수행하게 된다. 예를 들어 여기에 아버지이고 남편이며, 아들이고 샐러리맨인 한 사람이 있다고 가정해보자. 그러나 그는 이 모든 역할에 충실하기가 쉽지 않다. 어느 날 그는 한 소극장에서 〈샐러리맨의 하루〉라는 연극을 보게 된다. 주인공인 샐러리맨은 '그'처럼 박봉에 시달리고 가족들의 요구-아빠, 여보, 애비야, 돈··· 으로 시작되는 모든 요구 사항들에 허리가 휜다. 게다가 회사는 감원 태풍 중이고 외국의 중요 거래선과는 계약 파기 위기에 몰려 있다. 여기에서 그는 감원 대상에 오르고 아이들은 사춘기라 극도로 예민해져 있고 부모와 아내는 불편한 사이이다. 그러나 주인공은 처음부터 여기에 굴하지 않고 회사와 가정을 지키려고 안감힘을 쓰다가 마침내 과로로 '나보고 도대체 어쩌란 말이야'라고 악을 쓰며 쓰러진다. 이정도 되면 관객은 그 자신도 '그래 도대체 나더러 어쩌란 말이야'라고 큰소리친 듯 하여 가슴이 후련해진다. 그리고 그는 집으로 돌아가 다음 날 다시 회사로 출근한다. 그러나 만약 그가 이 연극을 보지 않았다면 그는 이 상황에서 벗어나기 위해 보다 적극적이고 사회적인 행동을 했을지도 모른다. 우선 회사의 부당한 감원정책에 대항하여 노조를 이끌고 파업을 주도했을지도 모르고, 아내와 부모와의 갈등에 대한 시위로 몸에 석유를 붓는 극단적인 행동을 취할 수도 있다. 바로 이러한 행동들을 가리켜 우리는 아마도 적극적이고 사회적이며 나아가 극단적이기까지 한, 기존의 현실적인 역할 변화의 시도들이라고 말할 수 있을 것이다. 그렇지만 연극에서 주인공이 이미 이러한 현실적인 역할 파괴의 시도들을 대신 해줌으로써 관객으로 하여금 극단적으로 사회의 기본 질서를 깨뜨리고 자신을 파괴하려는 행동들을 피하게 될 수도 있었을 것이다. 그러나 한편으로는 이러한 연극의 카타르시스 작용은 사회 구성원들의 적극적이고 긍징적인 사회적 역할 변형의 시도를 사전에 막아버릴수도 있다. 현실로 돌아온 관객은 무대 위의 주인공처럼 파멸하지 않은 데 안도감을 느끼고 현실의 역할에 안주해버리기 때문이다. 따라서 이러한 카타르시스 작용만을 지나치게 고집할 경우 연극은 결국 현재 상태 그대로의 사회를 현상유지하는데도 한몫하게 되어 전체적인 인간생활의 정맥을 막아버릴수도 있기 때문이다. 그러면 우리는 왜 불편한 의자에 앉아 연극을 보는가. 즐기기 위해서인가. 이제 단순히 즐기기 위해서라는 고전적 명제는 그 시효가 지난 듯이 보인다. 영화와 TV 매체의 급진적인 발달로 우리는 편안한 의자와 따뜻한 방 안에서 시간을 보내고 주인공의 기구한 삶에 눈물 짓고 때로는 웃을 수도 있다. 몰입과 카타르시스의 기능들은 이미 그러한 매체가 전담하고 있다고 해도 과언이 아니다. 그러나 아직도 연극이란 장르가 존재하고 있다는 것은 오늘날 관객들이 그 무엇인가 다른 목적을 위해 연극을 본다는 말이 된다. 그 '무엇'이란 무엇일까. 분명히 TV와 영화가 흉내 낼 수 없는 그 '무엇'이다. 그것은 다름 아닌 '대화'의 기능이다. 어느 누가 TV나 영화로 대화할 수 있을까. 설령 대화할 수 있다 해도 그것은 일방적인 메시지 전달에 불과하며, 관객은 몰입하거나 말거나 하면 그뿐이다. 그러나 연극에서 무대와 객석은 끊임없이 대화한다. 17세기에는 이 대화가 소리 없이 진행되었다. 그러나 오늘날 이 목소리는 점점 커져가고 있다. 그래서 관객들은 시끄러움 속에서 몰입하고 편안해지기보다는 무대와 거리를 두게 되고 생각하게 된다. 그리고 그다음에는 우리 자신에 대해 생각하게 된다. '우리를 둘러싸고 있는 현실은 정당한가. 그리고 우리가 몸에 석유를 붓는 일 또한 적절한 변혁의 시도인가' 등. 그러나 아직까지 대화의 몸짓은 서투르다. 연극마다 말 걸고 싶은 관객들이 다르고 어떻게 말문을 열어야 하는지에 대한 방법도 다르다. 관객 또한 작은 목소리, 큰 목소리 앞에서 어떻게 이 대화에 참여해야 할지 알 수가 없다. 그렇지만 서투르게나마 연극은 대화의 장으로 관객들을 초대하고 있다. 이제 관객은 무대가 어떻게 부르고 있는가에 귀를 기울여볼 일이다.

–**임애리**(창단 단원), 〈매직아이 · 스크림!〉 프로그램에서

● 퍼즐로 펼쳐지는 소외된 현대인의 군상 〈매직아이 · 스크림!〉

〈매직아이 · 스크림!〉이란 제목만큼 연극적 발상은 신선했다. 세상은 숨겨진 매직아이의 그림이며, 소리 지르지 않고는 견디기 힘드나, 간간이 아이스크림의 달콤함 따위에 약간의 위안을 얻을 정도이다. 지하철 공사의 사고로 지하철 지하에 갇힌 여러 군상들이 '조각난 삶의 단면을 맞춰보는 퍼즐'과도 같이 엇갈린다. 부랑아와 자본녀로 만나는 옛 운동권의 두 연인, '오직 그대만의 사랑'을 찾는 온니유와 애인들, 미친 듯한 피해망상증 여인, 유쾌한 도둑녀와 물건 파는 사기꾼, 할렐루야 홍 집사, 아버지를 찾는 남자 등등이 그저 우연히 스쳐간다. 심각한 의미를 서로에게 준 듯도 싶지만, 그것은 자신의 삶의 방식에 열중하다 생긴 부산물일 뿐, 사람들은 여전히 각각이며 타자이다.

이들은 모두 어떤 의미든지 길 잃음과 단절과 막힘과 연결된다. 불감증으로 표현되는 옛 운동권 연인의 사랑은 성추행이라는 유희로 나타나며, 온니유의 유일해야 하는 순수한 사랑은 덧없이 순간적이어서 끊임없이 반복된다. 성처녀임을 믿는 홍 집사는 강간의 피해자일 뿐이며, 아버지를 찾는 남자는 오늘날의 뿌리 상실과 가족간의 단절마저를 나타낸다. 여기서 우리는 그냥 처절하게 비명을 질러대거나, 사기치고 훔치는 일들로 이 시간을 견뎌낸다.

'극단 작은신화'답게 일단 날카롭게 현대의 단절과 폐쇄를 부각시켰다. 또한 단면적이면서도 단편적인 패러디에만 머물지 않고, 부분들이 전체적인 중심개념과 연결되어서 작품에 상당한 사고의 깊이를 제공하였다. 연기자들의 연기도 무리없이 단편적인 인물들의 스트레오 타입을 부각시켰으며, 전체적인 앙상블도 조화를 이루었다. 특히 홍성경의 연기는 주목되었으니, 홍 집사가 단순한 패러디적 인물에 떨어지지 않은 것은 그녀의 자연스럽고 진지한 연기에 힘입었다고 하겠다. 전체적으로 매직아이는 은유를 적절히 부각시키며 비명을 질러댈 수밖에 없는 현실이 그려졌으나, 반면 아이스크림의 의미가 미약했던 점이 아쉬웠다. 아이스크림의 상징화가 보다 부각되었더라면, 작품이 다면적 깊이를 띠었으리라 생각된다.

그러나 공연에서 가장 큰 아쉬움은 무엇보다도 무대미술이었다. 우선 공간의 기본적인 개념이 작품과 연계되지 못했다. 작품 구성상의 치밀성으로, 폐쇄된 공간이라는 기본 개념을 놓친 것이 오히려 의아할 정도였다. 무대는 구체적인 지하철의 지하공간도, 혹은 닫히고 폐쇄된 추상적인 공간도 아니었다. 아주 구체적인 흔들의자와 지하철 계단으로는 절대로 연상될 수 없는 계단만이 있었다. 다만 벽면을 이용한 그림판의 활용 정도를 재미로 꼽겠다. 이런 종류의 보다 다양한 아이디어의 활용도 아쉬웠다. 무대 전체를 매직아이의 한 장면으로 만들어 보일 수는 없었을까? 혹은 다양한 미니어처의 활용 등은 인간의 왜소함을 더욱 잘 전달할 수 있었으리라 생각된다. 작품 중심개념상 조명과 음향효과도 이러한 방향으로 독특했었으면 싶다. 구성이 짜깁기나 퍼즐식의 플롯이었기에 더욱 이러한 무대미술과 효과가 요구된다. 이러한 효과와 이미지는 단순한 볼거리의 차원이 아니라, 짜깁기 플롯의 사이사이를 이어주는 구성의 차원이기 때문이다.

이러한 아쉬움에도 불구하고 〈매직아이 · 스크림!〉은 공동창작과 워크숍과 즉흥성의 강조라는 '작은신화'의 독특한 메소드가, 여전히 건재함을 확인시켜준 공연이었다. 공동창작으로 이만큼 설득력 있는 작품을 계속해서 만들어낼 수 있는 극단은 아마도 작은신화를 제외하고는 찾기 힘들 것이다. 이들의 경험 축적을 바탕으로 더욱 섬세한 부분까지를 미적 통일로 일궈내기를 기대해본다. 이제는 완성되지 못한 실험극으로 주목을 끌기에는 너무 커버린 극난 작은신화가 아닌가 싶다.

—**이미원**(연극평론가), 『포스트모던 시대와 한국연극』(현대미학사, 1996).

1995년(B) 우리연극만들기, 그 두 번째

● **우리연극 만들기를 시작하며…**

"우리시대의 이야기를 우리의 목소리로 풀어내는 창작극은 어떤 것이며 어떤 방식으로 무대화되어야 할 것일까?"

93년, 소박하지만 근원적인 이 질문에서부터 시작된 '우리연극만들기, 그 첫 번째'는 새로운 작가의 새로운 창작극을 선보인다는 단순한 페스티벌의 의미를 넘어 차세대 우리연극을 이끌 젊은 연출가, 배우, 드라마투르그, 그리고 무대미술가들의 공동작업을 통한 올바른 공연방법론의 추구라는 지향점을 가지게 되었습니다. 물론, 여기에는 적극적인 관객의 참여라는 전향적인 의미도 포함됩니다.

이제 두 번째를 맞은 '우리연극만들기, 그 두 번째'는 2년간에 걸쳐 수많은 분들의 참여와 수고 끝에 탄생된 값진 연극 페스티벌입니다. 공연을 통한 희곡의 완성이라는 대전제 아래 몇차례에 걸쳐 작품을 수정해준 두 분의 작가, 연출가와 작가 사이에서 힘든 항해사 역할을 감내해오신 드라마투르그 세 분, 턱도 없었을 제작비로 훌륭한 무대를 만들어 주신 두 분의 무대 미술가, 고된 연습일정을 함께해주신 스물일곱 분의 배우 여러분들, 네 분의 대학생 인턴 여러분들, 그리고 기획사업단 인터 여러분과 작은신화 식구 여러분들께 감사를 드립니다. 특히 우리연극의 파수꾼 역할을 기꺼이 맡아주신 100명의 관객대표단 여러분과 공개독회와 공개리허설, 그리고 공연에 이르는 긴 여정에 많은 관심과 성원을 보내주신 관객 여러분들께 깊은 감사를 드립니다.

여러분 모두의 땀과 노력이 '우리연극'을 위한 힘찬 발걸음과 커다란 메아리가 되어 울려퍼질 수 있도록 끊임없이 정진하고 도전하는 '젊은' 연극공동체가 되겠습니다.

–'우리연극만들기, 그 두 번째' 프로그램에서

● **우리연극만들기 – 젊은 연극, 함께 만드는 무대**

우리연극만들기는 등단이후 무대발표의 기회가 드물었던 신진 극작가, 새로운 연극어법을 지향하는 젊은 연출가, 패기 넘치는 젊은 연극인들과 익명으로 함께하는 다수의 관객들이 주체가 되어 이루어지는 연극을 사랑하는 모두가 함께 참여하는 실천운동적 성격의 창작극 페스티벌입니다.

1993년부터 격년제로 실시된 우리연극만들기는 그 제작방법에서 열린 과정을 통해 작가, 연출가, 무대미술 등 여러 공연주체와 관객까지 함께 참여하여 우리창작극 활성화에 앞장서고 있으며, '95한국평론가협회 특별상'으로 그 방법론의 우수성을 인정받았습니다.

1. 우리 창작극 활성화를 위해 등단 이후 무대발표의 기회가 드물었던 신진 작가와 작가 지망생의 작품을 적극 발굴합니다.
2. 작가와, 연출가 위주의 독자적인 작업방식에서 벗어나고, 배우, 드라마투르그, 무대미술 등 공연주체의 영역을 적극적으로 확대시켜 함께 만드는 무대라는 연극창조의 원초적 방법론을 추구합니다.
3. 공개독회, 공개리허설, 관객과의 토론회, 관객대표단 등 관객들이 함께 참여하여 공연의 주체로 설 수 있는 열린연극, 관객을 향한 연극을 지향합니다.
4. 공개토론과 제작 과정 전반에 계속되는 드라마투르그, 작가, 연출가의 분석과 검증은 발전된 우리창작극 개발을 위한 노력이며, 완성도 높은 공연을 향한 올바른 방법론을 보색하기 위한 노력입니다.
5. 일반관객으로 구성된 관객대표단이 세편의 공연을 모두 관람한 후 가장 완성도가 높다고 생각되는 작품을 선정, '관객이 뽑은 우리연극 작품상'으로 시상합니다. 선

정된 작품은 극단 작은신화의 정기 공연으로 재기획되어 다시 한 번 수정과 보완을 거쳐 관객들의 진솔한 평가를 받는 '우리연극'으로 재탄생됩니다.

6. 지속적인 창작극 페스티벌로 이어지는 '우리연극만들기'는 신세대 극작가들의 창작의욕 고취와 창작극 공연의 올바른 방법론을 모색하며, 공연을 통해 검증된 완성도 높은 우리 희곡을 만들어내기 위해 노력할 것입니다.

–'우리연극만들기' 소개 프로그램에서

● 오만한 극작가를 기다리며

문학적 연극은 시대에 뒤떨어졌는가?

아니다. 단지. 껍데기의 연극이 도태할 뿐이다. 비언어적 연극들도 쇼로 타락한다면 껍데기가 된다. 문제는 생동감으로 살아 있는 공연이냐 아니냐다. 진정한 연극은 인간이 있느냐 없느냐에 달렸다. 작가는 이상을 제시하고, 연출은 현실과 타협하고, 배우는 하루하루 성실하게 살아가는 생활인이다. 각자의 역할에 충실할 때 연극은 풍요로워진다. 그러나, 작가에 충실한 작가이기 어려운 시대다. 바로 이 시점의 대학로는, 포장만 남은, 그래서 허탈한 볼거리만 가득찬, 그럼에도 불구하고 심오한 주제인 양 위장한, 우리들을 기만하는 연극이 주류다. 그러한 연극들은 진정한 극작가를 거부한다. 아니, 거추장스럽게 여긴다. 그들의 기만술이 들통날 것이기 때문이다. 그리하여 젊은 작가들이 수난을 당한다. 수난이라니? 우리 연극의 희망에게?

갓 등단한 작가들은 기만의 연극으로부터 대학로 오리엔테이션을 받는다. '연극은 문학이 아니다'라고. 그리하고 성공하고픈 신인 작가들은, 공연이 되는 텍스트를 쓰고픈 신인 작가들은, 구세대 작가들의 고리타분에서 벗어나고픈 패기찬 작가들은, 뭔가 새로운, 뭔가 연극적인 텍스트를 추구한다. 그러나 그들 대부분은, 작가정신이 아닌 연희적 테크닉을 나열하는 데 그치고 만다. 연희적 테크닉은 작가의 진정한 몫이 아닌데도 말이다. 작가가 텍스트에서부터 문학성을 포기한다면 작가는 없다. 대본작가가 있을 뿐이다.

대학로에 들어선 신진 작가들은 인간에 대한 통찰과 세계관을 키울 의지를 제거당한다. 기만의 연극들은 당장 아쉬운 값싼 볼거리 만들기를 부추킨다. 이것이 우리 젊은 작가들의 운명이다. 아니 젊은 극작가는 없다. 아직 자신의 세계를 구축하지 못한 작가만 있을 뿐이다. 그러나 기만의 연극은 작가가 그의 세계를 세울 때까지 기다리지 않는다. 설혹 그 씨앗을 품었더라도, 애써 가능성을 발견해주고 키워주는 이 없다. 실망한 작가는 대본쟁이가 되거나, 대학로는 떠난다.

그러나, 작가들이여, 오만해지라 연극적 기의 바탕을 마련하는 극작가들은 그가 품은 기개와 이상만큼 오만할 필요가 있다. 힘찬 기운이 있다면, 아무리 문학적으로 말로 가득찬 텍스트일지라도, 연극창조자들을 자극시켜 창작욕을 불러일으킬 것이다.

작가들이여, 기만의 연극을 눈치보지 말라. 눈치를 살피는 일은 연출이 할 일이다. 그들은 극단 재정과, 관객의 기호와, 배우의 능력과, 기술적 한계를 고려할 수 밖에 없다. 연출의 엄살과 충고와 엄포에 귀를 닫아라. 눈치를 볼 사람은 연출이지 작가가 아니다. 우린 당당하게 자신의 세계를 주장하고, 연출은 현실의 제약 때문에 눈치를 준다. 그것이 각자의 역할이다.

신진 작가들이 눈치보지 않고 기개를 펼 수 있는 가능성이 있다. '우리연극만들기'가 그것이다. 여기서는 아직 자기세계를 인정받지 못한 작가가 눈치 보지 않고 자기세계를 주장할 수 있다.

부디, 연극이여, 작가의 오만을 관용으로 받아주기 바란다. 그들의 오만은 선성이다. 큰 고기라야 다양한 요리를 내놓을 수 있다. 자신의 세계를 보이고픈 극작가들이여. '우리연극만들기'에서 마음껏 오만해지십시오.

–**조광화**(극작가), '우리연극만들기' 소개 프로그램에서

● **작은신화의 '젊음'**

작은신화의 사람들을 만나면 젊고 예의 바르고 똑똑하다는 인상을 받는다. 그들의 무대를 만나면 열심히 공부하고, 시험해보면서 연극을 만들어 보겠다는 의지가 충만하다는 느낌을 받는다. 작은신화에 대한 사람들의 얘기를 들어보면 신선한 젊음에 대한 감탄과 기대가 아주 많다. 연극계 안팎에서 젊은 극단으로 불리우는 이들은 올해가 그들이 작은신화라는 이름을 내걸고 연극을 시작한지 9년째다. 10년이면 강산도 변한다고 한다. 이들은 그 10년에 육박하는 나이를 먹었지만 아직도 젊다는 소리를 계속 듣고 있다. 그것은 이들이 자신들의 젊음을 포기하지 않고 계속 젊음을 지키고 있으며, 젊음을 고집하고 있기 때문이다. 어른들의 세계에서 도망쳐 영원한 젊음의 나라인 네버랜드에서 살고 있는 피터팬처럼, 이들은 늙어가는 것을 거부하듯이 굳세게 젊음을 지키고 있다.

그들의 젊음은 배우려는 자세로 드러난다. 그들의 젊음에의 의지는 내 목소리로 내 말을 하겠다는 것으로 표현된다. 그들의 젊음에 대한 자부심은 기존 무대의 어떤 것도 흉내 내지 않고 독자적인 자세를 지키려는 것으로 보여진다. 그들은 연극을 사랑하는 젊은 의식으로 연극의 상업주의를 몰아내야 한다고 외치고 연극 본래의 예술성 회복의 역군이 되겠다고 나선다. 젊음을 지키기 위해서, 젊은 연극을 위해서 그들은 희곡과 무대 현장의 이론과 실제가 조화된 살아 숨 쉬는 행위 예술로서의 연극을 주장하고 새로운 형식과 새로운 내용의 연극 창조를 내세우고 우리연극만들기를 그들의 의무라고 다짐한다. (중략)

이들의 작업진행표, 이들이 자신들의 젊음을 다져가는 방향설정과 목표를 향한 걸음의 속도는 매우 정확하고 꾸준하고 흐트러짐이 없다. 겁나게 똑똑하고 무섭게 기운찬, 그러나 오만하지 않은 작은신화의 사람들에게 격려를 보낸다.

–**구히서**(연극평론가), '10th anniversary' 책자에서

● **젊음과 함께, 관객과 함께…**

지난 몇 년 동안 '작은신화'를 통해 성장한 연출가, 작가, 배우들이 이제 우리 연극무대에서 단단한 몫을 해내고 있다. '작은신화'의 대표이자 주요 작품들을 연출한 최용훈은 지난해 문화체육부가 수여하는 '오늘의 젊은 예술가상'을 수상했고 올해는 연극계의 중진들과 함께 서울연극제 공식 참가작을 연출하기도 했다. '작은신화'를 통해 작품을 발표했던 오은희, 조광화 등의 신인 작가들은 쑥쑥 성장을 거듭하면서 활발한 작품활동 등을 전개하고 있다. '작은신화'에서 풋풋한 신인 연기자로 첫발을 내딛었던 많은 배우들도 이제는 노련하고 원숙한 연기력으로 곳곳에서 무대를 빛내고 있다.

'작은신화'의 구성원들은 놀라운 결속력을 자랑한다. 그들은 대학로 뒷골목의 비좁은 극단 사무실 겸 연습실에서 몇 년째 함께 뒹굴며 놀라운 작품들을 생산하고 있다. 이들이 지향하는 '집단창조'의 연극형식이 모두에게 강렬한 귀속감을 주고 있는지 모른다. 그래서 그들의 작업은 일정한 '색깔'이 있고 독특한 개성이 있다. 어느새 그것은 '작은신화'만의 고유한 스타일을 형성하고 있다.

'작은신화'가 93년도에 이어 두 번째로 '우리연극만들기' 페스티발을 개최했다. 역사가 오래된 극단도 감히 엄두를 내기 어려웠던 일을 당찬 젊은 연극인들이 도진한 것이다. '우리연극만들기'는 우리연극계가 당면하고 있는 가장 중요한 두가지 숙제를 감당하고 있다. 바로 창작극 진흥과 젊은 극작가 육성이 그것이다. 이 두가지 문제가 해결되지 못한다면, 우리 연극은 앞

으로도 '창작극의 빈곤, 곧 한국 연극의 빈곤'이라는 고질병에서 헤어나기 어려울 것이다.

'작은신화'는 우리연극계에서 보기 드물게 많은 고정 관객들을 확보하고 있다. 더구나 극단의 연륜이 짧은 사실을 감안하면 '작은신화'의 관객들은 무섭게 성장하고 있는 셈이다. 한 번 '작은신화'의 연극을 본 관객들은 다른 연극에서 좀처럼 찾아보기 어려운 싱그러운 열정과 재기 발랄한 실험정신에 매료되어 다시 이들의 공연을 찾는다. 관객들 중의 상당수는 스스로 후원회원을 자청하여 '작은신화'의 살림을 돕고 있다.

'작은신화'와 관객들 사이에 남다른 연대는 사실 관객을 세심하게 배려하는 극단 측의 성실한 노력에 힘입은 것이다. '작은신화'는 그동안 많은 공연들에서 관객들과의 토론회를 적극 활용하여 관객들의 생생한 의견을 실제 공연과정에 반영해왔다. 단순한 방관자로서의 관객이 아니라 공연의 막을 올리고 최종적으로 공연을 완성해가는 '참여하는 관객'의 의미를 확장해 온 것이다. 한 연극의 완성도를 높이는 데 기여하고 있다는 관객들의 자부심이 '작은신화'의 연극을 더욱 빠르게 성장시키고 있다. 서두르지 않고 한 장 한 장 벽돌을 쌓는 기분으로 작업하는 '작은신화'와 함께 이 극단을 사랑하는 많은 관객들이 벽돌 한 장을 들고 함께 동참해주었으면 한다. 언젠가 '작은신화'가 우리 연극사에 '큰 신화'를 이룩할 수 있도록!

–**김미도**(연극평론가), '10th anniversary' 책자에서

● 오늘의 젊은 연극을 대표하는 극단 '작은신화'

젊다는 것은 기존의 낡은 질서와 가치관을 거부한다. 그리고 거부의 몸짓으로 새로운 일들을 꾸미고, 비록 시행착오가 있다 해도 발전적인 미래에의 도전을 멈추지 않는다. 이러한 움직임은 어느 시대와 장소에서도 마찬가지이며, 연극계도 예외는 아니다.

극단 '작은신화'는 그 이름에서 느껴지는 이미지와 걸맞게 항상 신선하고 새로운 형식의 연극을 하고 있다고 인정받는다. 그렇기 때문에 새로운 시도들을 멈추지 않는 그들이 벌써 창단 10주년을 맞았다고 한다면 꽤 놀라는 분들이 많으리라 짐작된다. 연극계에서 10살이라는 나이는 왠만큼 자리를 잡은 중견을 의미하기 때문이다. 10년 동안을 한결같은 실험과 도전정신으로 지탱해온 힘은 무엇일까?

'작은신화'가 스스로 말하는 '작은신화'에 대하여 들어보자.

1. '작은신화'는 젊은 연극단체이다. 연극에의 순수한 열정으로 뭉친 20대와 30대 초반의 연극인 60여 명이 함께하는 젊은 극단으로서 젊음과 열정이 있기에 무한한 가능성을 지닌 연극단체이다.
2. '작은신화'는 공동체적인 운영을 지향한다. 연극 행위 자체가 내포하는 수평적인 사회 공동체 개념을 극단 자체의 운영에서부터 구현하여. '나'와 '너'가 아닌 '우리'를 먼저 생각하는 연극공동체이다.
3. '작은신화'는 고답적인 연극, 남의 옷을 빌려입은 듯한 연극, 그리고 화려하게 포장된 연극이 아닌. '지금', '여기에' 꼭 있어야만 하는 우리의 살아 있는 연극을 추구한다.
4. '작은신화'는 관객과의 새로운 만남과 연극의 다양한 가능성의 실현을 위해 신선한 기획 공연과 특별공연을 계속 추진한다.
5. 항상 새로운 연극의 방법론을 모색하여 다른 예술이나 매체가 표현할 수 없는, 연극만이 가지는 생명력 있는 공연 행위를 창조해나감으로써 연극의 살아 있음을 지향한다.

이런 그들의 생각은 화려한 포장이나 수식어에만 그치지 않고, 그동안의 활동들을 통해서 충실히 실천해왔다. 특히 젊은 극단들이 저지르기 쉬운 지나친 치기와 실험성이라는 미명 아래 자행된 연극성이 상실된 단순한 퍼포먼스성의 작품들을 지양해왔다. 그들이 추구하는 연극은 한마디로 말해서 최용훈씨의 표현을 빌자면 '바로 지금. 여기. 이 시점에 맞는 작품'이다.

'작은신화'는 각 대학극회 출신으로 구성된 '연극사랑모임'이 극단의 원천지이다. '작은신화'라는 이름에서 알 수 있듯이 항상 겸허하고 소박한 자세로, 그러나 이 시대의 인간과 집단, 특히 사회속의 인간을 표현하겠다는 크고 야무진 꿈으로 출발했다. 카페에서 공연한 창단공연인 〈결혼〉과 〈불어를 하세요〉부터 이들은 연극계 안팎의 시선을 집중시켰다. 무척이나 이색적이고 신선했던 이들은, 그러나 언제나 젊은 극단이 생기면 처음에 당연히 내세우는 실험성으로만 간주되어, 언제까지 가겠느냐는 우려의 소리도 들었다. 하지만 10년을 줄곧 변하지 않는 젊은 정신으로 작품활동을 해오고 있어 드디어 인정을 받게 된 것이다. 특히 젊은 작가들의 작품을 통해 우리 연극의 새로운 활로를 모색하고자 하는 '우리연극만들기' 등의 활동은 더욱 소중한 빛을 발한다.

"다른 극단들이 맞는 10주년과 저희 극단이 맞이하는 10주년은 의미가 많이 다릅니다. 다른 극단은 그전에도 연극활동을 꾸준히 해오다가 새롭게 극단을 만든 경우이고, 저희는 이 극단을 시작으로 해서 본격적으로 연극을 시작한 경우이죠. 10여 년 전에는 할인권 문제 등 공연질서가 상당히 문란했고, 흥행 위주의 상업적 연극이 난무하던 때였죠. 아마도 여기에 반감을 가지고 있던 사람들이 많아 이때 새로운 극단이 많이 생겼을 것입니다. 하지만 젊은 연극을 하려는 움직임은 없었습니다. 그래서 저희가 소박하게나마 새로운 물을 만들자는 생각에서 나선 것입니다."

이런 그들의 생각이 잘 반영된 작품이 바로 대표작이라고 할 수 있는 〈전쟁음?악!〉과 〈mr. 매킨도 · 씨!〉 등이다.

'작은신화'는 공동창작 시스템을 표방하고 있는 극단으로 자체 내의 워크샵 공연이 많은 것으로도 유명하다. 그래서인지 10주년이라고 특별히 준비한 행사도 없고, 다만 예년과 같이 해오던 것을 그대로 할 뿐이며, 공동창작을 총정리하는 작업을 3월초에 마무리해서 가을쯤이나 발표할 계획이 있다. 그리고 거리에서 사람들과 만날 수 있는 작업을 올해 안으로 시도할 계획이며, 사회와 청소년을 위한 교육연극의 로비 작업도 시작할 참이다.

"처음 극단을 만들 때 10년은 아무 댓가 없이 고생할 작정이었습니다. 그러나 예상외로 반응이 좋고, 그 시기가 너무 빨리 와서 걱정이 되기도 합니다. 저희는 10주년이라는 의미를 크게 부각하고 싶지는 않습니다. 10년이라고 감회에 젖을 때가 아니기 때문이죠. 우리 극단은 우리만의 것이 아닙니다. 항상 관객들의 기대치에 실망시키지 않아야 한다는 부담감이 있어요."

'작은신화'는 계속 이 시점의 이야기를 연극으로 짚어볼 작정이다. 시대가 변하고, 작업의 형태도 변하겠지만, 이 자세만은 변하지 않으려고 한다.

젊음은, 계속 변화하고 시도할 수 있는 자유를 허락한다. 이런 정신을 계승하려는 '작은신화'의 움직임이 지금도 쉼없이 진행되고 있다.

–**최용훈** 극단 작은신화 대표, 『한국연극』, 1996년.

● 1996년 자유무대 3 작은신화 초대의 글

1996년, 극단 작은신화는 창단 10주년을 맞았습니다.

소중하지 않고 의미 없는 해가 있겠습니까만은, 10년이라는 세월의 소중함으로 여느 해들과는 또 다른 감회가 느껴지는 게 사실입니다. 특히 올 초에 과분하게 수상한 한국연극평론가협회의 특별상도 10년의 의미를 더욱 강하게 새겨주었습니다. 하지만 우리는 그 감회나 의미를 커다란 기념공연이나 행사들로 치장하고픈 생각은 없습니다. 지나온 세월의 발자취를 돌아보고 추억에 젖기에는 우리의 연륜이 너무 짧고, 우리가 부딪쳐서 헤쳐나가야 할 앞길이 더욱 길고 멀기 때문입니다.

올해 우리는 그동안 애정을 가지고 작은신화를 지켜봐 주신 많은 분들의 관심과 사랑을 소중히 보듬어, 소박하지만 내실 있고 겸허하지만 의미 있는 작업들을 통해 10년이라는 세월의 무게를 가늠하고 다가올 또 다른 10년을 준비하도록 하겠습니다.

올해 첫 무대로 마련하는 '자유무대'는 비록 작고 소박하지만 그동안 작은신화가 지향해온 연극창조행위의 의미와 그 방법론의 종합체라고 할 수 있습니다. 젊은 의식으로 새로운 연극의 방법론을 모색하는 실험 워크샵의 의미와 아울러 공동창조의 형태를 통한 원초적 연극행위의 회복, 그리고 관객토론회를 통해 방관하는 관객이 아니라 연극행위에 참여하는 관객으로서의 자리매김하기 등으로 요약할 수 있는 자유무대의 이념은, 젊은 작가의 작품을 발굴하여 젊은 연출가, 드라마투르그, 배우, 무대미술가 등의 교류 및 공동작업을 통해 우리연극의 가능성을 모색하는 '우리연극만들기'와 함께 작은신화의 연극이념을 구현하는 두 개의 커다란 축이라고 할 수 있습니다. 새로운 완성체를 지향하지만 미완의 상태인 채로 현재 진행중인 자유무대의 각 작품들은 관객 여러분들의 적극적인 비판과 격려로 그 결실을 맺어갈 것입니다.

자유무대를 찾아주신 관객분들, 작은신화를 아껴주시는 여러분들, 그리고 작은신화 후원인 여러분들께 다시 한 번 감사를 드리며 인사말에 대신합니다.

–**최용훈** 극단 작은신화 대표, 자유무대 3 프로그램에서

1996년(B) 〈라구요?〉

● 우리 시대에 던지는 분단과 통일의 의미. 극단 '작은신화' 〈라구요?〉

두만강 푸른 물에 노 젓는 뱃사공을 볼 수는 없었지만, 그 노래만은 너무 잘 아는 건 내 아버지 레퍼토리 그중의 십팔번이기 때문에 십팔번이기 때문에 고향 생각 나실 때면 소주가 필요하다 하시고 눈물로 지새우시던 내 아버지 이렇게 얘기했죠 "죽기 전에 꼭 한 번만이라도 가봤으면 좋겠구나"라구요.

강산에의 노래를 모티브로 한 〈라구요?〉가 극단 작은신화에서 공연된다. 지난해 '우리연극만들기, 그 두 번째'에서 선보였던 이 작품은 관객의 요청에 따라 재구성(?)되어 다시 한 번 볼 수 있게 되었다. 이성민의 일대기가 다큐멘터리 형식으로 지난 공연이 비교적 원작에 충실했던 것이라면, 이번 공연은 '현재의 시점'에서 출발하여 '과거에서 헤어나지 못하는 사람들'의 중심축으로 하고 있다.

이북 출신인 이성민은 전쟁으로 아내와 헤어지고 이남에서 새로 결혼한 아내에게서 '통일'과 '행진'이라는 아들을 두게 된다. 그러나 고향에 대한 집착과 통일에 대한 열망으로 자신의 삶을 눈물과 한숨으로 보낸다. 그러던 중 가출한 아들 '행진'의 부인인 '옥희'가 자신의 손녀라는 사실을 알게 되지만, 성민은 "난 없어. 난 내가 아냐,"라며 망연자실 서 있는다.

통일과 분단의 문제가 성민의 시각과 아들 행진의 시각이 어떻게 다른지를 보면서 우리에게는 또 어떤 의미인지 생각해보게 하는 공연이다. 전쟁체험세대와 비체험세대 간의 갈등과 그 사이의 화합할 수 없는 이해의 한계를 뛰어넘고자 시도해보는 이 극의 의미가 새삼 잊혀져가는 분단 문제, 통일문제의 심각성을 돌이켜보게 한다. '라구요'라는 의미가 "나는 잘 모르겠

라구요?(1995)

지만, 그랬다는 얘기가 있어요"식의 간접화법을 상징하는 제목처럼 가슴으로 느껴지지 않는 할아버지, 아버지 세대의 뼈아픈 과거가 젊은 세대들에게 교차되면서 이산의 아픔으로 미친 광녀의 헤매임이 바로 우리의 해답이요, 우리의 현재 모습이라는 사실을 절감하게 한다.

고향을 잊지 못해(?) 평안도 사투리를 버리지 않는 성민 역에 서현철 씨는 평안도 사투리를 구사하는 데 무척 신경을 쓰고 있었다. 귀순용사를 초빙해서 배울 정도로 열성이다. 단지 흉내에 머무르지나 않을까, 또 일부러 쓰는 것 같은 분위기도 안되고, 어색해서도 안되고, 또 너무 잘해서 거짓말하는 것 같은 인상을 주지 않기 위해 애를 쓰고 있었다. 겪어보지 못한 경험을 표현해야 하고 노인 역이라 고민도 많다는 그는 주위에서 '관찰력이 뛰어나다'라는 칭송(?)과 함께 '같이 연기하고 싶은 배우 베스트 1'으로 꼽힐 만한 원만한 인간관계로 인기를 모으고 있었다. 부담없는 용모에 진지한 모습이 장점(?)인 듯 평범한 우리 이웃 같은 배우에게 느낄 수 있는 친근함이 있다. 지난해 신춘문예 당선작 발표에서 연기상을 수상할 정도의 실력파(?) 연기자라는 사실이 또한 기대를 모은다.

–방승희

● **전쟁체험세대와 신세대 통일과 분단을 보는 "틈새"**

신·구 세대의 통일과 분단에 대한 시각을 드러내는 연극이 무대에 오른다.

극단 작은신화가 6일부터 20일까지 대학로 문예회관 소극장에서 공연하는 〈라구요?〉(김대현 작·반무섭 연출)는 6.25와 분단의 상처를 안고 살아가는 우리들의 모습을 신세대의 눈으로 그려낸다. 지난해 11월 작은신화의 창작극 발굴 페스티벌인 '우리연극만들기, 그 두 번째'에서 선보인 작품인데 관객들의 요청으로 다시 무대화된 것.

록가수 강산에의 노래 〈라구요〉를 모티브로 한 이 작품은 〈눈물 젖은 두

만강〉을 부르는 전쟁체험세대와 〈두만강 푸른 물이 내 아버지 눈물이라구요〉라고 분단현실을 간접화법으로 이야기할 수밖에 없는 신세대의 시각을 대비시키고 있다.

가족과 부인을 북에 두고 월남한 이성민은 전쟁이 나자 고향에 가기 위해 입대하지만 끝내 가족을 만나지 못한 채 휴전을 맞는다. 남한에서 실의의 나날을 보내던 성민은 또 다른 실향민 순옥을 만나 통일과 행진이라는 두 아들을 낳는다. 고향에 대한 그리움을 떨치지 못한 성민은 두 아들에게 통일에의 꿈을 강압적으로 심어주려 한다.

연극은 통일을 목놓아 부르짖는 전쟁세대인 아버지 성민과 아버지를 이해하지 못하고 가출, 가수의 길을 걷는 행진 사이의 갈등을 중심으로 전개된다.

"너희들은 뭘 몰라"라며 자기의 체험적 통일관을 주입하려는 성민과 "도대체 통일이 뭐지"라고 반문하며 통일에 거리 두기를 시도하는 행진의 태도는 극단적이긴 하나 우리사회의 통일관을 상징적으로 보여준다. 〈단장의 미아리고개〉 〈누가 이 사람을 모르시나요〉 등 시대상을 반영한 다양한 노래와 개그적인 대사 사용이 무거운 주제를 가볍게 풀어내고 이북사투리를 자유자재로 구사하는 젊은 연기자들의 폭넓은 연기가 눈길을 끈다. 서현철 홍성경 선종남 윤영수 장용철 등 출연.

—**조운찬**, 『경향신문』, 1996. 4. 3.

1996년(C) 〈아이스〉

● 〈두 얼굴의 나〉 색다른 연출

〈아이스〉서 韓(한) – 波(파)여배우 '분열된 자아' 열연

우리나라와 폴란드의 여배우가 각각 모국어로 연기하는 이색연극 〈아이스(I's)〉가 31일까지 서울 동숭동 연우소극장에서 공연된다.

극단 작은신화가 창단 10주년 기념으로 마련한 이 작품은 한 여인의 자아 속에 숨어 있는 또 다른 자아를 무대에 형상화한 것. 제목의 〈I's〉란 영어 주격 I의 복수형으로 한 인물의 두 자아를 상징한다는 게 극단 측의 설명이다.

주인공 X는 결혼에 실패한 뒤 혼자 사는 30대 직장여성. 그러나 그녀에게는 사회의 관습을 극복할 힘도, 현실을 직시할 용기도 없다. 인정하고 싶지 않은 현실과 이상의 부조화로 X의 내부는 극도의 분열을 일으키는데….

폴란드 바르샤바 국립연극원에서 석사학위를 받고 극단 제로에서 활동하는 마그달레나 차르토리스카가 우리나라 여배우 홍성경 씨의 자아를 연기한다.

극작 연출을 맡은 이충원씨는 "한 인물 속에 본래의 자기와는 전혀 다른 자아가 자리잡았다는 의미에서 의사소통마저 불가능한 서양 배우를 설정했다"고 설명했다.

–『동아일보』, 1996. 7. 19.

● 같은 희곡 색깔 다른 두 무대

'아이스' '꽃잎같은…' 여싱 자아찾기 다른 길

여성의 삶과 자아찾기를 다룬 하나의 작품이 연출에 대한 입장차이로 전혀 다른 두가지 색깔로 무대에 올라 화제다.

극단 작은신화의 〈아이스〉(I's)와 극단 서전의 〈꽃잎 같은 여자 물 위에 지고〉가 화제의 작품.

두 편 모두 폴란드 바르샤바 국립연극원에서 연극이론을 공부하고 있는 이충원 씨가 쓴 희곡을 바탕으로 하고 있다.

작품에서 주인공 엑스는 30대 이혼녀다. 이혼경험 등 아픈 현실 속에서 그는 자아인 엑스2를 형상화해 자신의 뜻대로 길들이려 한다. 어느 날 엑스2가 실체로 나타난다. 태어날 때는 서로 같은 모습이던 엑스2는 30년의 세월을 거치면서 모습도 성격도 모두 달라진 독립된 주체다. 이들의 만남에서 빚어지는 사건들은 인간의 자아와 여성의 힘겨운 삶에 대한 물음을 던진다.

이 작품은 원래 극단 서전이 채승훈씨의 연출로 공연할 예정이었고, 폴란드 배우 마그달레나 차르토리스카가 엑스2를 맡아 폴란드 배우로는 처음 한국연극에 출연하기로 해 화제가 됐었다. 그러나 잔혹극 양식의 연극을 원하는 연출가와 원작가·배우의 의견 차이로 공연은 무산 위기에 처했다.

결국 극단 작은신화가 극작가 이충원 씨의 연출로 원작의 맛을 살려 17일 〈아이스〉라는 제목으로 연우소극장 무대에 올렸다. 마그달레나가 엑스2를 맡고 홍성경씨가 엑스를 연기하는 2인극 〈아이스〉는 31일까지 공연한다.

극단 서전은 같은 원작을 채승훈 씨가 재구성·연출한 〈꽃잎 같은 여자…〉를 16일 성좌소극장에 올려 9월 15일까지 공연한다.

이 작품에서는 연출가가 추구해온 잔혹극과 포스트모더니즘적 분위기를 살려 상처받으며 한 많은 인생을 산 여인의 삶을 햄릿의 오필리아와 중첩시키면서 보여준다. 김호정, 이연규 출연.

–**박민희**, 『한겨레』, 1996. 7. 18.

아이스(1996)

1997년(A) 〈매일 만나기에는 우리는 너무나 사랑했었다〉

● **작은신화를 위한 작은 이야기**

동숭동 대로변에서 동숭아트센타쪽으로 꺾어져 들어와 그것을 지나친 다음 첫 번째 왼쪽 골목으로 올라서 다시 첫 번째 왼쪽 벽돌건물 지하가 우리 연극계에 큰 이름으로 성장하고 있는 극단 작은신화의 좁은 연습실이다. 실평수가 10평도 안 될 것이 분명한 이 연습실(그나마 1/3의 공간은 기획파트와 주방, 기타용도로 쪼개져 있다)의 밤 9시, 공연을 앞둔 배우들이 막바지 디테일 연습에 몰두하고 있다. 섬세하고 까다롭고, 그래서 신경질적이기도 한 연출 김동현이 8명의 배우들을 하나씩, 둘씩 불러세우며 밀어붙이고 있고, 또 배우들은 그 밀침에 밀리지 않기 위해 자신을 뜨겁게 달구어 맞서고 있다. 그런 충돌이 있는 연습장을 보는 것은 즐겁다. 긴장이 있고, 갈등이 있고, 그러면서 묘한 균형의 지점을 함께 찾아가는 화해가 있다. 게다가 몇 달동안 다지고 다져진 신체의 기능은 정서의 공간을 깎아 빚어내리는 데 가장 알맞게 예리하게 벼려져 있다. 어찌보면 당연해야 할 이 모습이 참 반가운 것이다. 이윽고 9시 30분경, 오전 11시부터 이어져온 연습을 "자, 이만 합시다"면서 연출이 덮는다.

극단 작은신화, 잠깐 드라이한 수치를 써가면서 이들의 작업을 돌아보자.

창단은 1986년, 당시 창단단원은 11명이었고 그로부터 12년째 되는 올해의 단원은 50명이다. 그중에 연출이 7명, 기획이 4명, 나머지는 전부 배우를 지향한다. 창단 이후 올린 작품이 정기 공연 11번, 우리연극만들기 두 번, 자유무대 네 번, 워크숍 여섯 번, 그 밖에 이런저런 특별공연이 스무 번이 된다. 양적으로 적지 않으며 질적으로도 꽤 좋은 평가를 받은 공연이 많이 있다. 그 평가가 지금은 고정관객이 가장 많은 극단이라는 인기도로 평가되고 있으니, 다행이긴 하다. 매년 상반기와 하반기에는 정기적으로 신입단원을 선출하는데 이른바 연출이나 배우를 뽑으면서도 그들의 경력이나 기능의 오디션은 전혀 보지 않는다.

유일하게 보는 것이 '작은신화가 지향하는 연극정신에 동의하면서 공동체의 일원이 될 것인가'라는 점이다. 작은신화의 표현으로는 배우를 뽑는 것이 아니라 식구를 뽑는 것이라고 한다. 그렇게 선발되었다고 해서 바로 정식단원이 되는 것은 아니다. 6개월 정도의 시간을 두고 함께 연습하고 생활하면서 서로를 돌아볼 시간을 충분히 두며, 그리고 정기 공연에서 어떤 형태로든 작업에 참여하고 나면 연구단원으로 승격되고, 그 이후 연말쯤 가서 전 단원들이 모여서 신입단원을 식구로 받아들일 것인지 투표를 한다. 이 투표에서 과반수의 찬성을 얻지 못하면 당사자에게는 꽤 슬픈 일이 되겠지만 다행히 아직 그런 일은 없다. 이미 일 년 이상을 함께 생활하며 걸러질 부분은 모두 걸러져 있고 서로에 대해서 너무 잘 알고 동의하고 있는 것이다. 극단의 창단 선언문 중에 "현실에 안주하지 않고 기존의 공연형태를 답습하지 않으며"라는 구절이 있으니, 스스로의 좌표를 한국연극계의 건강한 변방에 잡았던 듯한데 십년이상의 세월이 지나며 극단 작은신화는 본인이 원하든 원하지 않든 이미 제도권 연극의 안에 들어와 있는 것으로 보인다.

그만큼 성장했다는 이야기이기도 하고 그만큼 운신의 폭이 좁아졌다는 이야기이기도 하다. 어찌 됐던 극단의 규모는 11명의 단원이 50명의 단원으로 불어난 것처럼 많이 커졌지만 살림살이는 늘 고만고만하다. 한 달에 고정적으로 지출해야 할 돈은 150만원, 한 달 고정수입은 20만원, 매달 130만원이 적자인데 이 부분을 이떻게 메우는지가 궁금하다(청문회를 열어보고 싶다). 공연이 걸리면 그에 따른 제작비는 별도로 계산되며 나중에 공연수입으로 정산된다. 배우들의 개런티는 기본적으로 없는 것이 원칙이고, 공연이

매일 만나기에는 우리는 너무나 사랑했었다(1997)

흑자를 내면 극단 대표인 최용훈이 고안한, 굉장히 복잡한 계산법에 의해 50명 전 단원에게 공평하게 분배된다. 일례로 극단 작은신화의 역사상 가장 큰 흥행수입을 올렸던 공연인 〈mr. 매킨도 · 씨〉로 총 6백만 원의 순익을 내어서 최용훈 계산법으로 나눈 결과 무대미술 등 1인 다역으로 고생이 많았던 반무섭(연출 · 무대 파트)이 제일 많은 개런티 30만 원을 가져갔고 대표 최용훈은 6만 5천 원을 개런티로 챙겨갔다.

그 이후 반무섭이 세운 30만 원의 기록은 아직도 깨지지 않고 있으며 또 그렇게 흑자가 나서 개런티로 분배할 기회가 거의 없어서 사실 지금은 그 복잡한 최용훈 계산법을 당사자조차 제대로 기억하고 있지 못할 것이라는 것이 극단 안의 정설이다. 거꾸로 공연이 적자를 내면 단원 모두가 달려들어 그 적자를 메우는데, 그중 단체로 많이 하는 아르바이트가 봉투작업이다. 몇만 통의 DM 우편물을 50명이 며칠 밤새서 붙이고 나면 돈 백의 수입은 들어온다는 식이다. 매일 저녁 6시경 혹은 극단 작은신화 연습실 앞을 지나면 구수한 밥 냄새가 솔솔난다. 단원의 저녁을 매일 매식으로 해결할 경우의 엄청난 지출을 감당할 수가 없어서 생각한 것이 일종의 자취 시스템인데 이런저런 일로 빠진 단원들 외에 30명의 식구가 둘러앉아 밥을 먹는 모습이 여간한 소란이 아니다.

극단 작은신화의 이야기가 조금 길었는데 이런저런 수치를 조금 많이 집어넣은 것은 이 공연을 보는 관객들이 젊은 배우들의 일상을 이해하는 데 조금은 구체적인 실감을 주지 않을까 하는 바램 때문이다.

그나저나 연극담당기자를 여러 해 했다는 인연으로 이런 글을 쓸 기회가 주어진 것은 과분하다. 그 과분과 짧은 식견을 호도하기 위해 택한 방법이 연출과의 인터뷰 방식이다. 연출 김동현은 92년에 극단 작은신화에 합류했으니 이제 중고참쯤 되는 단원이다. 나이로는 극단에 여섯인가 일곱 마리의 뱀띠가 있는데 그중의 하나이다. “세상에 과연 진짜가 무엇일까?”라는 궁금

증과 여타의 다른 길들이 그 진짜 리얼리티를 찾는 데 도움이 안 되는 가짜 같고, 오직 연극 안에서 그것을 찾을 수 있을 것 같다는 기대와 숙제가 작은 신화와 함께 본격적으로 연극을 하게 된 이유라고 한다.

연습 후 인터뷰를 핑계로 한 술자리를 위해 연출 김동현, 배우 길해연, 기획 박정영(극단 대표 최용훈의 아내이다)과 필자는 그 시간에 대학로에서 제일 조용한 공간일 것이 분명한 연출가 기국서가 운영하는 술집 굿누리로 자리를 옮겼다. 아니나 다를까, 아직 문도 열리지 않은 굿누리 앞에서 열쇠를 가진 아내를 기다리며 연출가 기국서가 이미 얼큰해 있다. 입에서 튀어나오는 말 중에 90% 정도가 잠언과 독설인 기국서가 없는 혜화동의 풍경은 얼마나 허전할 것인가 하는 엉뚱한 생각이 들었다. 다음은 김동현을 중심으로 한 그날 밤 우리들 술자리 인터뷰의 기록이다.

Q. 먼저 작품을 소개한다면?

93년 9월 서울 연극제 중 해외초청공연으로 내한한 프랑스 발라뚬 극단의 동명 작품이다. 대본으로는 당시 프로그램에 실린 몇 줄의 대사를 기초로 전적으로 우리 배우들의 경험에 근거해 새롭게 구성했다. 96년과 97년 1월에 작은신화의 자유무대로 이미 두 번을 공연했으며 이번에 네 달의 연습 기간을 거쳐 정기 공연으로 올리게 되었다.

Q. 공연의 형식이 상당히 새로워 보이는데?

그렇다고 실험극이나 아주 새로운 형태의 어떤 것은 아니다. 사람들이 일상적으로 잘 보지 못하는 또 다른 리얼리즘을 발견해나가는 연극이며 그를 위한 형식이라고 얘기하고 싶다. 항상 불만을 느끼는 것이 왜 사람들은 사랑을 은유로만 표현하는가 하는 점이다. 감정을, 대상을, 의미를 은유하는 구조에 빠져 있는 우리들은 사랑의 1차적이고 직접적인 구조를 놓치고 있다고 본다. 사랑의 일상을 이 말들과 행위를 아주 단순화시켜 그 뼈대만 남게 하면 그 구조도 읽을 수 있지 않을까 하는 것이 이번 공연의 지향점이다.

Q. 하지만 그런 극단적인 단순화의 형태는 은유를 배제하는 것이 아니라 또 다른 은유로 건너가는 것은 아닌가?

말한다는 것 자체가 하나의 메타포이기 때문에 배우가 하는 말로써는 전달이 100% 불가능하다. 연극의 전체가 또 다른 은유가 되고 있다는 생각이 드는데 바람이라면 하나의 텅 빈 원의 이미지를 보여주고 싶다.

(길해연)텍스트를 만들어가는 과정에서 작업자 모두가 자기의 사랑을 고백하는 과정을 거쳤다. 서로의 사랑의 방법을 날카롭게 들여다보고 감추고 싶은 부분도 들여다보면서 결국 표면적인 감정이 아닌 핵심의 어떤 드러내야하는 고민의 과정을 많이 거친 셈이다.

배우란 본능적으로 객석과 거래하는 존재이다. 이번 연극에서 연출의 욕심은 그 거래를 부정하고 객석이 아닌 허공에 대해 말하는 것을 주문하는 것인데 정작 공연에 들어가면 그 부분이 제대로 유지될 것인가가 의심스럽긴 하다.

Q. 배우들의 신체훈련이 꽤 잘되어 있는 것 같다.

(길해연)몸은 중심이다. 공연 안에서 몸을 쓰기 위해서 몸을 만드는 것이 아니라 몸을 떠나기 위해서 몸을 만들어야 한다.

잘되어 있는 편이기는 하지만 그래도 몸이 제대로 말하기 위해선 한 1년쯤은 연습해야 한다. 아직 많이 부족하다.

Q. 배우의 입장에서 이 연극은 어떤 연극인가?

(길해연)극 중에서 8명의 배우가 끊임없이 이렇게 말한다. 날 봐, 날 보고 있니. 난 팔을 벌리고 있어. 그런데 넌 날 보고 있니… 그 과정은 아름다운 사랑을 꿈꾼다기보다는 고통스런 사랑의 상처를 드러내는 것이다.

아까 말한 것처럼 이 공연은 세 번째이다. 의도하지 않은 부분이지만 첫 번째 공연이 이상하게 사랑의 폭력을 많이 드러냈고, 두 번째는 사랑의 권태스러움을 표현하는 쪽으로 몰아져 간 반면 이번 공연은 다시 한 번 사랑을 따뜻하게 볼 수 있지 않을까, 라는 희망이 많이 배어 있다. 예전에 윤후명의 소설 『누란의 사랑』을 무대에 올리며 그 허전하고 고독하고 쓸쓸하고, 그래서 한 줌의 희망도 갖지 못할 주인공이 왜 따뜻하게 보이는 것인가 의아한 적이 있었다. 아마 그는 자기 사랑의 상처와 고통을 아주 끝까지 들여다 볼 수 있는 힘을 갖고 있기 때문에 그럴 수 있는 것이 아닐까 하고 짐작을 하고 있다.

Q. 연습장면을 본 느낌으로는 따뜻하다기보다는 어딘지 슬픈 느낌이 더 많은데?

생짜로 그냥 말하는 대사가 많기 때문일 것이다. 개인적으로 이 작품에서 특히 좋아하는 대사가 이런 것들이다. 나는 원래 그래. 나는 원래 그런 걸. 나는 사랑하기 싫어. 나는 걷기 싫어. 그런데 나는 걷는다… 이런 발언이 진짜가 아닐까. 우리의 알몸을 드러내는 것은 아닐까?

Q. 배우 여덟 명의 사랑의 기록이 많이 들어간 작품일 테지만 그래도 전체 연극의 톤은 특히 연출의 사랑에 대한 인식에 영향을 많이 받고 있지는 않은 것인지?

헌신하지 못했고, 치열하게 사랑하지 못했음을 고백한다. 하지만 지금은 달라진 것 같다고 느낀다.

Q. 창단 12년째로 돌아선 극단 작은신화의 현주소를 돌아본다면?

어떤 식으로든 변화가 필요한 시점이다. 과거의 집단이데올로기는 사라졌고 앞으로도 불가능할 것이다. 한 극단에서도 작업의 방향이 다양화 세분화되어야 할때 이며, 바로 그 점이 작은신화를 앞으로의 10년 동안 끌고 갈 힘이 될 것이다.

Q. 그 다양한 중에도 작은신화 전체를 감싸는 힘이 있지 않겠는가?

결과보다 과정을 중시하는 공동체로서의 작업방식이 아닐까. 순수연극정신과 즉흥성을 중시하는 것이 우리의 공동창작의 과정이다.

(길해연)하나의 작품마다 우리 모두가 함께 책임지고 만들어가면서 형성되는 잔치의 분위기가 작은신화에는 있다.

Q. 연극은 왜 하는가, 연극의 정의를 내린다면?

지금 내가 연극에 대해 하는 고민으로 답을 대신하겠다. 최근의 나는 연극이라는 장르가 갖는 리얼리즘에 대해 고민을 많이 한다. 연극의 리얼리티가 과연 무엇일까. 그 화두가 모든 것을 반성하게 하고 모든 것을 감싸안게 한다. 그 리얼리티를 찾고 싶어서 연극을 한다.

–**김명렬**, 〈매일 만나기에는 우리는 너무나 사랑했었다〉 프로그램에서

● **축하의 글**

연극판 취재를 하다보면 문득 깨닫는 사실이 하나 있다. '내가 너무 늙어가고 있다'는 것이다. 연극을 보는 감각이 점차 무디어져 나도 모르는 사이에 '블랙홀'에 빠져 있다는 당혹김, 침 닌감할 때기 많다. 젊은 나이(만 33살의 나이는 얼마나 싱싱한가)에 기자라는 직업으로 한창 주야장창 뛰어다니면서 기자의 본능을 맘껏 누리고 싶지만 난 벌써 중늙은이의 모습이다. 분하다.

이유를 곰곰이 생각해봤다. 미안한 얘기지만 잘못은 내게 있는 것만은 아니었다. 그 이유를 나는 어느 정도 연극계로 돌리고 싶다. 가면(假面) 혹은 니취(泥醉) 상태에 빠져 있는 연극계 탓을 하고 싶은 것이다. 30, 40년 전 배우가 여전히 스타이고, 그 무대가 그 무대에 무언가 기자의 호기심을 건드릴 만한 일도 없다. 솔직히 기자란 직업을 떠나 연대의식을 갖고 열심히 응원해주고 싶은 연극적 동반자가 드물다.

이럴 때 내가 위안을 받은 거의 유일한 극단이 있다. 작은신화, 형용사와 명사를 붙여 이 극단의 명칭에서 우선 불균형의 실험정신이 엿보여서 좋다. 나는 '신화'란 거대한 틀에 얽매이지 않고 그 속에서 '작음'을 실천하는 이 극단이 궁극적으로 신화를 만들어내리라 의심치 않는다.

내가 작은신화를 연극적 동반자로 내심 점찍게 된 것은 4년 전의 일이다. 93년 이 '낯선 이'는 세 편의 작품으로 나를 찾아왔다. 그해 11월 한 달 정도의 일정으로 북촌창우극장에서 선보인 '우리연극만들기, 그 첫 번째'였다. 공연작품은 〈두 사내〉 〈황구도〉 〈꿈, 퐁텐블로〉였는데 흔히 말하는 '참신함'이란 말을 그때처럼 겸허하게 받아들인 적이 없다. 대표 최용훈을 비롯, 오은희, 조광화, 김동현 등 내 또래 혹은 그 아래의 스태프들이 하나로 결집해 만들어낸 '공동창작'의 무대는 땀냄새 물씬 풍기는 매력덩어리였다.

그 이후 작은신화는 나를 배반한 적이 없다. 극단의 나이(올해 11년째란다)가 들수록 자연스럽게 끼는 녹과 때의 흔적도 별로 찾아볼 수 없으며, 대표(직함으로 행세하는 여느 극단 대표와는 차이가 있는 얼굴마담이 낫겠다) 최용훈의 텁텁한 외모엔 늘 진실이 그득하다. 때문에 자칫 '장난기' 같은 작업들이라도 하나같이 진지한 결과물이 되는 것이 아닌가 한다.

지금까지 작은신화의 연극적 카테고리는 상당히 넓었다. 젊은 감각에 기여하는 연극적 형식놀이에 집착해온 일면이 있지만 이는 젊은 그들의 당연한 특권으로 이해하고 싶다.

지난해 이곳저곳 현장을 누비며 거리극으로 '마니아'들과 만났던 작은신화가 조용히 실내극장 무대로 돌아온다는 소식이다. 반갑다. 〈전쟁음?악!〉〈mr. 매킨도 · 씨〉〈매직아이 · 스크림!〉 등 재치 넘치는 기존무대의 연장선상에서 이들은 "또 하나의 가능성"을 찾아나선다고 한다. "가능성"은 늘 진행형이다. 때문에 자칫 이들의 실수와 미완성도 다 '완성'을 위한 약이 되지 않을까. 여전히 나는 짝사랑하는 마음으로 작은신화의 그날을 기다리고 있다. 절대로 서두르지 말고 온 길처럼 내달리기 바란다.

역사가 물들면 신화가 된다.

–**정재왈**(중앙일보 문화부 기자),
〈매일 만나기에는 우리는 너무나 사랑했었다〉 프로그램에서

1997년(B) 고전넘나들기, 첫 번째

● **신세대 〈햄릿〉… 에로틱 〈맥베드〉…**

젊은 극단 작은신화 '고전넘나들기' 공연

젊은 극단 작은신화가 만든 〈햄릿〉에는 "죽느냐 사느냐, 그것이 문제로다" 같은 대사는 나오지 않는다. 우유부단형의 햄릿이 아니라 온갖 행동을 저지르는 햄릿, 그래서 고민하는 청년이다. 왜냐하면 그것이 유리벽으로 둘러싸인 찻집에서 헤이즐넛 커피를 마시는, 90년대 말 젊은 세대의 초상이기 때문에. 19일~12월 6일 서울 장충동여해문화공간에서 공연하는 '고전넘나들기'는 고전을 지금, 이 시대, 우리 시각에서 적극적으로 해석하는 자리다.

26일까지의 첫무대 〈맥베드〉는 에로틱 스릴러 같은 분위기. 마음속에 똬리를 틀고 앉은 '욕망의 소리'를 좇다 파멸하는 맥베드는 악인이라기보다는, 그 또한 불쌍한 사람으로 그려진다. 맥베드부인은 도덕과 질서를 어겨서라도 욕망을 성취하려는 '남성성'의 소유자. 마녀들은 맥베드 내면의 분열된 소리로 표현된다. 김동현 연출.

28일부터 이어지는 〈햄릿〉에서는 걷는 행위, 상체의 움직임 등 배우들의 신체행동이 도드라진다. '보여주기'와 '지켜보기'를 교차 대비시켜 우리가 아무런 비판 없이 그저 수용하고 행동했던 많은 일들이 과연 옳기만 했던가 생각게 한다. 반무섭 연출.

–『동아일보』, 1997. 11. 18.

1997년(C) 자유무대 4

● **실험정신 돋보이는 단막극 5편**

극단 작은신화의 실험정신이 돋보이는 단편연극 5편이 '자유무대 4'라는 제목으로 9~12일 서울 대학로 연극실험실 혜화동1번지에서 선보인다.

작은신화는 지난 93년부터 자유무대라는 제목으로 형식과 내용의 무한한 가능성을 실험하는 다양한 단막극을 자유롭게 엮어 선보여왔다. 말이나 개념을 파괴·재조합하는 작업을 통해 일상적인 삶의 내면을 파고드는 이 극단의 특징은 이번 공연에서도 자유롭게 표현된다. 〈오두막집 열병〉은 현대인의 단절감과 폐쇄강박증을 공포와 환상으로 표현했고 〈가슴을 펴라〉는 어머니에 대한 이미지를 다양한 몸짓과 소리로 표현한다. 〈누란의 사랑〉은 사랑이라는 행위의 절망과 공허한 뒤풀이, 한계를 세 쌍의 사랑을 통해 보여주고, 〈유턴금지〉는 태어나는 순간부터 결코 돌이킬 수 없고 다른 인간을 기다리지만 끊임없이 잃어버리는 삶의 비극을 담았다. 〈코뿔소〉는 나치즘에 대한 집단 광기를 풍자한 이오네스코의 작품. 이번 작품에서는 어쩔 수 없이 집단에 휘말려 살아가는 우리의 삶을 풍자한다. 극단의 모든 단원이 소그룹으로 나뉘어 〈코뿔소〉를 제외한 모든 작품을 공동창작했고, 엄옥란, 최우철, 김동현씨 등이 공동연출한다.

-**박민희**, 『한겨레』, 1997. 1. 4.

1998년(A) 우리연극만들기, 그 세 번째

● **올바른 창작자세와 지속적인 주체의식**

극단 작은신화는 93년 우리연극만들기 그 첫 번째를 시작한 이후 95년에 그 두 번째 행사를 가졌고 이제 97년에 다시 우리연극만들기 그 세 번째 잔치를 준비하고 있다.

극단 작은신화는 86년 대학극 출신의 젊은 연극인들이 모여서 출발한 극단으로 어느덧 10년이 넘는 연륜을 쌓았고 그동안 젊은 연극인들의 배우면서 연극을 한다는 건실하고 학구적인 자세와 그런 자세로 만들어진 무대와 그 무대를 만들어온 그들의 노력은 언제나 기대에 찬 갈채와 좋은 비평의 대상으로 평가를 받아왔다.

이들이 93년부터 시작한 '우리연극만들기'는 새로운 작가의 발굴과 참여, 작가 연출 미술 드라마투르그 배우 평론 등 다양한 참여자들이 함께 만드는 연극, 독회 리허설의 공개와 관객과의 토론으로 만든 열린연극, 완성을 위해 실험과 검증, 관객이 뽑은 우수작의 정규 레퍼토리화, 지속적인 창작극 페스티벌 등의 목표로 설정해 진행되고 있다.

이러한 목표로 진행된 우리연극만들기는 그동안 첫 번째 잔치에서 오은희 작 황두진 연출의 〈두 사내〉, 조광화 작 최용훈 연출의 〈황구도〉, 백민석 작 김동현 연출의 〈꿈, 퐁텐블로〉를 공연했고, 두 번째인 95년에는 김윤미 작 최용훈 연출의 〈조용한 손님〉, 김대현 작 반무섭 연출의 〈라구요?〉, 김윤미 작 김동현 연출의 〈낙원에서의 낮과 밤〉을 무대에 올렸다. 이중에서 관객투표에 의한 우수작으로 뽑혔던 〈황구도〉와 〈라구요?〉가 각각 작은신화 정기공연으로 다시 만들어졌었다.

극단 작은신화의 '우리연극만들기'에 향한 관객의 관심과 비평의 주목은

만만치 않았다. 첫 번째 잔치의 성과는 두 번째 행사에 대한 문예진흥원의 우수창작극 프로그램으로 선정되어 후원을 받게 되었으며 두 번째 '우리연극만들기'는 95년도 한국평론가협회 특별상을 수상하는 것으로 드러났다.

평론에서는 창작극 개발, 젊은 연극인의 육성, 관객참여 등 여러가지 면에서 성실하고 알찬 기획이었고 무대로서는 기존연극에 기대지 않고 독자적인 힘의 참여나 실험적인 작업 공동작업의 성과 등으로 언론의 주목을 받았다.

극단 작은신화는 창단 이후 우리의 열악한 연극환경 속에서도 항상 참신한 기획와 성실하고 열정적인 무대 만들기로 관객과 친해온 극단이다. 이들의 무대는 그때마다 카페순회공연, 부조리연극, 옴니버스연극, 열린연극, 주말연극, 오늘연극, 프리즘연극, 우리연극 등 다양한 표제를 달고 등장했다. 이것은 이들이 작품을 만드는 자세와 목표가 언제나 선명하다는 것을 설명해주는 것들이다.

'우리연극만들기'는 이들이 기획한 가장 보람있는 연극프로그램이며 우리연극의 흐름 속에서도 분명 중요하고 의미 있는 작업이 되어가고 있다. 이 프로그램을 통해 등단 이후 작품발표의 기회가 많지 않은 신진 작가들에게 발표의 장을 마련해줄 수가 있었고 무대현장의 실제적인 작업 속에서 극작의 기초를 닦고 키워낼 수 있는 바탕을 마련해 주었으며 방관적인 입장의 관객이나 평론을 선정 평가 등의 작업으로 참여를 유도해 함께 만드는 연극의 의미를 살려내고 있다.

이 프로그램은 한 해에 3편의 무대를 만들고 그다음 해에는 그중에서 선정된 하나의 작품을 다시 손질해 정기공연으로 올린다는 형태로 진행되어 왔다.

그리고 이제 출발 5년째 세 번째 무대를 펼치게 된 것이다. 우리 연극환경의 어려움을 생각한다면 이러한 프로그램이 5년간 지속된다는 것은 거의 기적 같은 일이다. 이러한 보람 있는 프로그램을 중단 없이 진행시켜 이제 세 번째 잔치를 연다는 것은 참으로 보람 있는 일이다. 이들은 앞으로 '우리 연극만들기'를 좀 더 넓은 문호를 개방해 좋은 무대 만들기로 확산 발전시킨다는 목표를 세우고 있어 더욱 큰 기대를 갖게 된다.

우리연극의 많은 인력과 두뇌, 좀 더 폭넓은 관객의 참여로 이 프로그램이 발전할 수 있기를 바란다.

–**구히서**(연극평론가), '우리연극만들기, 그 세 번째' 프로그램에서

● **연극다움에 대해 다시 고민해보기**

극단 작은신화 〈길 위의 가족〉

무엇이 연극을 연극답게 하는가. 자연주의를 떠난 뒤 연극다움의 모색은 언제나 연극인들의 중요한 화두다. 현실의 재현에 종속되었던 비좁은 무대를 떠나 진부한 일상에선 맛볼 수 없는 연극적인 재미, 연극적인 상상력, 연극적인 비약을 어디에서 찾을 것인가. 때론 빈 무대와 굿으로, 구체적인 입말 대신 가슴 저미는 몸말로, 스펙터클한 이미지로 무대를 세우고 무너뜨리는 행위들은 바로 그 연극성을 찾아나가려는 움직임이다.

그러나 이런 행위들이 깊은 성찰 없이 반복되다 보면, 또 어느 순간 연극의 일상성으로 전락하게 되는 것은 아닐까. 일상의 재현을 떠나려던 연극의 움직임이 고정되고, 유령화되면서 상투성에 갇혀버리게 되는 것은 아닌가. 그렇다면 이제 그런 움직임에서 벗어나 그동안 거리 두었던 일상을 다시 한 번 응시하고, 일상 속으로 침잠해보는 것은 어떤가. 연극의 일상성으로부터 벗어나기 위해, 연극다움에 대해 다시 한 번 고민하기 위해….

장우재가 쓰고 김광보가 연출한 〈열애기〉, 장성희가 쓰고 최용훈이 연출한 〈길 위의 가족〉, 윤영선의 희곡 〈G코드의 탈출〉(박상현 연출 예정, 이 글이 쓰여질 무렵엔 연습 중)을 보고 읽으면서, 필자는 그런 징후를 감지한다. 관객

의 손이 닿을 듯한 근접한 거리의 비좁은 극장에서, 극적인 갈등이나 긴장 없이 느슨하게 흘러가는 일상의 모습들… 그것은 마치 현미경으로 익숙한 대상을 들여다볼 때의 낯설음처럼, 일상을 그리고 연극을 새롭게 반추하게 해준다.

그중 〈길 위의 가족〉은 가장의 실직으로 무너지는 한 가족을 보여주고 있다. 무대 위에서 보여지는 일상성. 또 IMF로 거리에 나앉은 노숙자들을 연상시키는 가족들의 모습은 현실과 이래저래 닮아 있다. 이 글은 집에 있어야 할 가족이 밖으로 내몰린 〈길 위의 가족〉을 통해, 연극다움을 모색해야 할 연극이 일상 속으로 가라앉는 모습을 더듬어보고자 한다.

연극은 한 가족의 캠핑에서 출발한다. '패밀리 랜드'라는 캠핑 공간을 찾은 가족은 외형적으로는 화목해 보인다. 비록 치매에 걸린 할머니가 끼어 있지만, 이 핵가족 사회에서 삼대가 캠핑장을 찾았고, 가족사진을 찍고, TV 프로그램인 〈도전 차차차〉에 나가기 위해 연습하는 모습 등, 평범한 가족의 모습이 연출된다. 그러나 그 수면 아래로 제작진은 미세한 불안과 긴장, 어긋나는 시선과 정적을 마련하면서 수면을 위험하게 흔들어댈 준비를 하고 있다. 이 미세한 물결은 집이라는 안의 공간 대신 밖을 선택한 공간 설정에서부터 의도되어진 것이리라.

그렇다. 가족의 공간은 당연히 집이어야 한다. 집이라는 공간은 가족을 세상이라는 외풍으로부터 숨겨주는 울타리고, 가족 구성원들을 연대시켜주고 보호해준다. 그 공간은 비밀스럽고, 그렇기에 안전하다. 폭력적인 세상에 노출되지 않은 채 자신들만의 비밀과 정체성을 유지할 수 있기 때문이다. 따라서 집을 박탈당한 가족은 정체성과 연대감을 상실한 채(혹은 위장한 채). 서로에게 짐이 될 뿐이다. 작품에 등장하는 유달리 많은 짐덩이리들을 주목해보라. 텐트, 코펠, 휴대용 가스렌지, 아이스박스, 돗자리, 비치의자, 여러 개의 쇼핑백과 먹거리. 심지어 목을 조르듯 할아버지에게 단단히 업혀 있는 할머니…. 작가는 "가족 모두 짐에 치어서 헉헉거린다"며 가족의 부담감을 설명한다.

이 짐 덩어리들은 무대 위의 가족에겐 곤혹스러운 대상이지만, 연출가에겐 무대를 채우고 일상성을 부여할 좋은 재료들이다(더군다나 연출을 맡은 최용훈은 소품으로, 배우들로 무대 채우기를 즐기는 연출가다). 협소한 혜화동 1번지 소극장의 무대에 연출은 엄청난 소품들을 늘어놓는 것으로 이 연극을 시작한다. 이런 도입부는 그동안에 작은신화가 보여주었던 속도감과는 거리가 있다. 한참 동안 아무런 대사 없이, 긴장 없이 그저 텐트를 치고, 소도구들을 늘어놓는 일상적인 행위를 보여주고 있는 것이다. 심지어 극이 본격적으로 시작되면, 가스렌지 위에서 물이, 된장찌개가 끓어오르며 관객의 시각과 후각을 자극한다.

도대체 며칠 동안 끓여댄 것일까. 필자가 공연을 본 날, 된장찌개 안의 두부는 형체를 알아볼 수 없을 정도로 뭉그러져 있었다. 그렇지만 그 냄새가 주는 사실성이라니! 이것은 무대 위에 피가 뚝뚝 흐르는 고깃덩어리를 진열하려고 했던 앙뜨완느처럼, 연극이 현실 그 자체가 되기를 바라는 욕망에서 비롯한 것일까. 그 냄새를 맡는 순간, 무대 위의 모든 것은 그저 허구이고 실체가 아닌 기호일 뿐이라는 연극관은 잠시 저항에 부딪힌다.

이런 과격한(?) 사실성, 느슨한 일상성으로의 전환은 그동안 분주한 기동력과 연극적인 상상력으로 무대를 장악했던 극단 작은신화의 작품과 크게 길항하고 있다. 경기침체로 가라앉은 세상에 조응하면서, 작은신화도 이제 들떠 있었던 그간의 연극을 진정시키고 변화를 모색하는 것일까(이런 변화는 이 극인이 레이몬드 카바의 소설을 극화한 〈줌인〉에서부터 비롯한다). 연극은 속도에서 느림으로. 현상에서 인간으로 천천히 초점을 변경한다. 한참 눈을 감았다 떠도 큰 변화를 느낄 수 없을 정도의 그 가라앉은 느슨함.

그러나 세심하게 들여다보라. 실제의 무대는 보이지 않는 긴장으로 술렁

길 위의 가족(1998)

댄다. 이 긴장은 일차적으로는 혜화동 1번지라는 좁은 공간이 연출해낸다. 작가의 텍스트를 읽었을 때 풍경처럼 가족의 삶을 관조하게 되던 인상과 달리, 객석과 무대가 딱 달라붙은 협소한 공연 공간이 낯선 긴장을 연출하고 있는 것이다. 덕분에 좁은 무대에서의 순간적인 정적, 시선의 마주침과 거두기는 강렬하게 객석을 압도하며 연극적인 긴장을 제공한다.

덧붙여 연출을 맡은 최용훈은 가족들을 흐트려놓아 또 다른 긴장을 연출하고 있다. 가족들은 장님 소녀 앞에서 행복을 위장할 때, 또 가족의 가장 큰 짐이었던 할머니가 사라지고 난 뒤 식사할 때의 두 장면을 제외하곤 서로 모이지 않는다. 그 외에는 모두가 흩어져 있다. 분열되어 있는 가족들의 배치를 통해, 또 어긋나는 말과 부딪히는 시선을 통해 제작진은 서로에게 짐이 되는 가족들의 불편함을 그려주고 있다.

아마도 이런 불편함은 숨기고 찾는 인물들의 행동이 없었다면 누적되기 힘들었으리라. 가장의 실직 뒤, 막내아이를 버린 가족은 자신들의 불행을 감추기 위해 끝없이 노력한다. 도전 차차차, 사진 찍기, 소원 말하기, 또 막내에 대한 이야기를 자제하는 행동은 모두 진실과 불행을 은폐하려는 움직임이다. 그러나 숨김의 반대편에서 작가는 또 무언가를 찾는 움직임을 삽입해준다. 예를 들어 머리를 깡총하게 잘린 할머니는 기억 대신 비녀를 찾고, 아버지는 텐트 칠 더 좋은 공간을 찾고, 어머니는 칼을 찾고, 카메라를 찾고, 신문을 뒤적이며 일자리를 찾고, 결국엔 남편이 버린 막내아들을 찾아와야 한다고 주장한다. 작품은 그렇게 숨김과 찾음, 망각과 기억, 또 상실과 회복의 틈 속에서 허둥대는 가족을 보여주고 있는 것이다.

숨김과 찾음은 이 작품에 등장하는 가족의 특성이기도 하지만, 글을 쓰는 모든 작가의 고민이기도 하다. 어떻게 주제를 잘 은폐할 것인가. 그리고 어느 순간 교활하게 잘 드러낼 것인가. 드러내는 타이밍이 절묘하지 않으면 독자는 찾기를 포기한다. 너무 일찍, 노골적으로 드러내면 찾는 재미가 반감되기에 글의 흥미는 당연히 떨어진다. 어떻게 숨기고 어떻게 찾게 할 것인가.

〈길 위의 가족〉을 쓴 장성희는 숨김과 드러냄을 1막과 2막으로 구분하고 있다. 툭툭 끼어드는 듯한 대사와 행동을 통해 작가는 1막에서 일상적인 풍경 뒤에 진실을 숨겨준다. 그러나 막상 2막에 도달하면, 직접적으로 불행을 설명하고 이야기를 들려주는 긴 대사가 바톤을 이어받는다(행동보다는 이야기를 들려주는 이런 2막의 속성은 올해 세 편의 작품을 발표한 장성희의 작품에서 공통적으로 나타나는 현상이다).

일상성이나 이야기에 대한 욕망은 연극이 모색해볼 또 하나의 새로운 경로가 될 수도 있으리라. 그러나 〈길 위의 가족〉에서 보여진 일상성과 이야기에 대한 욕망은 절묘하게 녹아들지 못한 채 서로 길항한다. 전자를 부각시키기 위해선 더 절제해야 했고, 후자를 강조하기 위해서 더 내담했어야 했다.

–**김명화**(연극평론가), 『한국연극』, 1998.

● 벌거벗은 공간에서 던지는 현존에의 물음

극단 작은신화의 〈G코드의 탈출〉

〈G코드의 탈출〉이 나를 자극한 것은 무엇보다 무대공간이었다. 무대는 여인숙과 같은 허름한 방의 사실적 내부로서 삼면의 벽과, 이불 등이 널려 있는 바닥만으로 이루어진 매우 단순한 것이었다(무대미술 김준섭). 이 연극이 공연된 혜화동1번지는 '연극실험실'이라는 이름에 걸맞게 주로 '실험극'을 공연해왔다. 그럴 경우 이 작은 극장은 객석을 포함한 공간 전체가 때로는 환상의, 놀이터의, 축제의, 제의의 공간 등으로 화하여 작품의 공연성에 화답해왔다. 그런데 이런 초미니 공간에서 지극히 사실적이며 일상적인 공연은 어떨까? 이런 질문은 현재의 시점에서 의미가 있다고 본다. 왜냐하면 첫째 경제적 악화로 인해 많은 진지한 연극이 소극장에 의존하고 있는 실정이며 둘째 최근 연극에서, 모더니즘 계열의 순수한 연극형식적 실험 대신 일상의 회복이 이루어지고 있기 때문이다.

이번에 극단 작은신화에서 세 번째 '우리연극만들기' 기획으로 올린 두 작품 〈길 위의 가족〉과 〈G코드의 탈출〉 역시 지극히 일상적인 작품이다. 〈G코드의 탈출〉은 어느 소도시의 여관방 공간에서 오랜만에 해후한 옛 애인들이 보내는 몇 시간을 비교적 사실적으로 그리고 있다. 어떻게 보면 누구나 지닌 젊은 시절의 아픔을 그린 평범한 작품인데 한편 낯설고 신선하게 보이는 것은 왜일까?

사실적이고 일상적이었던 〈길 위의 가족〉에서 캠핑나온 가족들이 들고 나온 너무나 많은 일상적 소품들(캠핑 도구, 음식 등)과 행동들이 너무 강한 현실성 때문에 어떤 어지럼증까지 느끼게 했다면 〈G코드의 탈출〉의 하나이기도 한 폐쇄성의 상징일 수도 있겠지만 진정 흥미로운 것은 이 벽과 엇물린 방바닥의 한국적 사실성이다. 최근 필자의 논문에서 지적한 바 있지만 우리 사실주의 무대에서 한국인이 뒹굴고 뭉개는 장판깔린 방바닥은 제대로 표현되지 못했다. 이런 의미에서 〈G코드…〉의 방바닥의 극사실주의–벌거벗은 방바닥에 아무렇게나 놓인 납작해진 낡은 요, 찌그러진 맥주캔들과 귤 봉지 등–는 우리 삶을 그리는 연극성의 새로운 발견일 수 있는 것이다. (다만 이 낡은 방이 제4의 벽 쪽에 주인공이 깨고 뛰어내릴 정도의 큰 유리를 낀 높은 빌딩의 일부라는 개연성은 부족하다. 이는 아마 2부의 과거 장면의 처리 때문이었을 것이다) 그리고 김명화도 지적했듯이 이 작은 무대에서 이 사실적 무대는 더 이상 부재의 기호라기보다 현존이며 현상인 것이다. 이제 새로운 연극성은 일상성과 사실성 위에서 모색될 수도 있으리라.

이 방바닥 위에서 오랜만에 만난 두 남녀는 만나고 말하고 마시고 먹고 밀치고 뒹굴고 벽에 부딪히고 섹스하고 물건을 던지며 싸운다. 비좁고 벌거벗은 공간 안에서 그들은 서로 만나고 비껴가며 사랑하고 증오하며 치사

한 희망과 절망의 나락 사이를 오가며 진실에 대면하거나 회피한다. 가족에 대한 애증, 자궁회귀적인 자폐적 경향, 여자를 통한 삶에의 희망과 좌절, 열등감과 강박관념에 의한 자살들로 그려진 남자의 모습은 자전적 무게가 실렸을지도 모르는 윤영선의 윤기 있는 언어(특히 어머니의 독백)에도 불구하고 그리 새로운 감동을 주기는 어렵다. 또한 남자와 여자는 강도 높은 집중적 시간들에도 불구하고 진정한 만남에 이르지 못한다. 남자는 자기세계에 갇혀 있으며 여자는 섬세한 디테일을 갖추고 있음에도 불구하고 기본적으로는 남자 본위의 시선으로 본 유형적 여인들–'착하지만 헤픈 여자'나 '남자를 괴롭히는 요부'타입–을 완전히 극복하지는 못했기 때문이다.

작가 윤영선과 연출가 박상현은 중견과 30대 연극인들을 잇는 소중한 존재로서 최근 많은 활동을 벌이고 있다. 좁은 지면에서나마 이들에게 부탁하고 싶은 것은 각 공연의 성과와 별개로 자신만의 세계와 스타일을 구축하기 시작했으면 하는 것이다. 두 연기자는 낯설다면 낯선 벌거벗은 사각의 공간에서 몸과 말을 동원한 치열한 전투를 벌였다. 몸을 던져 열연한 남자에게 감상적 과장이 아직 남아 있다면 여자 역의 이혜원의 신선한 감성이 주목을 끈다.

–**김방옥**(연극평론가), 『한국연극』, 1998.

1998년(B) 혜화동1번지 2기 동인

● 혜화동1번지, 그들이 움직인다!

혜화동1번지 2기 동인을 결성하며…

93년 '우리 연극계에 존재하고 있는 기존의 연극 소극장 관객에 대한 고정관념의 틀로부터 해방되어 개성과 다양성이 존중되는 작업 풍토를 조성하고, 전진하는 사회와 문화의 호흡을 적극적으로 수용하는 미래지향적 삶 의식과 연극 방식의 탐색'을 목적으로 김아라, 류근혜, 박찬빈, 이병훈, 이윤택, 채승훈, 황동근 등 연극계를 대표하는 40대 연출가들이 모여 '연극실험실, 혜화동1번지'를 개관하였다.

이후, 한국 실험연극의 산실로 자리 잡아왔으며, 개인작업방식보다는 동인제 공동작업방식을 채택하여 94년 7인의 창립회원과 유홍영, 이송, 최용훈 등 30대의 젊은 연출가들이 작업동인으로 참여하는 〈제1회 연극판 - 관점 '94년 세가비백황파〉과 95년 박찬빈, 이윤택(창립회원)과 30대기수 이성열이 가세한 〈제2회 연극판 - 관점 '95 상황과 형식〉을 만들어내 '연극의 독자성을 지키는 소집단 문화운동'으로 평가받기도 하였다.

98년 선배들의 창립목적을 이어 받아 21C 한국 실험연극을 이끌어갈 제2의 '혜화동1번지' 동인이 결성되었다.

이전 동인제 페스티발인 〈연극관-관점〉에 작업동인으로 참여하였던 극단 백수광부의 이성열, 극단 작은신화의 최용훈을 주축으로 극단 장수하늘소 김광보, 극단 76단 박근형, 극단 표현과 상상 손정우 등 한국연극을 대표하는 30대 연출가들이 함께 모여 명실상부한 한국 실험연극의 메카로 만들어나갈 것이다.

2기 동인들의 올해의 작업들을 살펴보면, 극단 백수광부의 〈굿모닝? 체홉〉과 극단 작은신화의 〈자유무대5〉을 주축으로 극단 76단 〈쥐〉 극단 백수광부의 〈벚꽃동산〉 등 하반기 극단 표현과 상상의 〈공중전화〉로 이어지는 '동인작업시리즈'와 각기 독특한 색깔을 가졌지만 동인제를 통한 공동체적 성격, 다양한 실험정신으로 만들어질 〈제3회 연극판 – 관점 '98 일상과 현실〉으로 올 한 해 혜화동1번지 뿐 아니라 한국연극계 전체가 뜨겁게 달아오를 것이다.

이제 2기 동인들은 '1번지'라는 이름을 책임질 수 있는 모습을 보이기 위해 노력할 것이며, 이 모든 작업은 한국연극의 내일을 말해줄 것이고, 새해 한국의 실험연극은 '쾌청'이란 파란 신호등에 불이 밝혀질 것이다.

연극실험실, 혜화동1번지 2기 동인, **김광보, 박근형, 손정우, 이성열, 최용훈**

● **불안한 '일상과 현실'을 뒤집어본다**

혜화동1번지 2기 모임, 5개 작품 공연… 사회 병리현상 파헤쳐

'연극실험실' 혜화동1번지는 94년 김아라 · 류근혜 · 박찬빈 · 이병훈 · 이윤택 · 채승훈 · 황동근씨 등 연극계의 중추를 이루는 연출가 7명이 모여 문을 열었다. 젊은 연극인들의 도전정신을 복원시키는 창작실험공간을 만들겠다는 것이 이들이 내세운 목표였다. 이들의 활동에 뒤이어 올해 30대 연출가 5명이 제2기 동인을 결성해 혜화동1번지를 자신들의 공간으로 만들었다. 김광보 · 박근형 · 손정우 · 이성열 · 최용훈 씨가 선배들만큼 개성 강하고 활동이 활발한 2기 멤버들이다.

이들이 9월 2일부터 11월 8일까지 '98 혜화동1번지 페스티벌'을 벌인다. '일상과 현실'을 주제로 5개의 번역 혹은 창작 연극이 무대에 오른다. 〈수족관 가는 길〉(원작 프란츠자버 크뢰츠, 연출 이성열, 9월 2~13일), 〈줌인〉(원작 레이먼드 카버, 연출 최용훈, 9월 17~27일), 〈만두〉(작 · 연출 박근형, 10월 1~11일), 〈열애기〉(작 장우재, 연출 김광보, 10월 15~25일), 〈그림 쓰기〉(원작 하이너 뮐러, 연출 손정우, 10월 29일~11월 8일)가 이어달리기하며 불안과 부조리로 가득한 우리의 현실과 일상을 뒤집어본다.

—『한겨레』, 1998. 8. 27.

1994년 바다 M.T.

1999년 〈똥강리 미스터 리!〉, 창작워크숍

● 공동 창작을 방향타로 삼은 젊은 연극 운동 구심점에의 희망

창단 시절 극단 작은신화

1986년 창단 당시 서강대를 비롯하여 서울 소재 대학 연극반 재학생 10여 명이 연극을 공부하자는 취지 아래 모인 것이 그 출발이었다. 한참 연극에 대한 진지하고 자신만만한 열정으로 무언가 새로운 연극을 만들어보고 싶어 몸살이 난 젊은이들이었고 연극을 통해 사회를 만나고 싶어한 젊은이들었다. 작은신화는 그 사회와의 첫 대면을 기존의 극장 대신 대학가 카페를 택하였다. 돈도 경험도 없는 아마추어 극단에게 무대를 빌려주는 극장을 만나기란 쉽지 않았었고 또 새로운 연극을 해보겠다는 당시의 의기충만한 젊은이들로서 새로운 판을 벌여보겠다는 의협심도 작용했었다. 어렵게 대학가를 중심으로 무대가 될 카페를 주선하였고 소박하게 창단 공연을 했다. 생각 외로 그 반응은 매우 좋았다. 이 첫 경험에서 자신을 얻는 주축 멤버들은 본격적인 모의를 시작했고 그 모의는 13년이라는 시간 동안 계속되고 있다.

80년대 중반, 연극계 끝자리에서 극단 작은신화가 본 연극은 뮤지컬을 비롯한 명동 등지에서 벌어지는 상업 연극과 민족극이라는 이름의 마당극이 기존 연극계에 큰 돌풍을 일으켰었다. 이 시점에서 작은신화가 해야 할 일은 분명했다. 연극이 단순한 오락거리나 이슈로 달아 오르는 그 시점에서 작은신화는 소박하나마 진지한 형태로 연극 본래의 예술성을 회복하는 일이었다. 그리고 그 형태는 90년대의 연극, 즉 다양한 커뮤니케이션의 혼재 속에시 연극의 정체성에 대한 질문을 요구하고 있있다. 90년대 작은신화가 고민하고 민감해 하였던 부분은 바로 '현대, 도시 그리고 문명'이다. 이 화두는 바로 이 시대와 가장 밀접한 문제였고 작은신화의 공동 창작의 대부분은 이 카테고리 안에서 만들어졌다.

외부적으로 기성 연극과 분류가 되는 기준에서 극단 작은신화의 연극은 젊다. 그것은 구성원 자체가 2, 30대 젊은이들로 구성된 까닭이 가장 크지만, 연극을 생각하고 사회와 만나는 방법이 현실에 안주하지 않고 기존의 공연 형태를 답습하지 않으려는 '청년정신'을 존중하고 있기 때문이 아닌가 생각한다. 이 '새로움'이라는 지상과제는 작은신화를 정체시키지 않고 다양한 판을 벌일 수 있도록 하는 원동력이 되고 있다. 작은신화가 끊임없이 시도하고 무모하게(?) 벌이는 여러 형태의 무대는 작은신화가 어떤 한 색깔을 고집하거나 어떤 고정된 형태를 추구하기보다 다양한 모습으로 관객을 만나기 위함이다.

작은신화의 대표적인 연극의 성격은 '공동창작'이다. 작은신화의 공동창작은 연극 만드는 방식에 국한되지 않는 극단을 운영하고 지향해가는 공동체 성격을 정직하게 담아내고 있다. 이러한 극단의 기본적 운영 형태를 기반으로 극단은 대표 1인의 색깔이 아닌 다양함이 표출되는 산실의 역할로서 젊은 연극 운동의 구심점이 되고 싶은 것이다.

젊은 작가의 창작극을 공모하여 공동작업 하에 만들어내는 '우리연극만들기'는 또하나의 '공동체 작은신화'로서 가능한 작업이다. 그리고 소수 그룹으로 나누어 매년 올리는 실험연극의 장인 '자유무대', 고전 희곡을 새로운 시각으로 표현해보는 '고전넘나들기', 공연장의 개념을 확장시키려는 노력으로 시도하는 '야외극' 등은 고정된 틀에 매이지 않으려는 작은신화의 작지만 큰 모험들이다.

작은신화는 큰 물결에 쉽게 휩쓸리지 않고 작은신화의 공동체 모두가 옳다고 생각한다면 그 물결을 역으로 헤엄쳐갈 준비가 되어 있다. 그 공동체는 바로 이 사회이며 연극인 것이다. 바르게 생각하고 즐겁게 연극하면서 다양하고 당당한 연극을 만들어나가는 것이 극단 작은신화의 소망이자 미래의 모습이고 싶다.

–**최용훈** 극단 작은신화 대표, 『한국연극』, 1999.

● **〈똥강리 미스터 리!〉, 공동창작 작업으로의 초대**

극단 작은신화는 1986년 창단 이래 다양하면서도 개성 있는 무대를 꾸미고자 노력해왔다. 창작극 활성화와 젊고 역량 있는 극작가 발굴을 위한 '우리연극만들기'가 작년으로 3번째, 자체적 창작 욕구를 일깨우고 기존의 공연형식을 깨고 보다 새로운 공연형식을 찾아가는 공연인 '자유무대' 역시 5번째를 맞이했다.

그동안 작은신화는 항상 새롭고 도전하는 정신으로 여러 종류의 극들을 올려왔다. 고전 작품을 현대적 시각에서 재조명해보는 '고전넘나들기', 찾아오는 공연장을 탈피해 찾아가는 공연으로 마련했던 "거리극", 고아원방문공연, 복지관 재활프로그램 주제 연극 등등. 하지만 작은신화가 남다른 주목과 기대를 받아온 것에는 작은신화만의 방식으로 만들어온 "공동창작"이라는 방법론일 것이다.

"공동창작"은 공연을 전제로 주제와 아이디어 선별이 이루어지고, 그렇게 선별된 주제와 소재들을 가지고 연기자와 연출가가 공동으로 대본을 구성하거나 장면을 직접 만들어가는 작업을 통해 공연으로 완성해간다. 그리고 전체적인 구성의 일관성과 예술적 균형을 위해 대표집필 또는 드라마투르그의 최종구성 단계를 거쳐 공연화된다.

월남전의 허위를 고발한 오픈 시어터의 〈베트 록〉에서 모티브를 얻어 1990년 시작한 작은신화 4. 열린연극 〈전쟁음?악!〉은 배우들의 즉흥과 변신이라는 방법론을 통해 작은신화에서 처음으로 시도된 공동창작 작품이다.

이후 전쟁이라는 극한 상황을 보다 일상화하고 현실화해보자는 취지로 92년 다시 한 번 시도된 작은신화 6. 열린연극 〈전쟁음?악! 2〉은 일상에서의 전쟁과도 같은 상황들을 간결하고 신체적 표현을 중심으로 만들어졌다.

연이어 93년 다리오 포의 〈대천사는 핀볼게임을 하지 않는다〉라는 원작을 전혀 새로운 형식으로 변형시켜, 미래사회의 컴퓨터 메커니즘에 구속 되어 가는 인간군상들의 모습을 그려낸 작은신화 7. 오늘 연극 〈mr. 매킨도·씨!〉는 단지 젊은 연극인들의 집단이었던 극단 작은신화를 기존의 연극계에 자리 잡게 한 작품이다.

이후 95년 겉과 속이 다른 이중으로 보이는 매직아이와 비명의 묘한 뉘앙스를 지닌 작은신화 9. 프리즘 연극 〈매직아이·스크림!〉은 지하철 노선과 연결시켜 환상과 현실이 적절하게 리믹스된 판타스틱한 분위기로 만든 작품으로 기존의 공동창작 방법을 보완하기 위해 먼저 작품 구성과 배역들의 성격을 구축한 이후 배우들과 작업을 시작한 작품이다.

98년 공연된 작은신화 12. 퓨전 연극 〈가정의학백과〉는 비뚤어지고 기괴한 한 가족의 모습 속에서 병들어 있는 이 시대의 올바른 처방책은 무엇인가를 생각해보게 하는 작품으로 소재부터 낯설었던 작은신화의 작업이 구체적이고 사실적인 부분으로 어느 정도 선회했던 작품이다. 물론 이 작품은 전통적인 사실적 극은 아니었다.

이제 1999년 작은신화에서 새롭게 선보이는 작은신화 13. 미스테리 〈똥강리 미스터 리!〉는 그 동안의 많은 작업들의 결정체라고 할 만하다.

기본적인 시공간과 커다란 사건의 흐름을 설정한 이후 이외 필요한 전형적인 캐릭터를 설정하여 각 캐릭터들이 자신의 입장과 상황에 맞춰 자신의 장면과 대사들을 만들어낸 캐릭터 즉흥의 메소드로 완성되었다. '코메디아 델 아르떼'식의 고정 캐릭터와도 어느 정도 유사성을 가진 원형적인 작품제작 방법론으로 보다 현실감 있고 구체적인 소재와 내용을 통해 우리의 삶에 보다 한층 가까워진 공동창작 작품이다. 이 작품은 이미 지난 7월 혜화동1번지에서 창작 워크샵을 통해 공연으로 검증되었다.

그리고 공연상에서 보여줬던 문제점들을 보완하기 위해 새로이 드라마투르그를 편입시켜 그 완성도를 한층 높이는 데 주력하였다. 작은신화가 만들어온 많은 작품들 중에서 특히 공동창작은 어느새 작은신화의 대표적인 레퍼토리처럼 인식되고 있는 것은 주지의 사실이며 이에 이번 〈똥강리 미스터 리!〉는 젊고 새롭다는 것 만에서 벗어나 지나온 14년을 결산하며 나름의 자리를 찾고자 어느 때보다 신중하고 조심스럽게 만들어질 중요한 무대가 될 것이다.

–**반무섭**(1기단원, 연출가)

● **새롭게 창작 Work-Shop을 시작하며…**

초대의 글

안녕하십니까?

극단 작은신화는 1986년 창단 이래 젊고 개성있는 무대들을 정력적으로 꾸며왔습니다.

그중 〈전쟁음?악! 1, 2〉 〈mr. 매킨도 · 씨!〉 〈매직아이 · 스크림!〉 〈가정의 학백과〉 등 일련의 작업들도 쉬임없는 작은신화의 다양한 작업목록 중 한 부분이었습니다.

아무튼 드러내놓고 표방한 적은 없었지만 위의 작품 등을 통해 이뤄진 '공동창작'은 우리 연극방법론의 커다란 하나의 축이었고 관객과 만나는 우리식의 통로이자 가슴 설레는 경험이었습니다.

그리고 14년이란 시간이 흘렀습니다.

그리고 오늘 우린, 이 '공동창작'이란 낱말을 다시 한 번 떠올려봅니다.

이 낱말 앞에서 우린 지금 얼마나 자유로운가'?

이 물음을 끊임없이 자문하며 이번 창작 Work-Shop은 출발했습니다.

그동안 이뤄졌던 공동작업에 대한 나름의 성과와 진지한 반성을 토대로 새롭게 창작의식을 다지고 실험과 고양을 통한 충전과 모색으로 보다 견고하며 참신한 창작방법론에 도전하고자 기존 Work-Shop 공연과는 의도적 차별을 둔 창작프로그램으로 이름하고자 합니다.

그래서 이번 창작 Work-Shop은 역사는 언제나, 누구에게나, 어느 때나 재해석 될 수 있다, 라는 커다란 전제 아래 이미 해석된 역사인 '설화와 우화'라는 소재를 가지고 극 구성의 출발점과 창작으로의 접근방법을 차별화해 보고자 하였습니다.

첫 번째 작품인 〈떡을 물어 왕을 정했다구?〉는 석탈해 설화로 엮어진 기존의 원작을 기본 텍스트로 하여 인물(캐릭터)의 변형과 이야기 흐름에 대한 재구성에 중점을 두었고 〈똥강리 미스터 리!〉는 대한민국 어느 동네에나 하나쯤 있을 법한 이야기를 기본 모티브로 하나의 사건에 직면하게 되는 마을 사람들과 그 각자의 입을 통해 전혀 다른 이야기로 굴절되고 왜곡 되어가는 과정을 공동창작방식으로 새롭게 창조한 작품입니다.

이번 두 작품은 벗기기와 입히기라는 이야기의 보편적 속성과 현실의 무대가 만나 또 하나의 연극적인 '허구 또는 진실'을 엮어가는 공연이 되리라 기대됩니다.

날씨가 많이 더워졌습니다.

다가올 무더운 여름을 준비하며 꾸민 이번 무대에 여러분을 초대합니다.

–창작 워크숍 1 프로그램에서

2001년 〈돐날〉

● 386세대, 그 모순 덩어리의 삶. 극단 작은신화 〈돐날〉

386세대를 소재로 한 소설, 연극, 영화 등이 자주 눈에 띈다. 그만큼 386세대는 특수한 체험과 모순을 많이 안고 있는 세대라는 의미일 것이다. 386세대 작가인 김명화와 386세대 연출가인 최용훈과 386세대의 배우들이 만나 386세대만의 정한 이야기를 풀어낸다. 〈돐날〉(11.14~12.5, 동숭아트센터 소극장, 김명화 작, 최용훈 연출)은 연극을 만든 바로 그 자신들의 이야기라는 점에서 '극사실주의'적 접근이 당연할지도 모른다. 역시 386세대인 필자의 눈에도 이 연극의 정경들은 너무나 리얼해서 이따금 정말 친구네 아이 돌잔치에 앉아 있는 듯한 '환각'에 빠질 지경이다.

첫 장면은 돌잔치 준비로 분주한 '정숙'과 그 여자 친구들의 잡담으로 시작된다. 얼린 고기를 힘들게 썰고, 실제로 전을 부치고, 갈증이 난 김에 진짜 맥주를 마셔댄다. 그녀들의 차림새나 잔치 준비 솜씨는 영락없는 30대 중반의 '아줌마'들이지만, 그녀들의 대화에선 386세대만의 독특한 분위기가 풍겨난다. 한때 열혈투사였던 동기생들, 지린내가 진동하던 지저분한 술집에 대한 추억, 폭죽이 터지던 축제의 밤….

그녀들이 대학시절에 품었던 이상에 비해 지금의 현실은 너무나 누추하고 남루하다.

정숙은 박사 공부하는 남편 '지호'의 뒷바라지하느라 진을 뺐지만 남편이 언제 시간 강사 신세를 면하게 될지 기약이 없다. '신자'는 이미 이혼한 처지이고, '미선'은 남편의 외도에 맞서 맞바람이라도 피울 태세다.

다음 장면은 이미 돌잔치가 벌어져 남자들이 술에 거나하게 취한 상태다. 초라한 형색의 삼류 시인 '강호', 시민운동가이면서 다단계 판매사원인 '경우', 친구에게 하청 달라고 비굴하게 매달리는 '달수', 그중에서도 돈 좀 벌었다고 거들먹거리는 '성기'에게서 자유와 정의를 위해 싸우던 20대의 모습은 더 이상 찾아볼 수 없다. 술 취하면 으레 화투판이나 벌이고 옆자리의 여자를 희롱하고, 갖은 정력제에 탐닉하는 그네들이 '군부 독재 타도'를 외치던 그 투사들이었던가! 정숙과 지호는 사사건건 갈등의 골을 드러내다가 성기가 지호에서 거액을 주겠다며 논문 대필을 요구하는 대목에서 결국 감정이 폭발하고 만다. 커다란 잔치상이 뒤집히고 거실 바닥은 온갖 음식들이 나뒹굴며 온통 난장판이 된다. 그 엉망진창의 아수라장은 비속하고 추잡한 현실에 적응하지 못하는, 또는 적당히 타협한 386세대의 절망을 웅변한다.

난장판이 된 무대에 검은색 의상을 멋지게 차려입은 '경주'가 나타난다. 초반부터 동기생들의 화재에 떠오르던 그녀는 미국에 건너가 화가로서 폼나게 살고 있는 듯했다. 경주는 결혼도 하지 않았고, 대학시절의 꿈을 키워나갔고, 아예 이 땅을 떠났다는 점에서 다른 인물들이 '가지 않은 길'을 걸었다. 그러나 그녀는 낯선 이국 거리에서 초상화나 그리며 초라한 삶을 버텨내고 있을 뿐이다. 그녀의 동성애적 기질이나 강파른 투사로서의 이미지도 기실은 어린 시절 부모의 불화로부터 유래한 상흔임을 알게 될 때, 그녀는 누구보다도 불행한 인물로 전락한다. 경주가 한때 연인 사이였던 지호에게 옛 시절을 상기시키자 지호는 견딜 수 없는 자기 모순에 칼로 자해를 하고 만다.

모든 게 끝장난 것 같았지만 마지막 장면에서는 다시 천연덕스럽게 일상으로 되돌아가 있다. 삶이란 그런 아픔과 모멸 속에서도 아주 독하게 하루하루를 버텨내는 것일지도 모른다.

작가가 굳이 돌날로 상황을 설정한 것은 그 아이에게 앞으로 반복될 인생 유전을 상징한 듯하다. 연기가 아닌 실제 인물들의 삶을 엿본 듯, 내용과 형식이 참으로 잘 어울린 작품이다.

배우들 개개인의 탁월한 인물 묘사와 그 모두의 앙상블이 사실주의의 기본 조건을 잘 충족시켜 주었다.

—**김미도**(연극평론가, 서울산업대 교수)

돐날(2001)

2002년 〈오랑캐 여자 옹녀〉

● 작은신화 17. 오랑캐 여자 옹녀 연출의 글

올해의 연극베스트5 신인연출상 – '00 〈고래가 사는 어항〉
'95 〈낙원에서의 낮과 밤〉
'96 〈먼지아기〉
'97 〈키스〉 〈매일 만나기에는 우리는 너무나 사랑했었다〉
'00 〈고래가 사는 어항〉 〈맥베드, The Show〉
'02 〈누군가의 어깨의 기대어〉 〈405호 아줌마는 참 착하다〉

얼마전 시를 한 편 읽었습니다.
드물게 소리내어 읽어봤습니다.
눈이 읽지 못한 풍경을 소리가 찾아줬습니다.
내 입이 낸 소리를 귀가 듣고선 어떤 삶의 공간과 정서를 열어주더군요.
운 좋게 시 한 편을 잘 읽은 셈이지요.
원래 잘 읽는다는 것은 머리나 눈의 움직임이 아니라
내 입술과 귀가 필요한 일이었지요.
잊고 있었던 것을 문득 깨달을 때, 기쁘기도 하고 두렵기도 합니다.

–연출 **김동현,** 〈오랑캐 여자 옹녀〉 프로그램에서

2003년 견습단원의 하루

● **허기진 주머니, 두둑한 꿈 "무대에도 봄이 오겠지요"**

1980년대 이후 고만고만한 소극장과 공연장이 밀집하면서 우리나라 연극의 메카로 자리매김한 대학로. 매서운 바람이 불어닥치는 계절이면 대학로는 스산하기 그지없다. 관객이 줄면서 공연도 뜸해지다 보니 연극인들에게는 이래저래 춥고 배고픈 계절인 셈. 하지만 이 추운 겨울, 지하 연습실에서 봄을 준비하며 기지개를 켜는 이들이 있다. 대학로 후미진 골목에 자리한 다세대 주택 지하 1층. 여러 켤레의 신발이 가지런히 놓인 계단을 지나 문을 열고 들어서면 우선 대형 거울로 마감한 벽이 눈에 띈다.

스멀스멀 냉기가 올라오는데도 불구하고 두꺼운 매트 위에 정좌하고 앉아 희곡을 소리내어 읽는 '리딩' 작업에 열심인 이들은 올해로 창단 17년을 맞는 극단 작은신화의 견습배우들. 동인체제(고정 단원제)가 무너지고 난 대학로에서 작은신화는 여전히 동인체제를 고수하고 있는 얼마 되지 않는 극단 중의 하나. 배우를 뽑는 과정이야 어느 극단이든 다를 리 없건마는, 작은신화에서는 견습배우를 뽑을 때 가장 중요하게 보는 것은 연기력이 아니라 한 식구로서 함께 살아갈 수 있는가다.

"극단이 추구하는 연극관에 동의할 수 있는 이들을 뽑지요" 연출가 반무섭 씨의 말이다. 그렇게 해서 지난해 11월 오디션과 면접을 통해 견습배우로 선발된 이들은 모두 다섯 명. 하나같이 연극에 대한 애정으로 충만해 있는 이들 대부분은 아직 세상 무서운 줄 모르는 20대. 가장 나이든 '견습 아닌 견습'은 긴 머리를 찰랑거리는 최지훈 씨(30). 지방극단에서 8년 가까이 배우로 활동해온 최씨는 서울에서 활동하고 싶어 다시 오디션을 보고 '중고 견습'이 됐다. 고교시절 엑스트라로 참여한 연극에서 무대 위의 긴장감과 희열을 맛본 뒤 이를 인생의 목표로 삼게 됐다는 최지현 씨(23), 훗날 여자배우라면 누구나 탐내는 '레이디 맥베드'를 맡아 멋진 연기를 펼쳐 보이고 싶다는 김선영 씨(23)는 대학 연영과 동기동창생. 그런가하면 대학에서 영문학을 전공한 박윤석 씨(28)는 대학 연극반에서 활동하면서 연극인의 꿈을 키웠다.

고교 때 배우의 꿈을 키우며 연기학원에 다녔다는 성동한 씨(25)는 군제대 후 장사를 하다가 대학로에 발을 들여놓았다. 다섯 명 중 성씨가 가장 연기와는 거리가 먼 삶을 살았던 셈. 하지만 그 열정은 누구 못지않다. "연극이 너무 하고 싶어서 지난해 견습배우를 뽑기 전에 여기서 인턴으로 활동했어요. 공연을 참관하기도 하고 스태프로 일하기도 했지요." 일요일이면 비와 걸레를 들고 연습실을 치우던 이들이 본격적인 배우수업에 들어가기 시작한 것은 지난달 초. 3주간 아침마다 모여 앞구르기와 뒷구르기, 물구나무서기 등으로 몸을 풀고 마임이스트의 지도 하에 불이 되고 바람과 흙이 되었다. 유연성과 상상력을 기르기 위한 훈련인 셈이다.

오후에는 발성과 대사읽기 등을 연습해왔다. 요즘은 워크숍 준비로 한창 바쁘다. 다음달로 예정된 워크숍은 입단 후 처음으로 무대에 올리는 공연. 연출자와 함께 여러 희곡을 읽어보다가 소수와 집단의 문제를 다룬 서사극, 막스 프리쉬의『안도라』를 선택했다. 배우로서의 자질을 검증받는 시험대가 될 것이라 은근히 부담스럽다. 이제 입단 3개월째. 그렇다고 모든 것이 확정된 것은 아니다. 연극은 장기전. 앞으로 6개월 뒤, 모든 극단식구들이 모인 자리에서 이들을 단원으로 받아들일 것인지의 여부를 투표로 결정한다.

이는 공동체를 유지하기 위한 나름의 방식으로, 물의를 일으키거나 극단에 잘 적응하지 못하는 이들이 탈락대상자다. 스무 살이 훌쩍 넘은 성인임에도 불구하고 경제력이 없는 데서 오는 부담감을 이기지 못한 채 중도에 뛰쳐나가는 이들도 있단다. 부모의 반대, 뻔히 보이는 배고픈 앞날에 대한 두려움이 없지는 않을 텐데 이들이 연극을 계속하는 까닭은 뭘까. 연극이 왜 좋으냐는 우문에 견습배우들은 이렇게 대답했다. "딱히 꼬집어서 뭐가 좋다고 말할 수 없어요. 그건 마치 어떤 사람을 좋아하는데 왜 좋아하느냐라는 질문과 같은 거예요. 무엇인가를 좋아하는데 좋아하는 감정 말고 다른 이유가 있을 수 있을까요? 하고 싶은 일을 할 수 있다는 게 행복할 뿐이지요." 꿈과 현실의 갈림길에서 꿈을 쫓아 택한 길. 비록 난로에 차디찬 연습실의 냉기를 잊고 저녁이면 소주 한잔에 고단함을 잊지만 스스로를 갈고 닦지 않으면 한순간 흐트러지고 마는 험난한 길.

봄을 기다리며 하루하루를 건실하게 살아가는 예비 연극배우들의 눈빛이 반짝였다. 솔직한 배우가 되고 싶다는 그들에게서 풋풋한 봄냄새가 풍겼다.

–**윤민용**, 『경향신문』, 2003. 2. 2.

2004년 창작워크숍 4

● **소원이 있나요?**

14 Jan 2004

공동창작 첫 모임! 모임에 대한 공표만 있었을 뿐 누가, 그리고 얼마나 참석할지는 알 수 없었다. 하지만 각자는 각자의 길을 걸어 사무실에 모였다. 집합총원 8명. 그렇게 모인 8명의 남녀는 그날의 분위기를 깊이 느끼며, 느끼듯 출발했다.

19 Jan 2004

소재. 이것은 참으로 어려운 대목이다.
각자의 경험과 마음속에 담아왔던 많은 것들을 얘기한다. 여기서 우리는 각 개인의 숨겨진 기질과 성과들을 알게 된다. 즐겁고도 슬픈 순간이다. 많고 많은 얘기 중에 한 녀석이 간택되었다. 그 녀석의 이름은 “신들의 이야기” 란다.

11 Feb 2004

사무실 대관으로 인해 채플린 공연장인 문예회관 분장실에서 우리 만났다. 어째, 남의 집을 빌려 쓰는 기분이다. 집중력이 분산된다. 하지만 장소가 바뀌어도 변하지 않는 것이 있었으니! 우리의 첫 끼니는 언제나 컵라면… 면면이 이어지는 어제, 오늘. 그리고 내일…

22 May 2004

대본 작업에 탄력이 붙었다.

대표집필 광일이 형의 집중력과 우리들의 주저리가 원동력이다.

1 Jun 2004

드디어 완성본이 나왔다. 선영이는 기분이 짱이란다.

귀여워. 오늘. 선영이 생일이다. 추카추카! 초안을 가지고 리딩을 해왔던 터라 바로 캐스팅이 이뤄졌다.

좌절… 만족… 그래도 우리는 달려야 해요. All For one! One for all!

23 Jun 2004

공연이 며칠 남지 않았다.

100장이 넘는 종이에 써 내려온 많은 이야기들.

…

지난 시간을 반성하며, 우리가 나눈 이야기를 들려줄 그날을 기다린다.

24 Jun 2004

셋업!

밤샘 작업이다.

밤샘보다 더한 것을 한다 해도 힘들 것 같지 않은 것은…!?!

–연출 **이곤**, 작업일지, 창작워크숍 4 프로그램에서

2006년(A) 20주년 기념공연

● '작은신화' 20주년 기념공연 축제 「각양각색」 〈코리아, 환타지〉

서강대 대학 연극반 출신들이 주축이 되어 창단했던 '작은신화'가 벌써 20주년을 맞이하여, 4개의 「각양각색」의 공연을 일주일 간격으로 올렸다. 이들은 〈뒤바뀐 머리〉(토마스 만 원작, 이곤 연출), 〈거미여인의 키스〉(마누엘 푸익 작, 신동인 연출), 〈코리아, 환타지〉(최치언 작, 최용훈 연출) 및 〈빈대〉(마야코프스키 작, 반무섭 연출)로, 실로 다양한 국가의 원작일 뿐더러 잘 공연되지 않았던 작품들이다.

창립 당시부터 〈전쟁음?악!〉 〈매직아이 · 스크림!〉 등으로 새로운 형식 만들기에 주력하면서도 항시 현대의 길 잃음과 단절과 폐쇄에 관심을 가졌던 '작은신화'였다. 단면적이면서 파편화된 순간들을 포착하면서도, 단편적인 패러디에만 머물지 않고 전체적인 중심개념과 연결되어서 작품에 상당한 사고의 깊이를 제공하곤 하였다. 이번 「각양각색」의 공연들은 이러한 '작은신화'의 특징들이 여전히 유효했다.

각 작품들은 모두 일종의 길 잃음을 오늘의 우리에게 묻고 있으며, 그 각각의 이야기는 심도 있는 연출에 힘입어서 오늘의 우리를 생각하게 한다. 이들 중 작품의 완성도로는 '혁명운동'과 '동성애, 즉 성의 해방운동'을 넘어서, 인간과 인간의 완벽한 화해를 묘사했던 〈거미여인의 키스〉가 가장 두드러졌다고 하겠다. 그러나 '작은신화'의 그간 특징을 확인하기에는 〈코리아, 환타지〉가 가장 적합했기에 이를 중심으로 논의하겠다. 〈코리아, 환타지〉는 쉽게 말할 수 있는 작품이 아니다.

하드-코어적인 블랙 코미디

시간과 역사, 그 한계 상황 속의 인간의 탐욕과 집착과 욕망이 얽혀 있다. 그것은 역사를 이루었고, 또 되풀이되기에 과거는 현재이며 또 미래인 것이다. 연출은 이 작품을 '하드-코어적인 블랙코메디'라고 명명했다. 작품 전체를 조망할 때 그 비극적 아이러니 때문에 분명 코메디는 코메디라고 하겠으나, 등장인물 모두가 몰락한다는 점에서 블랙 코메디이며, 단순히 감각에 호소하기보다는 생각을 함께한다는 점에서 하드 코어라고 할까?

김교수는 자신의 역사학 논리를 증명하기 위해, 삼십 년 동안 각 시대의 상징 코드라고 할 인간 유형들을 수집하고 박제화시켜 드디어 박물관을 열려고 한다. 이를 위해 인간을 사들였으며, 그의 하수인들이 인간을 납치하고 박제사들이 이들을 박제한다. 납치되는 각각의 인간 유형들, 납치인이나 박제사들, 그리고 김교수의 가정에 등장하는 모든 인물들은 하나같이 미쳤다고 생각하지 않는다면 이해가 되지 않는 인간들이다. 등장인물은 그 단편적인 캐리커처적인 스케치로 과장되고 왜곡되었으며, 그 각각의 유형은 오늘 세태에 대한 풍자이고 비판이기도 하다. 납치된 인간들은 피해자이긴 하지만 그 특성들로 인해 별로 동정이 가지 않고, 납치인이나 박제사들은 자신의 작은 이익을 위해 배신을 밥 먹듯이 하고, 김교수는 자신의 학문적 영달과 성욕을 위해서는 물불을 가리지 않는다. 이들 중 가장 선(善)을 표상한다고 할 아들은 현실 적응의 부적격자에 가깝게 그려졌다. 부인과 하녀인 송양이 서로 독살시키려는 장면은 바로 '동정 없는' 인간사를 단적으로 상징하고 있다. 피해자인 듯한 송양이 어느덧 부인을 죽이고 김교수 앞에 군림하는 듯하지만, 그녀 역시 김교수에 의해 하나의 박제가 되고 만다. 궁극에는 모든 등장인물들이 박제가 되어서 막을 내린다. 시간은 '처음과 끝이 맞닿아 있는 거대한 원통'이며, 인간의 욕망은 '원통(시간) 속 여기저기로 처박히며 시대를 초월해 서로 상호 침투'했기에 미래와 과거와 현재의 욕망이 뒤얽히며, 세상에 새로운 욕망은 없으며 '인간'은 절망적이다.

2005 우리연극만들기가 발굴해낸 최고의 문제작

이 작품을 통상적인 희곡으로 이해하기는 어렵다. 선과 악이 뒤바뀌며 꼬리를 물고, 인물의 한 단면만이 얼핏 보이기 때문이다. 게다가 대사마저도 일상어라고 하기에는 너무도 철학적인 연설의 일부이거나 설명이다. 가령 일례를 들어 "송양아, 내가 왜 시대의 가장 변태적이고 추악한 인간 군상들을 좋아하는지 아느냐? 그들은 솔직하거든, 그들은 취해 있고 그들은 훔치고 강간하고 살인하고 노래하고…(중략)… 시대가 불어넣은 욕망과 본능의 숨결에 완벽할 정도로 순수하게 반응하지. 그들은 마치 시대에게 가장 자유로운 듯 보이지만, 선택도 자유의지도 없이 시대에 의해 이미 완결 지어진 어떤 코드야. 너 또한 성을 팔아 상류층으로 편입되고 싶었던 우울한 가정부의 불행한 상징이지. 이런 상징은 과거에도 있었고, 지금 또한 벌어지고 있는 일이지… 오 벗어날 수 없어!… 그러하기 때문에 난 그 가련한 것들을 보존하고 싶은 것이다" 라는 장황한 대사를 일상어로 보기는 힘들다. 사실 희곡은 말하려는 사고가 앞서서 거칠고 보완될 곳이 많다. 그러나 인생을 통찰하는 철학적 깊이로 인해서 많은 단점에도 불구하고 쉽게 지나갈 수 없는 작품이기도 하다. 가벼운 유희만이 만연한 요즈음 희곡계에 실로 신선한 충격인 것이다. 극단 작은신화가 '2005 우리연극만들기가 발굴해 낸 최고의 문제작'이라고 자랑한 것은 결코 과장이 아니다.

완성되지 못한 실험극을 풀어가는 연출의 힘

그러나 아직 미완의 희곡을 그나마 하나의 공연으로 풀어갈 수 있었던 것은 연출의 힘이었다고 하겠다. 작가 사상의 추상성을 보완하기 위해 연출은 등장인물들을 하나의 마리오네트처럼 과장되게 그렸고 행동하게 한다. 박제사를 제외하면, 어떤 인간적인 고민의 순간도 없다. 인간의 정의를 외치는 아들마저 인간의 욕망을 따르는 다른 인간 군상들과 마찬가지로 과장되고 우스꽝스럽다. 여기에 연출은 유희적 감각성을 가미하였으니 장면의 빠른 전환이나 라틴댄스를 연상케 하는 강렬한 색상의 대조와 조명의 명암 등으로 신세대 감각을 가미하였다.

빠르게 내뱉는 대사는 심각한 철학을 미처 반추할 여지 없이 다음 장면으로 계속되며, 가장 심각한 순간에 아들은 나체가 되어 조롱받는다. 발랑까진 중학교 여학생은 외모부터 행동까지가 신세대의 단점과 경박함을 표상한다. 그러하기에 희곡의 심각한 철학은 신세대 감각성과 뒤섞이어, 전체적인 공연은 '현대'에 대한 하나의 희화화요 조롱이 된다. 이 외에도 '작은신화'의 여러 연출 기법이 여전히 동원되었다고 하겠다. 한 주인공보다 전체적인 앙상블에 주력했다든가 단편적인 인물들의 스테레오 타입을 부각시킨다든가 악몽과 같은 현실을 코리아 환타지라고 부르는 의미의 아이러니를 부각시킨다든가 등등 많은 예를 들 수 있다.

그러나 이제는 이러한 기법들이 더 이상 새롭지 않다는 사실에 주목하게 된다. 또한 새로운 배우들의 연기는 초연 배우에 비하여 떨어지는 듯싶었으며 앙상블도 부족하였다. '작은신화'는 처음보다 나아지지 않은 공연은 분명 못 한 공연이라는 사실에 주목해야 할 것이다. 공동창작과 워크숍과 즉흥성의 강조라는 '작은신화'의 독특한 메소드가 빛을 잃어가고 있지는 않은지 돌아볼 때이다. 이제는 완성되지 못한 실험극으로 주목을 끌기에는 극단 '작은신화'가 너무 커버렸다.

'변화하는 자유로움'이라는 '작은신화'의 정신

따라서 더욱 섬세한 부분까지도 통일로 일궈내며, 재치는 있으나 반복된다고 느껴지는 기법들을 넘어서는 어떤 신화를 기대해본다. 실로 한국 연극의 실험이 새 밀레니엄을 맞이하여 정체된 듯이 느껴지는 것도 90년대의 동어반복이라는 점에도 크게 기인했을 것이다. 공연의 주제도 '하늘 아래 새로운 것이란 없다'는 시간의 반복성을 주목했듯이 실로 새로운 실험은 어렵고 어렵다. 이러한 실험의 돌파구를 '작은신화'에게 마련하기를 기대하는 것은 무리일지 모르나 아마도 가장 역량 있고 또 책임질 수 있는 극단의 하나이기 때문에 요구해본다.

'작은신화'는 지난 20년간 우리 연극계에서 젊지만 큰 몫을 당당히 감당해왔다. 공동창작, 우리연극만들기, 자유무대, 창작 워크샵, 독회 프로그램, 고전넘나들기 등등 실로 다양한 노력을 경주해왔다. 뿐만 아니라 항시 '오늘의 문제'를 젊은 의식으로 또 새로운 방식으로 풀고자 노력했었다. 이제 앞으로의 20년을 설계할 때다.

'작은신화'의 지난 20년을 축하드리며, '지금 여기, 변화하는 자유로움'이라는 '작은신화'의 정신이 또다시 한국연극의 새로운 장을 열기를 기대해본다.

–**이미원**(한국예술종합학교 연극원 교수),
『문화예술 크리티 저널 뷰즈』(문화공간 정원), 2006년 가을호.

2006년(B) 〈맥베드, The Show〉

● **쑈의 형식을 띤 〈맥베드〉에 대한 섬세한 주석**

극단 작은신화는 창단 20주년 공연(예술의전당, 토월극장, 4.28~5.7)을 위해 '작은' 이야기를 선택했다. 셰익스피어 그리고 〈맥베드〉라는 그 커다란 이름을 감히 작다고 말하는 것은 연출가 김동현이 이 작품에 다가선 방식 때문이다. 그에게 이 이야기는 '운명' '욕망' '죄의식' '비극' 등의 거창한 단어들로 설명된다기보다는 단지 짧은 순간에 흥망을 겪는 한 남자의 인생에 관한 것이다. 김동현이 파악하는 이 남자의 인생이란, "짧은 시간을 무대에서 잘난 척 떠들다가 퇴장하면 다시 나오지 못하는 불쌍한 배우 같은 것. 바보가 지껄이는 이야기. 시끄럽고 소란스럽기만 한 광란의 소리에 불과"한 것이다. 셰익스피어의 대사라는 것을 애써 기억하지 않는다면, 누구나 이 대사가 80년대의 한 대중가요의 가사와 비슷하다는 것을 느낄 수 있을 것이다. "배우는 무대 옷을 입고 노래하며 춤추고 불빛은 배우를 따라서 바삐 돌아가지만 끝나면 모두가 떠나버리고 무대 위엔 정적만이 남아 있죠. 고독만이 흐르고 있죠."

결국 김동현은 〈맥베드〉에서 스포트라이트를 받으며 정점에 오르려 발버둥 치다가 나락으로 떨어지고 마는 대중스타와 같은 모습을 발견한다. 그러므로 김동현은 멕베드라는 인물이 주인공인 쑈를 선보이고자 한다. 그렇다고 해서 연출가가 이 쑈를 위해서 〈맥베드〉라는 작품을 단지 구실로 삼는 것은 아니다. 차라리 김동현은 원작 텍스트를 세밀히 독서해내면서 자신이 주목하는 주세와 원작의 중심 이미지들을 유기적으로 결합하는 데 성공하고 있다. 결국 쑈라는 형식을 통해서 셰익스피어의 작품을 더 깊이 이해할 수 있는 주석을 달아보고자 하는 것이 김동현의 목표인 것이다. 그렇기에 그의 〈맥베드, The Show〉는 새롭게 해석한 〈맥베드〉라기보다는 섬세하게 해석한 〈맥베드〉라 칭해야 할 것이다. 화려하면서도 어둡고, 과잉된 듯하면서도 절제된 이 쑈는 셰익스피어의 언어와 닮았다.

맥베드, The Show(2006)

김동현이 원작에서 주목하는 핵심어는 '소리'와 '옷', 그리고 '잠'이다.

이때 소리는 천둥 소리, 말발굽 소리, 까마귀 소리처럼 구체적인 소리이기도 하지만, 맥베드라는 인물의 내면으로부터 오는 소리이기도 하다. 연출가는 세 마녀를 무대에 등장시키지 않은 채, 그들의 소리로만 처리한다. 인물을 지우고 그 인물의 대사를 소리로만 처리한다는 것은, 결국 그 소리가 지워낸 인물로부터 유래하는 것이 아니라 맥베드 자신으로부터 비롯된다는 것을 알게 한다. 다시 말해 '맥베드가 왕이 될 것이다'라는 것은 예언이 아니라 맥베드의 내면으로부터 오는 욕망의 소리인 것이다. 이 욕망의 소리가 메아리처럼 울리는 무대 위의 공간은 그러므로 내면의 공간이다. 그런데 이 욕망의 소리는, '무엇을 하고 싶다'는 최초의 음성으로부터 다시 변모한다. 그 무엇을 성취하기까지, 혹은 성취한 후 그것을 지키기 위해서 하나의 소리는 또 다른 소리로 변하며 불안한 메아리로 퍼져간다. 폐차장으로 가정된 이 황량한 공간은 이제 온갖 소리의 부추김을 겪을 것이며, 화려한 조명으로 빛날 것이지만, 결국 차츰 쇠락할 것이다. 그리고 그처럼 힘차고 화려한 것으로부터 '씁쓸한 오후'의 우울로 변모해가는 다양한 모습이 버라이어티 쑈의 내용을 이룰 것이다.

'옷'의 이미지는 '소리'와 분리되는 것이 아니다. 욕망의 소리는 바로 새로운 '옷'을 입으라고 부추기는 소리이기 때문이다. 맥베드가 글래미스의 영주에서 코오더의 영주 그리고 마침내 스코틀랜드의 왕이라는 여러 이름들을 거치듯이, 그 이름을 거쳐갈 때마다 맥베드는 다른 옷을 갖게 된다. '옷'은 욕망이 포획하기를 원하는 대상이지만, 본질적으로 안이 비어 있는 껍데기이다. 던컨왕이 잠든 밤, 전사들 모두가 잠든 밤에 벗어 매달아 놓은 옷들만이 무대의 허공을 채우게 한 장면에서 연출가는 이처럼 알맹이가 비어 있는 껍데기로서의 '옷'의 상징을 강조한다. 이처럼 깃털 달린 화려한 껍데기를 향할 때, 욕망은 아무것도 얻어내지 못한다. 왜냐하면 그것은 눈에 보이는 것이지만 알맹이가 손에 잡히지 않는 것이기 때문이다. 빈 옷들 사이로 맥베드 부인이 술을 붓고 있을 때 맥베드가 말한다. '눈앞에 보이는 이것이 단검이냐? 잡아보자. 잡히지 않는구나. 불길한 환영아, 눈에는 보여도 손에는 잡히지 않다니? 너는 열에 들뜬 머리에서 생겨난 헛된 환영이고 마음속의 단도에 지나지 않는단 말인가?' 김동현은 거사를 앞두고 겁에 질린 맥베드의 심정을 표현하고자 하기보다는 이처럼 옷의 상징을 빌어 셰익스피어의 〈맥베드〉의 주제를 해설하고 있는 셈이다.

잠든 던컨 왕을 죽임으로써 맥베드는 '잠을 죽였다.' 수수께끼와도 같은 셰익스피어의 이 말을 김동현은 욕조의 장면으로 풀어낸다. '잠'의 상징성은 '옷'과 '소리'의 상징성과 결부되어 의미를 지니게 된다. 옷을 전혀 걸치지 않은 맥베드 부인은 욕조 안에서 편안하다. 전화기 너머로 얼굴 없는 맥베드의 욕망의 소리가 들려오고, 욕조로부터 나와 옷을 걸친다. 알몸은 편안함이고 던컨 왕이 그렇게 했듯이 옷을 입지 않은 상태는 잠을 자는 상태이다. 그러나 이제 맥베드와 그의 부인은 옷을 향한 욕망의 목소리를 따라 불면의 밤을 헤매일 것이다. 그것은 죄의식이라기 보다는 허상에 대한 집착과도 같은 것이다.

이처럼 셰익스피어의 〈맥베드〉를 연출가가 관객들에게 설명해주기 위해서는 무대 위에 직접 개입할 필요가 바로 여기에 있다. 그는 연극을 또 다른 액자 안으로 밀어 넣음으로써 작품을 바라보는 연출가의 시선을 우리에게 노출시킨다. 그는 우리를 〈맥베드〉라는 쑈로. 아니 맥베드라는 인물이 행하는 원 맨 쑈로 이끈다. 원작의 여러 인물들이 생략되고 던컨, 벵코우, 맥더프, 맬컴 등도 단지 맥베드의 원 맨 쑈를 보조하는 무희들에 불과하다. 그렇다고 이 모든 것이 이 작품을 맥베드라는 한 인물에게 초첨을 맞추기 위한 것은 아니다. 던컨의 자리에 맥베드가 서고 그 자리에 다시 맬컴이 서듯이 맥베드란, 던컨, 맬컴이라는 이름과 구분될 필요 없는 빈 이름일 뿐이다. 껍데기들의 순환에 맞서서 이 모든 순환을 "이것으로서 끝낼 수" 있기를 바라는 허무한 발버둥, 이것이 김동현이 쑈라는 형식을 통해서 우리에게 읽어준 셰익스피어의 〈맥베드〉이다.

–**조만수**(연극평론가)

2007년 우리연극만들기, 그 일곱 번째

● 내 부들한 살덩이 같은 이야기

〈인간교제〉 & 〈미래는 없다〉

1993년부터 시작해 격년제로 시행되고 있는 극단 작은신화의 창작극 발굴 프로그램 '우리연극만들기'의 그 일곱 번째 열매가 올 가을 탄생한다. 김원의 〈인간교제〉와 이지홍의 〈미래는 없다〉가 그 주인공이다. 이 창작극 페스티벌은 당선된 '초벌'의 희곡을 연출과 배우 그리고 작가가 함께 작업하며 무대에 올라갈 '작품'으로 완성해나가는 기획프로그램이다. 그렇기에 이 두 연극은 그들에게, 그리고 우리에게 떼어낼 수 없는 살덩이처럼, 마냥 귀애하고픈 자식처럼 끈끈하고 질긴 이야기로 다가온다.

당신과 마주함. 상처 혹은 사랑 〈인간교제〉

남자와 여자가 있다. 그들은 같은 상처를 가졌다. 남자는 여자에게 돈을 준다. 여자는 남자에게 몸을 준다. 남자는 여자에 대한 뿌리 깊은 복수심이 있다. 여자에 대한 증오는 남자 자신에 대한 학대로 변한다. 남자는 끊임없이 여자를 학대함으로써 자신을 괴롭힌다. 남자의 상처는 점점 깊어만 간다. 여자는 남자와의 만남을 끝내고 싶어한다. 집으로 돌아가고 싶다. 가족에게 돌아가고 싶다. 남자에게 애원한다. 모든 걸 끝내고 서로의 집으로 돌아가자고. 남자와 여자의 교제는 돈과 증오와 애원으로 이뤄진다. 같은 상처를 가졌지만 그것을 해결하고자 하는 방법은 너무 다르다. 그들의 교제는, 그 방법의 다름으로 부딪히고 깨져서 다시 상처로 돌아온다. 그것이 그들의 인간교제다.

괴물이 되지 않으면 진짜 괴물이 되어버리는 한 사내의 이야기

"이 대본을 읽을 때 완성된 작품의 느낌은 아니었지만 발전가능성이 아주 농후해 보였어요. 그래서 첫 만남 때 작가 분께 실례인줄 알면서도 저희들 의견을 거침없이 내놓을 거라고 말씀드렸죠. 사실 작가분도 저희 얘기를 정말 잘 들어주셨구요. 연습하는 것 함께 보시고 배우, 스태프와 다 같이 이야기하고 다시 수정해보고, 녹록치는 않아도 이런 작업이 정말 우리연극만들기로서 의의가 있는 것 같아요. 서로 이야기하면서 어떤 방향으로 만들어나갈지 선택하고, 이 주인공을 정말 괴물로 만들까, 아니면 인간의 형상으로 만들까. 그런 고민.

사람은 누구나 살아가면서 어느 날 문득 괴물이 되어버리고 마는 시간과 마주치게 되잖아요. 저 역시도 그런 경험이 있구요. 활기차게 검게 살아갈까. 아니면 무기력하게 흰 것으로 남을까. 선택의 고통이 늘 우리를 뒤흔들죠. 그러다 고통스러운 혼돈의 시간을 지나고 보면 언제나 그 선택의 에너지는 사랑이라는 생각이 들더라구요. 이 연극을 통해서 한 인간을 평범한 인간으로 만들 수도 있고 괴물로도 만들 수 있는 유일한 힘은 사람뿐이라는 이야기를 하고 싶어요."

–연출 **신동인**

약속은 지키라고 있는 것일까, 깨라고 있는 것일까. 끝이 있어서 사랑이 아름다운 것일까. 다시 시작할 수 있어 이별이 다행인 것일까. 사랑해서 아픈 것일까 아파서 사랑한 것일까. 상처를 받아서 괴물이 되었을까 아니면 괴물이라서 상처를 받았을까. 뫼비우스의 띠마냥 시작과 끝을 알 수 없음에도 고통스러운 갈망은 멈추지 않고 계속된다. 왜냐하면 상처받을 줄 알면서도 사랑하는 것이 인간이니까. 버려진 따뜻함이라도 주워 가지고 싶은 것이 인간이니까. 다 끝난 것을 알면서도 눈물을 멈추지 못하는 것이 인간이니까. 그래서 그 사랑, 그들의 인간교제, 몹시도 뜨겁고 몹시도 쓰라리다.

–프리뷰

천국에서의 마지막 계절(2006)

2009년(A) 우리연극만들기, 그 여덟 번째

● 첫 번째 작품 〈옆에 있어 드릴게〉

일시 : 9월 2일~9월 14일
작 : 이윤설 / 연출 : 반무섭
출연 : 임형택, 송현서, 이은정, 박지호, 조혜인, 염선화

노부부가 호젓이 제주도 펜션에 여행을 오면서 이야기가 시작된다. 가이드 겸 택시기사 용이는 결혼기념일로 이곳을 예약해준 아들과 닮았다. 술 취한 젊은 여자가 방을 잘못 알고 노부부의 방에 들어오고 택시기사 용이는 여자의 숙소를 찾아준다. 여자 역시 택시기사의 엄마를 닮은 것 같다. 제주도에서 처음 만난 이들 부부와 기사, 여자는 함께 저녁만찬을 하게 되는데…. 이들이 제주도를 찾은 목적은 자신들의 상실과 상처 때문이다. 그런데 그들은 여전히 누군가의 사랑을 받고 있다는 사실은 알지 못한다.

사실 이 이야기의 소재가 되는 노부부의 이야기를 실제 기사에서 봤었어요. 짧은 단신이었는데, 노 부부가 제주도 여행을 하고 자살을 했고, 경찰이 조사를 해보니, 그 노부부가 일주일간 여행을 시켜준 택시기사한테 죽은 아들을 많이 닮았다고 했대요. 그리고 할머니가 오랫동안 아팠던 것 같다. 그래서 자살한 것 같다는 내용의 단신이었는데, 굉장히 인상적이었어요. 사실 처음에는 이 이야기를 따뜻하게 쓰고 싶었어요. 할아버지 할머니의 죽음이 따뜻하게 보이도록…. 그런데 제 세계관이 그것을 동의하지 않고 있다는 것을 알았어요. 그 기사가 너무 슬프게 다가왔어요. 결국 이 이야기는 사랑을 잃어버렸지만, 인생은 계속된다는, 이야기라는 생각이 들었어요. 등장인물

들을 보면 과거에 집착하거든요. 여자는 애인, 용이는 엄마, 장님소녀는 할아방, 이런 식으로요. 실연을 당하고 죽음을 경험하고 죽어버리고 싶지만 우리의 삶은 지속되고 있는데, 그때 보면 나를 사랑해주는 사람들이 있잖아요. 여자한테는 용이가 있고, 용이한테는 장님소녀가 있는 것처럼, 사랑이 끝났지만 인생이 계속되는 것은 비참하고 슬픈 일이지요. 하지만 여전히 누군가 나를 사랑하고 있다는 것, 사랑받고 있다는 것이 중요한 것 같아요. 작품에 있는 인물들은 과거에 집착하고 있기 때문에, 현재 사랑받고 있다는 것을 모르고 있는 사람들이고 그게 지금 우리의 모습이 아닐까 하는 생각을 했어요. 그래서 저는 이 작품이 사랑이야기라고 생각해요.

–작가 **이윤설**

● 두 번째 작품 〈천국에서의 마지막 계절〉

일시 : 9월 16일~9월 27일
작 : 이시원 / 연출 : 신동인
출연 : 홍성경, 장용철, 송윤, 이혜원, 오현우, 박소연

여기에 더 이상을 갈 곳 없이 막다른 벽을 마주하고 있는 가족이 있다. 아버지는 절망에 귀를 닫아버리고 엄마는 나이를 속여 대리모 일에 나서며 큰 딸은 얼마 안 되는 아르바이트 비용으로는 생활비를 감당 못 해 애인대행에 들어서고 아들은 인터넷으로 불법극약 판매에 몰두한다. 막내는 이 모든 현실에 대한 부담과 도피로 외계인과의 만남을 꿈꾼다. 더 이상 '죽음'을 담보로 하지 않고는 도망갈 방법이 없다는 사채업자 하수인 여자의 말에 아버지는 고민하기 시작하는데….

물론 가족 이야기를 다루고 있으니까 일상적이라고 할 수도 있지만, 개인적으로 사회구조나 지금 우리의 현실에 대해서 이야기를 해보고 싶다는 생각이 들었는데, 그렇다면 내가 아는 사회, 내가 아는 사람들을 가지고 이야기를 해보자, 그렇게 쓰게 된 것 같아요. 한 사람 한 사람이 모여서 사회가 되잖아요. 커다란 주제를 가지고 어떤 이야기를 하는 것보다 지금 사람들이 어떻게 살고 있는지를 보여준다는 생각이랄까요. 그걸 보다 극단적인 인물들로 보여주는 것을 선택했죠. 제 눈에는 그런 게 많이 들어왔었어요. 자기 인생을 끝내는 것은 그냥 자살인데, 왜 그렇게 동반자살이 많고, 그것도 특히 우리나라에 많잖아요. '아버지'라는 이름, 그것도 매치가 되더라고요. 지금 우리 아버지 세대, 어머니 세대는 공동체 의식이라는 게 있잖아요. 만약, 사채로 빚이 있어 집이 넘어가면 내가 아이들을 책임질 수 없기 때문에 같이 죽자고 생각하지만, 실질적으로 젊은 사람들은 또 그렇지 않은 거예요. 그들의 삶이 있거든요. 이 작품에서 각 인물들이 그런 게 보여져요.

처음에는 왜 사회에 자꾸 이런 일들이 일어나지? 하는 질문을 던지고 작품을 쓰기 시작했고, 결정을 해보자 했는데, 처음보다는 지금 생각이 조금 변했어요. 작품의 결론이 죽음에 이르잖아요. 그런데 그 죽음이 절망이 아니라, 희망적이고 생동감 있는 죽음이 됐으면 좋겠다는 생각. 삶이란, 산다는 것이 뭐지, 이 죽음을 다루고 싶다 이런 것이 아니라, 결국 제가 쓰고 싶었던 건 사는 쪽이 아니었을까 하는.

–작가 **이시원**, 『한국연극』, 2009년 9월호.

옆에 있어 드릴게(2006)

천국에서의 마지막 계절(2006)

2009년(B) 〈똥강리 미스터 리!〉

● 이제는 잊힌, 그러나 지속하고 싶은 공동창작방식

공연시작 50분전

최용훈(연출가) : 자 다들 모여~봐.

임형택(정배 역) : 자, 강배가 모이라 하는디 어여 와야 하는 기여.

최용훈 : 이제 9회 남았나? 뭐, 할 말 있음 한마디 해봐!

홍성경(이장 할머니 역, 초연 배우) : 혹시 더 하시나요? 뭐 연장을 하신다거나, 지방공연을 가신다거나.

최용훈 : 뭐, 그렇겠지.

홍성경 : 정말요?

최용훈 : 왜?

홍성경 : 아니, 난 운만 떼어놓고 다른 얘기 하려고 했는데.

최용훈 : 그렇다고 꼭 너희들이 다시 한다는 보장도 없잖아.

홍성경 : 아, 그렇지

임형택 : 우리가 뭔가 허점을 보인기여.(웃음)

최용훈 : 자, 조금 있으면 관객입장 하니까 잘 준비들 하고, 백미가 뭐 할 얘기 있다네.

생일축하 노래가 흐른다. 이날 생일을 맞은 출연 배우가 있었다. 아, 다시 생각해보니, 좀 전에 흘려들었던 말이 기억난다. "오늘, 내 생일이니까, 머리 예쁘게 따줘야 해."

공연시작 20분 전, 무대는 다시 조용해지고 배우들은 분장실로 모습을 감춘다.

10시 15분, 2시간이 약간 넘는 공연을 관람 후 연극평론가 김명화, 연출가 최용훈과 함께 똥강리에서 펼쳐진 미스터리한 (혹은 Mr.Lee에 대한) 일들에 대해 조금씩 운을 떼기 시작했다.

공동창작 작업이, 한 편의 연극으로 만들어지기까지

김명화 : 아르코극장 예술감독 이후 연출 작업은 첫 작업이죠? 이 좀 풀린 것 같아요? 자평을 좀 해보시죠.

최용훈 : 왜 그러세요?(웃음) 아니, 뭐 많이 풀렸겠어요? 올해 작은신화가 24년째 접어드는데, 제가 작은신화 창단멤버이고, 이 작품의 연출을 했었고, 홍성경이라는 초연 배우가 다시 참여하고, 또 마지막으로 정기 공연을 같이 했던 막내 배우가 참여하는데 그런 친구들은 작은신화가 출발할 때 태어난 애들이예요. 극단 내부적으로 세대를 허물고 같이 할 수 있는 공연이라는 의미도 있었고요. 워크샵 때 우리가 마지막으로 했던 공동창작 작업이니까, 그런 부분에서 애정이 있었죠.

김명화 : 그러고 보니 공동창작으로 올렸던 공연이 최근에는 없었네요. 초기엔 공동창작이 중심이었잖아요.

최용훈 : 공동창작이라는 것이 적어도 4개월 이상 함께 시간을 가져야 가능한 작업이거든요. 시간이 지나면서 초창기에 작업했던 배우들이 바빠지니까 그 정도의 시간을 투자하는 것이 힘들어졌어요. 이후에는 공동창작보다는 '우리연극 만들기'를 중심으로 젊은 작가들의 작품으로 돌아서게 된 거죠. 그러다 보니까 이 작품에 대한 애착이 더 남다른 거고, 게다가 이 작품은 배우들이 주축이 되어 만든 작업이라, 배우들의 애착도 남다른 데가 있어요. 앞으로 작은신화가 공동창작 작업을 재개해야 한다는 그런 의미도 닿아 있고.

공동창작 작업

공동창작 작업은 끝끝내 해보고 싶은 연극작업방식이라고 운을 떼는 최용훈 연출에게 〈똥강리 미스터 리!〉의 창작과정에 대해 물었다. 〈똥강리 미스터 리!〉는 캐릭터가 먼저 만들어졌다. 시골마을을 만들어놓고, 거기에 있을법한 사람들 가령 마을에 이장파가 있을 것이고, 반대파가 있을 것이고, 그러면 어떤 사람은 무엇을 위해서 이장 쪽에 있고, 어떤 사람은 뭘 위해서 반대쪽에 있을 것이며, 어떤 사람은 왜 양다리를 하고 있을 것이냐 등에 대한 인물구성이 첫 작업이었다. 여기에 이 마을을 관통하는 구조적인 힘 외에 그 모든 상황을 무시한 채 오로지 힘 자체로만 마을 전체를 누를 수 있는 어떤 존재를 만들었다. (극 중 강배: 극 속에서 등장하지는 않는다) 그다음 사건들을 구성하고, 대사 작업으로 이어졌다. 배우들은 각자의 캐릭터 작업을 하고, 주어진 상황에서 나는 어떤 행동을 할 것이냐는 동선을 만들고, 그 이후에 각각의 캐릭터가 만날 수 있는 작업으로 이어지면서 〈똥강리 미스터 리!〉가 창조됐다.

1999년 초연 이후 10년이 지난 작품의 외적 변화

김명화 : 벌써 10년이나 흘렀는지 몰랐어요. 한편으로는 10년이라는 세월의 간극이 느껴지기도 하네요.

최용훈 : 공연이 약간 달라졌어요. 터치하는 방식도 달라졌고, 공동창작이라는 작업은 숙성되는 과정이 필요하잖아요. 그때는 배우들이 직접 만들었으니까. 좀 더 생동감이 있고, 배우들이 좀 더 편하게 놀 수 있었다면, 지금은 다른 배우들이 만든 호흡을 후배들이 가져가는 거니까, 그 부분을 적용하는 데 있어, 초연보다 덜 자연스런 것이 있기도 하죠. 그렇기 때문에 초연 공연 때 배우들의 자유분방한 몸보다는 통제하거나 절제하는 부분들이 많이 들어가 있죠.

김명화 : 말씀하신대로 배우가 달라져서 그런 부분도 있을 것 같고, 시의성이나 지금

우리 모습도 작용했을듯 해요. 이번 공연을 보면서 웃음에 초점을 맞추었던 과거 보다는 괴기스러움이 좀 더 강조되었다는 느낌을 받았거든요.

최용훈 : 그거는 조금 의도한 부분이 있어요. "맹란"의 캐릭터는 그때보다 더 많이 강화시켰고, 사건이나 이런 것에 대한 방점을 찍으려고 노력했어요. 초연이 외부에서 드러나지 않는 문제에 대해 휩쓸리는 사람들이 중심이었다면, 그 휩쓸림을 개개인에 조금 더 분화시키려고 했어요. 그러다보니 웃음이 터질 수 있는 코드는 더 줄어들었고…. 지금 작품이 오히려 〈똥강리 미스터 리!〉를 하려고 했던 작품에 더 가까워진 것이 아닐까 생각해요.

김명화 : 스릴러가 강조 되니까 작품의 주인공이 마을 사람들 같더라구요. 물론 마을 사람들밖에 안 나오니까 그들이 주인공이지만(웃음). 초연을 봤을 때는 "강배"로 대표되는 세상의 권력에 대한 세태풍자극이고 마을 사람들은 조연이나 들러리로 보였다면, 이번 작품에서는 연출가가 세상만이 아니라 스스로를 풍자했다고 말한 것처럼(프로그램 중), 이런 세상을 만들어버린 우리 모두를 시의적으로 풍자하려고 했던 것은 아닐까, 뭐 그런 생각도 들었어요.

최용훈 : 의도가 아니었다고 치더라도 내 마음이 그렇게 흘러갔겠지?

김명화 : 공연을 보면서 조금 더 그 쪽이 부각되면 더 좋겠더라고….

연극의 시의성

연극은 시대를 담고 있어야 한다는 명제 안에서 〈똥강리 미스터 리!〉를 10년 후에 다시 공연할 어떤 이유가 있었을까를 되묻는다. 초연 당시 '세상에 대해 그냥 소리 질러보고 싶었다'면, 좀 더 냉소적으로 변해버린 작품 〈똥강리 미스터 리!〉를 넘어, 작가와 연출가에게 연극의 시의성에 대해 슬며시 말을 걸어본다. 시의성과 보편성을 동시 획득한다는 것은 불가능한 것인가 하고.

김명화 : 연극의 시의성? 작품을 하는 사람으로 고민하는 시점이에요. 몇 년 전에, 386이 꽤나 욕먹던 시절이지. 학생 중 한 명이 〈새들은 횡단보도로 건너지 않는다〉를 이야기하면서, 예전에 이런 작품을 쓰신 것이 부끄럽지 않으십니까. 그러더라고. 또 누구는 이미 시효가 지난 작품이다. 그런 말을 하고, 그래서 나름 고민했는데 답은 명쾌하더라고. 부끄럽지 않다. 순간이더라고 내 당대에 지글거리는 문제가 있다면, 쓰는게 옳다. 그 시대가 또 온다면, 또 써야겠지.

최용훈 : 그 시대에 맞는 작품도 해야 하고, 그렇지도 않은 것도 해야 하는 거죠.

김명화 : 시의성 플러스 보편성을 획득하면 한국 연극계가 좋아질 텐데….

최용훈 : 우리 사회가 너무 빨리 변해서 그런 거 아니야?

김명화 : 꼭 그럴까?

최용훈 : 흔히 고전이라는 것. 그 보편성이라는 것이 그 고전이 나타나서 그 시의성이 유효했던 기간이 엄청 길잖아. 우리는 10년이라고 보면 거기는 100년이 갈 수도 있었고. 계속 다듬으며 그 보편성이 진화했을 거라고요. 그런데 우리는 진화하기 전에 그 이야기가 낡은 것이 돼버리고, 이제 그 이야기 하면 안 돼, 더 급한 게 있는데…. 이렇게 돼버리는 건 아닐까. 그런 이유도 있을 것 같아요.

김명화 : 맞는 말이에요. 한국연극계는 작품을 빨리 사장시켜요. 작품을 보편적으로 다듬어나갈 노력은 안 기울이고, 작품 없다는 소리나 하지. 그리고 작가들 역시 세상이 그러니까 보편성을 획득하려는 노력을 덜 기울이고.

'징조'인 것이여

작품 내내 13명의 등장인물과는 다른 언어로, 몸짓으로, 무대의 여느 배우와는 다른 느낌의 캐릭터가 있다. 풍각쟁이 노래를 섬뜩히게 불러내는 고등학생 '맹란'이다. 극 속의 조화로움에서 너무 동떨어진 소녀는 어떤 '징조'에 관해 끊임없이 읊조린다. 마치, 모든 상황을 알고 있는 것처럼, 혹은 그 모든 상황을 주도하고 있는 것처럼 보이는 담담함으로, 그럼에도 작품 어디에서도 마을을 일대 파란으로 몰고 간 그 사건들에 대한 해결지점은 보이지 않는다. 똥강리에서 벌어진 미스터 리(Mr. Lee)로 촉발된 미스테리한 일들은 결국 관객들의 상상 속에 맡겨진다.

최용훈 : '맹란'은 마을에서 가장 똑똑한 인물이죠. 그 마을에서 교육도 가장 많이 받았고, 마치 앉아서 사람들을 가지고 놀고 있는 것 같기도 해요. 제일 어리지만, 오히려 그런 사람들과의 힘, 밀착, 활용, 이용… 아무튼 그런 느낌이 있었어요. 주도권이나 권력이나 힘과는 다른, 반전이라고 할까요. 어느 게 사실인지는 이 공연을 봐서는 아무도 모르잖아요. 마지막에 맹란이가 말하길 "강배가 자기 뱃속에 있다"는 것은 중의적 표현이 있죠. 그것이 강배의 아이인지 혹은 강배라는 인물을 제거했다는 것도 있는 거구. 내가 모든 것을 조정해서 또 다른 힘이 될 수 있다는 것일 수도 있고. 내가 새로운 강배로서 하겠다는 선언일 수도 있구요.

김명화 : 공연 보면서 맹란이가 사건을 조정하고 있다는 생각까지는 못 했어요. 맹란이가 작품 속에서는 그래도 엘리트인데. 엘리트와 권력의 밀착 관계 정도로 생각했죠. 1969년도 이야기지만 지금 이야기이기도 하고….

최용훈 : 다 이야기가 될 수 있다고 생각했어요. 더 이상한 성격으로 만들어야 하는데, 다시 만들어볼게요. 좀 더 사이코패스처럼.

이야기가 끝나갈 무렵, 그 수많은 이야기를 뒤로 하고, 다시 물었다.

"모든 상황을 뒤로 하고, 평론가로서 이 작품의 질적 수준이 만족할 만하셨습니까."

김명화 : 10년의 간극이 있는데, 조금 더 정제를 하면 좋지 않았을까. 이번 공연에서

괴기스러움에 강조점을 둔 것처럼, 그런 새로움을 더 집요하게 쌓으면 시간을 훌쩍 뛰어넘을 수 있을 것 같아요. 연출가에 대해 평가하자면, 본인도 자평했듯 아직 몸이 안 풀렸죠(웃음). 냉정하게 평가하자면 혹은 후하게 평가하자면, 더 잘할 수 있는 사람이잖아요. 아직은 약해요. 몸을 더 풀어야 해요.

최용훈 : 2년 만에 하는 거야. 좀 봐줘요.

김명화 : 연출가로서 계속 자극을 줘야 하거든(웃음).

–**최윤우** 기자

2009년(C) 최용훈

● 신화를 거부하는 무대위의 작은거인

지금, 대학로를 움직이는 연출가

신화라는 것이 삶의 다양한 현상에 대한 근원적 설명을 품고 있는 것이라면, 최용훈은 자신의 다양한 작업들을 통괄하는 하나의 일관된 미학적 원칙을 부정한다는 점에서 신화를 거부하는 연출가이다. 나아가 자신의 예술적 지향성을 앞선 세대들의 영향력으로부터 독립시키려는 의지를 지녔다는 점에서 역시 신화를 거부하는 연출가이다. 극단 작은신화와 20년이 넘는 시간을 함께하면서 그 흔한 셰익스피어 · 체호프 · 뷔히너 등 고전들을 거의 다루지 않았다는 것은 그가 파괴하고 해체하며 재해석하기 위해서조차 과거형으로서의 거대한 '신화'에 관심을 두지 않는다는 점을 알려준다.

그는 연극사의 대작가보다 '우리연극만들기' 등의 기획공연을 통해 현재형의, 아직은 '작은' 작가들에 관심을 두며, 그가 만나는 작품마다 그 고유한 특성을 도출하는 것을 자신의 연출적 모토로 삼는다. '우리연극만들기' 를 표방하면서도 그는 앞선 세대의 연극인들처럼 우리의 고유한 양식을 구축하려는 '신화'에 도전하기보다는, 비록 초라하거나 거친 모습을 지니고 있다 하더라도 동시대적 삶의 호흡을 담는 연극적 형식을 찾는 작은 모험에 도전하기를 원했다. 그러므로 그의 20여 년의 연극적 여정은 이처럼 '작은' 작품들을 집적하는 시간이었다.

이 때문에 그는 자신과 비슷한 연배의 연출가들을 대표해서 우리 연극을 소극장의 작은 연극으로 축소시켰다는 비판적 평가를 받기도 했으며, 그가 추구하는 동시대적 호흡이 때로 가벼운 유희로 폄하되기도 했다. 그러나 분명한 것은 이 작은 유희가 1990년대, 그리고 2000년대의 한국 사회를 관찰하는 가장 효과적인 방식 중 하나였으며, 이 시기 한국연극의 가장 중요한 지형도를 이루었다는 사실이다.

왜곡된 현실을 더 왜곡시키기

비록 그가 작품에 따라 그 미학적 지향을 달리하는 연출가라 할지라도, 그의 수많은 작품들을 관통하는 몇 가지 특성을 찾아내는 것이 어려운 일만은 아니다. 동일하게 동아연극상 작품상과 연출상을 수상했던 〈김치국 씨 환장하다〉(1998년)와 〈돐날〉(2001년)은 매우 상이한 특성을 지닌 작품이다. 우선 〈김치국 씨 환장하다〉는 분단 문제와 이데올로기 갈등을 일란성 쌍둥이와 신원의 오해라는 전형적인 코미디 장치를 통해 보여주는 작품이다. 반면 '돐날'은 30대에 이른 386세대의 왜곡되고 무기력한 삶의 모습을 적나라하게 보여주는 작품이다. 텍스트 자체가 요구하는 대로 최용훈은 두 작품에 대해 각기 다른 선택을 한 것처럼 보인다. 〈김치국 씨 환장하다〉에서는 연극적 장치를 적극적으로 활용하면서 빠르게 비약하지만, 〈돐날〉에서는 삶의 단편을 그대로 옮겨온 듯 정치하고 세밀한 사실주의를 도입한다.

하지만 최용훈의 연출을 거치면서 두 작품은 표면적인 차이를 넘어 공통된 특징을 지니게 되는데 그것은 작품이 제기하는 현실의 그로테스크한 성격이 크게 부각된다는 점이다. 우측으로 일그러지듯 기울어진 TV 화면과 안기부 취조실에서 김치국은 한마디로 '말도 안 되는 상황'을 겪는다. 일란성 쌍둥이의 존재 때문에 엎치락뒤치락하는 상황의 희극적 전복보다는 풍자의 대상이 되는 현실의 왜곡성을 증폭시키는 데에 최용훈은 연출의 중심을 두고 있다.

바로 이러한 확대, 과장을 통해서 최용훈은 우리가 살아가는 현실 자체가 이미 크게 왜곡되어 있음을 드러낸다. 왜곡을 정확히 짚어주는 것이 아니라 왜곡을 왜곡의 방식으로 드러내는 것이다.

〈돐날〉의 사실주의적 장치들은 어느 순간 사실을 넘어선다. 사실성을 확보하기 위해서 무대 위에서 실제로 가열되는 프라이팬 속의 음식이 고소한 냄새를 내다가 어느 순간 그 기름 냄새가 역하게 느껴지는 것처럼 무기력·무능·순진성·비겁함·거짓·허세·비굴함 등이 인물들이 구현하는 현실적인 캐릭터를 넘어 역겨움으로 다가온다. 최용훈은 숨겨진 진실이 마치 토사물처럼 분출되게 하기 위해 이 역겨움을 증폭시킨다.

그가 이처럼 현실의 왜곡을 증폭시키는 기제가 바로 유희성이다. 그에게 현실은 그릇된 것, 잘못된 것, 그리하여 호통치거나 꾸짖고 비웃을 수 있는 대상만은 아니다. 현실은 서사에 의해, 혹은 진지한 자기반성이나 일장연설로 회복시킬 수 없는 괴물과도 같은 것이다. 왜냐하면 왜곡되고 역겨운 현실은 우리들 자신에 의해 구축되는 것이기 때문이다. 바로 이러한 인식이 그를 앞선 세대의 연출가들, 특히 연우의 연출가들과 다른 연극적 지향을 지니게 한다. 연우 세대가 악한 세상을 향해 비웃음의 고함을 지를 수 있었다면 최용훈이 고함쳐야 할 대상은 자기 자신이기 때문이다. 자신과 유희를 해야 하기 때문에 최용훈의 연극적 유희는 이미 근친상간적이며 동성애적이고, 자신을 공격해야 하기 때문에 이미 친족살해적이며 패륜적인 면모를 지니고 있다.

역겨운 세상과 연극이란 작은 유희

〈코리아, 환타지〉(2005년)의 작가 최치언은 글쓰기를 통해 연출가로서의 최용훈에 근접하는 작가다. 달리 말한다면 최용훈은 최치언의 글쓰기 속에 담긴 유희성의 존립 근거를 가장 잘 이해하는 연출가이다. 아버지가 아들을 죽이고 오빠가 여동생을 죽이는, 그리고 남편과 아들이 각각 하녀와 성애를 나누는 장면을 관음증에 빠진 어머니가 엿보는 이 변태적 세상을 최지언은 '코리아'라 명하며, 이 공간 속에서 반복되는 동일한 패륜의 시간을 역사라

칭한다. 최용훈은 최치언의 글쓰기 속에서의 관념적 성찰을 최소화하고 유희적 측면을 부각시켜 코리아라는 공간의 부정성을 극대화한다. 매판자본의 역사를 고발하는 대학생 아들이 죽음 앞에서 굼벵이처럼 기어 도망가는 장면에서처럼 최용훈은 모든 도덕적 구호가 동물적 발버둥에 지나지 않도록 이미지를 확장시킨다.

사실성을 벗어나 현실이 주는 이미지를 극단적으로 왜곡시켜 역겨움을 증폭시키는 최용훈의 연극적 유희가 그저 가벼운 놀이로만 그치지 않는 이유는 우리가 살고 있는 실제의 현실이 점차 어린아이 놀이보다 더 유치해지고 있기 때문이다. 모든 거대 담론은 정치적·경제적 이유로 왜곡되었으며, 그 역겨운 왜곡이 우스꽝스럽다는 것을 알면서도 마땅히 받아들여야 하는 것으로 제시되는 이 현실의 연극적 유희성은 최용훈의 연극적 유희성을 오히려 압도하기에 이르렀다. 이 압도적으로 우스꽝스럽고 역겨운 현실을 연극을 통해서 변화시킬 수 없다 하더라도 극장 안에서는 그것이 여전히 역겨운 것임을, 그것이 정말로 우스꽝스러운 것임을 드러내는 유희가 필요한 것이다. 그것이 대극장 무대를 가득 채우는 신화적 이야기가 아닌 어두운 소극장, 거친 무대 위의 작은신화에 불과한 것일지라도.

—**조만수**, 『객석』, 2009년 2월호.

● 연출가 최용훈 인터뷰

Q. 연극, 그중에서도 연출을 시작하게 된 계기는 무엇이었나요?

어릴 적엔 아버지 뒤를 이어 영화감독이 되는 게 꿈이었어요. 그러다 중학교 때 〈플란더스의 개〉란 연극을 처음 봤는데, 아버지 따라 영화촬영장 돌아다니면서도 만날 수 없었던 그 살아 있는 느낌이 너무 좋아서 그날로 연극연출가로 진로를 바꿨어요. 그 이후 한 번도 생각이 바뀌지 않았으니 꽤 일찍 인생의 방향을 정한 셈이죠? 대학 갈 때도 당시 활동이 활발하던 서강연극회에 들어가고 싶어서 서강대를 지망했고, 어떤 전공이 연출에 도움이 될까 고민하다 세상을 폭넓게 보고 싶어서 철학과를 갔어요. 그야말로 연극하려고 대학을 간 셈인데, 그만큼 연극에 매혹됐죠. 무엇보다 연극이란 작업을 통해 사람들에게 하고 싶은 이야기를 전할 수 있다는 것, 그리고 우리 사회에 작은 발언이나마 할 수 있다는 게 좋았고, 작업하면서 사람들을 만나고 어우러지는 과정이 다 좋았어요. 지금도 그렇고요.

Q. 가장 영향을 많이 받은 연극인이 있다면?

특별히 없어요. 물론 모든 선생님, 선배들에게 어느 정도 영향을 받았지만, 직접적으로는 없습니다. 제 성격 자체가 독립적이어서 누가 했던 대로 하는 걸 싫어하거든요. 좋은 게 있어도 그냥 저건 저 사람의 방식이라고 생각하죠. 그래서 연출이건 배우건 작가건 간에 누구 한 사람에게 확 빠진 적이 없어요.

Q. 어떤 작품들에서 주로 연출하고픈 매력을 느끼는지요?

그냥 대본을 보면 확 끌리는 게 있기는 한데, 어떤 종류라고 이야기하기는 좀 애매하네요. 굳이 따지자면 미학적인 것보다는 사회적 발언이 있는 작품에 더 관심이 있습니다. 그래서 지금 우리 사회에 언급할 만한 부분이 있는 희곡들에 먼저 눈이 가는 편이에요. 가장 최근에는 최치언 작가 작품에 끌렸어요. 엉뚱함과 예측 불가능함, 그리고 독특한 사고 체계가 마음에 들어요.

Q. 스스로 연출 스타일에 대해 어떻게 생각합니까?

저는 연출 스타일이 없는 연출가예요. 각 작품마다 가장 잘 맞는 스타일이 있는데, 그 스타일을 찾아서 입혀주는 게 연출가의 가장 중요한 임무라고 생각하거든요. 그러다 보니 작품에 따라서 이거 할 땐 이렇고, 저거 할 땐 저런 식으로 나와요. 또 저 스스로 어떤 카테고리 안에 분류되고 싶어하지 않다 보니 더욱 그렇죠.

Q. 연출 작업을 할 때 가장 크게 고려하는 점은 무엇인가요?

저는 팀의 분위기가 결국 그 작품의 성패를 좌우한다고 봅니다. 무대 위에서만이 아니라 연습 과정의 분위기나 일상에서의 호흡까지 포함해서요. 어쨌거나 연기는 사람이 모여서 하는 거고, 사람에게 보여주는 것이기 때문에 만드는 이들의 관계가 제대로 형성되지 않는다면 그 이후의 것들은 억지로 갖다 붙인 껍데기에 불과하다고 생각하거든요.

Q. 앞으로 꼭 연출해보고 싶은 작품이 있다면?

핀터 작품을 꼭 해보고 싶어요. 핀터 작품들은 정치적이면서도 특유의 매력이 있어요. 유쾌한 난해성이라고 할까요. 그걸 관객들도 제대로 느낄 수 있도록 만들어보고 싶습니다.

Q. 1986년 극단 작은신화를 창단했습니다. 같은 세대 연출가들에 비해 상당히 이른 편인데요.

대학 졸업할 즈음이 1980년대 중후반이었는데 당시 사회 분위기도 안 좋았고 극단들도 연우무대 빼고는 대부분 코미디나 상업극에 휩쓸려 있었어요. 가장 연극적인 작업을 하던 연우무대도 당시는 좀 폐쇄적인 분위기여서 가고 싶지 않았고요. 그래서 친구들이랑 고민하다가 그러면 우리끼리 한 번 시작해보자 해서 극단을 만들게 된 거죠. 그때만 해도 극단에 들어가 도제식으로 배우는 과정을 거치지 않고는 극단을 만드는 팀이 거의 없었는데, 나름 파격적인 창단이었죠.

Q. 창단 취지는 어떤 것이었나요?

처음 시작할 때부터 우리는 어떤 연극을 해야겠다는 확신보다는 정말 연극을 하고 싶다는 마음으로 뭉친 거였거든요. 어떤 방향으로 갈지는 함께 고민하면서 찾아내자는 생각이었어요. 그래서 초창기에는 스터디도 하고 공연도 많이 보러 다니고 작은 공연들을 올리면서 시행착오를 많이 거쳤죠. 그러면서 찾아낸 형태가 공동창작이었고요. 한 가지 분명했던 것은 상업적으로 흐르지 않고 의식 있는 연극을 만들겠다는 의지였어요. 우리 나름의 발언을 가지고 연극을 통해 세상을 바꿀 수 있으리란 믿음이 있었죠.

Q. 극단 이름은 누가 지었고 어떤 의미를 담고 있습니까?

창단 멤버들이 자취방에서 뒹굴면서 함께 지은 거예요. 일단은 뭔가 '신화'를 만들어내고픈 치기 어린 마음이 있었죠. 다들 연극하겠다고 눈 반짝거리던 20대 초반이었으니 뭔들 못 꿈꿨겠어요. 근데 신화라고만 하면 너무 식상하니까 뭔가 수식어를 달자는 의견이 나왔고, 조그만 것이라도 이뤄보자는 의미로 '작은'이란 말을 넣었어요. 사실 '작은' 신화가 어법상으로는 말이 안 되잖아요. 그런데 다들 "이거 좋다. 말도 안 되고 뭔가 건방지고 전복적인 것 같고." 그렇게 동의해서 결정된 거예요.

Q. 공동창작 · 실험무대 · 창작극 페스티벌 · 특별공연 · 야외공연 등 작은신화가 추구해온 작업들은 너무 다양해서 어느 한 가지로 특징 짓기가 어렵습니다.

작은신화는 연극으로 할 수 있는 모든 가능성을 실험해보고 싶은 극단이고 지금도 그렇게 하고 있습니다. 그래서 우리 극단은 재공연을 잘 안 해요. 슬슬 레퍼토리도 만들고 해야 하지 않느냐는 우려도 나오는데 그건 더 나이 들어서 해도 될 것 같고요. 저는 아직 젊은 연출가라고 생각하니까 새로운 것에 도전해보고 싶은 거죠.

Q. 창작극 페스티벌인 '우리연극만들기'를 통해 많은 신인 작가들을 발굴하면서 작은신화는 젊은 작가들의 등용문 역할을 톡톡히 해왔습니다.

여러 활동 중에서도 이것만큼은 꼭 붙들고 가고자 하는 우리 극단의 신념입니다. 1993년인가, 공연을 해서 3천만 원 넘게 흑자를 본 적이 있어요. 이걸로 뭘 할까 생각하다가 뭔가 우리 연극계를 위한 일에 쓰자고 결정했어요. 그래서 그 돈으로 '우리연극만들기'를 시작했죠. 그때만 해도 지금처럼 창작 지원책이 활성화되어 있지 않았고, 젊은 작가들이 작품을 발표할 기회가 정말 드물었거든요. 이건 좀 문제다 싶었고, 마침 뭉칫돈이 있기에 덜컥 일을 벌인 거죠. 처음부터 적자만 3천만 원이 넘게 나왔고 지금도 우리 극단의 주 적자 사업인데, 그래도 이제는 우리 단원들이 가장 좋아하는 프로그램이에요. 이 작업을 거쳐간 작가들이 지금 활발히 활동하고 있는 걸 보면 뿌듯하고 자부심을 느끼게 되거든요.

Q. 작은신화의 연극 작업에 대해 스스로 어떻게 평가합니까?

작은신화는 공연을 만드는 극단이기도 하지만, 연극 운동적인 성격이 더 강한 곳이에요. 뭔가 발언하고자 하는 의지도 뚜렷하고, 주제넘게 우리 극단뿐 아니라 연극계 전체에 도움이 될 만한 사업을 벌이려고도 하죠. 앞으로도 우리 극단만이 아니라 좀더 넓은 시각으로 우리 연극 전체를 위해 움직이는 극단으로 자리매김했으면 좋겠어요.

Q. 작은신화가 지향하는 고유의 연기 양식이 있습니까?

그런 게 생길 수가 없죠. 우리 단원들이 제일 좋아하는 게 다른 극단과 달리 연출부가 많아서 한 극단에 있으면서도 다양한 연출가들과 작업할 수 있다는 거거든요. 어떤 연출가와 작업하느냐에 따라 스타일이 완전히 달라지니까요. 그러니 10년, 20년을 해도 배우들이 한 스타일로 가거나 어떤 패턴이 생길 수가 없죠.

Q. 앞으로 작은신화의 나아갈 방향은 어떻게 보고 있습니까?

지금 우리 단원이 80명 정도 되는데, 저는 일단 단원 100명 시대를 열고 싶어요. 어떻게 다 수용할 거냐고 반대하는 사람도 있지만, 저는 오히려 반대로 생각하거든요. 단원수가 적으면 극단이 뭘 해도 모두 매달려야 하고 다른 걸 할 수가 없잖아요. 근데 작은신화는 크고 작은 공연을 많이 올리는 팀이다 보니 오히려 인원이 많은 게 더 좋죠. 그럼 어느 한 팀이 공연할 때 다른 팀은 여유 있게 자기를 위한 투자도 할 수 있고 외부 작업도 할 수 있잖아요. 얼른 100명 시대를 만들어서 극단 작업을 좀 더 다양하게 벌리고 싶어요. 아직 못 해본 작업들이 많잖아요.

Q. 연출이란 무엇이라 생각합니까?

스펀지 같은 존재가 아닐까요. 특히 저 같은 경우는 다양한 것에 관심이 많아서 여러가지를 다 흡수하려 하고, 그 흡수한 것을 작업할 때 작업자들에게 쉽게 내주고 싶어하거든요. 또 스펀지란 게 사람과 사람 사이에서 완충 작용을 해줄 수도 있는 거고, 아니면 작업하는 사람들을 닦아줄 수도 있잖아요. 그런 중간자, 혹은 전달자, 그리고 조정자적인 존재라고 생각합니다.

—**김주연**, 『객석』, 2009년 2월호.

2010년 〈꿈속의 꿈〉

● **나는 정말 나일까… 연극 〈꿈속의 꿈〉**

극작가 장성희는 참 사려깊은 후배다. 인간적인 측면에서뿐 아니라, 극작가 장성희, 연극평론가 장성희에게도 나는 깊은 신뢰를 갖고 있다. 그래서 종종 그에게 연극을 함께 보러 가자고 제안할 때가 있다. 공연 뒤 그와 나누는 뒷풀이 대화는 내 생각을 정리해나가는 데 늘 도움이 돼주곤 한다. 그런데도 정작 나는 극작가 장성희의 작품에 대해서는 지나치게 무심했던 모양이다. 정말 미안하게도, 〈꿈속의 꿈〉은 내가 처음으로 본 그의 작품이다.

감상평? 아무리 냉정하게 보더라도 최근 연극판에서 이만한 작품을 만나긴 쉽지 않다. 인간적으로든 연극적으로든, 장성희에게서 늘 풍기는 은근한 향기가 연극 속에도 고스란히 배어 있다. 진중한 주제와 탄탄한 극적 구성, 게다가 의미적 요소와 음악적 요소의 결합을 깔끔하게 성취해낸 의고체 대사들은 한마디로 나를 감탄케했다. 장성희는 그 숱한 '말'들을 다듬고 또 다듬어내느라고 얼마나 많은 밤을 지새웠을까. 그래서 나는 연극 〈꿈속의 꿈〉에 관한 리뷰를 고작 두 시간의 노동으로 휘갈기면서, 그의 연극에 누가 되지 않기를 진심으로 바라고 또 바랄 수밖에 없었다.

망국 가야의 후손 김유신은 말한다. "가야의 못 다한 국운을 신라를 통해 이루리라. 기생충이 뱃구레에 들어앉아 숙주를 조종하듯 내가 신라의 뱃속 깊이 들어앉아 신라를 내 뜻대로 몰고 가리라. 나 자신이 신라가 되리라." 그리하여 그는 김춘추를 향해 운명의 시위를 당긴다. "성골이 아닌 진골 품계, 술이나 마시고 축국에 미쳐 있지만 곧 춘추의 시간이 온다"는 것을 훤하게 궤뚫고 있기 때문이다.

연극 〈꿈속의 꿈〉은 김유신의 야망을 선명하게 드러낸다. 때때로 광적이기까지 하다. 그래야 권력을 향한 오라비의 사다리로 이용되는 두 동생의 희생과 갈등이 도드라지기 때문이다. 애초에 유신의 카드는 언니 보희였다. 하지만 보희는 저항한다. "네 꿈을 이뤄주마"라며 속삭이는 오라비에게 "고만두세요. 제 꿈은 제가 꾸겠습니다"라고 쏘아붙인다. 보희는 춘추를 마음속 깊이 사랑하면서도 거기에 '정략'의 때가 묻는 것을 거부한다. 그래서 기회는 문희의 것이 된다. "서악에 올랐어. 한 줄기 시원한 바람이 불어왔어. 바람을 들이마셨더니 아랫배가 꽉 차올랐어. 쪼그리고 앉아 오줌을 누었어. 오줌이 콸콸 저 아래 서라벌을 온통 잠기게 했어." 문희는 언니에게 치마를 벗어주고 그 '이상한 꿈'을 산다. 삼국유사에 기록된 이른바 매몽설화(買夢說話). 그것이 연극의 모티브다. 작가 장성희는 그 설화 속에 숨은 진실, 오라비의 야망에 이용되는 두 여인의 어긋난 삶을 일단 연극의 전면에 세운다.

그러나 그것은 겉으로 드러난 구조일 뿐이다. 〈꿈속의 꿈〉이라는 제목이 암시하는 것처럼, 이 연극의 웅숭깊은 매력은 껍질 속에 숨었다. 보희의 '숨은 꿈'은 영원히 춘추였다. 춘추도 마찬가지였다. 당나라에 볼모로 끌려가는 보희가 "내 마음 묶어두었던" 춘추를 향해 작별을 고하는 순간, 춘추는 "그대는 내 꿈"이라며 절규한다. 오라비가 입혀준 날개옷을 입고 왕비 자리에 오른 문희도 마찬가지였다. 여인으로 최고의 자리를 꿈꿨던 그의 '숨은 꿈'은 아이러니하게도 이름 없는 화랑 '미곤'이었다. 문희는 전장에 나갔다 주검으로 돌아온 미곤의 상여에 자신의 쪽빛 치마를 덮어주며 "당신은 내 꿈이었습니다"라고 오열한다.

욕망은 과연 '내 것'인가? 작가 장성희가 1500년 전의 인물들을 무대로 끌

어울려 관객에게 던지는 질문은 바로 그것으로 보인다. 물론 아니다. 내 것이라고 스스로 믿었던 욕망은 결국 타자에 의해 강제되고 주입된 것일 뿐. 그래서 나의 정체성과 욕망 사이에는 어쩌지 못 할 균열이 일어날 수밖에 없으며, 인간은 가면을 쓰고 그 위에 또 다른 가면을 쓰기도 한다. 이 연극이 묘파하고 있는 '인간의 모습'은 바로 그렇다. 그래서 연극을 꼼꼼히 지켜본 관객은 '욕망하는 나여, 너는 정말 나인가?'라는 질문을 스스로 던지게 된다.

'늙은' 문희는 준엄하게 외친다. "사관은 적으라. 나 태종무열왕의 아내 문명왕후는 이른다. 나 상대등 김유신의 동생 문희는 이른다. 나 서현 각한의 딸 아지는 이른다. (내 아들) 문무왕이 왕위에 오르니 이름은 법민이고 태종왕의 맏아들이다." 그것이 연극의 마지막이다. 모든 욕망을 다 이뤄낸 듯한, 마치 인생의 승자처럼 보이는 여인. 그가 마지막으로 교태를 부린다. 그러나 그것은 문희의 가면(假面)일 뿐. 2008년 서울연극제에서 대상, 희곡상, 연기상을 휩쓸었던 수작이다. 작가 장성희가 갈고 다듬은 의고체(擬古體) 대사가 밤하늘의 별처럼 빛난다. 신동인 연출. 길해연, 홍성경, 장용철, 송현서 등 출연. 28일까지, 미마지아트센터 눈빛극장.

문학수, 『경향신문』, 2010.9.23.

Greenroom

● 다시 쓰는 대학로의 신화 극단 작은신화

겸손하게 이름 앞에 '작은'이라는 수식어를 붙였지만, 극단 작은신화가 연극계에서 이룬 신화는 결코 작지 않다. 공동제작과 카페순회공연으로 '연극은 이래야 한다'는 고정관념을 깨뜨렸고, '인큐베이팅'이라는 말이 생소하던 시절부터 창작극의 발굴과 지원에 공을 들여 대학로를 대표하는 작가이자 연출가인 조광화·고선웅 등을 성장시킨 일등공신이니까. 남들이 다 'NO!'를 외칠 때 '안 되는 건 없다'는 걸 묵묵히 보여온 극단 작은신화가 창단 25주년을 맞았다. 세월이 흘렀어도 여전히 싱싱하고 젊은 그들의 유쾌한 반란은 이제부터 시작이다.

editor **김수진**, photographer **김윤희**

NAME **: 작은신화**

언제나 겸손한 자세로 행하고, 이상은 높게 가지자는 취지로 지어진 이름. 1986년, 새로운 극단을 만들기로 결심한 최용훈 대표와 그의 동기들은 진부하지 않은 극단명을 짓기 위해 밤낮을 고민했다. 그러다가 눈에 들어온 단어가 '신화'였다. 지나치게 거창한 것 아니냐는 우려의 목소리가 나왔고 그렇다면 앞에 '작은'이라는 수식어를 붙이기로 합의했다. 그렇게 지어진 이름이 '작은신화'다. 신화라는 단어가 갖고 있는 의미 자체가 작고 큰 것으로 나누기 불가능한 탓에 어법으로 따지고 들면 말이 되지 않는 게 사실이지만 진부하지 않은 데다 상당히 겸손해 보이기까지 하는 이 단어는 만장일치로 극단명에 낙점됐다고. 이후 작은신화는 이름 그대로 언뜻 보기에는 소박하지만 의미 깊은 성과를 내는 작품들을 대거 선보여왔다.

HISTORY : 200여 편의 신화

1986년, 최용훈 대표를 중심으로 서강대학교의 연극동아리인 '서강연극회' 에서 함께 연극을 하던 동기들이 주축이 돼 만들어졌다. 초반에는 대학로 · 신촌 · 홍대 등 대학가의 카페를 순회하면서 공연을 선보인 '카페순회공연'을 시작으로 소품 위주의 작업들을 주로 이어갔다. 대부분이 또래였기 때문에 스터디를 하며 극단의 방향을 잡아갔고, 작업 역시 공동으로 이뤄지는 경우가 많았다. 작은신화가 세상의 주목을 받기 시작한 건 1990년. 구성원 모두가 함께 만든 첫 공동창작작품인 〈전쟁음?악!〉이 좋은 평을 받으면서 극단의 특징이 뚜렷해지기 시작했다. 창작극 위주의 순수연극에 관심을 갖기 시작한 작은신화는 1993년, 창작극을 발굴 · 지원하는 프로그램인 '우리연극만들기'를 시작한다. 이후 '고전넘나들기' '특별공연' '자유무대' 등의 다양한 프로그램으로 더 나은 연극을 위한 노력들을 끊임없이 이어왔다. 지금까지 총 32편의 정기 공연과 '우리연극만들기'를 통한 21편의 신작공연, 55편의 특별공연을 비롯해 25년간 총 200여 편의 작품들을 선보이며 왕성하게 활동하고 있다. 특히 연극 〈돐날〉은 '제38회 동아연극상' 작품상 · 연출상 · 연기상을, 〈꿈속의 꿈〉은 '제 29회 서울연극제' 대상 · 희곡상 · 연기상 등을 수상하기도 했다.

MEMBER : 탄탄한 연출, 폭 넓은 배우

작은신화의 단원들은 약 90여 명에 이른다. 대표와 부대표를 비롯해 극단의 살림을 도맡는 운영진과 여섯 명의 연출부, 20대부터 40대까지 다양한 배우들이 작은신화의 이름을 걸고 활동하고 있다. 우선, 대학로를 대표하는 연출가이자 2007년부터 3년 동안 아르코예술극장의 예술감독을 역임한 최용훈이 극단의 대표를 맡고 있다. 부대표는 스크린과 연극 무대를 넘나들며 인상 깊은 연기를 보여주고 있는 배우 길해연. 이들은 극단과 관련된 중요한 사항들을 결정하고, 극단의 단원들을 이끌어가는 역할을 한다. 이 외에 선배급 단원 다섯 명이 운영위원진을 이루고 있다. 작은신화는 제각각 활동하다가 때가 되면 모이는 식의 동인제가 아닌 극단에 적을 두고 활동하는 단원제로 운영되고 있지만, 정단원의 경우 극단 일과 겹치지 않는다면 외부 활동에 큰 제약을 받지는 않는다. 다만, 정단원이 되기 전 연구·견습 과정에서는 극단 내부에서 스터디와 워크숍 등을 우선적으로 해야 할 의무가 있다. 최용훈을 비롯해 극단 코끼리만보의 대표이자 작은신화의 초창기 멤버이기도 한 김동현과 '제29회 서울연극제'에서 대상을 수상한 〈꿈속의 꿈〉의 신동인, 〈기찻길 옆 오막살〉〈뒤바뀐 머리〉의 이곤 등이 작은신화 작품들의 연출을 책임지고 있다.

STYLE : 젊은 연극

작은신화는 한 가지 스타일을 고집하지 않는다. 창작극을 중심으로 한 순수연극이라면 어떤 이야기이든, 어떤 형식이든 환영이다. 새로운 것에 도전하고 다양한 것들을 실험하는 '젊은 연극'이 작은신화만의 정체성이라고 할 수 있다. 이런 이유로 최용훈은 '멀티연출체제'를 지향한다. 연출가가 대표인 다른 극단들이 대부분 대표의 이름을 건 작품들을 주로 선보이는 것과는 달리, 작은신화는 제각각 색이 다른 연출가들이 다양한 이야기를 할 수 있는 토대를 마련하는 데 중점을 두고 있는 것이다.

WORK : 공부하고, 실험하고, 지원한다!

작은신화만큼 다양한 작업들을 체계적으로 이어가고 있는 극단도 드물 거다. 우리창작극의 새로운 활로를 모색하는 우리연극만들기, 실험단편 연극제인 자유무대, 고전을 새롭게 해석함과 동시에 그 가치를 발견하고자 하는 고전넘나들기, 연극을 통한 사회봉사를 추구하는 특별공연 등 다양한 방법으로 연극에 대한 실험과 공동작업을 이어오고 있으니까. 이 중 대표적인 프로그램들을 좀 더 자세히 들여다보면 이렇다.

공동창작 : 구성원 모두가 작품구성에 참여하는 공동창작은 작은신화를 세상에 알린 원동력이었다. 최근에는 초창기에 비해 공동창작의 형태로 작품을 제작하는 경우는 드물어졌지만, 각각의 연출들이 자신의 스타일대로 만든 작품들이 모여 작은신화를 이루고 있다. 다양한 생각과 스타일을 수렴하는 극단만의 스타일은 여전한 것이다

특별공연 : 작은신화는 창단 직후 대학로 · 신촌 · 홍대 등 대학가의 작은 카페들을 순회하며 공연하는 '카페순회공연'을 선보였다. 구성원들이 아직 학생이었던 탓에 대관료에 대한 부담도 덜고, 관객들과도 더 친숙한 공간에서 가깝게 만나자는 의도였다. 초창기의 이런 활동을 계기로 공연을 반드시 극장에서만 해야 할 필요는 없다는 걸 느낀 그들은 무대를 양로원이나 고아원 등의 시설로 확장시켰다. 단원들의 공연경험도 늘리고, 연극으로 사회적인 역할도 할 수 있는 특별공연은 비정기적으로 지금까지 꾸준히 이어오고 있다.

우리연극만들기 : 정기 공연 이외에 순수연극의 발전을 위해 다양한 활동하고 있는 작은신화의 대표적인 프로그램. 창작극을 발굴 · 지원하는 프로그램으로, 1993년 처음 시작됐다. 시작된 계기는 이렇다. 공동창작 작업 세 번째 작품이었던 〈mr. 매킨도 · 씨!〉가 흥행을 이루면서 상당한 수익이 생겼고, 단원들은 이 돈을 그냥 나눠 갖기보다는 연극을 위해 투자하는 게 좋겠다는 방향으로 의견을 모았다. 당시만 해도 신인 작가 지원이나 발굴의 기회가 많지 않았던 게 사실. 창작극을 지원할 수 있는 프로그램을 고민하던 그들은 작은신화의 이름을 걸고 신인 작가를 발굴 · 지원하는 '우리연극만들기'를 만들었다. 그렇게 해서 처음으로 지원을 받은 작가들이 조광화와

오은희 · 백민석이었다. 이후 지난 18년 동안 이후 김민정 · 고선웅 · 김원 등 20명 작가의 21개 창작희곡이 무대에 올랐다. 3천만 원 이상의 수익금을 몽땅 쏟아 부어서 신작 세 편을 무대에 올렸는데, 끝나고 나니 3천만 원의 적자가 나 있었다는 뼈아픈 과거는 '우리연극만들기'를 거쳐간 작가들의 성장으로 보상받고 있다. 지난 4월에는 25주년을 맞아 더 알차게 기획할 예정인 아홉 번째 '우리연극만들기'를 위한 공모가 있었다. 최종 참가작은 5월 선정되며, 11월에 관객에게 선보여질 예정이다.

COMING SOON

25주년을 기념하는 축제 25주년을 맞이한 작은신화가 풍성한 작품들로 관객과 만날 준비에 한창이다. 덕분에 올해는 작은신화를 대표하는 주옥같은 작품부터 그들의 미래를 점칠 수 있는 신작까지 고루 만날 수 있게 됐다.

연극 〈만선〉 5. 12~5. 15 | 아르코예술극장 소극장

서울연극협회에서 우수한 창작희곡을 선정하는 '2010 희곡아 솟아라'에서 최종작품으로 선정된 후 2011년 '서울연극제' 공식 참가작으로 오르게 된 김원 작가의 작품. 〈꿈속의 꿈〉 〈두더지의 태양〉 등 작은신화의 최근작을 다수 연출한 신동인이 지휘봉을 잡았다. '밑바닥 삶'을 살고 있는 한 가족이 시련을 겪으면서 드넓은 바다에 몸을 던지기 위해 배까지 훔쳐 타고 바다로 나오지만, 비장한 각오와 달리 엉뚱한 상황들이 이어지며 결국은 살기 위해 몸부림치게 되는 유쾌한 이야기를 통해 가족의 의미를 되새기게 한다.

연극 〈매기의 추억〉 5. 26~6. 19 | 정보소극장

2010 창작팩토리 우수작품제작지원부문에 선정된 장성희 작가의 작품. 2011년 첫 선을 보이는 작은신화의 정기 공연작으로, 최용훈 대표가 연출을

맡았다. 모교 발전기금을 모은다는 명목하에 부자로 사는 동창생의 아파트를 방문한 여고 동창생 4인의 에피소드를 통해 대한민국의 사십 대가 처한 도덕적 붕괴와 현실의 현주소를 그린다. 평범한 이들의 피해의식과 절망감을 노련하게 들여다본 블랙 코미디.

만선(2011)

연극 〈돐날〉 6. 3~7. 10 | 아트원씨어터 2관

2001년 화제가 됐던 작은신화의 대표작. 제도권 사회 속에서 젊은 날의 꿈을 잃은 채 마모돼가는 '386세대'들의 비루한 현실을 사실적으로 그린다. 무대 위에서 전을 부치고, 갈비찜 · 잡채 · 생선회 등 실세 음식들이 내서 등장하면서 '작은신화만이 보여줄 수 있는 무대'라는 호평을 받았다. 창단 25주년을 맞 10여 년 만에 다시 무대에 오르는 〈돐날〉에는 초연 멤버 대부분이 합류해 그 의미를 더한다. 10여 년의 세월동안 연극계를 대표하는 배우들로 성장한 홍성경 · 길해연 · 서현철 등의 모습을 만날 수 있다.

연극 〈가정식 백반 맛있게 먹는 법〉 6. 23~7. 17 | 정보소극장

2009년 '제9회 2인극 페스티벌'에서 첫 선을 보인 후 관객과 평단으로부터 호평을 받으며 지난해 두 차례 재공연된 최신작. 지금까지는 특별 공연 형식으로 소개됐지만, 올해는 작은신화의 정기 공연으로 무대에 오른다. 아픔을 가진 순진한 만화가와 백과사전 전집을 팔기 위해 그의 집에 방문한 영업사원의 흥미진진한 심리전을 그린다. 치밀한 구성으로 두 사람의 대화 속에서 드러나는 과거와 예측하지 못한 반전을 보여주는 작품.

연극 〈황구도〉 7. 15~8. 28 | 문화공간 이다 2관

조광화의 희곡 〈황구도〉는 1993년 '우리연극만들기'에서 소개된 후 이듬해 작은신화의 정기 공연으로 무대에 오른 최초의 작품. 개의 세계를 의인화한 독특한 작품으로 마치 뮤지컬 〈캣츠〉의 한국판 이야기를 보는 듯하지만, 형식은 전혀 다르다. 독창적이고 실험적인 작은신화만의 스타일이 담겨 있다. 25주년 기념작으로 공연되는 〈황구도〉에서는 13년 만에 다시 만난 조광화와 최용훈의 무대를 만날 수 있다.

INTERVIEW 배우 서현철

스크린과 브라운관에서 명품 조연으로 통하는 서현철이 극단 작은신화의 배우라는 걸 알고 있는지. 처음 연기를 시작했을 때부터 20여 년의 세월 동안 작은신화의 배우로서 활동해온 서현철과의 일문일답.

Q. 10여 년 만에 다시 〈돐날〉에 출연한다. 소감이 남다를 것 같다

반가우면서도 한편으로는 씁쓸하다. 2001년 초연 당시에는 서른 중반이었는데, 벌써 세월이 이렇게 흘렀나 하는 생각이 든다. 10년 전과 같이 〈돐날〉에서 성기라는 역할을 맡게 는데, 이 작품에서 가장 못된 인물이다. 돈 많은 집에서 태어나 별다른 노력도 없이 놀기만 하면서 없는 사람들 무시하고, 허세도 부리는 한심한 친구랄까. 초연 때는 얄미운 모습을 만들기 위해 엄청 노력했었다. 그런데 지금은 이상할 정도로 그런 연기가 자연스럽게 나온다. 10년 동안 연기를 했다고 해도 그 배역 이후로 나쁜 역할은 해본 적 없는데 말이다. 아무래도 세월이 흐르면서 때가 많이 탄 것 같다.(웃음)

Q. 작은신화에 입단하게 된 계기가 궁금하다

작은신화에 들어오기 전, 일반 회사에 다니고 있었다. 직장에 다니면서 연극을 정말 하고 싶어서 맛이라도 보려고 국립극단에서 운영하는 문화 학교에 다녔다. 그때 최용훈 연출님이 강사로 오셨었다. 다른 강사도 많았지만 최용훈 연출님이 가장 마음에 들었다. 아무래도 잘한다고 많이 칭찬해 주셔서 그랬던 것 같다. 그래서 본격적으로 연극을 해야겠다고 결정한 뒤 회사를 그만뒀을 때, 최용훈 연출님을 가장 먼저 찾아갔다.

Q. 작은신화만의 매력은 무엇인가?

우선 이름부터 참 겸손하지 않나.(웃음) 처음 극단에 들어올 때, 건강하고 젊은 느낌이 참 좋았다. 연극을 만들면서 여기저기 휘둘리는 게 아니라 남들이 뭐라고 하든 간에 자신들이 하는 걸 믿고 밀어붙이는 게 멋있었다. 작은신화의 단원들은 설사 부족한 게 있어도 아무런 긱징 없이 넘치는 의욕으로 연극을 만드는 사람들이다. 남들은 돈도 안 되는 걸 왜 저렇게까지 하는 걸까, 하고 생각할지 모르지만 열정이 있으니까 창작극 지원이나 다양한 실험들에 겁내지 않고 도전할 수 있는 거라고 생각한다.

Q, 출연한 극단 작품 중 가장 기억에 남는 작품이 있다면?

서른 중반 즈음, 장애우들을 위해서 시설에 방문해 공연을 했던 적이 있다. 직장에 다닐 때도 자원봉사를 하고 싶어서 수화를 배웠지만 시간도 없고 방법도 몰라 실천으로 옮기지 못했었다. 그런데 마침 연출님께서 좋은 의도로 공연을 준비하셔서 반갑게 참여했다. 당시 정신지체아를 연기했는데, 대학로 무대에 설 때보다 더 큰 감동을 느꼈다. 연극이 이런 거구나 하는 생각이 들었달까. 객석에 뭔가를 전달해야겠다는 생각을 굳이 하지 않았는데도 내가 하는 연기가 관객들에게 고스란히 전해지는 게 느껴졌다. 연극이라는 걸 알면서도 배역과 동화되는 순수한 모습에 내가 더 많은 걸 배웠던 것 같다.

Q, 배우 서현철에게 극단 작은신화란?

친정이다. 연극을 시작하면서 처음 몸담았던 곳이고, 연기에 대해 많은 것을 배운 곳이니까 작은신화는 내 연기인생에 있어서 거의 전부나 다름없다.

–『SCENE PLAYBILL』, 2011년 5월호.

2013년 우리연극만들기, 그 열 번째

● 창작극 만든지 20년 작은신화, 큰 걸음

극단 작은신화 "우리 이야기 하자" 2년에 1번 2~3편씩 꼭 무대 올려

신진 작가 키우는 창작희곡 산실로 올 작품은 〈창신동〉〈우연한 살인자〉

극단 작은신화가 1993년 6월 서울 대학로의 옛 바탕골소극장에서 올린 창작극 〈mr. 매킨도 · 씨!〉는 그야말로 '대박'이 났다. 컴퓨터 시대에 대한 풍자를 담은 이 작품은 한 달 60회 공연 내내 객석 150석을 연일 훨씬 넘기는 매진 행렬을 이어갔다. 1986년 20대 젊은 연극도 13명이 "젊은 의식으로 지금, 여기, 우리의 이야기를 하자"고 출발한 극단의 꿈이 비로소 여물기 시작했다.

공연을 마치고 단원들이 최소한의 이익분배를 나눠갖고도 3,000만 원이 남았다. 번역극과 코미디극이 판을 치는 연극동네에서 창작극으로 그만한 수익을 냈다는 것은 기적이었다. 당시 극단 대표 최용훈(50 · 상임연출가)씨가 단원들을 모았다. "연극으로 번 돈이니까 우리가 하고 싶은 연극을 위해 쏟아붓자. 우리 연극에 애정이 많은 신진 작가에게 등단의 기회를 만들어주자"고 제안했다. 현 극단 대표 길해연(49)씨를 비롯한 단원 30명도 이심전심이었다. 올해로 20년을 맞는 '우리연극만들기' 프로젝트의 첫 출발이었다.

2년에 한 번씩 올해로 10번째 행사를 앞둔 '우리연극만들기'는 1993년 11월 북촌창우극장에서 공연한 〈황구도〉(작 조광화), 〈두 사내〉(오은희 작), 〈꿈, 퐁텐블로〉(백민석 작) 등 세 편을 시작으로 2년에 한 번씩 창자극 2~3편을 대학로 무대에 선보였다. 조광화, 장성희, 고선웅, 김태웅, 고 윤영선, 오은희, 고 안현정, 최치언, 김원, 이윤설, 이시원, 오세혁 등 국내 연극계에 주목받는 극작가 23명과 창작희곡 23편이 이 무대를 거쳐갔다.

그러나 '우리연극만들기'는 출발부터 고난의 연속이었다. 1993년 첫해는 공연은 성공했지만 제작비와 대관료 때문에 적자를 보았다. 종자돈 3,000만 원에다 3,000만 원을 더 빚내어 모두 6,000만 원을 날렸다. 10일 기자간담회에서 최용훈 연출가는 "첫 작품의 세팅 때 눈이 정말 많이 내려서 서설(瑞雪)이라고 좋아했는데 결국 6,000만 원짜리 행사가 되고 말았다. 빚 3,000만 원을 갚는 데 10년이 걸렸다"고 20년 전을 회고했다.

올해로 열 번째를 맞이하는 극단 작은신화의 '우리연극만들기'는 두 명의 신진 작가와 두 명의 신예 연출가가 어우러진 창작극 두편을 선보인다.

20일까지 대학로 정보소극장에서 공연하는 연극 〈창신동〉(박찬규 작 · 김수희 연출)은 영세한 봉제가게가 빼곡하게 들어선 서울 창신동을 배경으로 대물림되는 가난과 폭력, 불신의 삶 속에서 과연 희망은 무엇인지를 묻는 작품이다. 또 31일~11월 10일 아르코예술극장 소극장에서 공연하는 〈우연한 살인자〉(작 윤지영 · 연출 정승현)는 17살에 가출한 한 남자가 곧 수몰돼 사라

우연한 살인자(2013)

질 고향에 찾아가 주민 8명을 죽인 사건과 감춰진 진실을 추적한다.

'우리연극만들기'는 신인 작가와 창작극 발굴뿐 아니라 창작공연제작의 새로운 방법론을 제시해왔다는 평가를 받고 있다. 데뷔 작가와 인기 연출가 중심의 기존의 창작 작업에서 벗어나 무대 미술, 드라마투르그, 배우들에 이르기까지 여러 공연 주체의 공동작업과 열린 제작 과정을 선보여왔다. 또한 초연에 머무는 것이 아니라 관객과 극단의 평가를 통해 재공연하여 작품이 레퍼토리화 될 수 있고 성장할 수 있는 기회를 만들고 있다.

조광화(48) 씨는 "20년 전 무명이었던 제가 이렇게 인기 작가 · 연출가가 되었다(웃음)"며 "20년 동안이나 우리연극만들기를 지켜온 것에 감사드린다"고 말했다. 연출가 고선웅(45 · 경기도립극단 예술감독) 씨도 "제가 계속 작품 활동을 할 수 있는 에너지원이 되었다. 국립단체도 하기 힘든 작업을 민간 극단이 20년을 해왔다는 것은 정말 대단한 일"이라고 축하했다.

–**정상영**, 『한겨레』, 2013. 10. 16.

● **신인 작가 꿈의 실현 무대… '우리연극만들기'**

20주년 맞은 신인 작가 발굴 프로젝트

올해는 박찬규 〈창신동〉 · 윤지영 〈우연한 살인자〉

극단 작은신화 "재능 있는 작가 발굴에 힘쓸 것"

창신동의 허름한 집 방 안. 연주는 친한 언니의 자살로 홀로 남겨진 갓난아기를 돌보고 있다. 가정 형편을 이유로 아무도 아이를 책임지려고 하지 않자 연주가 선뜻 나섰다. 연주의 배다른 오빠인 현수는 그런 연주가 못마땅하다. 연주는 자신이 알지 못했던 출생의 비밀을 듣고 현수와 싸움을 벌이다 살인을 저지르게 된다. 신인 작가 박찬규가 쓴 〈창신동〉의 한 장면. 그는 극단 작은신화의 '우리연극 만들기'를 통해 처음으로 작품을 무대에 올리게 됐다. '2010 거창국제연극제 희곡공모전' 대상 등 각종 공모전의 수상 경력은 있지만 작품이 실제 무대에서 공연되는 건 이번이 처음이다. 올해로 20주년을 맞이하는 '우리연극만들기' 신인 작가 발굴 프로젝트는 이례적으로 정부지원금 없이 사설 극단이 주최하는 창작연극 지원 프로그램이다. 1993년 서울 원서동 북촌창우극장에서 공연한 조광화 작가 〈황구도〉, 오은희 작가 〈두 사내〉, 백민석 작가 〈꿈, 퐁텐블로〉 등 세 편을 시작으로 2~3년에 한 번씩은 창작극을 대학로 무대에 올렸다. 고선웅 작가를 비롯해 장성희·김태웅·윤영선·오세혁 등 국내 주목받는 극작가들이 이 무대를 거쳐갔고, 현재까지 총 23편의 창작 희곡이 공연됐다. 올해는 희곡작품 공모를 통해 박찬규 작가의 〈창신동〉과 윤지영 작가의 〈우연한 살인자〉를 선정했다. 〈우연한 살인자〉는 어린 시절을 보낸 고향에 찾아가 주민 8명을 죽인 영호에 관한 이야기로 그가 왜 주민들을 죽였는지에 대한 의문을 과거 기억을 따라 풀어나간다. 윤 작가는 "인간이 왜 진실 앞에서 비겁해질 수밖에 없는지에 대해 끊임없이 질문하는 작품"이라고 소개했다. 〈창신동〉은 20일까지 서울 동숭동 정보소극장에서 공연되며 〈우연한 살인자〉는 31일부터 내달 10일까지 동숭동 한국공연예술센터 아르코 소극장 무대에 오른다.

최용훈 극단 작은신화 상임연출은 "처음에는 후배 창작자들을 길러내는 데 종잣돈을 쓰자는 생각에서 시작한 프로젝트였다"며 "앞으로도 재능 있는 새로운 작가들을 발굴하고 연극적인 동지로 만들어가는 데 최선을 다할 것"이라고 말했다.

—**이윤정**, 『이데일리』, 2013. 10. 14.

우연한 살인자(2013)

2014년 하나의 단어로 설명하기 힘든, 그런 극단

[극단적인 연극사(私)] ⑦ 극단 작은신화

**"연극을 한다는 것은, 황사바람을 막기 위해 사막에 나무를 심는 일이고,
연극을 한다는 것은, 황량한 사막에 한 초롱의 맑은 물을 붓는 일이다"**

'연극을 하는 것은 사막에 한 초롱의 맑은 불을 붓는 일이라!' 이는 극단 작은신화의 최용훈 대표가 2010년 어느 공연 프로그램에 쓴 글이기도 하다. 하지만 오늘, 길해연 배우에게 이미 오래전 극단이 출발하면서 지닌 방향성이었다는 설명을 듣게 되면서, 우와! 스무 살 초반, 청년들의 시작과 모토가 참 멋있다, 하는 경외감이 든다. 은유와 상징, 비유와 함축성, 그렇게 확장되는 연극성, 그런 연극의 특징이 바로 이런 소소한 언어 하나에서부터 시작됐으리라.

올해로 창단 28년, 조금씩 30주년의 새로운 행보를 준비하고 있는 극단 작은신화. 이들의 삶의 방식은 조금은 낯선 형태를 보인다. 이쯤 되면, 보통 한 10년 정도 지나면, 극단은 도드라진 언어를 갖기 마련이다 (아, 대개 그렇다는 말이지, 절대는 아니다!). 하여, 30년 쯤 되면 극단 작은신화는 이런 연극을 하는 극단이지! 하는 것이 만들어질 법 한데, 그게 없다! 글 쓰는 이의 입장에서 보면 참 어렵다! 이런, 불친절한 극단 같으니라고! 뭐 하나 좀 만들지!

게다가 창단 20주년이 되던 2006년, 최용훈 대표는 극단의 색깔이 명확하지 않음을 다행스럽다고 공헌하며, 그것이 극단의 작업방식이며 근원이라

고 덧붙이니, 더 이상의 할 말도 없다. 그래, 그럴 수 있지. 그래서 반문도 해본다. 이해는 하겠는데, 그럼 어떻게 극단이 유지되느냐고요? 그냥 하는 거지. 뭐. 대답도 참, 그렇다! 하하하 (오랫동안 보고 만났던 극단을 만나니 그리 오래되지 않은 옛날 기억들이 스멀스멀 떠올라 볼멘소리 좀 해봤다!.)

다시, 본연의 자세로! 도대체 극단이 어떻게 유지되고 굴러갑니까? 극단의 창단멤버이자 부대표인 배우 길해연, 2005년부터 극단의 연출부로 들어가 활동하고 있는 연출가 정승현을 만나 새로운 전환점을 기대하고 있는 극단의 현재를 들어보기로 했다. 계획은 좋았다. 한 세대를 살아온 극단, 세대를 시작한 한 분과 그것을 이어가고 있는 한 분을 엮어서 시작과 변화의 지점을 들어보면 좋겠다는 의도 말이다. 다만, 쉬이 풀려가지 않았을 뿐인데, 아마도 그 이유는 지금까지와는 달리, 술자리를 갖지 못했기 때문이리라(이건 확언이다! 흐흐흐). 삼선교, 길해연 배우의 작은 레슨 공간에서 그렇게 한 낮 1시, 일곱 번째 극단적인 연극사가 시작됐다.

당시에는 실험적이었던, 공동창작

1986년 7월, 10개 극회출신 대학생 13명이 모여 창단한 극단 작은신화는 당시 확고부동했던 1인 대표 체제를 버리고 창작극 활성화, 실험단편연극제, 고전넘나들기 등의 거대한(?) 계획을 단원모두가 참여하는 공동창작의 방식으로 활동을 시작한다.

1970년대 한국연극이 성장하게 되는 소극장 운동이 시작되기 이전, 명동을 중심으로 이어졌던 '살롱연극'의 역사를 기억했기 때문일까? 극단 작은신화는 창단 공연을 카페순회공연으로 올린다. 하지만, 그것은 의미 있는 역사의 재현이 아닌, 공연을 할 극장이 없어서였음을 명확하게 밝힌다.(^^)

그랬다. 극단 작은신화는 신촌 등 대학가 카페를 중심으로 연극 활동을 시작했다. 지금은 연극계에서 일상화돼 있는 방식이지만, 전혀 생소했던 '공동창작'의 새로운 가능성을 연 것이 바로 1986년 창단작품 〈전쟁음?악!〉부터다. 그런 작업 방식이 좋아서 극단에 들어오게 된 정승현 연출의 경우가 그랬듯, 창작극을 근간으로 공동창작을 한다, 그것이 극단 작은신화가 없다고 말하는 극단의 명확한 특색이기도 하다.

106명의 단원, 허수냐? 실수냐?

공동창작의 새로운 가능성을 열며 주목받았던 시절을 지나, 스스로 침체기라고 느꼈던 무렵 길해연 배우는 2003년 김명화 작가의 〈돐날〉을 하면서 극단이 또 한 번의 전환점을 갖게 됐다고 기억한다. 당시 김명화 작가는 극단의 선배 배우들이 출연하지 않으면 작품 안 주겠다는 협박(?)을 했고, 9명의 선배 배우들이 참여한 이 작품은 공력 있는 많은 배우들이 동원 가능한 작은신화만의 저력을 다시 한 번 확인하는 계기가 된다. 그렇게 30여 년 가까운 세월, 지금 작은신화의 공식 단원 수는 106명이다. 이게 가능한 것인가? 보통 하나의 극단 단원이 17명이 넘으면 유지하고 가는 것이 어렵다고 말한다. 경제적인 부분을 넘어 같은 생각과 언어를 공유하는 데 틈이 생기기 때문이다. 그 틈이 메워지지 않을 때 문제가 발생하고, 그래서 극단의 동일한 방향성을 잃으면 흔들리기 때문이다. 그런데 106명이라니, 이게 과연 실수인가? 허수인가?

그렇다. 극단 작은신화는 정말 100명이 넘는 단원들이 있다. 물론 한곳에 모두가 모이기는 힘들다. 그럼에도 불구하고 언제든 작품을 같이할 수 있는, 같은 언어를 공유하고 있는, 그래서 자연스럽게 만들어진 앙상블을 토대로 작품을 만들어갈 수 있는 단원이 100여 명이 상시대기하고 있는 것 같은 느낌이다. 결국 그것이 다시 극단의 저력으로 돌아오는 것이다.

역사가 된 프로젝트, 이후 극단의 행보

얼마 전, 극단 작은신화는 서울문화재단 공연단체 다년간 지원 사업에 선정됐다. 오랜 시간 크게 드나듦 없이 늘 같은 자리에서 작품 활동을 이어온 이들, 그렇게 맞이하게 되는 극단의 30년 이후의 행보를 장기적인 계획을 갖고 준비할 수 있는 기회가 마련된 것이다. 심사평에도 나와 있듯 극단 작은신화와 함께 늘 따라다니는, 이제 역사가 된 프로젝트가 있다. 바로 '우리연극만들기'다. 1993년 시작된 우리연극만들기는 창작극 활성화를 위한 극단의 특별한 도전이었다. 많은 스타 작가들이 이곳을 통해 데뷔했고, 그들의 행보를 이어가는 발판이 되었다. 작품 선정과 함께 공연까지 올라가니 극작가들에게는 더할 나위 없는 기회임에 틀림없다. 이유는 단명하다. 희곡은 공연되지 않으면 사장되는 경우가 대부분이기 때문이다. 또한 언제 그것이 생명력을 갖게 될지 알 수 없다. 많은 희곡작가들이 연극무대를 떠나는 이유도 이 때문이다. 다른 곳에서도 이와 같은 프로젝트를 시도했지만 민간 극단 자체적으로 이끌어가기에는 출혈이 너무 크다. 결국 민간에서 남은 공모제는 거의 없는 실정, 그런 상황에서 20년을 이어온 극단 작은신화의 용감무쌍한 고집은 민간이 주도하고 유지하고 발전시키는 한국 연극의 창작극 발굴 프로젝트라는 역사를 세우게 된 것이다. 하지만, '우리연극만들기'를 하고 있는 극단, 이것이 극단 수식이 될 수는 없을 터. 작은신화 역시 극단의 새로운 행보가 필요함을 인식하고 있다. "극단은 작품으로 증명해야 한다"는 길해연 배우의 말처럼, 극단의 대표작이 필요하다는 또 다른 화두가 고민의 지점에 닿아 있다.

만드는 사람들의 책임을 고민할 때

극단 작은신화의 화두는 극단 존재에 대한 모두의 화두이기도 하다. 이제 막 창단한 극단이든, 수십 년의 역사를 지닌 극단이든, 극단의 존재이유는 작품 활동에 있기 때문이고, 어떤 작품을 만들어내느냐가 존재의 근원이 되기 때문이다. 프로젝트 그룹이 단발성으로 만들어내는 공연이 오히려 쉬울 수 있는 것과 반대로 극단의 이름으로 지속적인 활동을 이어간다는 것은 지난하고 어려운 일임에 틀림없다. 버티는 게 힘이라고 하지만, 버티는 것 자체가 쉽지 않다. 그것 역시 오롯이 극단의 몫으로 남겨져 있기 때문이다.

그럼에도 불구하고 극단이 있어야 하는 이유는 명확하다. 흐름이고 맥이다. 당장 그것이 어떤 성과로 이어질 수 없을지언정, 혹은 그런 성급한 성과만 기대하는 것이 어불성설인 것처럼, 극단의 존재와 가치를 단기간의 무엇으로 재단하는 것은 연극의 맥을 끊어버리는 일이 될 수도 있다는 것을 간과해서는 안 된다.

물론 여기에는 만드는 사람들의 책임과 용기가 그리고 장기적인 안목이 필요하다. '지금 여기, 변화하는 자유로움'이라는 모토를 지닌 극단 작은신화는 그렇게 선배 극단으로서, 연극을 만드는 이들, 즉 창작자의 태도에 대한 자성을 같이한다. 연극의 주제가 어렵고, 언어가 이해가 안 되고, 자극적이지 않으니, 소비자가 원하는 것을 해야 한다는 강박 속에 사로잡힌 현상에 대한 질타이기도 하다. 머리 아프지만 갈망하는 사람들이 있고, 전부 이해하지 못했지만 좋았고 멋있었다, 말하는 관객들이 바라보는 '연극성'이 존재한다는 것에 대한 당부이기도 하다.

30여년의 세월 동안 한국 연극의 중심에서 울다, 웃고, 싸우다, 술자리에서 지쳐 자면서(이건 최용훈 대표!) 그렇게 지워지지 않는 흐름으로 자리하고 있는 그곳이 바로 지금 우리가 만나고 있는 극단 작은신화의 현재이고 미래다.

–**최윤우**, 웹진 『연극in』 제46호, 2014. 6. 19.

2015년 길해연

길해연에게는 보는 사람을 안도하게 하는 힘이 있다. 단순히 '연기를 잘 한다'라는 것만으로 정의내릴 수 없는. 큰 바다를 건너온 자의 관록과 지금 바로 곁에서 내 이야기를 들어줄 것 같은 친근함을 가졌다.

***지금, 우리 곁에 길해연** – 힐러리보다 바쁜 길러리*

〈풍문〉에서 그녀가 연기한 양재화는 충직함과 노련함으로 대변되는 인물이었다. 거대 로펌 대표 한정호의 '왕비서'로 그의 일거수일투족을 보좌하는 조력자이자 지략가. 드라마를 즐겨 봤던 시청자라면 한 번쯤 '옆에 저런 비서 한 명 있었으면' 하는 생각을 해본 적이 있을 것이다. 이어 출연한 정치드라마 〈어셈블리〉에서 의석 4개짜리 미니 야당의 대표 '천노심' 역을 맡으며 국회의원으로 나름 '승격'됐지만 아직 그녀를 '양 비서'로 기억하는 이들이 많다.

"〈어셈블리〉를 촬영하러 갔는데 다들 저보고 '양 비서님'이라고 하더라고요. 나름 국회의원인데 비서로 다시 강등됐어요(웃음). 〈풍문〉이 작품도 큰 사랑을 받았지만 양재화라는 캐릭터를 많이 기억해주시더라고요." 어린 시절 글쓰기를 좋아했던 그녀가 처음 연극에 관심을 갖게 된 건 고등학교 때 우연히 본 희곡의 매력에 빠지게 되면서부터였다. '희곡을 써보면 재밌겠다' 싶어 동덕여대 국문과에 진학했고 1986년 서강대, 중앙대, 국민대 등 10여 개 대학극회 출신의 또래들과 '작은신화'라는 극단을 만들었다. '사막에 한 줄기 물을 뿌리는 심정으로, 오만하고 거창하지 않게 해보자'라는 것이 창단 취지였다. "배우와 연출 구분 없이 우리끼리 모여 대본 읽고 작품 번역하고 연극 얘기하며 시작한 극단이었어요. 의욕은 충만했지만 운영이 어려워 라면 먹다 젓가락 던지며 울기도 했죠. 그때까지만 해도 평생 배우를 하리라 생각하지 못했어요."

극단의 운명은 뜻밖의 비극에서 다시 한 번 출발점을 찾게 된다. 운영이 너무 힘들어 마지막 공연이란 생각으로 작품을 준비하던 중 극단 대표이자 연출가였던 고 이유철씨가 교통사고로 세상을 떠난 것. 남겨진 단원들은 의리로 똘똘 뭉쳐 추모 공연을 준비했고 결국 그것이 평생 연극에 대한 의리로 발전하게 됐다. 그녀의 운명도 극단과 함께였다.

"그 친구가 연습하던 작품을 꼭 무대에 올려야 한다는 것이 저희에게는 숙제로 남았던 것 같아요. 추모 공연을 마치고 지금 극단 대표인 최용훈 씨와 저 그리고 몇 명이 남아 10년만 더 해보자 한 거예요. 그때쯤엔 뭔가 돼 있겠지 하고요. 근데 10년이 지나도 아무것도 변한 게 없더라고요. '야, 이상하다. 10년만 더 해볼까?' 그렇게 해서 20년을 했어요. 그러고 나니 그 후부터는 그냥 가는 길이 됐어요. 그렇게 30년을 왔네요(웃음)." 농담처럼 웃으며 30년을 이야기하는 그녀이지만 여느 연극배우들의 삶이 그렇듯 그녀 역시 배고픈 연기자의 길을 걸어왔다.

1990년대 초반부터 어린이 극단 연극 교실을 통해 아이들을 만나온 경험은 그녀의 연기 인생에서 빼놓을 수 없는 시간이다. "당시 연극에 대한 깊은 고민에 빠져 있던 시기였어요. 제가 아무리 무대 위에서 열심히 한들 빵 한 조각의 가치만큼이라도 세상에 도움이 될까 싶더라고요. 그러던 중 우연한 기회에 어린이 극단에서 아이들을 가르치게 됐는데 그때 연극이 기적을 일으킬 수 있다는 걸 알았어요. 아이들이 연극을 통해 행복해하고 변해가는 과정은 정말 놀라워요. 마술 같은 경험이었죠. 저 역시 아이들에게 많은 걸 배웠고요. 그러다 보니 처음엔 연극과 5:5 정도로 비중을 두고 시작한 일이 점점 그쪽으로 중점을 두게 되더라고요." 어느 순간 '내가 이걸 왜 시작하게 됐지?' 싶었단다.

어린이 연극으로 두각을 나타내며 여기저기 일이 들어오던 시기에 과감히 그만두고 다시 연극판으로 돌아왔다. 주변에서는 후회할 거라고 했지만 그렇다 하더라도 좀 더 연극에 올인해보고 싶은 마음이었다. 그렇게 돌아온 연극판에서 그녀의 진면목이 발휘되기 시작했다. 2001년 관객과 평단의 뜨거운 찬사를 받은 연극 〈돐날〉은 초연 당시 제10회 대산문학상과 2001 한국연극평론가협회 선정 베스트3, 2002 동아연극상 작품상·연출상 등을 수상하며 수작으로 손꼽히는 작품이 됐다.

연출가 심재찬은 그녀를 두고 "침착하면서 힘 있는 그로테스크함을 겸비했다"라는 찬사를 보낼 정도였다. 그 후 〈양파〉 〈꿈속의 꿈〉 등 쉴 틈 없이 연극 무대에 올랐다. 그리고 그녀의 연기 인생은 동료 배우였던 남편이 2007년 심근경색으로 갑자기 세상을 떠나며 또 다시 전환점을 맞이하게 된다. 당시 신증후군을 앓고 있던 중학생 아들을 돌보며 1년에 5, 6편의 연극 출연과 대학 강의, 연기 레슨에 매진했고, 어린이 극단에서 아이들을 가르쳤던 경험을 바탕으로 10여 권의 동화책도 냈다. 그때부터 그의 별명은 '힐러리보다 바쁜 길러리'가 됐다. 영화와 드라마 출연도 그 연장선에 있다. 그러는 사이 연극판을 주름잡던 길해연은 대중 곁에 가까이 다가오게 됐다.

"저는 세월 얘기하는 걸 싫어해요. 30년이라고는 하는데 연극에 제 몸과 마음을 다했던 시간은 저만 알아요. 후배들에게 그런 얘기를 해요. 날개가 돈을 때 날아오르려고 하면 못 난다, 절벽에서 뛰어내려야 필사적으로 날게 된다, 라고요. 물론 죽을 수도 있지만요(웃음)."

배우 **길해연**

“제가 사는 방식이 무언가를 정해놓고 가진 않아요. 그냥 뚜벅뚜벅 걸어가는 거죠.” 그녀가 또 한 번 대수롭지 않은 말투로 말했다. 인생에서 몇 번의 큰 절벽을 건너며, 염세주의 문학소녀는 세상에 둘도 없는 낙천주의자가 됐다.

“얼마 전에 한 후배가 이런 말을 하더라고요. 그 친구가 이혼을 두 번 했는데 그래도 저를 못 이기는 것 같다고요. 그래서 ‘그래, 고맙다’ 했어요(웃음). 저희 아버지도 심근경색으로 돌아가셨고 남편도 그렇게 갔어요. 가까운 이의 느닷없는 죽음은 사람을 굉장히 혼란스럽게 만들어요. 당황스럽고 받아들여지지 않죠. 그 시련들을 이겨내기 위해선 담대해지고 씩씩해질 수밖에 없는 것 같아요. 살면서 힘든 일을 겪었을 때, 내가 정말 죽을 게 아니면 어떻게든 헤쳐나가야 해요. 슬퍼할 땐 슬퍼해야죠. 마지막까지만 주저앉아 있지 않으면 돼요. 그렇게 얼마간을 슬퍼하고 괴로워하다 다시 일어나서 가야 하는 게 인생이에요.”

30대에는 힘든 시간을 버티느라 눈에서 불이 나는 것 같았단다. 아이도 어렸고 경제적으로도 힘든 시기였다. 40대가 되면서부터는 하나둘 고민을 놓기 시작했다. 상황이 좋아졌다기보다 마음이, 뚜벅뚜벅 인생을 걷는 보폭이 달라졌다. 지금 역시 마찬가지다. “사람에게서 에너지를 얻어요. 연기하며 만나는 사람들과 학생들, 동료들…. 생각해보면 시련은 계속 있었는데 그때마다 사람들을 통해 더 건강해지고 의연해질 수 있었던 것 같아요. 제가 그랬듯 지 역시 힘든 누군가를 다독일 수 있는 사람이었으면 해요. 제가 하는 연기 역시 마찬가지고요”

연기하며 가장 뿌듯했던 순간을 묻자 그녀는 어머니 얘기를 꺼냈다. 오랜 시간 연극을 반대해온 어머니가 지난 2011년 문화체육관광부에서 주는 '예술가의 장한 어머니상'을 수상했을 때 오랜 세월 풀지 못했던 서로에 대한 마음의 빚을 던 기분이었다고.

"그때 후배들이 참 부러워했어요. 대부분의 연극배우들은 부모님께 죄송함을 가지고 있거든요. 연극을 한다는 건 어찌 보면 유명하지 않은 사람으로 살아가는 거니까요. 어떤 어머님은 딸이 아침드라마에 나오는 게 소원이라고도 하세요. 저 역시 집에서는 매일이 투쟁이었어요. 지금도 지나왔다고는 생각하지 않아요. 인생이 계속되는 한 언젠가 또 시련은 찾아올 테니까요. 거짓된 희망으로 위로하지 말고 현실을 직시하고 씩씩해지자고 말해요. 연기자로서 '시련은 없어요'가 아닌 그걸 딛고 일어나는 모습으로 희망을 보여드리고 싶어요."

유난히 바빴던 한 해를 마무리하며 그녀는 다시 스스로를 재정비하고 있는 중이다. 세계 각지의 영화제에서 극찬을 받은 그녀 주연의 화제작 〈인 허 플레이스〉도 해가 바뀌기 전 한국 관객들을 만날 예정이다.

감당할 수 없을 것 같았던 시련과 수없이 많은 좌절의 시간을 겪었지만, 이제껏 배우의 길을 걸어온 걸 후회한 적은 한 번도 없다는 그녀. 길해연은 누구보다 멋지게 살고 있다. 듣는 사람을 안도하게 하는 그녀의 호방한 웃음만큼이나 말이다.

—『레이디경향』, 2015년 12월호.

2016년 그리운 얼굴로 돌아보라, 극단 작은신화의 30년

고 김동현 등 연출가 산실… 고선웅 등 창작극

발굴도 18일~11월 6일 창단 30돌 정기공연 〈싸지르는 것들〉

민주적 운영 장점… 최용훈 대표 "다시 낯설고 거칠게"

극단 '작은신화' 30돌을 이끈 최용훈 연출이 정기공연 〈싸지르는 것들〉 공연을 앞두고 12일 서울 서강대에서 단원들과 연습하고 있다.

12일 서울 서강대 가브리엘관 스튜디오 옆 연습실. 주인공 비더만과 소방대원들이 분주히 오가는 사이, 최용훈(53) 연출의 눈이 재빠르게 움직인다. 20대 초반 13명이 시작한 극단 '작은신화'가 창단 30돌 정기공연 〈싸지르는 것들〉을 앞두고 단원들이 서로 생각과 말과 행동을 맞춰보고 있다. 예수와 유다가 낀 12사도처럼 13명이 모여 '구원'의 기대와 '배반'의 불길함을 동시에 안고 출발한 이 극단은 이제 한국 대표 극단으로 훌쩍 성장했다.

"우리가 1980년대 군부독재 시대인 대학 4학년 때 시작했으니까 사회정의에 관심이 컸어요. 그런데 당시엔 번역극 위주라 연우무대를 빼곤 한국 현실에 관심을 둔 극단이 없었지요."

'작은신화' 대표 최용훈 연출의 말이다. 30년 세월이 물결처럼 배어 흐르는 백발 아래, 잡념을 게워낸 말간 눈이 말똥말똥하다.

'작은신화'의 성장 뒤에는 단원 공동창작, 창작극 프로그램인 '우리연극만들기', 젊은 단원의 실험극 '자유무대'가 자리잡고 있다. 우리연극만들기를 통해 고 윤영선, 고선웅, 최치언, 장성희, 조광화 등이 데뷔 또는 두 번째 창작극을 올렸다. 고 김동현, 박정의, 조광화, 반무섭, 신동인, 이곤, 정승현 등 연출가 산실 노릇도 했다. 배우로는 길해연, 홍성경, 서현철, 장용철, 김왕근, 임형택, 김은석, 강일, 김문식, 정세라, 이혜원, 정선철, 안성헌 등이 대부분 지금도 이 극단에서 활동중이다. 주요 작품으로는 〈돐날〉 〈황구도〉 〈코리아, 환타지〉 〈똥강리 미스터 리!〉 〈창신동〉 〈토일릿 피플〉 등이 있다.

성난 얼굴로 돌아보라, 하지만 그리운 얼굴로 돌아보라, 그리하여 다시 성난 젊은이로 돌아가자. 극단 작은신화 30돌을 이끈 최용훈 연출은 12일 서울 서강대 교정에서 "다시 젊을 때처럼 낯설고 거칠게 작품을 하고싶다"고 했다.

출발은 힘겨웠다. 돌이켜보면, 치기와 용기 사이 80년대 청년이 아니었다면 창단은 엄두를 내지 못했다. '어린 녀석들'한테 작품을 줄 작가도 없었고, 대관하기도 힘겨웠다. 신촌, 홍대 앞이나 인사동에서 극장이 아닌 카페, 야외 미술관을 빌려 유랑적, 유격적으로 공연했다.

> "우리 이야기를 하자고 극단을 만들었잖아요, 그래서 공동창작을 하게 됐어요. 그것이 관심받는 계기가 됐어요. 1990년 신촌에서 올린 〈전쟁음?악!〉을 구히서 선생님이 좋게 보시고 리뷰를 쓴 뒤, 다음 날부터 5일 동안 120석 전석이 매진됐지요."

'작은신화'는 창작극의 활로를 여는 '우리연극만들기'에 적극적이다. "창작극 지원이 없던 시절이라 젊은 작가 배출이 안 되고 신춘문예 작가도 한두 편 쓰다 사라지고. 1993년 하반기에 3,000만 원을 들여 창작극 발굴 시리즈 '우리연극만들기'로 세 작품을 올리고 나니 3,000만 원이 빚으로 남았어요. 우리연극만들기는 내년이면 12회를 맞게 됩니다." 일개 극단이 20년 넘게 창작극 만들기에 집중한 것은 놀랍다.

단원들이 자체적으로 소규모 그룹으로 진행하는 창작워크숍 '자유무대'도 주목할 만하다. "창단 초기 정신을 후배들한테 심어주자"는 취지로 극단에서 대관료, 밥값 정도만 대주고 맡기는 실험적인 무대다. 작품이 잘 나와 정기공연으로 업그레이드된 것도 두 작품. 이를테면 '작은신화' 안에서 계속 '작은신화'를 만드는 과정이다.

최 대표는 하지만 30년을 이끈 진짜 힘은 민주적인 의사결정과 공동출자·공동분배라는 재정 투명성이라고 꼽았다. "정단원들이 한달 1만 원씩 회비를 내 연습실 경비를 충당하고, 제작비는 선거홍보물 발송과 지방축제 행사 뛰기 등 '공동알바'로 마련합니다. 대표는 저지만, 초창기부터 총회를 통해 의사를 결정하고요. 정단원이 돌아가며 재정을 관리해 극단 살림을 낱낱이 공개합니다."

최 대표는 "다른 선배들보다 어려서 시작했으니까, 30년을 맞아 낯설고 거친 방식으로 다시 시작하려고 한다"고 새로운 출발을 다짐했다. 〈싸지르는 것들〉은 18일~11월 6일 서강대 메리홀 소극장에 오른다.

–**손준현**, 『한겨레』, 2016. 10. 13.

싸지르는 것들(2016)

1986-2016

작은신화 30th.

합석전후(2015)

공연 연보

작은신화 1
카페 순회공연

1986.11.5~11.16 /
시와그림, 발코니, 바람나그네, 아가페

1. 뮤지컬 '결혼'
2. 불어를 하세요- Tiger

기획 | 임인섭

1-1. 뮤지컬 '결혼'
작 | 이강백
연출 | 박정영
음악 | 조윤상
배우 | 임인섭, 권미경, 권태주

1-2. 불어를 하세요-Tiger
작 | 머레이 쉬스갈
연출 | 최용훈
배우 | 배윤수, 최용훈, 길해연

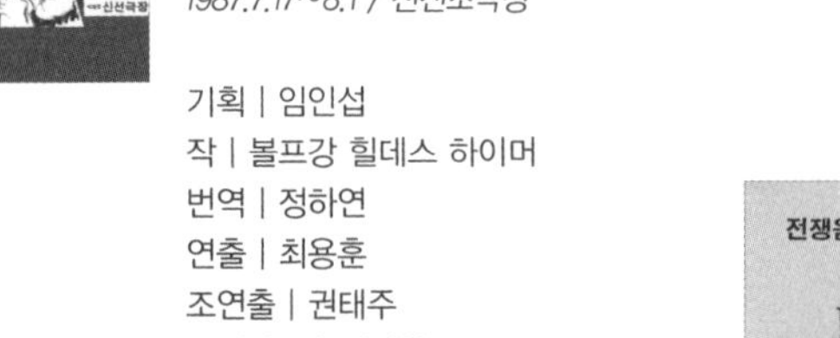

작은신화 2
부조리연극
잠이 자고 싶은 사나이

1987.7.17~8.1 / 신선소극장

기획 | 임인섭
작 | 볼프강 힐데스 하이머
번역 | 정하연
연출 | 최용훈
조연출 | 권태주
무대감독 | 성연찬
장치 | 반무섭, 조원호
미술 | 김희정, 성연웅
조명 | 유현선
음향 | 임애리
분장 | 권미경, 이재형
의상 | 김지희
소품 | 길해연
사진 | 이연하
기획보 | 박현신
섭외 | 황유진, 조윤상, 송정은
홍보 | 문혜주, 신영희
진행 | 김재훈, 김기훈, 오은주, 오경아, 진영미
배우 | 최용훈, 임인섭, 반무섭

작은신화 3
옴니버스연극
아침, 정오 그리고 밤

1987.11.14~11.29 / 공간사랑소극장

기획 | 임인섭
작 | 이스라엘호로비치, 테렌스 멕넬리, 레너드멀피 3인공동작
번역 | 정하연
연출 | 최용훈
조연출 | 황유진, 권태주
무대감독 | 반무섭
음악 | 조윤상
미술 | 이단양
분장 | 이재형
음향 | 이윤상
소품 | 최선미
사진 | 정미영
섭외 | 박정영
홍보 | 성연찬, 유현선, 김재훈
진행 | 임애리, 신영희
배우 | 길해연, 최용훈, 임인섭, 김경희, 조원호

작은신화 4
열린연극
전쟁음?악!

1990.5.1~5.15 / 신선소극장

기획 | 조원호
구성 | 김영인
연출 | 최용훈
작곡 | 조윤상
홍보 | 유현선
진행 | 김현호
음악 | 김광석, 해질 무렵, 나무와 사람사이
미술 | 문종호

사진 | 명국현
안무 | 이미희
배우 | 길해연, 권태주, 이승훈, 김경희,
홍성경, 김기훈, 이충원, 최선미

작은신화 5
주말연극
작은 뮤지컬 결혼

1990.8.18~10.9 / 장흥 토탈소극장

기획 | 박정영
작 | 이강백
연출 | 최용훈
음악 | 조윤상
배우 | 최용훈, 김경희, 이충원

작은신화 6
열린연극
전쟁음?악! 2

1991.9.2~9.30 / 바탕골소극장

기획 | 오정학
구성 | 작은신화 공동구성
연출 | 최용훈
조연출 | 김경희
음악 | 조윤상
안무 | 김기화, 김영환
작곡 | 조윤상
음악 | 조윤상, 장영규
무대미술 | 반무섭
미술 · 분장 | 이재형
영상 | 권태주
음향 | 김기훈
의상 | 장성희
사진 | 김선태, 이중구, 정미영
포스터디자인 | 지영권
소품 | 지성자
신체훈련지도 | 유홍영
싸이코드라마지도 | 김정일
진행 | 이충원, 이민우, 김윤호
배우 | 이승훈, 박용진, 조민희, 최선미,
맹봉학, 오해심, 전대규, 박승내,
손현선, 홍성경

〈제15회 서울연극제 자유참가작〉

작은신화 7
오늘연극
mr. 매킨도 · 씨!

1993.6.28~7.28 / 바탕골소극장

기획 | mini myth
원작 | 다리오포
구성 | 작은신화 공동구성
연출 | 최용훈
무대미술 | 이유정
음악 | 장영규
안무 | 정의순
분장 | 이재형
배우 | 유하복, 홍성경, 이승훈, 박주영,
최선미, 오채영, 안정희, 장용철,
양영조, 강진선

〈93 사랑의 연극잔치 참가작〉

작은신화 8
우리연극
황구도(黃拘圖)

1994.3.10~6.30 /
연우소극장, 울타리소극장

기획 | 오정학
작 | 조광화
연출 | 최용훈
조연출 | 김동현
음악 | 이형주
무대미술 | 하성옥
분장 · 탈 제작 | 이재형
의상 | 김혜민
소도구 | 강진선
무대감독 | 반무섭
무대장치 | 맹봉학, 장용철, 김희정
편곡 | 허수현
녹음 | 미리암 녹음실

엔지니어 | 정석현
노래지도 | 조승룡
연주 | 심언정
음향 | 안진희
조명오퍼 | 오명희
분장보 | 안정희, 김이진
사진 | 김영일
포스터디자인 | 이경은
진행 | 최성희, 현대철, 엄옥락, 백은경
기획팀 | 박정영, 오정학, 박승희, 이승민, 여운복, 김태은
배우 | 이승훈, 유하복, 정의순, 김혜민, 김왕근, 서현철, 오채영, 선종남, 홍성경, 최성희2

〈94 사랑의 연극잔치 참가작〉

작은신화 9
프리즘연극
매직아이 · 스크림!

1995.4.14~7.2 / 바탕골소극장, 동숭스튜디오씨어터

기획 | 인터
작 | 공동구성
대표구성 | 조광화, 안정희, 심언정, 선종남
연출 | 최용훈
작곡 | 이형주
무대 | 반무섭
편곡 | 허수현
녹음 | 미리암 스튜디오
엔지니어 | 정석현
음향 | 안진희
조명디자인 | 심채선
조명오퍼레이터 | 박문섭
무대감독 | 선종남
무대장치 | 이승훈, 여운복, 김희정
분장 | 안정희
의상 · 소품 | 강진선, 송현서, 장이주
티켓디자인 | 최용석
포스터디자인 | 양재현
인쇄 | 대호기획
편집 | 최선미, 이경은
진행 | 맹봉학, 김영일
기획팀(인터) | 박정영, 김기훈, 박승희, 오명희, 서현철, 남기웅
배우 | 박용진, 최성희, 이인희, 길해연, 유하복, 홍성경, 장용철, 정의순, 김왕근, 윤영수, 선종남

〈95 사랑의 연극잔치 참가작〉

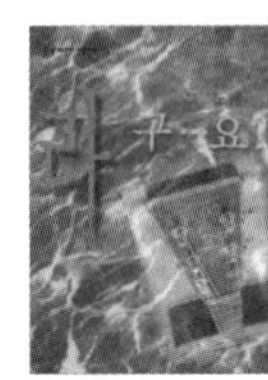

작은신화 10
우리연극
라구요?

1996.4.6~4.20 / 문예회관소극장

기획 | 인터
작 | 김대현
연출 | 반무섭
조연출 | 김경희
음악감독 | 이형주
무대미술 | 하성옥
조명디자인 | 노수현
분장 | 이재형, 안정희
녹음 | 정석현
무대감독 | 박정의
조연출보조 | 이상희
제작지휘 | 최용훈
제작보조 | 이은정
홍보 | 윤명주, 김정아
섭외 | 정세라, 김은석, 강일
행정 | 박승희, 강진선, 이인희
인쇄물기획 | 이경은
포스터디자인 | 권경아
사진 | 전혜원
기획팀 | 박정영, 김기훈, 남기웅
배우 | 서현철, 홍성경, 장용철, 송현서, 윤영수, 최선미, 여운복, 이승훈, 현대철, 선종남, 백은경, 장이주

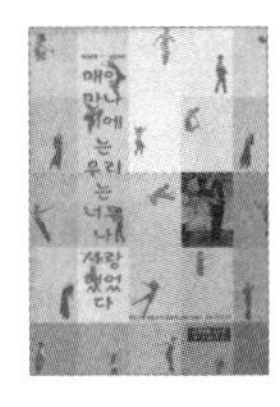

작은신화 11
리듬연극
매일 만나기에는 우리는 너무나 사랑했었다

1997.5.28~6.8 / 문예회관소극장

기획 | 인터
원작 | 기알루슈리
구성 | 공동창작
연출 | 김동현
조연출 | 이상희
작곡 | 이형주
조명디자인 | 에릭 둥헨
무대미술 | 반무섭
신체훈련지도 | 이승훈
무대감독 | 최우철
무대장치 | 이인희, 선종남, 유하복, 김지영
의상 | 장선희
분장 | 이재형
음향 | 엄옥란
포스터디자인 | 김희정
디자인 · 인쇄 | 이장길 기획
사진 | 전혜원
섭외 | 이은정, 김정아
홍보 | 윤명주, 최현숙
진행 | 김자연, 송윤
행정 | 선종남, 최성희, 오명희, 정의순
기획팀(인터C&A) | 박정영, 김기훈, 남기웅, 김지영, 박정의, 장이주
배우 | 길해연, 홍성경, 최선미, 장용철, 서현철, 여운복, 정세라, 김은석

작은신화 12
퓨전연극
가정의학백과

1998.8.14~8.26 / 문예회관소극장

기획 | 인터
작 | 공동창작
대표구성 | 안정희
연출 | 최용훈
조연출 | 박정의
무대디자인 | 반무섭
조명디자인 | 신성환
무대감독 | 최경식
미술감독 | 이재형
무대제작 | 현대철, 윤명주, 임형택
분장 | ATOM
행정 | 최성희, 오명희
진행 | 최선미, 강진선, 이혜원
홍보 | 김정아, 김자연
섭외 | 송윤, 도희경
사진 | 전혜원
디자인 · 인쇄 | 이장길 기획
옥외광고 | 모티프
기획팀(인터) | 박정영, 김기훈, 남기웅, 김지영
배우 | 홍성경, 선종남, 이인희, 김왕근, 정세라, 김은석, 이석

작은신화 13
미스테리
똥강리 미스터 리!

1999.9.9~10.31 / 아리랑소극장

기획 | 극단 작은신화, 인터C&A Communication
작 | 공동창작
연출 | 최용훈
조연출 | 박승희
드라마투르그 | 김동현, 안정희
무대미술 | 이경은
무대감독 | 최경식
무대 | 현대철
조명 | 조혜원
사진 | 이은경
섭외 | 정세라, 임형택, 도희경, 지정은
홍보 | 선종남, 김자연, 이진우, 태정
배우 | 최선미, 홍성경, 최성희, 정의순, 강진선, 서현철, 이해성, 백은경, 장이주, 강일, 윤명주, 이석, 송윤, 이혜원, 민윤재

작은신화 14
맥베드, THE SHOW

2000.11.16~12.3 / 소극장 학전그린

원작 | 세익스피어
구성 · 연출 | 김동현
조연출 | 문삼화
연출부 | 안꽃님
무대 | 김소연
조명 | 에릭둥헨
음악 | 김태근
소품 | 김성태
의상 | 조혜정
분장 | 김은희,윤자영
안무 | 유미희
음향엔지니어 | 이민영
음향오퍼 | 설정빈
조명오퍼 | 김청산
무대감독 | 이진우
포토그래퍼 | 이하준
진행 | 김영아
기획진행 | 임영환
기술감독 | 이경표
예술감독 | 에릭둥헨
배우 | 선종남, 길해연, 최경식, 이석,
최선미, 백은경, 윤명주, 홍성경

작은신화 15
돐날

2001.11.14~12.5 / 동숭아트센터 소극장
2001.12.18~12.25 / 문예회관 소극장

기획 | 김지영, 이진우
작 | 김명화
연출 | 최용훈
조연출 | 신동인
무대 | 이경은
무대제작 | 박종수
조명 | 조성한
음악 | 이형주
음향편집 | 정석현
분장 | 이희성
무대감독 | 박지호
음향오퍼 | 박소현
소품,조명오퍼 | 정선철
사진 | 이은경
디자인 | 김홍석
요리담당 | 송윤, 정의순, 송현서, 설정빈
진행 | 강일, 태정
배우 | 길해연, 홍성경, 임형택, 서현철,
김왕근, 백은경, 김은석, 정세라,
김문식

〈2002한국연극평론가협회BEST3선정〉
〈제38회 동아연극상 작품상, 연출상(최용훈), 연기상(홍성경) 수상〉

작은신화 16
암흑전설 영웅전

2002.3.9~3.31 / 예술의전당 자유소극장

기획 | DNA ENTERTAINMENT,
공연기획 모아
작 | 차근호
연출 | 최용훈
조연출 | 신동인
작곡 | 이형주
무대디자인 | 이윤수
조명디자인 | 이보만
의상디자인 | 김혜민
오브제디자인 | 안나영
분장디자인 | 이재형
무술감독 | 김재성
무술지도 | 김대양
안무 · 동작지도 | 정의순
게임자문 | 최희랑
장치제작 | 송기선(서울무대장치)
음향 | 서창석
편곡 | 강학선
음향엔지니어 | 정석현
오브제제작 도우미 | 류지영, 노혜미
분장 도우미 | 홍문희, 백유미
무대감독 | 설정빈
음향오퍼 | 이영민
자막오퍼 | 안꽃님
그래픽디자인 | 김홍석
사진 | 임희정, 이은경

헤어협찬 | 유니크헤어아트(돈암동)
배우 | 김은석, 이혜원, 서현철, 장용철, 임형택, 송현서, 강일, 정의순, 김왕근, 정세라, 최준식, 송윤, 이진우, 태정, 김문식, 김기준, 박소현, 안성헌, 박지호, 정선철

〈삼성문학상 희곡부문 수상작〉

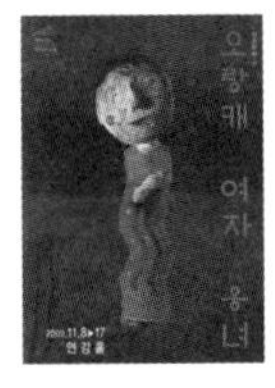

작은신화 17
오랑캐 여자 옹녀

2002.11.8~11.17 / 연강홀

작 | 배삼식
연출 | 김동현
조연출 | 신동인
무대 | 이윤수
조명 | 조성한
음악 | 유정현
의상 · 소품 | 김혜민
음향 | 김태완
악사 | 유정현, 수묵 이정주, 이재일, 서동실
분장 | 김종숙, 오여진
조명오퍼 | 전익수
음향오퍼 | 성동한
무대감독 | 정세라
사진 | 이은경
기획팀 | 남기웅, 김지영, 이진우, 김창숙, 이영민
배우 | 이남희, 길해연, 박길수, 홍성경, 박수영, 임형택, 정의순, 송현서, 백은경, 김기준, 김문식, 안꽃님, 박지호, 정선철

작은신화 18
돐날

2003.5.8~6.1 / 바탕골소극장

기획 | 공연기획MoA
작 | 김명화
연출 | 최용훈
조연출 | 이곤
무대디자인 | 이경은
조명디자인 | 조성한
음악 | 이형주
의상 | 김혜민
무대감독 | 박지호
음식담당 | 설정빈, 김선영, 이은주
무대제작 | 김종규, 윤미연, 박건욱
음향엔지니어 | 정석현
조명오퍼 | 김준
음향오퍼 | 이현주
진행 | 김종근, 최지훈, 박윤석, 최지현, 이우건, 이슬희
기획담당 | 이진우
사진 | 이은경
배우 | 홍성경, 길해연, 임형택, 서현철, 백은경, 김은석, 정세라, 김문식, 김기준

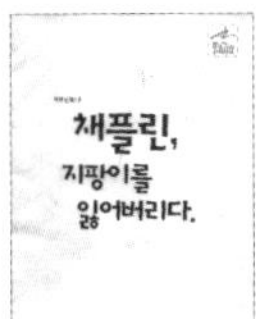

작은신화 19
채플린, 지팡이를 잃어버리다

2004.2.5~2.22 /
문예진흥원 예술극장 소극장
2004.3.5~5.9 / 소극장 축제

주관 · 기획 | 축제를 만드는 사람들
작 | 서현철
연출 | 최용훈
조연출 | 김선영
무대 | 하성옥
무대제작 | 김충신
조명디자인 | 윤광덕
음악 | 이형주
무대감독 | 성동한
무대진행 | 박지호, 정선철, 서광일
사진 | 장용철
기획진행 | 이영민
홍보진행 | 이슬희, 조혜인
공연장진행 | 이진우, 최현숙, 이현주
배우 | 임형택, 백은경, 송현서, 이은정, 김문식, 송윤, 이영민, 안성헌, 성동한, 이우건, 홍성호

작은신화 20
맥베드, THE SHOW

2006.4.28~5.7 / 예술의전당 토월극장

기획 · 홍보 | 투비컴퍼니
원작 | 세익스피어
구성 · 연출 | 김동현
조연출 | 정승현, 이신정
드라마투르그 | 이곤
무대 | 손호성
조명 | 김창기
음악 | 김태근
의상 | 조혜정
안무 | 백수진
분장 | 이동민
음악감독 | 원미솔
음향 | 김병진(연음향)
소품 | 김종식
아코디언 연주 | 채수린
타악 | 이재일
무대장치 | 이용갑
의상 어시스트 | 김효정
음향 어시스트 | 이영주
무대 어시스트 | 정영
조명 어시스트 | 성미림
조명팀 | 김영빈, 이명진, 최재혁, 정동권, 조용재
분장팀 | 안경순, 이수연
음향오퍼레이터 | 장미희
조명오퍼레이터 | 박종용, 배승만
무대감독 | 권대정
무대감독보 | 김기쁨
사진 | 이도희, 신귀만
기획진행 | 김환희
홍보마케팅 | 투비컴퍼니(이봉규, 조경미, 정연경, 장경철, 한령규)
제작프로듀서 | 임은아
배우 | 이대연, 길해연, 백은경, 강일, 최현숙, 태정, 박지호, 윤은심, 김선표, 김병희, 김현태, 김종근, 김석이

작은신화 21
일요일 손님

2006.5.4~5.21 / 블랙박스씨어터

기획 | 공연기획MoA
작 | 오혜원
연출 | 최용훈
조연출 | 이용설
무대미술 | 하성옥
음악 | 이형주
조명 | 이선영
안무 | 정의순
사진 | 장용철
무대감독 | 박삼녕
조명오퍼 | 오현우
음향오퍼 | 박지은
기획총무 | 이영민
무대진행 | 염선화, 정진식
진행 | 설정빈, 안꽃님, 조혜인
배우 | 임형택, 이혜원, 김문식, 홍성호, 이슬희

작은신화 22-1
뒤바뀐 머리

2006.9.12~9.17 / 아룽구지 소극장

기획 | 김지영
원작 | 토마스 만
번역 | 마정화
각색 | 조현진
연출 | 이곤
조연출 | 정연정, 권대정
연주 | 목진호(따블라), 이신애(바이올린), 임지혜(가야금), 김영진(Percussion)
음악 | 김백찬
안무 | 김예리
무대 | 임건수
의상 | 강기정
조명 | 홍선화
분장 | 김정화
노래지도 | 이수현
조명오퍼 | 김석이
가면 · 장치 | 배준호

인형 · 소품 | 임은주
인도 무술지도 | 자야프라사드
인도 무용지도 | 변영미
배우 | 백은경, 서광일, 홍성호, 이현주,
이우건, 조혜인, 오현우

작은신화 22-2
거미여인의 키스

2006.9.19~9.24 / 아룽구지 소극장

원작 | 마누엘 푸익
번역 | 김철리
연출 | 신동인
조연출 | 염선화
무대 | 심채선
무대제작 | TAF무대미술
조명 | 최보윤
의상 | 김인옥
음악 | 김동욱
음향 | 류종현
분장 | 정의순
무대감독 | 박삼녕
조명오퍼 | 정진식
음향오퍼 | 장미희
배우 | 장용철, 임형택, 고병택

작은신화 22-3
코리아, 환타지

2006.9.26~10.1 / 아룽구지 소극장

기획 | 김지영, 이진의
작 | 최치언
연출 | 최용훈
조연출 | 정승현
무대디자인 | 하성옥
조명디자인 | 윤명주
음악 | 이형주
의상 | 김혜민
안무 | 정의순
조명오퍼 | 박종용
음향오퍼 | 박지은
영상오퍼 | 이지혜

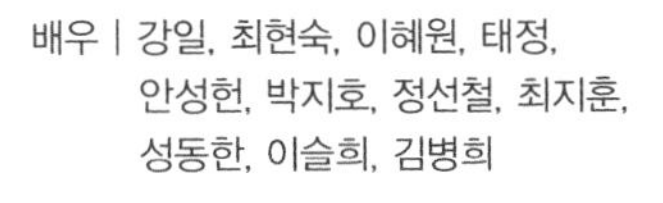
배우 | 강일, 최현숙, 이혜원, 태정,
안성헌, 박지호, 정선철, 최지훈,
성동한, 이슬희, 김병희

작은신화 22-4
빈대

2006.10.3~10.8 / 아룽구지 소극장

원작 | 블라디미르 마야코프스키
각색 · 연출 | 반무섭
조연출 | 이용설
음악 | 김동욱
조명 | 윤명주
영상 | 김바른
무대 | 김혜지
의상 | 김은미
조명오퍼 | 이우건
음향오퍼 | 홍성호
영상오퍼 | 서광일
배우 | 정의순, 서현철, 김왕근, 이은정,
장이주, 정세라, 설정빈, 김기준,
김문식, 안꽃님, 김종근, 이규동

작은신화 23
연두식 사망사건

2006.11.8~11.19 / 아르코예술극장 소극장

기획 | 김지영
작 | 최치언
연출| 최용훈
조연출 | 정승현
조연출보 | 배경민
무대디자인 | 하성옥
조명디자인 | 최재훈
음악 | 이형주
의상디자인 | 조혜정
의상보 | 심민정
분장 | 길자연
무대감독 | 이용설
조명오퍼 | 김미림
무대진행 | 박종용, 김지환
매표진행 | 김선영, 이현주, 조혜인

기획총무 | 이영민
후원회 | 정세라
사진 | 박란영
그래픽디자인 | 엄미경
홍보 | 이진의
배우 | 길해연, 홍성경, 장용철, 서현철,
김은석, 강일, 임형택, 김문식,
김기준

작은신화 24
기찻길 옆 오막살

2007.12.19~12.30 / 학전블루소극장

기획 | 모아엔터테인먼트
작 | 동이향
연출 | 이곤
조연출 | 정승현
무대디자인 | 임건수
조명 | 유은경
의상 | 강기정, 최윤희
음악 | 김백찬
가야금 연주 | 주보라
분장 | 김정화
일러스트 | 양빈
무대감독 | 김지용
조명오퍼 | 오현우
음향오퍼 | 전유경
사진 | 장용철
배우 | 임형택, 백현주, 이윤화, 이미지,
안성헌, 최지훈

작은신화 25
꿈속의 꿈

2008.4.30~5.2 / 아르코예술극장 소극장

기획 | 모아엔터테인먼트
작 | 장성희
연출 | 신동인
조연출 | 정승현
조연출보 | 이지혜
무대 | 심채선
조명 | 최보윤
음악 | 김철환
의상 | 이유선
분장 | 이명자
소품 | 박지숙
안무 | 이규운
국선도 | 김영환
소리지도 | 우지용
무대감독 | 고병택
조명오퍼 | 박종용
음향오퍼 | 전유경
무대크루 | 오현우, 박상훈
배우 | 길해연, 김뢰하, 홍성경, 김은석,
강일, 최현숙, 송윤, 이혜원,
태정, 박지호, 정선철, 성동한,
최지훈, 서광일, 김석이, 김병희

〈제29회 서울연극제 대상, 희곡상,
연기상(길해연) 수상〉

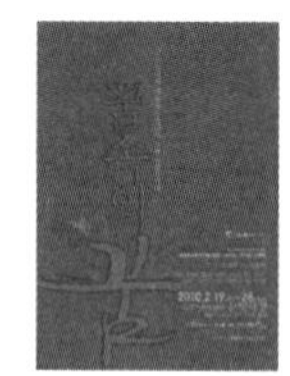

작은신화 26
꿈속의 꿈

*2010.2.19~2.28 /
미마지아트센터 눈빛극장*

기획 · 홍보 | 코르코르디움
작 | 장성희
연출 | 신동인
조연출 | 정승현, 이지혜
무대 | 심채선
작곡 | 김철환
조명 | 최보윤
의상 | 이유선
소품 | 박지숙
분장 | 송영옥, 신애리
국선도 | 김영환
움직임 | 오충섭
무대감독 | 지세영
음향오퍼 | 정금성
조명오퍼 | 빙진영
무대크루 | 박상훈, 김주희
사진 | 이지락
그래픽디자인 | 다홍디자인
배우 | 길해연, 홍성경, 장용철, 강일,
김은석, 송현서, 김기준, 김종근,

서광일, 김석이, 고병택, 구선화,
박소연

이지혜, 고병택, 박지은, 빙진영,
구선화, 최복희, 김주희, 이연희,
박혜정, 김대업

작은신화 27
천국에서의 마지막 계절

2010.11.4~11.28 / 정보소극장

기획 · 홍보 | 코르코르디움
작 | 이시원
연출 | 신동인
작곡 | 김철환
무대 | 심채선
조명 | 최보윤
의상 | 이혜원
분장 | 송영옥, 신애리
사진 | 이지락
그래픽디자인 | 다홍디자인
배우 | 장용철, 홍성경, 송윤, 오현우,
박소연, 최복희

작은신화 28
두더지의 태양

*2010.12.10~12.19 /
한국공연예술센터 대학로예술극장 소극장*

기획 · 홍보 | 코르코르디움
작 | 최원종
연출 | 신동인
조연출 | 곽정은
조연출보 | 한자영
무대 | 심채선
조명 | 최보윤
의상 | 이유선, 김가희
움직임 | 오충섭
음악 | 김철환
분장 | 송영옥
무대감독 | 최성호
조명오퍼레이터 | 박상훈
음향오퍼레이터 | 홍승만
사진 | 이지락
그래픽디자인 | 다홍디자인
배우 | 최현숙, 박윤석, 오현우, 박종용,

작은신화 29
만선

*2011.5.11~5.15 /
한국공연예술센터 아르코예술극장 소극장*

기획 · 홍보 | 코르코르디움
작 | 김원
연출 | 신동인
조연출 | 김주희
무대 | 유영봉
조명 | 최보윤
작곡 | 김철환
의상 | 이유선, 김가희
움직임 | 오충섭
분장 | 송영옥
무대감독 | 홍승만
조명오퍼레이터 | 송인서
음향오퍼레이터 | 김다정
그래픽디자인 | 다홍디자인
배우 | 장용철, 송현서, 최지훈, 정선철,
전유경, 이연희

〈제32회 서울연극제 우수작품상, 연출상, 연기상(장용철), 신인연기상(이연희) 수상〉

작은신화 30
매기의 추억

2011.6.3~6.19 / 정보소극장

기획 · 홍보 | 코르코르디움
작 | 장성희
연출 | 최용훈
조연출 | 김수희
프로덕션 디자인 | 하성옥
무대디자인 | 서정인
의상 | 강기정
조명 | 류백희

음악 | 이형주, 강학선
소품 | 서지영
무대감독 | 송인서
조명오퍼 | 고재하
음향오퍼 | 박혜정
사진 | 이지락
그래픽디자인 | 다홍디자인
배우 | 서이숙, 박남희, 송현서, 김정영, 최현숙

작은신화 31
돐날

2011.6.3~7.10 / 대학로 아트원씨어터 2관

제작 | 극단 작은신화, 이다 엔터테인먼트
작 | 김명화
연출 | 최용훈
조연출 | 정승현
프러덕션 디자인 | 하성옥
무대디자인 | 서지영
조명 | 나한수
음악 | 이형주
소품 | 서정인
무대감독 | 성동한
무대조감독 | 김대업
조명어시스턴트 | 장서정
무대크루 | 박종용, 최성호, 최순영, 박지현
조명오퍼 | 이연희
음향오퍼 | 홍승만
분장 | 길자연
포토그래퍼 | 이지락
그래픽 | 다홍디자인
배우 | 길해연, 홍성경, 서현철, 김왕근, 김은석, 황정민, 정승길, 정세라, 김문식, 김기준, 고병택, 성동한

작은신화 32
가정식 백반 맛있게 먹는 법

2011.6.23~7.17 / 정보소극장

기획·홍보 | 코르코르디움
작 | 김숙종
연출 | 최용훈
조연출 | 이지혜
음악 | 이형주
조명디자인 | 민새롬
무대감독 | 구선화
조명오퍼 | 고재하
음향오퍼 | 안별이
사진 | 이지락
그래픽디자인 | 다홍디자인
배우 | 임형택, 김문식

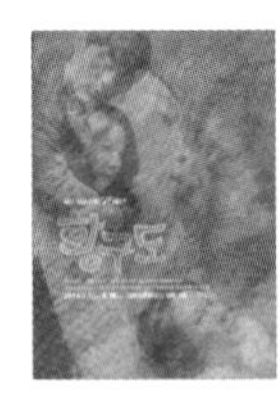

작은신화 33
황구도

2011.7.15~8.28 / 대학로문화공간 필링2관(구. 이다2관)

제작 | 극단 작은신화, 이다 엔터테인먼트
작 | 조광화
연출 | 최용훈
조연출 | 정승현
무대 | 하성옥
조명 | 나한수, 장서정
음악 | 이형주
의상 | 강기정
분장 | 백지영
소품 | 서정인, 서지영
무대감독 | 송인서
조명오퍼 | 최복희
음향오퍼 | 김다정
포토그래퍼 | 이지락
그래픽디자인 | 다홍디자인
배우 | 강일, 이은정, 안성헌, 최지훈, 서광일, 박삼녕, 오현우, 이지혜, 박상훈, 전유경, 채은재, 빙진영

작은신화 34
꿈속의 꿈

2011.10.8~10.23 /
남산예술센터 드라마센터

기획 · 홍보 | 코르코르디움
작 | 장성희
연출 | 신동인
조연출 | 최복희
무대 | 심채선
무대제작 | TAF 무대제작소
조명 | 최보윤
조명어시스트 | 김성구
조명팀 | STAGEWORKS
조명크루 | 이광득, 홍유진
작곡 | 김철환
의상 | 이유선
의상어시스트 | 김가희
의상제작 | 이재경 무대의상
분장 | 송영옥, 성도기
소품 | 박지숙
움직임 | 오충섭
국선도 | 김영환
무대감독 | 최성호
조명오퍼레이터 | 고재하
음향오퍼레이터 | 김다정
자막오퍼레이터 | 박혜정
무대크루 | 송인서, 홍승만
그래픽디자인 | 다홍디자인
사진 | 서울사진관(김호근)
배우 | 길해연, 문형주, 장용철, 강일, 송현서, 이혜원, 김기준, 박지호, 김종근, 성동한, 서광일, 김병희, 오현우, 김군영, 김대업, 한자영

작은신화 35
콜라소녀

2012.4.19~4.22 / 대학로예술극장 소극장

기획 · 홍보 | 코르코르디움
작 | 김숙종
연출 | 최용훈
조연출 | 곽정화
무대디자인 | 하성옥
무대감독 | 이기홍
음악감독 | 이형주
조명디자인 | 나한수
조명팀 | 장서정
영상디자인 | 이지락
분장디자인 | 백지영
분장팀 | 조옥희, 황미란
의상디자인 | 강기정
소품디자인 | 서정인
음향 오퍼레이터 | 김다정
영상 오퍼레이터 | 송건영
무대전환 | 고재하, 최성호, 김대업, 이승현(A), 홍승만
그래픽디자인 | 다홍디자인
배우 | 김용선, 남기애, 장용철, 박성준, 김남진, 정세라, 성노진, 황세원, 김승환, 박시영

작은신화 36
만선

2012.5.3~5.13 / 아르코예술극장 소극장

기획 · 홍보 | 코르코르디움
작 | 김원
연출 | 신동인
무대디자인 | 유영봉
조명디자인 | 최보윤
작곡 | 김철환
의상 | 이유선, 김가희
분장 | 송영옥
무대감독 | 홍승만
조명오퍼 | 송인서
음향오퍼 | 김다정
그래픽디자인 | 다홍디자인
배우 | 장용철, 송현서, 정선철, 전유경, 김주희, 이연희

작은신화 37
가정식 백반 맛있게 먹는 법

2012.7.18~8.12 / 정보소극장

기획 · 홍보 | 코르코르디움
작 | 김숙종
연출 | 최용훈
조연출 | 이지혜
조연출보 | 임영혜
조명디자인 | 민새롬
음악 · 음향 코디네이터 | 이형주
무대감독 | 이서연
조명오퍼 | 신승철
음향오퍼 | 김해린
그래픽디자인 | 다홍디자인
배우 | 김문식, 임형택, 서현철, 손종범

작은신화 38
모든 이에게 모든 것

2012.10.18~10.28 / 설치극장 정미소

기획 · 홍보 | 코르코르디움
작 | 이윤설
연출 | 신동인
조연출 | 이승현, 김미란
무대 | 유영봉
조명 | 최보윤
분장 | 송연옥
무대감독 | 홍승만
조명오퍼 | 임영혜
음향오퍼 | 송인서
사진 | 이동녕
배우 | 장용철, 김왕근, 임형택, 송현서, 최현숙, 서진, 오현우, 이연희, 김미란

작은신화 39
서울국제공연예술제 국내초청작
TRUE LOVE

2012.10.25~10.27 / 대학로예술극장 소극장
2012.10.31~11.4 / 설치극장 정미소

기획 · 홍보 | 코르코르디움
작 | 찰스 미 주니어
번역 | 전병석
연출 | 이곤
배우 | 전진기, 정세라, 고병택, 박윤석, 안꽃님, 박삼녕, 빙진영, 최성호, 심재현

작은신화 40
봄이 사라진 계절

2013.2.21~3.3 / 설치극장 정미소

기획 · 홍보 | 코르코르디움
작 | 신은수
연출 | 신동인
조연출 | 임영혜
드라마투르그 | 배선애
무대 | 권용
조명 | 최보윤
작곡 | 김철환
의상 | 박진희
분장 | 장경숙
소품 | 김혜지
자막 | 정재진
무대감독 | 박혜정
조명오퍼 | 최순영
음향오퍼 | 김해린
사진 | 이동녕
그래픽디자인 | 다홍디자인
배우 | 장용철, 장성익, 송현서, 임형택, 김준태, 오현우, 박소정, 주재희

작은신화 41
콜라소녀

2013.3.8~4.14 / 학전블루 소극장

기획 · 홍보 | 코르코르디움
작 | 김숙종
연출 | 최용훈
조연출 | 곽정화
조연출보 | 김정민
무대디자인 | 하성옥

음악감독 | 이형주
조명디자인 | 나한수
영상디자인 | 이지락
분장디자인 | 백지영
분장팀 | 고미향, 김은혜
의상디자인 | 강기정
소품디자인 | 서정인
무대감독 | 이지혜
사진 | 이동녕
음향오퍼레이터 | 김나래
영상오퍼레이터 | 박현주
무대전환 | 고재하, 조성현, 지성훈,
손성현, 조민교
그래픽디자인 | 다홍디자인
배우 | 김용선, 남기애, 장용철, 박성준,
김남진, 정세라, 성노진, 황세원,
김승환, 박시영

작은신화 42
맥베드

2013.3.20~3.24 / 예술의전당 자유소극장
2013.3.27~4.9 / 예술공간 상상 화이트

기획 · 홍보 | 코르코르디움
원작 | W.셰익스피어　　각색 | 서광일
연출 | 이곤 조연출 | 김미란
무대감독 | 이서연
영상촬영 | 박유진
조명오퍼 | 권미영
음향오퍼 | 조영은
조명팔로우 | 박소아
무대크루 | 김성준
작곡 · 사운드디자인 | 피정훈
사운드디자인 보조 | 백인성
사운드오퍼레이터 | 최준환
조명 · 영상디자인 | 신재희
영상제작 | 남윤아
조명 · 영상 어시스턴트 | 이승원
2D제작 | 이재복
프로젝터 | 추봉길
무대디자인 | 김수희
무대제작 | 이강원
의상디자인 | 정민선
의상 어시스턴트 | 황수풀
안무 | 정성태
보이스코치 | 최정선
사진 | 이동녕
그래픽디자인 | 다홍디자인
배우 | 장이주, 정선철, 성동한, 서광일,
이규동, 최복희, 최성호, 이연희,
송인서, 이승현(A), 이승현(B)

작은신화 43
콜라소녀

2013.7.19~8.25 / 대학로아트원씨어터 3관

제작 | 코르코르디움, 극단 작은신화
작 | 김숙종
연출 | 최용훈
조연출 | 곽정화
조연출보 | 김정민
무대디자인 | 하성옥
음악감독 | 이형주
조명디자인 | 나한수
영상디자인 | 이지락
분장디자인 | 백지영
분장팀 | 고미향, 김은혜
의상디자인 | 강기정
소품디자인 | 서정인
무대감독 | 고재하
사진 | 이동녕
음향오퍼레이터 | 김나래
영상오퍼레이터 | 박현주
무대전환 | 조성현, 지성훈, 손성현,
조민교
그래픽디자인 | 다홍디자인
배우 | 김용선, 남기애, 장용철, 박성준,
김남진, 정세라, 성노진, 황세원,
김승환, 박시영

작은신화 44
창신동

2014.10.4~10.19 / 정보소극장

기획 · 홍보 | 코르코르디움
작 | 박찬규

연출 | 김수희
조연출 | 조민교
무대 | 이창원
조명 | 박선교
음악 | 전송이
무대감독 | 박현주
조명오퍼레이터 | 신현일
음향오퍼레이터 | 서준모
사진 | 이강물
그래픽디자인 | 다홍디자인
온라인홍보물 | 날다람쥐
배우 | 정의순, 김왕근, 이혜원, 김문식, 박지호

작은신화 45
엄마

2014.10.31~11.9 / 설치극장 정미소

기획 · 홍보 | 코르코르디움
작 | 김숙종
연출 | 최용훈
조연출 | 김해린, 박현주
무대 | 하성옥
조명 | 나한수
음악 | 이형주
의상 | 강기정
소품 | 임규양
분장 | 정의순
무대감독 | 조민교
오퍼레이터 | 강주희, 홍정은
사진 | 이강물
그래픽디자인 | 다홍디자인
배우 | 홍성경, 송현서, 김문식, 오현우

작은신화 46
우연한 살인자

2014.12.4~12.14 / 대학로예술극장 3관

기획 · 홍보 | 코르코르디움
작 | 윤지영
연출 | 정승현
조연출 | 김정민
무대 | 서정인
조명 | 이현승
음악 | 김정용
의상 | 정민선
무대감독 | 장영철
조명오퍼 | 손성현
음향오퍼 | 강주희
사진 | 이강물
그래픽디자인 | 다홍디자인
배우 | 최지훈, 박종용, 이지혜, 홍성경, 강일, 안꽃님, 성동한, 박삼녕, 고병택, 고재하, 김대업, 이승현(B)

작은신화 47
바카이

2014.12.11~12.21 / 정보소극장

기획 · 홍보 | 코르코르디움
원작 | 유리피데스
각색 | 서광일
연출 | 이곤
조연출 | 김은아
조연출보 | 홍정은
음악 | 김백찬
안무 | 정성태
무대 | 김수희
의상 | 정민선
영상 | 김영민, 하승연
조명 | 이현승
오퍼레이터 | 박진희, 김주연, 지건열
무대감독 | 신현일
배우 | 오현우, 김병희, 정세라, 조창주, 서광일, 안성헌, 이규동, 홍승만, 조민교, 김성준, 빙진영, 신정은, 이연희, 한자영, 최순영, 김미란, 이서연, 박시영, 김해린, 지성훈, 조영은, 박소아, 김나래, 박현주, 서준모

작은신화 48
인생은 꿈

2015.11.18~12.6 / 여우별씨어터

기획 · 홍보 | 코르코르디움
작 | 칼데론 데 라 바르카
연출 | 반무섭
조연출 | 박진희
드라마투르그 | 김선욱
음악감독 | 김동욱
조명디자인 | 민새롬
무대디자인 | 김혜지
의상디자인 | 박인선
의상제작 | 신민경
분장디자인 | 정의순
분장스태프 | 임영혜, 김주연
대본정리 | 서광일
조명오퍼레이터 | 박소영
음향오퍼레이터 | 조윤수
진행 | 이서연, 박시영, 김해린, 박소아, 박유진, 조영은, 김성준, 김나래, 박현주, 강주희, 김은아
출연 | 박지호, 이규동, 오현우, 김지용, 구선화, 빙진영, 이승현(A), 장영철, 서준모

작은신화 49
토일릿 피플

2016.2.25.~3.13 / 아르코예술극장 소극장

작 | 이여진
연출 | 최용훈
조연출 | 김정민
드라마투르그 | 배선애
무대 | 하성옥
조명 | 나한수
음악 | 이형주
의상 | 강기정
분장 | 백지영
북한어 지도 | 조현정
무대감독 | 서준모
조명 어시스턴트 | 박유진
분장 어시스턴트 | 박지희
조명 오퍼레이터 | 조영은
음향 오퍼레이터 | 박유진
무대감독보 | 조민교, 천경환
진행 | 최성호, 한자영
사진 | 이강물
영상 | 조용현
PD | 정승현, 이정은
홍보 · 마케팅 | 초록나비컴퍼니
배우 | 김종태, 김왕근, 송현서, 김은석, 송윤, 임형택, 김문식, 이규동, 박종용, 이지혜, 박시영, 지성훈, 손성현

작은신화 50
싸지르는 것들

2016.10.18~11.6 / 서강대학교 메리홀 소극장

기획 · 홍보 | 코르코르디움
작 | 막스 프리쉬
각색 · 연출 | 최용훈
번역 | 전유경, 빙진영
조연출 | 김정민
조연출보 | 박현주, 채영은
무대 | 이엄지
조명 | 나한수
음악 | 이형주
의상 | 강기정
분장 | 백지영
움직임 지도 | 정의순
무대감독 | 성동한
무대감독보 | 조민교
음향오퍼레이터 | 박소아
조명오퍼레이터 | 강주희
사진 | 이강물
그래픽디자인 | 다홍디자인
배우 | 김은석, 임형택, 최지훈, 홍성경, 최성희, 정세라, 강일, 서광일, 이승현(B), 장용철, 안성헌, 박윤석, 송윤, 이혜원, 이지혜, 고병택, 김미란, 오현우, 박지호, 박종용, 박상훈, 홍승만, 김해린, 지성훈, 김나래

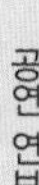

바카이(2014)

우리연극만들기, 그 첫 번째

1993. 11. 9 – 11. 28 / 북촌창우극장

1. 두 사내 (오은희 작, 황두진 연출)
2. 황구도 (조광화 작, 최용훈 연출)
3. 꿈, 퐁텐블로 (백민석 작, 김동현 연출)

기획 | 오정학

1. 두 사내
작 | 오은희
연출 | 황두진
무대미술 | 손호성
배우 | 유하복, 양영조, 현대철, 길해연, 이충원

2. 황구도
작 | 조광화
연출 | 최용훈
무대미술 | 하성옥
배우 | 이승훈, 강진선, 김왕근, 홍성경, 이인희, 정태미

3. 꿈, 퐁텐블로
작 | 백민석 연출 | 김동현
음악 | 이형주
무대미술 | 이영세
배우 | 장용철, 오채영, 최성희, 정의순, 엄옥란

우리연극만들기, 그 두 번째

1995.11.1~11.29 / 연우소극장

1. 조용한 손님 (김윤미 작, 최용훈 연출)
2. 라구요? (김대현 작, 반무섭 연출)
3. 낙원에서의 낮과 밤 (김윤미 작, 김동현 연출)

기획 | 인터

〈95한국연극평론가협회 특별상 수상〉

1. 조용한 손님
작 | 김윤미
연출 | 최용훈
드라마투르그 | 노승희
무대미술 | 하성옥
배우 | 길해연, 송현서, 고물상, 김희정, 김효정, 송영욱, 이인희

2. 라구요?
작 | 김대현
연출 | 반무섭
드라마투르그 | 장성희
무대미술 | 하성옥
배우 | 홍성경, 윤영수, 이민섭, 서현철, 노수경, 이돈용, 위희순, 선종남, 백은경, 오명희, 김영아, 장용철, 김은석, 권용환

3. 낙원에서의 낮과 밤
작 | 김윤미
연출 | 김동현
드라마투르그 | 김명화
무대미술 | 장지연
배우 | 최성희, 유하복, 양영조, 김왕근, 김소연

우리연극만들기, 그 세 번째

1998.12.10~1999.1.3 / 혜화동1번지

1. 길 위의 가족 (장성희 작, 최용훈 연출)
2. G코드의 탈출 (윤영선 작, 박상현 연출)

기획 | 인터C&A
섭외 | 최선미, 강진선, 정세라
홍보 | 송윤
행정 | 최성희, 백은경
진행 | 여운복, 현대철, 김은석, 정원태
사진 | 전혜원
포스터디자인 | 금창희

1. 길 위의 가족
작 | 장성희

연출 | 최용훈
조연출 | 이상희
무대 · 조명디자인 | 이경은
무대감독 | 임형택
분장 | 정의순
의상 | 지정은
장치제작 | 유진옥
조명조작 | 이석
음향조작 | 조휘제
기획조연출 | 지정은
배우 | 최성희, 이인희, 선종남, 서현철,
윤명주, 김자연, 최경식, 임형택,
도희경, 지정은

2. G코드의 탈출
작 | 윤영선
연출 | 박상현
조연출 | 박정의
드라마투르그 | 김동현
무대디자인 | 김준섭
조명디자인 | 김종연
음악 | 김준성
무대감독 | 이석
무대제작 | 반무섭
조명조작 | 윤명주
음향조작 | 도희경
기획조연출 | 이진우
배우 | 양영조, 홍성경, 이혜원

우리연극만들기, 그 네 번째

1. 방문(송현서 작, 박정의 연출)
2000.10.18~10.25 / 문예회관소극장
2. 藥TERROR樂(약테러락) (고선웅 작, 최용훈 연출)
2000.10.27~11.5 / 문예회관소극장
3. 두개의 문과 한 개의 의자를 둘러싼 세 가지 의혹 (노동혁 작, 박주영 연출)
2000.12.12~12.20 / 혜화동1번지
4. 문(門) (김태웅 작, 김종연 연출)
2000.12.22~12.31 / 혜화동1번지

1. 방문
2000.10.18~10.25 / 문예회관소극장
작 | 송현서
연출 | 박정의
조연출 | 설정빈
무대디자인 | 이윤수
조명디자인 | 조성한
음향디자인 | 정한경
분장 | 김수경
음향오퍼 | 이영민
무대감독 | 구성환
배우 | 이현수, 강일, 임형택, 김자연,
태정, 이규회

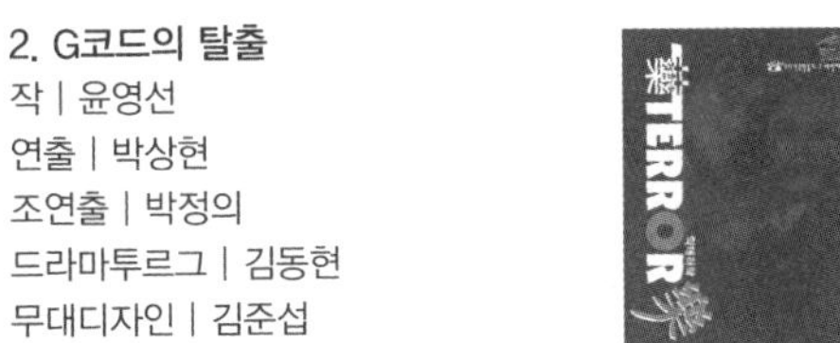

2. 藥TERROR樂(약테러락)
2000.10.27~11.5 / 문예회관소극장
작 | 고선웅
연출 | 최용훈
조연출 | 박승희
조연출보 | 김문식
무대디자인 | 이경은
조명디자인 | 진용남
음악 | SOUL TAKE
의상 | 최성희, 이혜원
무대감독 | 김기준
배우 | 장용철, 서현철, 김왕근, 정의순,
유하복, 장이주, 정세라, 이상희,
송윤, 이진우, 김청산, 김문식,
김기준

3. 두개의 문과 한 개의 의자를 둘러싼 세 가지 의혹
2000.12.12~12.20 / 혜화동1번지
작 | 노동혁
각색 · 연출 | 박주영
조연출 | 정의순
무대디자인 | 이경은
소품 | 이혜원
분장 | 정의순
조명오퍼 | 최경식
음향오퍼 | 안꽃님
무대감독 | 김기준
배우 | 장용철, 최성희, 서현철

4. 문(門)
2000.12.22~12.31 / 혜화동1번지

작 | 김태웅
연출 | 김종연
조연출 | 김기준
무대 · 조명디자인 | 이경은
음악 | 김태근
분장 | 정의순
조명오퍼 | 이진우
음향오퍼 | 설정빈
무대감독 | 김문식
배우 | 김은석, 장이주, 태정

우리연극만들기, 그 다섯 번째

2003.12.10~12.30 / 문예진흥원 학전블루 소극장

1. 홀인원 (양수근 작, 반무섭 연출)
2. 선인장 (안현정 작, 신동인 연출)

1. 홀인원
작 | 양수근
연출 | 반무섭
조연출 | 이곤
음악감독 | 이형주
무대디자인 | 이윤수
조명디자인 | 윤광덕
조명오퍼 | 김선영
음향오퍼 | 조혜인
무대진행 | 안성헌, 김준, 박주홍
배우 | 김문식, 서현철, 강진선, 김왕근, 윤명주, 정세라, 강일, 태정, 정선철, 최지훈, 성동한, 홍성호, 서광일

2. 선인장
작 | 안현정
연출 | 신동인
조연출 | 박지호
음악감독 | 이형주
무대디자인 | 이윤수
조명디자인 | 이수정
영상 | 신정엽
소품 | 박윤석
무대감독 | 김종근
조명오퍼 | 이슬희
음향오퍼 | 이현주
무대진행 | 이우건
배우 | 길해연, 홍성경, 김은석, 설정빈

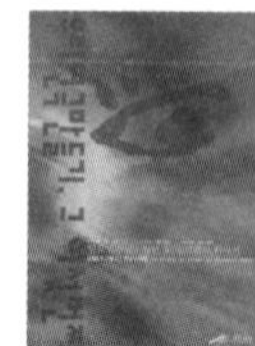

우리연극만들기, 그 여섯 번째

2005.5.31~7.3 / 연우소극장

1. 일요일손님 (오혜원 작, 김동현 연출)
2. 십년 후, (김민정 작, 반무섭 연출)
3. 코리아, 환타지 (최치언 작, 최용훈 연출)

기획 | 모아엔터테인먼트
음악 | 이형주
조명 | 조성한
사진 | 장용철
분장 | 이재형
진행 | 이은정, 송윤, 이영민
그래픽디자인 | 노운
기획팀 | 김지영, 문정현

1. 일요일손님
작 | 오혜원
연출 | 김동현
조연출 | 안꽃님
무대 | 이윤수
의상 | 김미경
무대감독 | 홍성호
무대감독보 | 이규동
조명오퍼 | 배승만
음향오퍼 | 염선화
배우 | 최성희, 김은석, 임형택, 김문식

2. 십년 후,
작 | 김민정
연출 | 반무섭
조연출 | 최지현
무대감독 | 김광수
조명오퍼 | 이우건
음향오퍼 | 조혜인
배우 | 정의순, 김자연, 이혜원,

3. 코리아, 환타지

작 | 최치언
연출 | 최용훈
조연출 | 조성윤
조연출보 | 정승현
무대 | 하성옥
의상 | 김혜민
무대감독 | 홍성호
음향오퍼 | 이은주
조명오퍼 | 김선영
배우 | 홍성경, 서광일, 최현숙, 안성헌,
박지호, 최지훈, 강일, 성동한,
태정, 이슬희

우리연극만들기, 그 일곱 번째

2007.9.5~10.7 / 연우소극장

1. 인간교제 (김원 작, 신동인 연출)
2. 미래는 없다 (이지홍 작, 이곤 연출)

기획 | 김지영
홍보 | 이희정
사진 | 장용철
마케팅 | 박재나
그래픽디자인 | 엄미경
기획총무 | 안꽃님
후원회 | 설정빈
진행 | 조혜인, 김석이, 정진식, 박삼녕,
김병희, 오현우, 장미희, 김상희,
박상훈

1. 인간교제

작 | 김원
연출 | 신동인
조연출 | 정승현
드라마투르그 | 황재성
무대 | 심채선
음악 | 김철환
조명 | 최보윤
의상 | 이유선
분장 | 이명자
무대감독 | 고병택
조명오퍼 | 박종용
음향오퍼 | 전유경
기획조연출 | 이영실
인형제작 | 라윤경
배우 | 장용철, 김은석, 박지호, 이현주,
이지혜

2. 미래는 없다

작 | 이지홍
연출 | 이곤
조연출 | 이용설
무대 | 임건수
조명 | 최준영
음악 | 김백찬
의상 | 강기정
의상 | 오미정
무대감독 | 김지용
조명오퍼 | 김미림
음향오퍼 | 박지은
배우 | 홍성경, 이은정, 강일, 정세라,
이영민, 정선철, 최지훈, 김선영,
염선화

우리연극만들기, 그 여덟 번째

2009.9.2~9.27 / 정보소극장

1. 옆에 있어 드릴게
(이윤설 작, 반무섭 연출)
2. 천국에서의 마지막 계절
(이시원 작, 신동인 연출)

기획 · 홍보 | 코르코르디움
그래픽디자인 | 다홍디자인
사진 | 이지락

1. 옆에 있어 드릴게

작 | 이윤설
연출 | 반무섭
조연출 | 채은재
음악 | 김동욱
조명 | 김명선
무대 | 김혜지
의상 | 홍정희
분장 | 송영옥

무대감독 | 김선영
무대진행 | 정승현
조명오퍼 | 김미림
배우 | 임형택, 송현서, 이은정, 박지호,
조혜인, 염선화

2. 천국에서의 마지막 계절
작 | 이시원
연출 | 신동인
조연출 | 고병택
작곡 | 김철환
무대 | 심채선
조명 | 최보윤
의상 | 이혜원
분장 | 송영옥, 신애리
무대감독 | 권대정
음향오퍼 | 장미희
배우 | 장용철, 홍성경, 송윤, 오현우,
박소연, 이혜원

우리연극만들기, 그 아홉 번째

2011.11.16~12.4 / 대학로예술극장 소극장

1. 해뜨기 70분전 (김나정 작, 반무섭 연출)
2. 우주인 (오세혁 작, 이곤 연출)

기획 · 홍보 | 코르코르디움
그래픽디자인 | 다홍디자인
사진 | 이지락

1. 해 뜨기 70분 전
작 | 김나정
연출 | 반무섭
조연출 | 최순영
드라마투르그 | 허원
무대디자인 | 이윤수
조명디자인 | 박성민
의상디자인 | 김인옥
음악감독 | 김동욱
분장 | 김종숙, 김은혜, 김샛별
무대감독 | 송인서
음향오퍼 | 김다정
조명오퍼 | 한자영
배우 | 강진선, 구선화, 장이주, 빙진영

2. 우주인
작 | 오세혁
연출 | 이곤
조연출 | 고재하
무대디자인 | 임건수
조명디자인 | 신재희
의상디자인 | 강기정
음악감독 | 김백찬
무대감독 | 홍승만
음향오퍼 | 김미란
조명오퍼 | 이승현
무대크루 | 송건영
배우 | 태정, 김기준, 최지훈, 오현우,
채은재, 박상훈, 박혜정

우리연극만들기, 그 열 번째

1. 창신동 (박찬규 작, 김수희 연출)
2013.10.10~10.20 / 정보소극장
2. 우연한 살인자 (윤지영 작, 정승현 연출)
2013.10.31~11.10 /
아르코예술극장 소극장

기획 · 홍보 | 코르코르디움
그래픽디자인 | 다홍디자인
사진 | 이강물

1. 창신동
2013.10.10~10.20 / 정보소극장
작 | 박찬규
연출 | 김수희
조연출 | 조민교
무대 | 이창원
조명 | 박선교
음악 | 전송이
무대감독 | 박현주
조명오퍼레이터 | 신현일
음향오퍼레이터 | 서준모
온라인홍보물 | 날다람쥐
배우 | 정의순, 김왕근, 이혜원, 김문식,
박지호

2. 우연한 살인자

2013.10.31~11.10 / 아르코예술극장 소극장

작 | 윤지영
연출 | 정승현
조연출 | 김정민
드라마투르그 | 정지수
무대 | 서정인
조명 | 이현승
음악 | 김정용
의상 | 정민선
배우 | 최지훈, 박종용, 이지혜, 홍성경, 강일, 안꽃님, 성동한, 김석이, 박삼녕, 오현우, 고병택, 이승현(B)

조연출 | 김나래
무대 | 박경
조명 | 이현승
음악 | 김정용
의상 | 강기정
사운드 | 정혜수
분장자문 | 백지영
의상어시스턴트 | 백현철
무대감독 | 김성준
조명오퍼레이터 | 지건열
음향오퍼레이터 | 김은아
배우 | 송현서, 강일, 박종용, 박시영, 박상훈, 이연희, 김지용, 고병택, 정진식

우리연극만들기, 그 열한 번째

1. 해주미용실 (송희연 작, 이곤 연출)
   2015.4.2~4.12 / 대학로예술극장 소극장
2. 합석전후 (김혜윰 작, 정승현 연출)
   2015.4.16~4.26 / 대학로예술극장 소극장

기획 · 홍보 | 코르코르디움
그래픽디자인 | 다홍디자인
사진 | 이강물

1. 해주미용실

2015.4.2~4.12 / 대학로예술극장 소극장

작 | 송희연
연출 | 이곤
조연출 | 서준모
무대디자인 | 임건수
조명디자인 | 신재희
의상디자인 | 정민선, 황진
작곡 | 이승호
무대감독 | 조민교
조명오퍼레이터 | 신현일
음향오퍼레이터 | 조영은
배우 | 이은정, 안꽃님, 서광일, 오현우, 이지혜, 한자영, 이승현(B), 강주희, 서준모

2. 합석전후

2015.4.16~4.26 / 대학로예술극장 소극장

작 | 김혜윰
연출 | 정승현

특별공연 1
제1회 대한민국혼수용품박람회
작은 뮤지컬 **결혼**

1991.4.12~4.16 / 힐튼호텔컨벤션센터

기획 | 오정학
원작 | 이강백
연출 | 최용훈
음악 | 조윤상
배우 | 최용훈, 김경희, 이충원

특별공연 2
국민은행 간부연수프로그램
전쟁음?악! 2

1991.11.6 / 국민은행연수원

기획 | 이충원
구성 | 공동구성
연출 | 최용훈
조연출 | 김경희
음악 | 조윤상
안무 | 김기화, 김영환
작곡 | 조윤상
음악 | 조윤상, 장영규
무대미술 | 반무섭
미술 · 분장 | 이재형
영상 | 권태주
음향 | 김기훈
의상 | 장성희
사진 | 김선태, 이중구, 정미영
포스터디자인 | 지영권
소품 | 지성자
신체훈련지도 | 유홍영
싸이코드라마지도 | 김정일
진행 | 이충원, 이민우, 김윤호
배우 | 이승훈, 박용진, 조민희, 최선미, 맹봉학, 오해심, 전대규, 박승내, 손현선, 홍성경

특별공연 3
푸른연극제 **그 즈음의 두 사람**

1992.6.26~6.28 / 장흥 토탈소극장

기획 | 이충원
작 | 박주영
연출 | 최용훈
조연출 | 홍성경
무대감독 | 현대철
분장 | 이재형
음향 | 오명희
진행 | 박승희 , 최성희
배우 | 이연희, 이승훈, 맹봉학, 길해연, 최성희, 오채영, 이임희

특별공연 4
고아원방문공연 **놀이극 바보온달**

1993.2.21 / 파주성만원

작 | 공동창작
연출 | 김동현

특별공연 5
인천세쌍둥이탁아소 2주기 추모공연
인형극 미운아기오리

1993.3.13 / 부평4동성당

구성 · 연출 | 한혜영

특별공연 6
건설회관 가족의밤 초청공연
인형극 미운아기오리

1993.3.31 / 건설회관

구성 · 연출 | 한혜영

특별공연 7
수운회관 초청공연 **나뉘어진 들판**

1993.12.24 / 수운회관

작 | 이강백
연출 | 최용훈

특별공연 8
제1회 연극판 관점94 세가비백황파전
비디오 · 천국–홀리데이

1994.1.23~1.31 / 혜화동 1번지

원작 | 하재봉
대표구성 | 김동현, 조광화
연출 | 최용훈
공동창작 | 작은신화
비디오구성 | 안정희, 이경은
배우 | 이충원, 길해연, 이승훈, 최선미, 맹봉학, 강진선, 장용철, 박승희, 김왕근

특별공연 9
고아원방문공연
임금님 귀는 당나귀 귀

1994.3.20 / 파주성만원

구성 · 연출 | 반무섭

특별공연 10
월드골드카운셀 | Love Gold Festival 행사 **결혼**

1994.11.3 / 라마다르네상스호텔

작 | 이강백
연출 | 최용훈
음악 | 이형주

특별공연 11
방화사회복지관 재활프로그램
주제연극 **나를 사랑해 주세요**

1994.11.13 / 목동청소년회관

작 | 김은미
연출 | 김동현

특별공연 12
방화사회복지관 재활프로그램
주제연극 **나를 사랑해 주세요**

1995.2.17~2.18 / 강서구민회관
1995.3.23 / 광주문예회관

작 | 김은미
연출 | 반무섭

특별공연 13
거리극 **외출 나온 연극**

1995.4.8~4.9 / 마로니에공원 야외무대

공동구성 | 안정희, 강진선
연출 | 반무섭

특별공연 14
광복50주년기념 중앙길놀이
–거리신파극
육혈포강도 & 홍도야우지마라

1995.8.15 / 종로거리

기획 | 인터
공동구성 | 안정희, 선종남, 심언정
연출 | 최용훈

특별공연 15
남부장애인복지관 재활프로그램
주제연극 **빈 의자**

1995.12.11 / 남부장애인복지관

특별공연 16
한국, 폴란드 합동공연 **아이스**

1996.7.17~7.30 / 연우소극장

기획 | 인터
작 · 연출 | 이충원
조연출 | 이상희
무대미술 | 반무섭
무대제작 | 윤명주, 김은석, 김정아
음향 | 정세라
진행 | 윤명주, 강일
포스터디자인 | 이경은
배우 | 홍성경, 마그달레나 차르토리이스카

특별공연 17
수원성200주년기념문화예술축전
환타지아

1996.8.20 / 수원성야외무대

연출 | 최용훈
음악 | 이형주

특별공연 18
시민을 찾아가는 연극
가을날의 동화

1996.9.~11. / 서울시내 주요공원

연출 | 최용훈
음악 | 이형주

특별공연 19
라구요? 지방공연

1997.12.22 / 화천문화예술회관
1997.12.27 / 김해문화체육관

기획 | 인터
연출 | 최용훈
조명 | 노수현

특별공연 20
98혜화동1번지페스티발
Zoom In

1998.9.17~9.27 / 혜화동1번지

원작 | 레이몬드 카버
구성 | 작은신화 공동구성
총연출 | 최용훈
에피소드 연출 | 반무섭, 김동현, 박정의
무대감독 | 박정의
기획팀 | 최성희, 오명희
진행 | 이진우, 지정은
배우 | 최성희, 정세라, 윤명주, 임형택, 최선미, 홍성경, 현대철, 이인희, 김자연, 송윤, 최경식, 이석, 도희경, 이승훈, 선종남, 서현철, 이혜원

특별공연 21
99혜화동1번지페스티발 공포연극제
아빠

1999.8.5~8.22 / 혜화동1번지

기획 | 인터
작 | 박귀옥
연출 | 최용훈

특별공연 22
2000혜화동1번지페스티발 오비이락
Subway'

2000.5.3~5.10 / 혜화동1번지

기획 | 악어
작 | 고선웅
연출 | 최용훈

특별공연 23
교육극단 달팽이 합동공연
아나콘다의 정글여행

2002.5.3.~6.2 / 인켈아트홀

구성 | 공동구성
연출 | 박주영

특별공연 24
극단 초인 합동공연
기차

2002.9.17.~10.6 / 연우소극장

제작 | 박정의 프로젝트
공동제작 | 극단 작은신화
작 | 송현서
연출 | 박정의
조연출 | 김종희
무대디자인 | 이윤수
조명디장인 | 유은경
안무 | 정의순
음악 | 조선형
소품 | 유영봉
조명오퍼 | 이영민
음향오퍼 | 안꽃님
배우 | 현대철, 송현서, 백은경, 이상희,
이혜원, 김기준, 성동한

특별공연25
DAL media 기획공연
지팡이를 잃어버린 채플린

2003.2.21~3.30 / 인켈아트홀1관

기획 | DAL media
작 · 연출 | 서현철
조연출 | 송윤
무대디자인 | 하성옥
조명디자인 | 윤명주
음향디자인 | 김태균
음향오퍼 | 황태혁
조명오퍼 | 이형복
분장 | 정의순
사진 | 장용철
포스터디자인 | 박경화
기획팀(DAL media) | 박주영, 허윤영,
윤신원, 노윤정, 양윤석
배우 | 서현철, 강일, 태정, 류지애,
이은정, 이진우, 송윤

특별공연 26
2004시선집중 연출가전
라 뮤지카

2004.4.1~4.4 / 국립극장 별오름극장

작 | 마가릿 뒤라스
연출 | 신동인
조연출 | 박윤석
영상연출 | 신정엽
무대감독 | 최영길
무대디자인 | 박미란
무대제작 | 김충신
조명 | 이수정
음악 | 이형주
분장 | 김종숙
배우 | 김은석, 이혜원

특별공연 27
한국근대연극제
난파

2004.4.27~5.2 / 아리랑아트홀

작 | 김우진
각색·연출 | 신동인
조연출 | 김영준
무대 | 이경표
음악 | 이형주
조명디자인 | 최보윤
소품 | 천은미
의상 | 서지성
분장 | 최미경
배우 | 안순동, 송현서, 이은정, 김자연, 박소현, 안성현, 홍성호, 성동한, 김영준

특별공연 28
포항 바다연극제
채플린, 지팡이를 잃어버리다

2004.7.24~7.25 / 해맞이공원 야외무대

작 | 서현철 연출 | 최용훈
무대감독 | 성동한
음향오퍼 | 정선철
조명오퍼 | 박지호
조명디자인 | 윤광덕
진행 | 김선영
배우 | 임형택, 백은경, 송현서, 이은정, 김문식, 송윤, 이영민, 성동한, 이우건, 홍성호

특별공연 29
전국문예회관순회공연
채플린, 지팡이를 잃어버리다

2004.11.24 / 영양군문화체육센터
2004.12.17~12.18 / 금산 다락원

작 | 서현철
연출 | 최용훈
조연출 | 김선영
무대디자인 | 반무섭
조명디자인 | 윤명주
의상 | 이현주
소품 | 이슬희
무대감독 | 이 곤
오퍼 | 조성윤, 조혜인
분장 | 정의순, 김자연
후원 | 전국문예회관연합회
배우 | 백은경, 송현서, 이은정, 최현숙, 송윤, 이진우, 임형택, 설정빈, 김문식, 이영민, 안꽃님, 안성헌, 박지호, 김종근, 성동한, 최지훈, 김선영, 이우건, 홍성호, 이은주, 서광일

특별공연 30
발렌타인엔터테인먼트 합동공연
십년 후,

2005.7.17~9.18 / 발렌타인 2관

작 | 김민정
연출 | 반무섭
조연출 | 최지현
음악감독 | 이형주
조명디자인 | 조성한
조명오퍼레이터 | 이우건
무대감독 | 김광수
배우 | 정의순, 김자연, 이혜원

특별공연 31
나눔연극제 참가작
굿닥터 만들기

2005.12.4~12.8 / 서강대 메리홀

원작 | 닐 사이먼
대본구성 | 길해연
연출 | 최용훈
조연출 | 송윤
연습감독 | 서현철
무대미술 | 반무섭
조명감독 | 윤명주

무대감독 | 이규동
배우 | 서현철, 태정, 김시경, 안성헌, 최지훈, 홍성호, 서훈, 하석미, 송윤, 원유민, 성동한, 이규동, 김선영, 조혜인

특별공연 32
2006시선집중 배우전
아일랜드

2006.3.2~3.5 / 국립극장 별오름극장

원작 | 아돌 후가드
연출 | 최용훈
조연출 | 정승현
무대 | 하성옥
음악 | 이형주
의상 | 이유선
무대크루 | 이우건, 이규동
배우 | 임형택, 유하복

특별공연 33
문화소외지역공연
뒤바뀐 머리

2006.6.~7. / 여수, 순천 5개 섬

기획 | 여유.작
원작 | 토마스 만, 기리쉬 카나드
각색 | 조현진
연출 | 이곤
조연출 | 박상훈
무대 | 임건수
조명 | 유은경
의상 | 강기정
장치 · 마스크디자인 | 임은주
작곡 | 김백찬
안무 | 김예리
노래지도 | 김은지
무술안무 | 자야프라사드
타악(따블라) | 목진호
악사 | 김진혁, 이신애, 임지혜, 김영진
조명오퍼 | 김지용
그래픽디자인 | 다홍디자인
배우 | 백현주, 서광일, 홍성호, 이현주, 조혜인, 오현우, 김석이

특별공연 34
밀양여름공연축제 젊은연출가전
뒤바뀐 머리

2006.7.29~7.30 / 밀양연극촌 연극실험실

기획 | 여유.작
원작 | 토마스 만, 기리쉬 카나드
각색 | 조현진
연출 | 이곤
조연출 | 박상훈
무대 | 임건수
조명 | 유은경
의상 | 강기정
장치 · 마스크디자인 | 임은주
작곡 | 김백찬
안무 | 김예리
노래지도 | 김은지
무술안무 | 자야프라사드
타악(따블라) | 목진호
악사 | 김진혁, 이신애, 임지혜, 김영진
조명오퍼 | 김지용
그래픽디자인 | 다홍디자인
배우 | 백현주, 서광일, 홍성호, 이현주, 조혜인, 오현우, 김석이

특별공연 35
전라남도 강진청자문화축제
오랑캐 여자 옹녀

2006.10.15 / 청자촌 상설무대

작 | 배삼식
연출 | 김동현
조연출 | 오현우
무대감독 | 권대정
배우 | 태정, 박지호, 정선철, 김선영, 최지현, 조혜인, 염선화, 김석이, 정진식, 박삼녕, 김병희, 장미희, 박종용, 박지은

특별공연 36
뒤바뀐 머리

2007.7.25~8.2 / 상명아트홀2관

기획 | 여유,작
원작 | 토마스 만, 기리쉬 카나드
각색 | 조현진
연출 | 이곤
조연출 | 박상훈
무대 | 임건수
조명 | 유은경
의상 | 강기정
장치 · 마스크디자인 | 임은주
작곡 | 김백찬
안무 | 김예리
노래지도 | 김은지
무술안무 | 자야프라사드
타악(따블라) | 목진호
악사 | 김진혁, 이신애, 임지혜, 김영진
조명오퍼 | 김지용
그래픽디자인 | 다홍디자인
배우 | 백현주, 서광일, 홍성호, 이현주, 조혜인, 오현우, 김석이

특별공연 37
100페스티벌 **로베르토 쥬코**

2008.6.17~6.22 / 우석레파토리 극장

기획 | 박진태
작 | 베르나르 마리콜테스
번역 | 유효숙 연출 | 신동인
조연출 | 이용설
예술감독 | 장용철
무대감독 | 안재범
조명 | 최보윤, 황재성
음악 | 김철환
무대 · 오브제 | 박지숙
움직임 | 임우철
의상자문 | 이유선
분장자문 | 이명자
배우 | 박종용, 이은정, 이지혜, 김선영, 고병택, 권대정, 박지은, 박윤석, 전유경, 오현우, 장미희, 김병희

특별공연 38
기찻길 옆 오막살

2008.7.22~7.27 / 혜화동1번지

작 | 동이향
연출 | 이곤
조연출 | 정금성
무대 | 임건수
조명 | 최준영
의상 | 강기정
분장 | 김정화
음악 | 김백찬
일러스트 | 양빈
무대감독 | 오현우
조명오퍼 | 조용호
음향오퍼 | 채은재
배우 | 서광일, 이은정, 안꽃님, 박종용, 박삼녕, 이지혜

특별공연 39
밀양여름공연축제 젊은연출가전
기찻길 옆 오막살

2008.7.29~7.30 / 브레히트극장

작 | 동이향
연출 | 이곤
조연출 | 정금성
무대 | 임건수
조명 | 최준영
의상 | 강기정
분장 | 김정화
음악 | 김백찬
일러스트 | 양빈
무대감독 | 오현우
조명오퍼 | 조용호
음향오퍼 | 채은재
배우 | 서광일, 이은정, 안꽃님, 박종용, 박삼녕, 이지혜

〈무대미술상 수상〉

특별공연 40
마산국제연극제 초청작
똥강리 미스터 리!

2008.8.8 / 마산 3.15 아트센터

작 | 공동창작
연출 | 최용훈
무대디자인 | 이경은
조명디자인 | 최보윤
무대감독 | 성동한
음향오퍼레이터 | 구선화
조명오퍼레이터 | 박소연
배우 | 홍성경, 이은정, 최현숙, 임형택,
설정빈, 정진식, 김병희, 오현우,
장미희, 박종용, 박지은, 김미림,
이지혜, 전유경

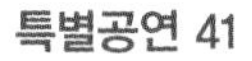

특별공연 41
서울프린지페스티벌

1. 진흙 (마리아 아이린 포네스 작,
이용설 연출)
2008.8.19~8.21 / 떼아트르 추
2. 이렇게 만나서 참 황당하지만
(공동창작, 정승현 연출)
2008.8.19~8.21 / 라이브클럽 빵

1. 진흙
2008.8.19~8.21 / 떼아트르 추
작 | 마리아 아이린 포네스
연출 | 이용설
조연출 | 채은재
조명오퍼 | 박삼녕
배우 | 서광일, 안성헌, 김선영

2. 이렇게 만나서 참 황당하지만
2008.8.19~8.21 / 라이브클럽 빵
작 | 공동창작
대표구성 | 민새롬
연출 | 정승현
조연출 | 빙진영
배우 | 이은주, 송은지, 이규동, 이우건,
황은후

특별공연 42
생활공감 문화열차
똥강리 미스터 리!

2009.2.5~2.22 / 블랙박스씨어터

작 | 공동창작
연출 | 최용훈
조연출 | 정승현
무대디자인 | 이경은
조명디자인 | 최보윤
무대감독 | 이용설
음향오퍼레이터 | 구선화
조명오퍼레이터 | 박소연
사진 | 이지락
그래픽디자인 | 다홍디자인
배우 | 홍성경, 이은정, 최현숙, 임형택,
설정빈, 정진식, 김병희, 오현우,
장미희, 박종용, 박지은, 김미림,
이지혜, 전유경

특별공연 43
제1회 정보연극전
똥강리 미스터 리!

2009.6.24~7.5 / 정보소극장

작 | 공동창작
연출 | 최용훈
조연출 | 정승현
무대디자인 | 이경은
조명디자인 | 최보윤
음향오퍼레이터 | 구선화
조명오퍼레이터 | 박소연
사진 | 이지락
그래픽디자인 | 다홍디자인
배우 | 송현서, 이은정, 최현숙, 임형택,
설정빈, 김문식, 염선화, 정진식,
김병희, 장미희, 박지은, 김미림,
전유경, 고병택

특별공연 44
100페스티벌 **폭파**

2009.6.30~7.5 / 블랙박스씨어터

작 | 사라케인 번역 | 최영주
연출 | 이용설 조연출 | 채은재
분장 | 정의순 음악 | 이현섭
무대 | 김혜지 의상 | 홍정희
조명 | 최재호
무대감독 | 김지용
음향오퍼 | 김선영
조명오퍼 | 빙진영
배우 | 오현우, 이지혜, 박종용

〈연기상(이지혜), 특별상(이용설) 수상〉

특별공연 45
이다의 무대발견시리즈 · 미리보기
청춘, 간다

2009.8.20~8.23 /
대학로문화공간 이다2관

작 | 최원종
연출 | 최용훈
배우 | 김은석, 이현주, 서현철, 이지혜, 김선영

특별공연 46
제9회 2인극페스티벌
가정식 백반 맛있게 먹는 법

2009.10.7~10.13 / 연우소극장

작 | 김숙종
연출 | 최용훈
협력연출 | 정승현
조연출 | 이지혜
진행 | 김병히, 오현우
음향오퍼 | 구선화
배우 | 임형택, 김문식

〈연기상(임형택) 수상〉

특별공연 47
정보소극장 월요극장
두 바퀴로 가는 자동차

2010.5.3 / 정보소극장

작 | 엄경석
연출 | 이용설
조연출 | 김혜성
배우 | 정의순, 김기준, 안성헌, 안꽃님, 설정빈, 이규동

특별공연 48
100페스티벌
게르니까

2010.6.8~6.13 / 동숭무대 소극장

작 | 페르난도 아라발
연출 | 정승현
조연출 | 최복희
조명디자인 | 민새롬
무대디자인 | 김혜지
조명오퍼 | 김주희
배우 | 박종용, 송현서, 빙진영, 박소연, 박윤석, 박삼녕

특별공연 49~51
가정식 백반 맛있게 먹는 법

2010.6.9~6.20 / 혜화동1번지
2010.7.2~7.3 /
안산문화예술의전당 별무리극장
2010.7.7~8.1 / 정보소극장

기획 · 홍보 | 코르코르디움
작 | 김숙종
연출 | 최용훈
조연출 | 이지혜
조연출보 | 박혜정
음향 · 음악 코디네이터 | 이형주
조명디자인 | 민새롬
무대감독 | 성동한
음향오퍼 | 구선화

조명오퍼 | 지세영
그래픽디자인 | 다홍디자인
사진·영상 | 이지락
배우 | 임형택, 김문식

특별공연 52
거창국제연극제 경연참가작
따냐-따냐

2010.8.7 / 자유극장

작 | 올랴무히나
연출 | 정승현
조연출 | 박윤석
무대디자인 | 박경
조명디자인 | 민새롬
무대진행 | 박종용
배우 | 송현서, 안성헌, 이현주, 박상훈,
정세라, 성노진, 현대철

〈연기상(정세라) 수상〉

특별공연 53
제10회 2인극페스티벌 **상선**

2010.9.29~10.5 / 연우소극장

작 | 윤지영
연출 | 반무섭
조연출 | 정은지
드라마투르그 | 현수정
배우 | 정의순, 김왕근

〈희곡상(윤지영), 연기상(김왕근) 수상〉

특별공연 54
한예종 신작페스티벌
인간 김수연에 관한 정밀한 보고

2011.1.19~1.21 / 한예종 지하 상자무대2

작 | 윤지영
연출 | 최용훈
조연출 | 전유경
무대감독 | 채은재
음향오퍼 | 박지은
조명오퍼 | 이지혜
배우 | 최성희, 김왕근, 이혜원, 안성헌,
최지훈, 성동한, 이규동, 정경일

특별공연 55
창작희곡작품 인큐베이팅 **이봐요**

2011.1.6~1.9 / 청운예술극장

작 | 김혜순
연출 | 신동인
조연출 | 이영민
무대감독 | 김주희
무대·소품 | 김혜지
조명 | 최보윤
작곡 | 김철환
의상 | 김가희
분장 | 송영옥
배우 | 장용철, 송현서, 정의순, 박소연,
정선철, 김종근, 김주희

특별공연 56
광주평화연극제
망각

2011.5.8 / 광주 문화예술회관 소극장

작 | 공동창작
연출 | 반무섭
동작지도 | 정의순
음악 | 김동욱
무대감독 | 고재하
음향오퍼 | 최순영
배우 | 서광일, 박윤석, 고병택, 박삼녕,
최성호, 이은정, 이영민, 안꽃님,
구선화, 빙진영

〈광주평화연극상 수상〉

특별공연 57
사랑입니까?

2012.11.6~11.8 / 연우소극장
2012.11.13~11.18 / 천공의 성
2012.12.6 / 소극장 zone
2013.9.13~11.4 /
춘천교도소, 수원구치소 등 8개 교정시설
2013.10.25~11.10 / 대학로극장

작 | 김나정
연출 | 반무섭
조연출 | 박혜정
조명 | 민새롬
음악 | 김동욱
안무 | 정의순
무대감독 | 고재하
음향오퍼 | 최순영
진행 | 지성훈, 박유진
배우 | 현대철, 박상훈

〈제12회 2인극페스티벌 작품상 수상〉

특별공연 58
제13회 2인극 페스티벌
추천서

2013.12.4~12.8 / 연우소극장

작 | 임정민
연출 | 반무섭
조연출 | 박유진
드라마투르그 | 강수진
조명디자인 | 민새롬
음악감독 | 김동욱
무대감독 | 지성훈
진행 | 김성준, 박현주
배우 | 박삼녕, 오현우

〈연기상(오현우) 수상〉

특별공연 59
마리아와 함께 아아아아아

2014.5.28~6.1 / 혜화동1번지
제작 | 극단 적, 극단 작은신화
기획 | 드림아트펀드
작 | 존 더글러스 와이드너
번역 | 마정화, 이곤
연출 | 이곤
조연출 | 김성준
무대디자인 | 김수희
의상디자인 | 정민선
조명디자인 | 이현승
사운드디자인 | 피정훈
그래픽디자인 | 김솔
무대감독 | 서준모
오퍼레이터 | 박소아, 박유진
배우 | 서광일, 박윤석, 송윤, 오현우, 전유경, 박시영, 이승현(B), 김미림

특별공연 60
제1회 로맨스페스티벌
사랑하기 좋은 날

2014.6.24~6.29 / 리듬앤씨어터 소극장

작 | 김도경
연출 | 반무섭
드라마투르그 | 양기찬
음악 | 김동욱
무대 | 김혜지
무대감독 | 박재만
음향오퍼 | 강주희
진행 | 지건열
사진 | 지성훈
배우 | 김주연, 박상훈, 정의순, 태정

특별공연 61
한국연극100년 재발견 **눈물**

2014.10.29~11.6 / 아르코예술극장 소극장

원작 | 이상협 각색 | 서광일
연출 | 최용훈 조연출 | 정승현
조연출보 | 조영은
조명 | 성노진 의상 | 강기정
조명오퍼 | 김은아
배우 | 김남진, 이은정, 서광일, 이현주, 고재하, 홍승만, 김미란, 이승현(A), 이승현(B), 장영철, 지성훈, 손성현, 성준, 조영은, 박소아, 김나래, 박재만, 박진희

특별공연 62
제14회 2인극페스티벌
나도 전설이다

2014.11.5.~11.9 / 연우소극장

작 | 양수근 연출 | 반무섭
조연출 | 이서연
드라마투르그 | 이주영
음악감독 | 김동욱
조명디자인 | 민새롬
무대디자인 | 김혜지
무대감독 | 김주연
오퍼레이터 | 정희찬
배우 | 김용연, 박종희

특별공연 63
중국현대희곡전 **압박**

2014.11.28~11.30 / 설치극장 정미소

원작 | 정서림 연출 | 반무섭
조연출 | 김주연 음악감독 | 김동욱
무대디자인 | 김혜지
조명디자인 | 박성민
분장 | 정의순
무대감독 | 박재만
조명오퍼 | 박진희
음향오퍼 | 신현일
배우 | 강진선, 이영민, 이규동, 조혜인, 박상훈

특별공연 64
한일연극교류페스티벌
일그러진 풍경

2016.7.21~7.28 / 소극장 혜화당

작 | 베츠야쿠 미노루
번역 | 정상미
연출 | 반무섭
조연출 | 최고은
조명디자인 | 민새롬
무대감독 | 최규대
음향오퍼 | 채영은
조명오퍼 | 이지훈
음식준비 | 조민교, 정지희
진행 | 석소연, 권호조, 천경환
프로듀서 | 정승현
배우 | 강진선, 구선화, 이영민, 고병택, 성동한, 김기준, 태정

특별공연 65
영호남연극제
눈뜨라 부르는 소리가 있어

2016.06.01 / 구미 소극장 공터_다
2016.08.26 / 진주 현장아트홀
2016.08.28 / 전주 아하아트홀
2016.08.30 / 순천 문화건강센터

작 | 양영찬
연출 | 최용훈
조연출 | 박소아
음악 | 이형주
조명 | 조영은
무대감독 | 손성현
무대전환 | 권대정, 장영철, 신현일
운영총무 | 성동한
기획총무 | 정승현
배우 | 강일, 최지훈, 박상훈, 한자영

트루러브(2012)

창작워크숍 1
떡을 물어 왕을 정했다구?

1999.6.22~6.27 / 혜화동1번지

작 | 공동창작
연출 | 반무섭
조연출 | 박정의
무대 · 의상 | 이경은
배우 | 현대철, 박승희, 김은석, 정세라, 최경식, 김자연, 임형택, 도희경, 지정은, 태정, 이진우, 조혜원, 송보선

창작워크숍 2
똥강리 미스터 리!

1999.6.22~6.27 / 혜화동1번지

작 | 공동창작
연출 | 최용훈
배우 | 이해성, 민윤재, 최선미, 홍성경, 최성희, 정의순, 강진선, 서현철, 백은경, 장이주, 윤명주, 강일, 이상희, 송윤, 이석, 이혜원

창작워크숍 3
양들은 평화롭게 풀을 뜯고…

2002.9.3~9.8 / 김동수플레이하우스

기획 | 배우창작소모임花投
작 | 공동창작
대표구성 | 안정희
무대 · 조명디자인 | 이경은
무대감독 | 박지호
조명 | 김문식
음향 | 이영민
진행 | 최현숙, 이은정, 이진우
사진 | 이은경
배우 | 최선미, 오명희, 강진선, 정의순, 안성헌

창작워크숍 4
소원이 있나요?

2004.6.26~6.27 / 혜화동1번지

작 | 공동창작
대표집필 | 서광일
연출 | 이곤
조연출 | 조성윤
분장지도 | 정의순
조명디자인 | 윤명주
음향오퍼 | 조혜인
조명오퍼 | 임서진
홍보 | 최현숙
진행 | 최지현, 이슬희
후원회원관리 | 설정빈
배우 | 설정빈, 이영민, 안꽃님, 안성헌, 성동한, 김선영, 홍성호, 서광일, 이규동

고전넘나들기, 첫 번째

1. 맥베드 (셰익스피어 원작, 김동현 연출)
   1997.11.19~11.26 / 여해문화공간
2. 햄릿 (셰익스피어 원작, 반무섭 연출)
   1997.11.28~12.6 / 여해문화공간

기획 | 인터(박정영, 김기훈, 남기웅, 김지영)

1. 맥베드
원작 | 셰익스피어
대표구성 | 김동현, 길해연, 선종남
연출 | 김동현
조연출 | 박정의
음향디자인 | 윤영수
의상제작 | 이혜원, 송윤
무대제작 | 박정의, 최경식
소품제작 | 최성희, 최경식
노래작곡 | 심상현
조명 · 무대디자인 | 에릭 둥헨
예술감독 | 에릭 둥헨
진행 | 최현숙
배우 | 선종남, 길해연, 이인희, 송현서, 장이주, 김은석, 윤명주

2. 햄릿
원작 | 셰익스피어
구성 | 공동구성
연출 | 반무섭
조연출 | 이상희
음악 | 김자연, 서유경, 최우철
조명 | 이은정
의상 | 김정아
신체지도 | 정의순
배우 | 장용철, 최선미, 서현철, 엄옥란, 홍성경, 현대철, 여운복, 강일, 정세라, 이석

고전넘나들기, 두 번째
따르뛰프?

2000.3.1~3.12 / 혜화동1번지

기획 | 김동현, 선종남, 최선미, 임형택
원작 | 몰리에르
연출 | 반무섭
조연출 | 길해연
조연출보 | 도희경
무대디자인 · 제작 | 이윤수
의상디자인 · 제작 | 김은영
조명조작 | 조혜원
분장 | 정의순
사진 | 이은경
진행 | 이석, 이진우
포스터디자인 | 이경은
인쇄 | 정종원
배우 | 이승훈, 선종남, 지정은, 장이주, 강일, 정세라, 장용철, 임형택, 백은경, 윤명주, 현대철, 송윤, 태정

자유무대 1

1993. 1. 29 – 31 / 열음소극장

1. 사랑의 편지들 (A.R.거니 원작, 최용훈 연출)
2. 가을소나타 (잉그마르 베르히만 원작, 심언정 각색, 이승훈 연출)
3. 즉흥극 (테드 모젤 원작, 공동번안, 홍성경 연출)
4. 여인들 (공동창작, 공동연출)
5. 오후 4시의 희망 (공동창작, 안정희 · 김동현 대표구성, 공동연출)

기획 | 이재형

자유무대 2

1994.2.9~2.13 / 예술극장 한마당

1. 왔다갔다하기 (S.베케트 원작, 박정영 연출)
2. 합창 (공동창작, 장용철 연출)
3. 할래? 을래! (공동창작, 김영인 대표구성, 최선미 연출)
4. 대단원 (S.베케트 원작, 김동현 연출)
5. 나혜석–1994 (공동창작, 김명화 연출)

기획 | 최용훈

1. 왔다갔다하기
원작 | S.베케트
연출 | 박정영
배우 | 길해연, 이승훈, 정의순, 이승민

2. 합창
작 | 공동창작
연출 | 장용철
배우 | 강진선, 장용철, 김영일, 김왕근, 백은경

3. 할래? 을래!
작 | 공동창작 대표구성 | 김영인
연출 | 최선미
배우 | 오채영, 최성희, 현대철, 김혜민

4. 대단원
원작 | S.베케트
연출 | 김동현
배우 | 박승희, 양영조, 선종남, 김효정

5. 나혜석 · 1994
작 | 공동창작
연출 | 김명화
배우 | 김명화, 장성희, 이상범, 김선, 엄옥란, 상정아

자유무대 3

1996.2.8~2.10 / 연우소극장

1. 매일 만나기엔 우리는 너무나 사랑했었다 (공동창작, 김동현 연출)
2. 아일랜드 (공동각색, 유하복 연출)
3. 화려한 점심 (공동창작, 반무섭 연출)
4. 그들의 에덴 (공동창작, 김왕근 연출)
5. 사랑 (공동창작, 윤영수 연출)
6. 덤웨이터 (H.핀터 원작, 이성렬 연출)

기획 | 최용훈

1. 매일 만나기엔 우리는 너무나 사랑했었다
작 | 공동창작
연출 | 김동현
미술 | 하성옥
배우 | 길해연, 홍성경, 장용철, 여운복, 김은석, 김정아

2. 아일랜드
작 | 아돌 후가드
연출 | 유하복
배우 | 최선미, 강진선, 유하복, 선종남, 이은정, 강일, 권정미

3. 화려한 점심
원작 | 서머셋 모옴
연출 | 반무섭
소품 | 이경은
배우 | 김경희, 김효정, 박정의

4. 그들의 에덴
작 | 공동창작
대표집필 | 김왕근
음악 | 유헌영, 권태원
배우 | 김왕근, 송현서, 장이주, 윤명주, 박동규, 권태원

5. 사랑
작 | 공동창작
연출 | 윤영수
배우 | 윤영수, 서현철, 백은경, 정세라, 이승훈

6. 덤웨이터
작 | 헤롤드 핀터
역 | 박영희
연출 | 이성렬
무대 | 장지연
음악 | 백성호
배우 | 양영조, 이인희

자유무대 4

1997.1.9~1.12 / 혜화동1번지

1. 오두막집열병 (공동창작, 공동연출)
2. 가슴을 펴라 (공동창작, 공동연출)
3. Uturn 금지 (공동구성, 공동연출)
4. 누란의 사랑 (공동구성, 김동현 연출)
5. 코뿔소 (이오네스코 작, 김경희 각색 · 연출)

1. 오두막집열병
작 | 공동창작
연출 | 공동연출
배우 | 최선미, 정의순, 이경은, 송현서, 서현철, 권정미

2. 가슴을 펴라
작 | 공동창작
연출 | 엄옥란, 최우철
배우 | 오명희, 장용철, 이은정, 김은석

3. Uturn 금지
작 | 공동구성
연출 | 박정의, 이상희
배우 | 최성희, 박승희, 선종남, 김정아

4. 누란의 사랑
작 | 공동구성
연출 | 김동현
배우 | 길해연, 홍성경, 여운복, 김왕근, 강일, 정세라

5. 코뿔소
작 | 이오네스코
각색 · 연출 | 김경희
배우 | 박용진, 현대철, 강진선, 이인희, 장이주, 윤명주, 최현숙, 강현중

자유무대 5

1998.2.13~2.22 / 혜화동1번지

1. 여행자 (양정웅 작 · 연출)
2. 또 하나의 섬 (공동구성, 엄옥란 연출)
3. 헤이! Day! (공동구성, 공동연출)
4. 알몸과 누드 (윤영수 원작, 선종남 연출)
5. 여성 조각가 (에릭둥헨 구성 · 연출)

1. 여행자
작 · 연출 | 양정웅
움직임 | 김향진
무대미술 | 최홍철
조명 | 김탄일, 채정규
의상 | 김혜민
배우 | 서영화, 김광덕, 이지현, 원영오, 김향진

2. 또 하나의 섬
작 | 공동구성
연출 | 엄옥란
배우 | 정의순, 이인희, 서현철, 정세라

3. 헤이! Day!
작 | 공동구성
연출 | 공동연출
배우 | 최선미, 오명희, 이은정, 하성광

4. 알몸과 누드
원작 | 윤영수
구성 | 공동재구성
연출 | 선종남
배우 | 박승희, 송현서, 선종남, 임형택

5. 여성 조각가
구성 · 연출 | 에릭둥헨
안무 | 서유경 장구 | 이경은
배우 | 홍성경, 현대철, 백은경, 장이주, 이상희

자유무대 6

2001.4.24~4.29 / 마당세실극장

1. 전복죽 (공동창작, 서현철 대표집필 · 연출)
2. 에피타이저&디저트 (공동창작, 공동안무)

기획 | 김지영, 이진우
홍보 | 장용철, 김영아, 김청산
진행 | 김자연, 조혜원, 이영민
조명 | 박소현 음향 | 안꽃님
분장 | 정의순, 설정빈
무대제작 | 김기준, 신동인
무대감독 | 김문식

1. 전복죽
대표집필 · 연출 | 서현철
조연출 | 송현서
배우 | 서현철, 이은정, 장이주, 이상희, 강일, 태정

2. 에피타이저&디저트
공동창작 · 안무 | 정의순, 정세라

자유무대 7
10분 연극 첫 번째 프로젝트

2009.6.17 / 서강대 메리홀 소극장

1. 펜케이크 (Pan–Cakes)
2. 혼수상자 (Hope–Chest)
3. 수업 (The Class)

기획 | 정승현
번역팀 | 박윤석, 전유경, 빙진영

1. 펜케이크 (Pan–Cakes)
번역 | 박윤석
연출 | 정승현
배우 | 이규동, 이우건

2. 혼수상자 (Hope–Chest)
번역 | 빙진영
연출 | 박윤석
배우 | 조혜인, 빙진영

3. 수업 (The Class)
번역 | 전유경
연출 | 정승현
배우 | 박상훈, 정금성

자유무대 8
10분 연극 두 번째 프로젝트

2009.8.3 / 서강대 메리홀 소극장

1. 벽 (Paper Thin)
2. 정사 (Affair Play)
3. 쓰여진하루 (Scripted)

기획 | 정승현
번역팀 | 김승완, 오주영, 전유경

1. 벽 (Paper Thin)
번역 | 전유경
연출 | 서광일
배우 | 김병희, 전유경

2. 정사 (Affair Play)
번역 | 김승완
연출 | 정의순
배우 | 박삼녕, 빙진영

3. 쓰여진하루 (Scripted)
번역 | 오주영
연출 | 신동인
배우 | 설정빈, 고병택

자유무대 9
10분 연극 세 번째 프로젝트

2009.10.1 / 정보소극장

1. 창식이 정식이, 1969 아메리카
   (Pipo and Fufo:1969)
2. 야간수영 (Night Swim)
3. 커넥션 (Connections)
4. 팝콘 소나타 (the Popcorn Sonata)

기획 | 정승현
번역팀 | 김승완, 오주영, 전유경, 빙진영

1. 창식이 정식이, 1969 아메리카
(Pipo and Fufo: 1969)
역 · 연출 | 김승완
배우 | 김석이, 박상훈

2. 야간수영 (Night Swim)
번역 | 오주영
연출 | 조최효정
배우 | 남승혜, 정수연

3. 커넥션 (Connections)
번역 | 전유경
연출 | 정승현
배우 | 김선영, 이우건

4. 팝콘 소나타 (the Popcorn Sonata)
번역 | 빙진영
연출 | 이용설
배우 | 설정빈, 빙진영

자유무대 10
10분 연극 네 번째 프로젝트

2011.1.21~1.23 / 문화공간 아리

1. 골반 위의 메아리 (Answering the Echo)
2. 화장지 (Napkin)
3. 새대가리 (Birdbrain)
4. 너는 내 상품 (Commodity)
5. 집어가지 마세요 (Don't Pick Up)
6. 물의 요정 온딘 (Ondine)

기획 | 정승현
번역팀 | 김승완, 오주영, 구자언, 전유경
조명 | 라성연
무대감독 | 홍승만
음향오퍼레이터 | 구선화

1. 골반 위의 메아리 (Answering the Echo)
작 | Larry Harris
번역 | 김승완
연출 | 조최효정
배우 | 이영민, 박종용

2. 화장지 (Napkin)
작 | Erin Blackwell
번역 | 김승완
연출 | 정승현
배우 | 채은재, 박혜정

3. 새대가리 (Birdbrain)
작 | Claire Cox
번역 | 전유경
연출 | 김수희
배우 | 송현서, 최복희

4. 너는 내 상품 (Commodity)
작 | Steve Moulds
번역 | 김승완
연출 | 김수희
배우 | 서광일, 고병택

5. 집어가지 마세요 (Don't Pick Up)
작 | Susannah Nolan
번역 | 오주영
연출 | 민새롬
배우 | 박상훈, 이연희

6. 물의 요정 온딘 (Ondine)
작 | Garret Jon Groenveld
번역 | 구자언
연출 | 이곤
배우 | 박윤석, 김미림

자유무대 11
10분 연극 다섯 번째 프로젝트

2012.6.13~6. 17 / 소극장 천공의 성

1. 그 여자, 그 남자, 그리고 비 (Ladies and Gentlemen, the rain)
2. 메모리얼 데이 (Memorial Day)
3. 커넥션 (Connections)
4. 골반 위의 메아리 (Answering the Echo)

기획 | 정승현
번역팀 | 김승완, 오주영, 전유경, 정혜수
조명 | 민새롬
조명오퍼 | 김해린
음향오퍼 | 박시영

1. 그 여자, 그 남자, 그리고 비
작 | Will Eno
번역 | 오주영
연출 | 정승현
배우 | 김석이, 이연희

2. 메모리얼 데이 (Memorial Day)
작 | Anna Ziegler
번역 | 정혜수
연출 | 라성연
배우 | 태정, 김기준

3. 커넥션 (Connections)
작 | Jane Martin
번역 | 전유경
연출 | 김수희
배우 | 이호원, 최정화

4. 골반 위의 메아리 (Answering the Echo)
작 | Larry Harris
번역 | 김승완
연출 | 김은석
배우 | 문호진, 김영진

자유무대 12

2015.7.29~8.9 / 소극장 천공의 성

1. 몽실 (송희연 작, 김석이 연출)
2. 외계인들 (애니 베이커 작, 정승현 연출)
3. 미친키스 (조광화 작, 정의순 연출)

1. 몽실
작 | 송희연
연출 | 김석이
조연출 | 안꽃님, 김호영
무대 | 유다미, 김지용
조명 | 남궁진
음향 | 이승호
조명오퍼레이터 | 박진희
음향오퍼레이터 | 박시영
배우 | 김나래, 조영은, 송윤, 강주희, 김미란, 장영철

2. 외계인들
작 | 애니 베이커
연출 | 정승현
조연출 | 박소영
번역 | 김은영
드라마투르그 | 한상윤
자문 | 정지수
무대디자인 | 김수희
조명디자인 | 이현승
작곡 · 연주 | 남종현
조명오퍼레이터 | 조윤수
배우 | 박삼녕, 고병택, 서준모

3. 미친키스
작 | 조광화
연출 | 정의순
조연출 | 이지혜
조명 | 이승현
음향 | 송인서
분장 | 최진아, 문수지
배우 | 이승현(A), 김성준, 김해린, 박소아, 박현주, 한자영, 손성현, 지성훈, 임영혜, 김주연

자유무대 13-1
청춘 어쩌라구

2016.8.15~8.17 / 소극장 봄

작 · 연출 | 안성헌
조연출 | 홍정은
조명디자인 | 성노진
무대디자인 | 김영호
음악감독 | 이승호
드라마투르그 | 오연재
조명오퍼 | 김정민
음향오퍼 | 유다현
배우 | 박지호, 최지훈, 고병택, 성동한, 지성훈, 박소아, 홍승만, 신현일, 육다은

자유무대 13-2
울화인(鬱火人)

2016.8.18~8.20 / 소극장 봄

작 | 공동창작 대표집필 | 장이주
연출 | 정의순 조연출 | 권호조
음악감독 | 조선형
영상 · 무대 | 안성현
조명디자인 | 이규동 사진 | 김민중
영상오퍼 | 강주희
조명오퍼 | 이지훈
음향오퍼 | 채영은 포토샵 | 정영선
무대 · 조명설치 | 이승현, 김성준
배우 | 권대정, 오현우, 한자영, 이승현(B), 손성현, 김나래, 박현주, 서준모, 안꽃님, 김대업, 한사영

자유무대 13-3
모래시계

2016.8.21~8.23 / 소극장 봄

원작 | 아시하라 히나코
각색 · 연출 | 김해린
음악감독 | 이승호
조명오퍼 | 최규대
음향오퍼 | 석소연
도움주신 분들 | 빙성현, 봉봉님, 송민석, 조경은, 이선휘, 석봉준, 김동운, 건대극회, W스테이지 서소문, 좋은 사람들
배우 | 서광일, 빙진영, 조영은, 민진규, 박진희

자유무대 13-4
이피게니아

2016.8.24~8.26 / 소극장 봄

원작 | 에우리피데스
구성 | 공동구성
연출 | 이곤
조연출 | 정지희
배우 | 송윤, 장영철, 조민교, 박소영, 조윤수

자유무대13-5
추억을 펼쳐보다
(작은신화 초기 작품 낭독 공연)

1. 잠이 자고 싶은 사나이
(2회 정기 공연 작품)
작 | 볼프강 힐데스 하이머
번역 | 정하연

2. 아침, 정오 그리고 밤
작 | 테렌스 맥넬리, 레오나드 멀피, 이스라엘 호로비츠
번역 | 정하연
연출 | 반무섭
음악감독 | 김동욱
배우 | 최성희, 이은정, 태정, 김기준, 이영민, 박종용, 채은재, 고재하, 송인서, 이서연, 김은아

WORKSHOP 1
산국

1987.9.13 / 시민소극장

기획 | 이충원
원작 | 황석영
연출 | 박정영

WORKSHOP 2
굿닥터

1990.12.20~12.22 / 공간사랑소극장

기획 | 이충원
작 | 닐 사이먼
연출 | 반무섭
조연출 | 이미희
음향 | 김경희
조명 | 이미경
의상 | 최윤정
소품 | 박정영
분장 | 이재형
무대감독 | 최용훈
진행 | 오정학, 김기훈, 길해연, 조윤상, 조원호, 김영인
배우 | 김윤호, 이충원, 홍성경, 전대규, 최선미, 안정희, 이규성, 이민우, 한수경, 이승훈, 김수진

WORKSHOP 3

1992.2.26~2.29 / 예술극장한마당

기획 | 오정학

1. 오해
원작 | 알베르 까뮈
연출 | 반무섭
배우 | 맹봉학, 심언정, 정의순, 이연희, 전홍렬

2. 리투아니아
원작 | 루퍼트 부르크
연출 | 최용훈
배우 | 오채영, 이승훈, 김경희, 박승희, 박주은, 지성자, 최선미, 이충원, 오명희

WORKSHOP 4

1993.8.20~8.22 / 예술극장한마당

기획 | 오정학

1. 대머리 여가수
작 | 이오네스코
연출 | 김동현

2. 여름과 연기
작 | 테네시 윌리암스
연출 | 한혜영

WORKSHOP 5

1994.9.1~9.6 / 혜화동1번지

기획 | 최용훈

1. 그리운 앙뜨완느 혹은 좌절된 사랑
작 | 장아누이
연출 | 반무섭
배우 | 이인희, 오채영, 유하복, 맹봉학, 길해연, 최성희, 최선미, 안정희, 홍성경, 강진선, 윤영수, 정의순

2. 봄날
작 | 이강백
연출 | 조광화
무대감독 | 전성빈
배우 | 안진희, 송현서, 오명희, 장현자, 박승희, 김은진, 백은경, 이승민, 김이진, 김희정, 선종남, 서현철, 여운복, 현대철

WORKSHOP 6
마로위츠 햄릿

1995.8.31~9.3 / 울타리소극장

작 | 찰스 마로윗츠
연출 | 김동현
조연출 | 선종남
조명 | 유하복
음향 | 안혜정
소리 | 이은정
안무 | 정의순
분장 | 안정희, 정의순
가면제작 | 안정희
인형제작 | 김희정
배우 | 엄옥란, 백은경, 안정희, 강진선,
장이주, 김효정, 박승희, 송현서,
이경은, 김희정, 오명희

WORKSHOP 7
사랑의 편지들

1996.6.13~6.16 / 혜화동1번지

작 | A.R. 거니
연출 | 최용훈
조연출 | 박정의
조명 | 최현숙
소품 | 윤나리
음향 | 백은경
배우 | 김정화, 여운복, 박승희, 강일,
이은정, 정세라, 김은석, 강진선,
윤명주, 장이주

WORKSHOP 8
뜻대로 생각하세요

1997.8.19~8.21 / 여해문화공간

작 | 필란델로
연출 | 김경희

WORKSHOP 9
소시민의 결혼

1998.2.13~2.15 / 혜화동1번지

작 | 브레히트
연출 | 최용훈
조연출 | 박정의
배우 | 김경식, 김자연, 송윤, 김정아,
이혜원, 최현숙, 강일, 이석,
윤명주

WORKSHOP 10
클로우즈 Up
(세개의 전화, 기차, 코끼리 변주)

1998.7.22~7.26 / 혜화동1번지

1. 세 개의 전화
원작 | 레이몬드 카버
연출 | 반무섭

2. 기차
원작 | 레이몬드 카버
연출 | 박정의

3. 코끼리 변주
원작 | 레이몬드 카버
연출 | 최용훈

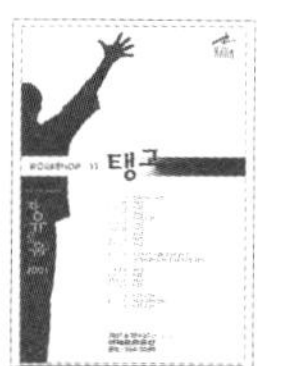

WORKSHOP 11
탱고

2001.6.28~6.30 / 여해문화공간

기획 | 김지영, 이진우
작 | 슬라보미르 므로체크
번역 · 연출 | 최용훈
조연출 | 이혜원
무대미술 | 이경은
안무 · 분장 | 정의순
의상 | 최성희, 정세라
무대감독 · 소품 | 김문식
조명 | 윤명주

음향 | 안성헌
무대제작 | 신동인
홍보 | 장용철, 김영아, 김청산
진행 | 김자연, 송윤
배우 | 강일, 이진우, 조혜원, 태정,
설정빈, 김영아, 이영민, 안꽃님,
김기준, 박소현, 김청산

WORKSHOP 12
사운드 오브 보이스

2002.6.6~6.9 / 국립극장 별오름극장

작 | 데이빗 헨리 황
연출 | 신동인

WORKSHOP 13
안도라

2003.3.11~3.13 / 혜화동1번지

작 | 막스프리쉬
연출 | 반무섭
조연출 | 이영민
조명디자인 | 천은미
무대감독 | 신동인
조명오퍼 | 김문식
조명설치 | 윤명주
분장지도 | 정의순
기획팀 | 서현철, 임형택, 안꽃님, 이진우
진행 | 백은경, 정세라, 송윤, 임형택
후원회원관리 | 설정빈
배우 | 안성헌, 최지현, 최지현, 안꽃님,
김선영, 최현숙, 정선철, 박지호,
박윤석, 성동한, 김종근

WORKSHOP 14
똥강리 미스터 리!

2003.7.16~7.17 / 국립극장 별오름극장

작 | 공동창작
연출 | 최용훈
조연출 | 최성희
무대디자인 | 이경은
조명디자인 | 최재훈
조명오퍼 | 서현철
음향오퍼 | 장용철
분장 | 정의순
무대감독 | 안성헌
배우 | 김준, 김종근, 이진우, 서광일,
안꽃님, 최지훈, 홍성호, 정세라,
이은정, 최현숙, 이현주, 최지현,
이은주, 태정, 성동한, 이우건,
김석이, 송윤

WORKSHOP 15
베오그라드 가족 이야기

2003.7.19~7.20 / 국립극장 별오름극장

작 | 빌리아나 세빌리아노비치
연출 | 이곤
조연출 | 조규상
드라마투르그 | 손원정
무대디자인 | 임건수
조명디자인 | 신재희
의상디자인 | 강기정
음악 | 김태완
분장 | 정의순
배우 | 김기준, 이영민, 박윤석, 김선영

WORKSHOP 16
왼손잡이들

2005.3.31~4.3 / 작은극장

작 | 위기훈
연출 | 최용훈
조연출 | 조성윤
음향 | 장용철
음향오퍼 | 최지현
분장 | 정의순
조명 | 윤명주
조명오퍼 | 송윤
조명설치 | 안성헌, 최지훈
무대 | 이진우, 김문식, 박지호, 정선철

의상 | 안꽃님
진행 | 이영민
배우 | 박윤석, 서광일, 성동한, 홍성호,
이슬희, 조혜인, 이우건, 이규동,
김선영, 이은주, 배승만, 염선화,
김광수

WORKSHOP 17
똥강리 미스터 리!

2006.8.4~8.6 / 혜화동1번지

작 | 공동창작
연출 | 최용훈
조연출 | 정승현
무대감독 | 이용설
무대 | 반무섭
조명 | 윤명주
분장 | 정의순
사진 | 장용철
조명오퍼 | 안성헌
음향오퍼 | 박지호
무대제작 | 서광일, 홍성호, 김종근,
성동한, 이우건
조명작업 | 정선철, 이규동
진행 | 최지훈, 이현주, 이슬희, 조혜인
배우 | 김석이, 김병희, 송현서, 오현우,
정진식, 최지현, 박삼녕, 강진선,
김선영, 배승만, 이영민, 최성희,
장미희, 권대정, 박종용, 염선화,
박지은, 송윤

WORKSHOP 18-1
갈매기

2008.2.20~2.24 / 혜화동1번지

작 | 안톤체홉
연출 | 신동인
조연출 | 이은정
무대 | 심채선
조명 | 최보윤, 황재성
음악자문 | 김철환
분장자문 | 함은지
의상협찬 | 강기정
음향오퍼 | 송윤
조명오퍼 | 문유일
진행 | 이영민, 김선영, 이우건, 이은주,
이현주
배우 | 전유경, 박지은, 박종용, 정진식,
김지용, 이지혜, 염선화, 김석이,
김미림, 장미희, 김병희, 오현우,
박삼녕, 고병택, 박상훈, 전주형

WORKSHOP 18-2
연출 워크숍1
폭파(blasted)

2008.3.25~3.27 / 혜화동1번지

작 | 사라 케인
번역 | 최영주 연출 | 이용설
조연출 | 오현우 음악 | 이현섭
무대 | 김혜지 조명 | 이기쁨
무대감독 | 김지용
조명오퍼 | 김미림
음향오퍼 | 박지은
배우 | 박지호, 김선영, 서광일

WORKSHOP 18-3
연출 워크숍2
따냐-따냐(Tania-Tania)

2008.3.29~3.30 / 혜화동1번지

작 | 올랴 무히나
영어본 번역 | 박윤석, 차원나, 전유경
연출 | 정승현
조연출 | 박윤석
무대디자인 | 박경
조명디자인 | 윤명주
의상디자인 | 김효정
음악편집 | 김백찬
무대감독 | 정진식
조명오퍼 | 염선화
음향오퍼 | 장미희
배우 | 송현서, 안성헌, 이현주, 박상훈,
정세라, 성노진, 현대철

WORKSHOP 19
벚꽃동산

2009.4.30~5.3 / 청운예술극장

작 | 안톤체홉
연출 | 신동인
조연출 | 정승현, 이용설
조명오퍼 | 정진식
음향오퍼 | 박종용
배우 | 성동한, 김선영, 이우건, 조혜인, 김석이, 권대정, 오현우, 김미림, 이지혜, 전유경, 고병택, 김지용, 박상훈, 채은재, 정금성, 빙진영, 구선화, 박소연

WORKSHOP 20
소시민의 결혼

2010.9.29~10.3 / 가변극장

작 | 베르톨트 브레히트
연출 | 정승현
조연출 | 이연희
무대 | 박지숙
작화 | 서우탁
조명 | 민새롬
음악 | 이상민
기타지도 | 김진호
무대제작 | 성동한, 김병희, 박종용, 김지용
조명오퍼 | 김미림, 최복희
음향오퍼 | 구선화, 박소연
배우 | 고병택, 채은재, 이연희, 박혜정, 박소연, 김혜성, 지세영, 김주희, 김미림, 최복희, 최성호, 이준석

WORKSHOP 21
과수원지기의 개

2012.8.1~8.5 / 천공의 성

작 | 로페 드 베가
번역 | 윤용욱 연출 | 반무섭
조명 | 민새롬 음악 | 김동욱
의상 | 강기정 분장 | 지윤희
동작지도 | 현대철
안무 | 정의순 사진 | 이지락
오퍼레이터 | 조성현
진행 | 박시영
배우 | 장용철, 강일, 태정, 김석이, 구선화, 박소연, 박혜정, 최복희, 최성호, 이연희, 고재하, 김다정, 김대업, 송인서, 한자영, 홍승만, 김미란, 송건영, 이승현(A), 이승현(B), 최순영

WORKSHOP 22
사랑의 편지들

2013.9.11~9.15 / 소극장 봄

작 | A.R.거니
연출 | 최용훈 협력연출 | 정승현
조연출 | 김정민 연주 | 임지민
배우 | 김나래, 김다정, 임영혜, 박시영, 박유진, 박현주, 한자영, 조영은, 박소아, 김해린, 권미영, 김주연, 김미란, 최순영, 이서연, 홍승만, 손성현, 김성준, 장영철, 고재하, 지성훈, 송인서, 김대업, 조민교, 이승현(A), 이승현(B), 조성현

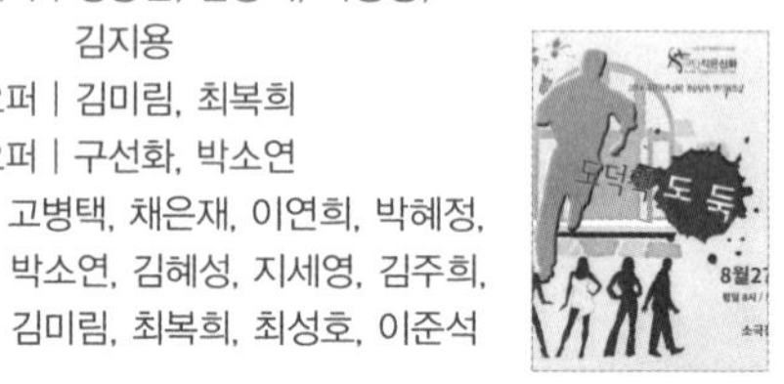

WORKSHOP 23
자기개발 프로젝트

2014.8.13~8.31 / 소극장 천공의 성

1. 갈매기떼들
   (안톤 체홉 원작, 신동인 연출)
2. 죽음(혹은 아님)
   (세르지 벨벨 원작, 정의순 연출)
3. 도덕적 도둑 (다리오 포 작, 반무섭 연출)

1. 갈매기떼들
원작 | 안톤 체홉
연출 | 신동인
기획팀 | 김해린, 조영은

조연출 | 박유진
무대감독 | 지성훈
무대 | 홍승만, 이승현(B), 손성현
소품 | 장영철, 김성준
의상 | 조민교, 김나래
분장 | 박소아, 박현주
조명오퍼 | 박시영
진행 | 이서연
배우 | 홍승만, 김미란, 이승현(B), 김해린, 박유진, 장영철, 지성훈, 조민교, 손성현, 김성준, 조영은, 박소아, 김나래, 박현주

2. 죽음(혹은 아님)

원작 | 세르지 벨벨
번역 | 김선옥 연출 | 정의순
조연출 | 정희찬 조명감독 | 이규동
조명오퍼 | 조영은
음향오퍼 | 김성준
배우 | 이은정, 이영민, 안꽃님, 성동한, 염선화, 김석이, 박종용, 채은재, 빙진영, 구선화, 최성호, 송인서, 김대업, 최순영, 이승현(A)

3. 도덕적 도둑

작 | 다리오 포
번역 | 손동철 연출 | 반무섭
조연출 | 박진희 무대감독 | 신현일
음향오퍼 | 지건열, 서준모
조명오퍼 | 강주희, 김은아
의상 · 소품 | 김주연, 홍정은, 박재만
진행 | 정희찬, 신현일
배우 | 김주연, 정희찬, 박재만, 강주희, 지건열, 김은아, 신현일, 박진희, 서준모, 홍정은

WORKSHOP 24
일그러진 풍경

2016.4.5~4.10 / 서강대 메리홀 소극장

작 | 베츠야쿠 미노루
번역 | 정상미 연출 | 반무섭
조연출 | 최고은 음악감독 | 김동욱
조명디자인 | 민새롬
무대감독 | 최규대
음향오퍼 | 채영은
조명오퍼 | 이지훈
무대감독보 | 천경환
음식준비 | 조민교, 정지희
진행 | 석소연, 권호조
분장 | 임영혜, 박현주
조명설치 | 지성훈, 손성현, 김성준, 서준모
배우 | 최성희, 강진선, 정세라, 이영민, 김기준, 성동한, 이현주, 고병택, 구선화, 송인서

WORKSHOP 25
신은 항상 새벽에 찾아온다

2016.6.28~6.30 / 소극장 혜화당

원작 | J.B.프리스틀리
각색 · 연출 | 김정민
무대 | 서정인 조명 | 민새롬
음향 | 정혜수
무대감독 | 김성준
오퍼레이터 | 김나래, 박현주
배우 | 김왕근, 송현서, 박상훈, 최성호, 장영철, 박유진, 김은아

WORKSHOP 26
굿닥터

2016.7.2~7.3 / 소극장 혜화당

작 | 닐 사이먼
번역 | 박준용 연출 | 최용훈
조연출 | 정승현, 이지혜
조명 | 성노진
음악자문 | 이형주
의상자문 | 강기정
분장자문 | 백지영
배우 | 박재만, 서준모, 신현일, 최규대, 이지훈, 권호조, 김주연, 홍정은, 박진희, 박소영, 조윤수, 석소연, 정지희, 채영은

1986-2016

작은신화 30th.

극단

작은신화

단원

(2016년 12월 기준)

대표

최용훈

부대표

길해연

창단단원

박정영

이재형

임애리

권태주

김영인

제1기

반무섭

최선미

제2기

오정학

홍성경

제4기

최성희

제5기

현대철

정의순

강진선

제6기

장용철

이경은

제8기

서현철

제9기

김왕근

백은경

송현서

제10기

장이주

이은정

제11기

윤명주

정세라

김은석

강 일

제12기

송 윤

이혜원

제13기

임형택

제14기

태 정

제15기

김문식

김기준

이영민

안꽃님

제16기

신동인

박소현

제17기

안성헌

박지호

정선철

김종근

제18기

성동한

최지훈

이 곤

박윤석

김선영

제19기

서광일

이우건

이은주

제20기

이현주

조혜인

이규동

제21기

염선화

정승현

정진식

박삼녕

제22기

권대정

김병희

오현우

박종용

제23기

김미림

이지혜

박상훈

전유경

고병택

김지용

제24기

채은재

빙진영

구선화

박소연

제25기

최복희

제26기

최성호

이연희

제27기

고재하

김다정

송인서

한자영

제28기

홍승만

최순영

김미란

이승현A

이승현B

제29기

이서연

박시영

김해린

연구

임영혜

박유진

김정민

장영철

지성훈

조민교

손성현

김성준

조영은

박소아

김나래

박현주

연구

김주연

박재만

강주희

서준모

김은아

신현일

박진희

견습

홍정은

박소영

조윤수

최규대

석소연

이지훈

정지희

채영은

권호조

1986-2016

작은 신화 30th.

영원한
친구,
故 이유철

'작은신화' 남기고 요절한 '아무도 미워하지 않는 자'의 生

너무 짧았던 스물두 해의 삶을 살면서 너무나 뚜렷한 발자취를 남긴 젊은 연극인.
죽는 그 순간까지 오직 외길, 연극만을 생각하며 '작은신화'를 만들었던
'아무도 미워하지 않는 자'의 삶과 죽음을 살펴본다.

22세, 요절한 젊은 연극인 **이유철**

외진 새벽길에서 홀로 죽어갔다

"얼어붙은 새벽길, 사람의 그림자 하나 없는 외진 곳에서 너는 홀로……, 그렇게 어이없이 가버렸구나. 네가 간 지도 한 달. 그러나 네가 간 것이 엊그제 같기도 하고 때로는 먼 옛날도 같으니 요새 나는 세월의 흐름조차 가늠할 수가 없단다. 너는 내 꿈속에도 나타나지를 않는구나. 꿈을 꿀 기력도 상실한 내 탓일까. 괴로운 일은 쉬 잊고저 하는 내 성미 탓일까. 또는 네가 나에게는 이렇다 할 원이나 한이 없다는 말인가. 너의 죽음을 사실로 받아들이지 못하는 나의 환상 때문일까. 살아남은 우리는 아직도 초인종 소리만 나면 네가 싱겁게 웃으며 현관문을 열고 들어올 것 같은 생각을 저버릴 수가 없다. …(후략)…."

고 이유철. 채 스물두 해를 채우지 못하고 요절한 젊은 연극인. 추모집 첫 머리에 든 글은 이 군의 아버지이자 서강대 교수인 이근삼 선생님의 글이다. 보기 드문 연극인 부자로 주위 사람들의 부러움을 사다가 스물두 해를 마지막으로 이유철 군은 저세상으로 먼 길을 떠났다. 아무도 미워하지 않았

던 젊은 연극인의 죽음이었다. 루카치와 브레히트의 연극을 사랑하고 '작은 신화'라는 연극 단체를 만들어 막 무대에서 꿈을 피우려 할 때였다. 친구들이 펼쳐낸 추모집의 제목 '작은신화-너의 빈 무대를 위하여'처럼 그의 빈 무대만이 주위 사람들의 가슴 속에 남았다.

이근삼 선생님은 '유철이는 그냥 평범한 대학생이었다'고 말하지만 요절한 젊은 연극인의 스물두 해는 결코 평범하지만은 않았다. 현실을 아파하는 가슴과 끝없이 터져 나오는 기지. 그리고 무엇보다도 연극 무대에의 열망이 강했던 젊은이였다.

"대학 생활이 아니라 연극하는 대학생으로서의 생활이었어요."

–극단 '작은신화' 대표. 이유철 군의 친구였던 **최용훈** 군

아침 10시경 학교에 도착하면 들르는 곳이 연극반. 그러다가 연극반 동료들과 어울려 저녁 무렵을 보내고 결국은 새벽 술자리까지 이어지는 날들이었다.

그가 연극을 처음 접한 것은 80년 보성고교에 입학하면서부터였다. 고교 1학년 때 직접 썼던 단막극 〈심청전〉은 심청이 용궁으로 간 것이 아니라 바다에서 미국 상선의 도움으로 미국으로 가는 기발한 내용이다.

음악과 미술에 대한 안목을 스스로 갖추며 그는 83년 봄, 서강대 경제학과에 입학한다. 그리고 입학과 동시에 찾아 든 곳이 '서강연극회'. 그의 아버지인 연극인 이근삼 교수는 아들이 연극에 빠져들지 않기를 바라고 있었지만, 이 무렵 그는 벌써 어쩔 수 없는 '연극쟁이'가 되고 있었다. 서강연극회에서 처음 출연했던 작품은 42회 정기 공연이었던 〈우리는 뉴헤븐을 폭격했다〉. 그는 '배일리 상병' 역을 맡아 여름 내내 땀을 흘리며 연습을 했다. 가을 정기 공연이었던 이 작품에서 그는 서서히 자신이 연기자가 되고 있다는 생각을 했을 법하다. 처음 주연급 연기자가 된 것은 84년 신입생 환영 공

연이었던 〈결혼소동〉에서 '카챠레프'로 출연했을 때였다.

이 무렵부터 그는 철저한 연극인이 되어가고 있었다. 배고픈 연극인의 처지를 누구보다 잘 아는 아버지 이 교수는 아들이 경제학도로서 무난히 생활하기를 바랐으나 그건 벌써 불가능한 상태였다. 한 집안에 연극하는 사람은 하나면 족하다고 말리는 것 역시 아무런 효과가 없었다. 그도 역시 연극인의 핏줄을 이어받고 연극적인 분위기에서 자란 연극인일 뿐이었다.

5층 건물 옥상으로 드디어 탈출 성공?

3학년이었던 85년 봄 〈따르뛰프〉에서 주연을 맡게 되었고 그는 '천성에 어울리는 적역'이라는 평가를 받았다. 85년 3월의 일이었다. 곧이어 그해 5월에 45회 정기 공연이었던 〈외더란트 백작〉에 출연한 것을 마지막으로 그는 서강연극반을 떠난다. 숱한 고뇌들이, 그가 미처 느끼지 못했던 연극 행위에서의 고뇌와 자신을 둘러싼 많은 고민들이 그를 괴롭혔던 순간이었다.

지금도 친구들이 기억하고 있는 숱한 괴벽들은 그 무렵 벌써 그가 보여주고 있었다.

술 마시고 새벽 2시건 3시건 친구 집으로 전화를 걸고 저녁 시간에 술을 마시고 도서관에서 공부하는 게 취미라며 웃곤 했다. 아픔들을 아픔으로써가 아니라 웃음으로 드러내곤 했다.

"…(전략)… 연극반실에 신입생 환영 공연 연출 신청 들어와 있는 작품을 보고 또 한 번 한숨을 내쉬며 나와야 한다. Chalie Brown, Bird Bath…… 결국 우리나라 작품은 안 나오는구나 … (중략)… 유철이는 공부 암만 안 해두 성적 안 나와두, 결석 많이 해두, 짤리진 않거든. 이근삼 교수의 아들이니까. 이걸 나도 알고 있어. x같이. …(중략)… 유철이가 어째서 서강연극회의 제3자가 되어야만 했는지, 또 연극회의 적을 지우면서 연극반원들과의 대화,

충고를 계속하려 했는지를 이해해주길. 유철이의 서강대에서의 인생은 오로지 연극밖엔 없었다. 허나 아무리 연극을 공부하구 고민해두 한계점이 있더라(유철이만의). 앞에서도 얘기했듯이 아무리 공부 안해두 난 안 짤린다는 걸 알고 있는 상태이다. 연극은 인간, 生의 진실을 표현하는 것인데 내 어찌 이런 상황에서 지낼 수 있겠니? …(후략)…"

–85년 11월 29일, 이유철 군이 여자 친구에게 쓴 편지의 일부

그로서는 알을 깨고 나오는 아픔을 겪는 순간이었다. 아버지의 후광이 그를 오히려 힘들게 하고 있었고 외국 작품에만 몰입하고 있었던 연극반의 분위기가 그로 하여금 혼자 있게 했다. '인간의 존엄을 인정하고, 만인의 평등을 보장하는' 연극을 하고 싶다는 소박한 생각을 굳게 가지고 있었다. 그에게 연극 행위는 '절박한 의무감'이었다. 그것은 결코 놀이 행위가 아니라 전 생애를 건 작업이어야 했다. '이근삼 교수의 아들이었기에 짤리지는 않았지만' 성적표는 D가 수두룩했다. 아버지는 당연히 그런 아들을 걱정했지만, 아들은 벌써 자기의 길을 확고히 걷고 있었다.

"연극은 장난이나 재롱이 아니라 학문의 대상으로서도 생각해야 한다는 나와 주위 선배들의 말을 받아들였는지 연극 서적을 열심히 읽기 시작했다. 아버지로서는 이 무렵부터 자신의 길을 따라 걷는 아들이 대견해 보이기 시작했다."

–**이근삼** 교수

그러나, 부모님들의 보호 속에서 너무나 편하게 세상을 살아간다는 '막연한 죄책감'은 절대 없어지지 않았다. '아침이면 일어나서 세수하고 밥 먹구, 똥 누구, 꾸역꾸역 학교로 몰려드는' '매일매일 지배받게끔 조작된 프로그램에 의해 똑같은 대가리들이 되는' 일상적이고 건조한 생활은 그의 숨 막힘

을 재촉하고 있었다. 86년 5월 6일, 그는 자신의 표현대로라면 일상의 건조한 생활과 부모님들의 분에 넘치는 보호로부터 '탈출에 성공'했다.

"드디어 탈출에 성공했다. 인섭이(작은신화 단원)와 유정이(여동생)가 짐 나르느라 수고해주었다. 용훈이가 첫 손님으로 와주고 …(중략)… 끝까지 살아남아 큰소리로 외쳐야 한다. 태어나서 고민하는 게 죽어가는 게 인간이라고 …(중략)… 의식은 자유로워야 한다. 영원히."

서강학술문예대상 희곡 부문 당선

"자유로운 의식을 갖게끔 키워주신 부모님께 이 밤……진심으로 감사드린다."

–일기. 86년 5월 6일

'독립에 필요한 돈 30만 원을 꾸어' 그는 가출을 선언하고 서강대 옆의 어느 건물의 옥상에 세를 들었다. 그 자취방은 곧 연극 동료들의 아지트가 되었다. 그는 그곳에서 자신으로서는 숱한 작업을 했다. '한 학기를 못 채우고' '패잔병처럼' 집으로 돌아갔지만, 그는 그곳에서 몇 가지 눈에 띄는 연극 작업을 했다.

"우리가 처음 모였던 곳이 유철이 자취방이었죠. 그 방에는 없는 게 없었어요. 에어컨, 냉장고, TV 등. 비록 종이로 써서 붙인 것이었지만 소담하고 발랄한 유철의 재치가 넘치던 방이었어요. 하도 푹푹 쪄서 우리가 '찜통'이라 불렀지요."

–**이재형**, 동덕여대 국문과 졸업. 작은신화 단원

가출해서 '독립선언'을 한 지 두 달만이었던 7월, 그는 두 가지 기쁨을 맛봤다. 하나는 그가 발표한 희곡 〈송 의원의 죽음은 그들에게 어떤 영향을 미쳤는가?〉로 서강문예대상 희곡 부문에서 대상을 받은 것. 또 다른 하나는 7월 17일 '작은신화'가 탄생하고 25일 창립총회에서 그가 대표로 선임된 것이다. 그의 자취방이 임시 극단 사무실이었다. 당시 회원은 6명. 총회 때는 10명이 모였다. 8월 초 현재 사무실로 쓰고 있는 사직동의 사무실로 이사했다. 동생 이유정 씨가 보증금 없이 빌려 쓰고 있던 낡은 이층집의 한 귀퉁이가 극단의 사무실이 되었다.

86년 그러니까 작년 11월, 그는 동덕여대 국문과 연극부 창반 공연을 맡았다. 작품은 아버지 이 교수의 창작 희곡인 〈제18공화국〉이었다.

"…(전략)… 모든 인간의 의식 세계는 그 시대의 정치적 · 경제적 상황에 의해 조작되는 것이지만, 그 상황이 압박과 모순, 부조리로써 우리에게 엄습해 올 때 우리가 무엇을 해야 할 것인지는 자명한 일이다. …(후략)…"

–공연 팸플릿에 쓴 연출론

보기 드물게 아버지의 작품을 아들이 연출한 경우였다. 스물두 살의 짧은 생애에서 가장 행복한 순간이었을 법하다. 대학 4학년, 극단의 대감. 비록 자신이 다니는 대학이 아닌 다른 곳이었지만 아버지의 작품을 연출하고…….

아무도 그해의 겨울이 젊은 연극인에게 마지막 겨울이 되리라고 생각지 않았다. 겨울은 그렇게 지나갔다. 브레히트의 희곡을 읽으며 '좋은 연극'을 하겠다는 열망을 지니고 있었던 젊은 연극인. 그의 마지막 겨울은 그렇게 흘러가고 있었다. 아무도 몰랐다.

낡은, 검은 물 들인 군복과 늘 웃고 다니던 짧은 머리의 얼굴.

작은신화의 2회 공연 예정작이었던 〈아침, 정오, 그리고 밤〉의 연출 준비를 하고 있었다. 87년 1월의 일이었다. 첫 번째의 성공적인 카페 순회공연에 이은 두 번째의 시도였다.

그러나 그 공연은 무대에 오르지 못했다.

2월 4일 새벽 3시. 극단 사무실을 떠난 그는 눈길에 미끄러져 자신의 차로 가로등과 경비 초소를 들이받으며 현장에서 죽었다. 스물두 번째 생일을 한 달 남짓 남겨둔 겨울이었다.

"2월 3일은 나의 스무 번째 생일이었다. 언제나처럼 오빠와 나는 사무실에 있었고 나는 생일파티를, 오빠는 극회원들과 연습을 하고 있었다. 오빠와 밤 9시경에 크게 싸웠다. 자주 말다툼을 하였지만, 그날처럼 울면서 싸운 일은 참으로 오래만이었다. 오빠에게 내가 마지막으로 했던 말은 '다시는 오빠 얼굴 보지도 않을 거야' 였다. 그리고 그것은 진짜가 되어버렸다."

–여동생 **이유정**

술값 8천 4백 원 갚고 이발하고

마치 자신의 죽음을 미리 알기라도 한 듯 그는 몇 가지 특이한 모습을 보여줬었다. 세상을 하직하기 이틀 전인 2월 2일에는 동네의 외상 술값 8천 4백 원을 갚고, 3일에는 '학교를 오래 안 가서 장소도 잊을 것 같다'며 학교에도 들렀다. 3일 11시 20분 학교에서 이발을 했다. 마치 먼 길을 떠나기 전 몸단장이라도 하려는 듯. 그리고 15시간 후.

" …(전략) … 새벽 2시에 너는 연습장 부근서 나한테 전화를 걸었다. 이제 연습이 끝났으니 돌아온다고. 네 어미도 그때 조심해 오라고 신신당부했는데. 그 전화가 우리가 들을 수 있는 너의 마지막 육성이었구나."

–**이근삼** 교수의 글, '내 아들 유철아!'

지난 7월 17일부터 8월 1일까지 작은신화는 두 번째 작품 〈잠이 자고 싶은 사나이〉를 공연했다.

자신의 삶이, 연극에의 열정이 갓 피어나려 하는 순간에 먼 길을 떠나버린 어느 젊은 연극인의 '작은신화'는 아직도 '작은신화' 속에서 살아 숨 쉬고 있다.

동료, 선후배, 이유철 군의 식구들이 글을 싣고, 이유철 군의 작품들을 모았던 추모집 '작은신화-너의 빈 무대를 위하여'에 실린 이유철 군의 선배 송기호 씨의 추모 시 한 구절을 옮긴다.

잘 가거라 잘 가거라, 잘 가 있거라.
엄마도, 아빠도, 누이도
형도 동생도 친구도
한 숨 담고 두 줌 쥐어
훅-
너를 보냈네.
눈 위고 바위 밑이고 풀잎 사이고
혹은 땅 위고 바람 옆이고 햇살 사이고
소복소복 웅큼웅큼
훅-
너를 보냈네
……
(고인의 명복을 빈다)

-〈LADY 발굴스토리〉 황광해 취재 · **나병우** 사진

최용훈 "유철이가 떠나고 뒤이어 극단을 맡았다. 옆자리는 늘 비어 있지만, 결코 잊히지 않을 것이다."

박정영 "유철이는 브레히트와 루카치의 연극에 심취해 있었다. 그는 온몸으로 살았다."

임인섭 "좋은 친구, 훌륭한 동료였다. 겉으로는 낙천적이었고 마음속으로는 늘 고뇌하고 있었다."

임애리 "그는 안이한 자세를 싫어했다. 그에게 있어서 연극은 민중에 대한 의무감이었다."

정하연 "좋은 선배였다. 연출, 출연에, 극작까지 연극의 모든 분야에서 열심히 노력했다."

박현신 "그는 '작은신화'에서 너무나 '큰 신화'를 남겼다. 연극에 대한 그의 태도는 늘 절박했다."

| 극단 작은신화 평생회원 |

강기옥 강정수 강현정 경춘자 김난희 김숙희 김옥원 김종석 김주자 남기애 성수정 손범수 안병애 오명식 이건욱 이교준 이만동 이종현 이현진 장다교 정태해 정혜영 조은송 최도학 함창훈 황보욱

지금 여기, 변화하는 자유로움
극단 작은신화 30년

1판 1쇄 2017년 7월 5일

제 작 극단 작은신화
펴 낸 이 이경식
기 획 극단 작은신화
책임편집 최용훈
구 성 노운
진 행 이정은, 노운, 정승현
정 리 이영민, 박현주, 김주연

발 행 인 주정관
발 행 처 북스토리(주)
주 소 경기도 부천시 길주로 1 한국만화영상진흥원 311호
대표전화 032-325-5281
팩시밀리 032-323-5283
출판등록 1999년 8월 18일 (제22-1610호)
홈페이지 www.ebookstory.co.kr
이 메 일 bookstory@naver.com

ISBN 979-11-5564-147-7 03680

※잘못된 책은 바꾸어드립니다.

이 도서의 국립중앙도서관 출판시도서목록(CIP)은
서지정보유통지원시스템 홈페이지(http://www.seoji.nl.go.kr)와
국가자료공동목록시스템(http://www.nl.go.kr/kolisnet)에서 이용하실 수 있습니다.
(CIP제어번호 : CIP2017012236)